장안과
낙　양
ㅡ
그리고
북　경

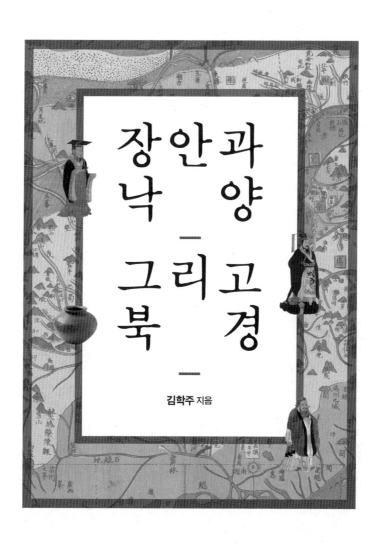

# 장안과 낙양 그리고 북경

김학주 지음

연암서가

지은이 김학주(金學主)

충북 충주에서 태어나 서울대학교 문리과대학을 졸업하고, 국립 대만대학 중문연구소에서 문학석사 학위를, 그리고 서울대학교 대학원에서 문학박사 학위를 받았다. 서울대학교 교수로 있으면서 중국어문학회 회장을 역임하였고, 현재 서울대학교 인문대학 명예교수·대한민국 학술원 회원이다.

저서로 『중국 문학의 이해』, 『중국 고대의 가무희』, 『중국 문학사』, 『한대의 문인과 시』, 『공자의 생애와 사상』, 『노자와 도가 사상』, 『경극이란 어떤 연극인가』, 『거대 중국을 지탱하는 힘: 가난한 백성들과 전통연예』 등이 있으며, 역서로는 『논어』, 『맹자』, 『대학』, 『중용』, 『노자』, 『장자』, 『열자』, 『격몽요결』 등이 있다.

## 장안과 낙양
## 그리고 북경

2016년 6월 25일 초판 1쇄 인쇄
2016년 6월 30일 초판 1쇄 발행

지은이 | 김학주
펴낸이 | 권오상
펴낸곳 | 연암서가

등 록 | 2007년 10월 8일(제396-2007-00107호)
주 소 | 경기도 고양시 일산서구 호수로 896, 402-1101
전 화 | 031-907-3010
팩 스 | 031-912-3012
이메일 | yeonamseoga@naver.com
ISBN 978-89-94054-93-3  93910

값 18,000원

# 서문

장안(長安)과 북경(北京)은 수천 년에 걸친 오랜 역사를 통하여 대제
국(大帝國)으로서의 전통적인 정치와 문화를 바탕으로 막강한 위력을
안팎으로 과시한 중국의 대표적인 수도였다. 때문에 장안과 북경에
도읍을 하였던 나라들의 정치 방법과 실상 및 그 문화를 살펴보면 중
국의 정치와 문화의 특징을 가장 잘 파악할 수 있을 것으로 믿었다.

장안에는 기원전 1100년 무렵부터 기원후 907년에 이르는 동안에
서주(西周)·진(秦)·서한(西漢)·수(隋)·당(唐) 등의 대제국이 도읍을 삼아
강력한 통치력으로 천하(天下)를 다스리며 온 세계에 그 위세를 떨쳤
다. 북경에는 서기 1206년부터 1911년 사이에 원(元)·명(明)·청(淸)의
대제국이 도읍을 하고 천하를 다스렸고, 지금은 중화인민공화국의 수
도가 되어 있다.

장안과 북경은 청대 말엽에 와서 중국 영토로 확정된 시장(西藏)·신
장(新疆)·칭하이(靑海)·간쑤(甘肅)·닝샤(寧夏)·네이멍구(內蒙古)·헤이룽장

(黑龍江)·지린(吉林)·랴오닝(遼寧) 등의 성을 제하고 중국 역사의 중심지역인 이른바 중원(中原) 땅만을 놓고 본다면 모두 중국이란 나라의 변두리에 자리 잡은 도시이다. 이른바 만리장성(萬里長城)이 북경 영내를 지나가고 있고, 서쪽도 장안으로부터 그다지 멀지 않은 곳에 장성을 쌓았다. 장안 근처 함양(咸陽)을 도읍으로 삼았던 진(秦)나라 시황제(始皇帝)가 만리장성을 쌓았기 때문에 장성이 장안과는 어느 정도 거리를 두고 있는 것이다.

또 하나 두드러지는 특징은 장안과 북경 모두 서북쪽 또는 북쪽에서 유목(遊牧)을 하던 오랑캐인 야만민족이 무력으로 쳐들어와 중국 땅을 차지하고 다스리면서 도읍으로 삼은 곳이다. 통치자들은 자기들보다 훨씬 발전한 문화민족을 다스리며 그들의 문화를 배워서 자기네 문화를 건설하여야 하였기 때문에 무자비한 폭력으로 통치를 하는 수밖에 없었다. 그들은 폭력에 신음하는 백성들은 거들떠보지 않고 자기들의 이익만을 추구하여야 하였고, 또 지배를 당하는 자들의 반항이 강할 경우 자기네 원 고장으로부터 구원병을 불러들이고 그리고도 항거를 막을 수 없을 경우에는 도망을 쳐야 하였으므로 그런 변두리에 수도를 건설한 것이다.

장안과 북경에 도읍을 정하고 천하를 다스린 제왕들은 모두 다른 민족 출신으로서 그들의 정치와 문화뿐만 아니라 통치술도 달랐다. 특히 장안과 북경은 천하를 다스린 제국이 그곳을 도읍으로 삼았던 시대도 다르고 정치 사회와 그 문화도 거울의 앞뒷면처럼 전혀 다르다. 때문에 장안과 북경에 도읍을 하였던 제국들의 특징을 잘 살펴보면 중국의 전통적인 정치 문화와 문학 및 사상의 특징을 제대로 이해할 수 있을 것으로 믿었다.

그러한 생각을 바탕으로 필자는 2009년에 『장안과 북경』(연세대학교 출판부)이란 책을 내었다. 그리고 중국의 정치 문화와 문학 및 사상의 특징을 새로운 각도에서 추구하였다고 자부하였다. 그러나 오래 가지 못하고 내 스스로가 중국 역사의 실상을 제대로 파악하지 못하였음을 자각하게 되었다. 곧 중국의 정치나 문화는 모두 장안과 북경을 도읍으로 삼고 대제국의 위력을 나라 안팎으로 크게 발휘했던 나라보다도, 중원 지방 내륙 도시에 도읍을 정하고 비교적 얌전하고 부드러운 방법으로 백성들을 다스려 사회의 질서가 어지럽게 보이고 나라의 위세도 대제국이라 부를 정도로 크게 떨치지 못했던 나라가 더 값지고 중요하다는 것을 깨닫게 되었다. 물론 『장안과 북경』에서도 「중원 내륙에 도읍한 나라들」이란 제목으로 제1편에 10쪽 정도의 글을 싣기는 하였다. 그러나 장안과 북경시대의 문화(제2편)·문학(제3편)·유학(제4편)·새로운 북경시대(제5편)를 논하면서 모두 5편 500쪽 가까이 되는 책을 쓰면서 '중원 내륙에 도읍한 나라들'에 대하여는 10쪽 정도밖에 할애하지 않았다는 것은 말도 안 되는 짓이라 여기게 되었다. 중국의 전통문화는 중국 사람들이 크게 내세우는 장안에 도읍을 하였던 대제국들보다도 중국 내륙에 도읍을 하였던 나라의 위세가 약하였던 나라들이 더 크게 발전시키고 있는 것이다. 북경은 북쪽 오랑캐 민족의 나라들이 중국으로 쳐들어와 온 중국 땅을 차지하고 힘으로 다스리며 한족에게 자기들 오랑캐 문화를 강요한 나라들의 수도였기 때문에 그 정치와 문화는 또 성격이 달라질 수밖에 없는 실정이었다.

　은(殷)나라를 쳐부수고 처음으로 황하를 중심으로 한 서쪽과 동쪽지역을 합쳐서 천하(天下)라고도 하는 대중국을 형성한 주(周)나라는 장안 근처 호경(鎬京)에 도읍을 정하고 봉건제도를 마련하여 강력한 힘으로 나라를 다스린다. 그러나 몇 대의 황제를 거치면서 통치력이 약해지자 서쪽 오랑캐들의 세력에 밀려 도읍을 동쪽 중부지방에 건설한 새로운 도시 낙양(洛陽)으로 옮겨, 주나라는 서주(西周)와 동주(東周)로 나누어진다. 그리고 동주시대는 천자의 권위가 약해져서 밑의 제후(諸侯)들을 완전히 장악하지 못하게 되어 여러 나라의 제후들이 제멋대로 싸우며 약한 나라를 쳐부수어 자기 세력을 늘리기에 힘쓰던 어지러운 시대였다. 동주는 다시 춘추(春秋)시대와 전국(戰國)시대로 갈리는데, 춘추시대는 제후들이 서로 싸우면서도 천자의 존재를 인정하던 시대이고, 전국시대는 천자의 존재조차도 무시하고 자기들끼리 멋대로 싸우며 자기 세력을 늘리기에 힘쓰던 시대이다. 정치는 이처럼 어지러웠지만 춘추시대에는 노자(老子)·공자(孔子)·묵자(墨子) 같은 대학자가 나와 새로운 학문과 사상을 발전시켰고, 전국시대에는 이들을 이어 제자백가(諸子百家)라는 수많은 학자들과 사상가들이 나와 중국의 학술문화를 크게 발전시켰다. 황제의 통치력은 약하여 세상은 어지럽기도 하였지만 지식인들에게는 더 자유롭고 백성들의 생활은 보다 안락하여 학술과 문화는 더욱 발전할 수 있었던 것이다.

한(漢)나라도 고조(高祖) 유방(劉邦)이 진(秦)나라 시황제(始皇帝)가 통일한 천하를 싸워서 차지한 뒤 장안을 도읍으로 하여 나라 안팎으로 위세를 발휘하는 대제국으로 발전한다. 그러나 신(新)나라에게 망한 다음, 광무제(光武帝)가 낙양(洛陽)으로 도망가 다시 나라의 명맥을 유지하게 되어 그 이전을 서한(西漢), 그 이후를 동한(東漢)이라 구별한다. 서한도 진시황이 처음으로 통일한 한자의 자체인 예서(隸書)를 바탕으로 이전의 책들을 정리하고 공부를 하고 지식인들은 글을 쓰고 책을 쓰기도 한다. 동한시대에는 서한의 황제들처럼 강력한 통치를 못하여 나라의 질서가 어지럽기는 하였지만 수많은 학자들이 나와 학문을 연구하고 저술을 하였으며, 지식인들은 자기들의 할 일을 자각하고 글을 썼다. 그 위에 불교가 들어오고 도교가 성립되고, 학술과 함께 사상 문화를 크게 발전시켰다. 주나라와 한나라의 경우에서 확인한 것처럼 같은 나라라 하더라도 도읍을 나라의 변두리 지역에 두고 백성들의 생활은 거들떠보지도 않고 힘으로 나라를 다스리며 대제국의 위세를 크게 발휘할 때보다도, 도읍을 중원 내륙의 도시로 옮겨 백성들의 생활을 직접 보게 되면 포악한 정책을 쓸 수가 없어 통치력은 약해진다. 그러나 백성들의 삶은 보다 안락해지고 지식인들은 활동이 자유로워져 그 나라의 학술과 사상 문화는 더욱 크게 발전하는 것이다.

더구나 처음부터 내륙의 도시에 도읍을 정한 나라들은 대부분이 나라를 세울 적부터 한(漢)나라처럼 수많은 사람들을 죽이는 처참한 전쟁을 하여 황제의 자리를 차지한 것이 아니고 보다 백성들의 생활을 돌보려는 통치자들인데다가 직접 백성들의 생활 모습을 눈으로 보고 있기 때문에 부드러운 방법으로 나라를 다스리게 된다. 그들은 백성들에게 엄격하게 법을 지키도록 강요하지 않기 때문에 폭력으로 다스리는 것보다 사회의 질서는 어지러운 현상을 보여준다. 폭력을 휘두르기 위하여 강한 군사력도 기르지 않기 때문에 이웃 나라들에 대하여 위세를 크게 발휘하지도 않는다. 그 대표적인 나라가 낙양(洛陽)을 도읍으로 삼았던 조조(曹操)의 위(魏)나라와 변량(汴梁, 지금의 河南省 開封)을 도읍으로 삼아 조광윤(趙匡胤)이 세운 북송(北宋)이다.

조조는 한나라 최후의 황제인 헌제(獻帝) 때에 스스로 황제가 되려고 반역을 한 여러 명의 장수들을 쳐서 한나라를 보호해준 장군이며, 그는 늘 밑에 수많은 문인들을 거느렸던 시인이다. 중국 문학사상 자기 이름을 내걸고 시를 창작하는 행위는 조조에게서 시작되고 있다. 조조가 죽고 아들 조비(曹丕)가 뒤를 잇자 한나라 헌제는 즉시 자진하여 황제의 자리를 조비에게 물려주어 그는 위나라 문제(文帝)가 되고, 조조는 무제(武帝)라 높여 부르게 된다. 조조의 아들 손자 모두 학문과 문학을 존중한 시인이며, 그들에 의하여 중국 문학사상 최초의 문단도 이루어진다. 따라서 중국 전통 학술문화 발전을 위한 위나라의 공헌은 막대한 것이다.

북송의 조광윤도 본시는 후주(後周)의 장군이었는데, 주위의 장수들이 그를 왕으로 추대하고 또 후주의 임금이 자진하여 임금 자리를 물려줘 북송의 태조(太祖)가 된다. 그는 문관(文官) 위주의 정치를 시작하고 학술과 문화를 존중하며 백성들을 위한 정치를 한다. 이후 북송의 황제들은 모두 태조의 정책을 바탕으로 하여 나라를 평화롭고 부유하게 잘 다스린다. 주변의 요(遼)·서하(西夏)·금(金) 같은 오랑캐 나라들이 쳐들어와도 백성을 생각하여 그들과 싸우지 않고 그들에게 은과 말 등을 보내며 달래어 돌려보냈다. 따라서 북송은 농업뿐만이 아니라 상공업도 발달하여 온 나라 사람들이 부유하고 평화롭게 잘 살았다. 필자의 『중국문학사』(신아사, 2013 수정판)를 보면 중국 문학사상 중국의 고전문학이 시문(詩文)을 막론하고 모든 면에서 북송시대가 최고로 발전했던 시대로 저술되고 있는 것도 그 때문이다.

『장안과 낙양 그리고 북경』은 이러한 관점을 근거로 중국의 정치와 전통문화의 발전을 다시 추구하고 정리한 것이다. 따라서 여기의 '낙양'은 허난성(河南省)의 뤄양(洛陽) 한 도시만을 지칭하는 것이 아니라 중국 역사상의 한 왕조가 도읍을 하였던 중원 땅 내륙의 여러 도시, 곧 변량(汴梁, 開封)이나 건강(建業, 南京)·임안(臨安, 杭州) 등지를 다 포괄하는 말이다. 따라서 이 책에서 특히 강조하고자 하는 것은 대제국의 수도였던 장안이나 북경이 아니라 국세를 크게 떨치지 못했다고 생각되는 나라들의 수도였던 '낙양'이다. 곧 중원 내륙 도시에 도읍하였던 나라들의 정치와 문화를 더욱 중시할 것이다.

그 중에서도 앞에서 이미 본보기로 언급한 낙양을 도읍으로 삼았던 조조의 위나라와 변량을 도읍으로 하였던 조광윤의 북송에 가장 무게가 주어질 것이다. 앞으로 능력이 허락한다면 다음과 같은 가제(假題)의 저술을 남기고자 한다. 곧 '중국의 전통문학을 본격적으로 발전시킨 조조의 위나라'와 '중국 역대 왕조 중 정치를 가장 잘 하고 중국 전통문화를 최고도로 발전시켰던 북송'이란 두 책이다. 독자 여러분들의 고견(高見)과 질정이 있기를 간절히 빈다.

2016년 6월 1일
인헌서실에서

# 차례

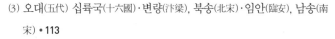

**제3장 중국 전통 학술 문화의 형성과 발전-장안과 낙양 시대 • 166**

# 제1장
# 왜 장안과 낙양 그리고 북경인가?

장안(長安)과 낙양(洛陽) 및 북경(北京)은 중국의 오랜 역사를 통하여 가장 대표적인 그 나라의 수도이다. 장안은 지금의 산시(陝西) 시안(西安) 근처에 위치한 서한(西漢, B.C. 206~A.D. 8)과 수(隋, 581~618)나라 및 당(唐, 618~907)나라 등 대제국의 도읍이었던 도시이다. 그리고 기원전 1111년[1]에서 기원전 771년에 이르는 기간에 중국이라는 대제국의 터전을 마련한 서주(西周)의 수도였던 주원(周原)과 풍(豊) 및 호경(鎬京)이란 곳과 천하를 통일한 진(秦, B.C. 221~B.C. 206)나라의 도읍이었던 함양(咸陽)도 모두 지금의 시안에 매우 가까운 곳에 위치하고 있었다. 곧 장안지역에 위치한 도시들이다. 따라서 지리적으로는 모두 함께 장안 속에 포함시켜 그 특징을 얘기하여야 한다. 모두 합쳐서 '장안'이라 불

---

1 이 책의 西周 이전의 西紀 紀年은 董作賓과 嚴一萍이 共編한 『中國年代世系表』(臺北 藝文印書館, 1957)를 따랐음.

러도 잘못이라 할 수는 없을 것이다.

낙양은 주나라 초기에 중원(中原) 땅을 다스리기 위한 전진기지(前進基地)로 성왕(成王, B.C. 1104~B.C. 1068 재위) 때 건설한 도읍으로 낙읍(洛邑)이라고도 불렀다. 그 때에는 '호경'을 종주(宗周), '낙양'을 성주(成周)라 부르기도 하였다. 그리고 주나라가 세력이 약해지자 서북쪽 오랑캐들 세력에 밀려 기원전 770년에 평왕(平王, B.C. 770~B.C. 720 재위)이 그곳으로 옮겨와 도읍을 삼았다. 따라서 그 이전 호경에 도읍한 주나라를 서주(西周), 그 이후 낙양에 도읍한 주나라를 동주(東周, B.C. 772~B.C. 256)라고 부른다. 다시 한(漢)나라도 장안에 도읍하고 있다가 왕망(王莽)의 신(新, 8~23)나라에 멸망당한 뒤 다시 광무제(光武帝, 25~56 재위)가 도읍을 낙양으로 옮겨 나라의 명맥을 이어가자, 그 이전을 서한(西漢, B.C. 206~A.D. 8), 그 이후를 동한(東漢, 25~220)이라 부른다. 그 뒤로도 위(魏, 220~265)나라와 서진(西晉, 265~317)나라 및 남북조(南北朝)시대의 북위(北魏, 386~534), 당(唐)나라 때 칙천무후(則天武后)의 주(周)나라(685~704)와 오대(五代)의 후량(後梁, 907~923)·후당(後唐, 923~936)도 이곳을 도읍으로 삼았었다.

북경은 서기 1206년에서 1911년 사이에, 몽고족(蒙古族)의 원(元)나라(1206~1368)에 이어 한족의 명(明)나라(1368~1661)와 만주족(滿洲族)의 청(淸)나라(1661~1911)가 도읍을 삼아 역시 대제국의 위세를 온 세계에 떨쳤던 곳이다. 다시 그 뒤를 이어 지금도 중화인민공화국(1949~현재)이 그곳을 자기네 도읍으로 삼고 있다.

그런데 중국 역사의 무대가 되어 온 중원(中原) 땅만을 놓고 본다면 중국 역사상 가장 중요한 나라의 수도였던 장안과 북경은 모두 중국의 중심지역이라 할 위치가 아니다. 18세기 이후에야 중국 영토로 확정

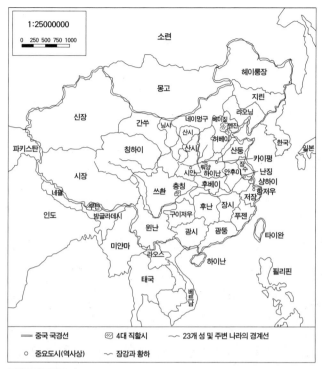

중화인민공화국 지도

된 시장(西藏)·신장(新疆)·칭하이(青海)·간쑤(甘肅)·닝샤(寧夏)·네이멍구(內蒙古)·헤이룽장(黑龍江)·지린(吉林)·랴오닝(遼寧)·타이완(臺灣) 등의 지역을 빼고 보면 그렇다는 것이다. 북경시의 경계 안에 그리고 장안 가까이에 자기네 나라 땅을 오랑캐들의 침략에서 방위하기 위하여 쌓았던 만리장성(萬里長城)이 둘러쳐져 있다는 것은 바로 그곳이 나라의 변경이었음을 증명해준다. 시안(西安)에서 서쪽 북쪽으로 조금만 나가면 사람들이 살기 어려운 거친 땅으로 변한다. 북경은 지금의 베이징(北京)시 경계 안에 만리장성이 지나가고 있고, 시의 경계로부터 100킬로미터도 되지 않는 거리에 네이멍구가 있다. 어떻든 지금도 장안과 북경에서 조금만 북쪽으로 벗어나면 사람이 편히 살기에는 걸맞지 않은 거친 초원과 사막지역이 나온다.

다만 낙양만은 지금의 허난(河南)성 뤄양(洛陽)으로 중원 땅의 중심이 되는 지역에 자리 잡은 중국의 수도가 될 만한 자리이다. 낙양뿐만 아니라 중부 지방의 도시 중에 한 나라의 도읍이 되었던 도시로 건업(建業, 지금의 南京)과 임안(臨安, 지금의 杭州)·변량(汴梁, 지금의 開封) 같은 도시가 있다. 이들 나라의 중부지방에 자리 잡고 있는 도시들은 크게 낙양이란 도시와 같은 성격의 도읍으로 이해해도 좋을 것이다.

그것은 중국이란 나라의 정치 성격이며 문화의 특징이 이들 도읍의 위치에 따라 크게 달랐기 때문이다. 이 장안과 북경을 수도로 처음 정한 사람들은 본시 모두 중국 사람이라고는 할 수 없는 흔히 오랑캐라고 부르던 중원(中原) 지역 밖의 다른 야만 민족들이었다. 장안과 북경은 이른바 오랑캐 민족들이 무력으로 쳐들어와 중원 땅을 지배하던 나라를 멸망시키고 새로운 왕국을 건설하면서 온 천하(天下)를 지배하기 위하여 마련한 수도였던 것이다. 옛날부터 틈만 나면 중국으로 쳐들어와 약탈을 일삼은 민족은 모두 서북쪽의 유목을 일삼는 미개한 오랑캐들이었다. 본시 중원에 뿌리를 내리고 살고 있던 민족은 한족(漢族)이라 불렀다. 중원으로 쳐들어와 중국을 무력으로 정복한 민족은 떠돌아 다니는 유목민족이어서 문화면에서는 중원의 한족에 비하여 형편없는 수준의 사람들이었다. 따라서 그들은 오직 무력으로 중원을 정복한 다음에도 힘으로 온 백성들을 위압하며 중국이란 넓은 땅과 자기네와 핏줄이 다른 사람들을 다스리지 않으면 안 되었다. 따라서 그 다스림은 잔인하고 냉혹한 방향으로 발전하게 되었다. 그리고 그들 제왕은 백성들은 돌보지 않고 자기의 욕구만을 추구하는 무서운 성격의 소유자들이 대부분이었다.

그런데 이 오랑캐 민족이 무력으로 중원 땅에 쳐들어와 천하를 지배하게 되면 결국은 모두 한족(漢族)으로 동화(同化)가 된다. 주(周, B.C. 1111~B.C. 256)나라에서 청(清, 1636~1911)나라에 이르기까지 중국 역대 왕조가 모두 그러하다. 따라서 한족이라고 하지만 그 안에는 말과 풍속이 다른 여러 종족들이 섞여 있다. 그리고 그 한족은 왕조(王朝)가 바뀔 때마다 성격이 달라지는 수밖에 없다. 따라서 중국을 지배해 온 역대의 한족은 왕조가 바뀔 때마다 달라졌음에 유의해야만 한다. 그리고 주나라와 한나라가 도읍을 낙양으로 옮겼을 적에는 지배자들이 이미 한족으로 완전히 동화(同和)되어 한족이 된 뒤의 일이다.

또한 중원지역에 도읍이 안정된 뒤에는 임금이 직접 주변 백성들의 생활 모습을 보고 백성들의 사정을 많이 이해하게 된다. 그리고 문화 민족인 한족에 동화되었기 때문에 그들은 힘으로만 나라를 다스리지 않고 백성들의 생활도 돌보게 되어 심하게 포악한 정치는 하지 않게 된다. 따라서 나라의 위세는 안팎으로 별로 크게 떨치지 못하였으나 백성들은 보다 안락하게 잘 살 수 있었고, 학술과 문화는 장안을 도읍으로 했을 적보다 더욱 크게 발전시키게 된다. 나라의 지배력이 막강할 때보다 지배가 느슨해지면 백성들은 보다 자유로워진다. 특히 지식인들이 보다 자유롭게 자기들이 좋아하는 학술과 문화를 추구하여 발전시키게 된다. 다시 말하면 도읍을 낙양 같은 나라의 한복판에 있는 도시에 정하고, 나라를 다스리는 힘이 약하여 사회가 혼란하고, 밖으로는 나라의 위세를 크게 떨치지 못한 시대에 중국의 전통적인 학술과 문화는 큰 발전을 이루고 있다.

장안과 북경은 모두 이민족이 중원으로 쳐들어와 힘으로 온 중국을 지배하기 위하여 정한 도읍이다. 중국의 지배자들은 나라의 변두리에 자리 잡고 앉아서 나라 안 백성들의 삶 같은 따위는 거들떠보지도 않고 자신의 욕망을 채우기 위하여 무자비하게 백성들을 억누르고 멋대로 부리면서 착취하였다.

우선 장안시대 왕조의 지배자들은 중원 밖에서 무력으로 쳐들어온 이민족이지만 중원을 지배하면서 스스로가 중원의 주인인 한족(漢族)이 되고 한족의 전통문화를 형성한 뒤 그것을 계속 발전시킨다. 주나라와 한나라의 경우에 볼 수 있듯이 그들은 스스로 새로운 거대한 한족을 형성한 뒤에는 이전과 같은 잔인한 성격이 없어져 서북쪽 오랑캐 세력에 밀리고 나라에 문제가 생기면 중원 내륙의 중심도시인 낙양(洛陽)으로 도읍을 옮겼다. 지배자들이 중원 내륙으로 들어와서는 직접 백성들의 생활을 접하게 되므로 변두리에 있을 때처럼 힘으로 가혹하게 백성들을 부리지 못하여 나라의 위세는 약해진다. 동주(東周)며 동한(東漢)이 모두 그러하였다. 그러나 부드러운 정치는 지식인들에게 활력을 불어넣어 그들의 학술과 문화는 장안에 있을 적보다도 더욱 크게 발전한다. 그것은 낙양뿐만이 아니라 이들 왕조 중간에 일어나 내륙 도시인 건업(建業, 지금의 南京)이나 임안(臨安, 지금의 杭州)·변경(汴京, 지금의 開封) 같은 곳에 도읍을 하였던 나라들이 모두 그러하였다.

북경시대의 주인공은 몽고족(蒙古族)의 원나라와 여진족(女眞族)의 청나라이다. 여진족은 뒤에 청나라를 세운 뒤 '여진'이라는 명칭이 야만적인 인상을 준다고 생각하고 자기네 종족의 호칭을 스스로 만주(滿洲)라고 바꾼다. 북경시대에 와서는 중국 주변의 이민족들에게 민족의식이 생겨 이들 지배민족은 중원으로 들어와서도 되도록 자기들의 생활방식을 그대로 유지하려고 애쓰면서 오히려 한족에게도 자기들의 풍습을 강요하였다. 그러나 중원 땅을 힘으로 지배한 몽고족과 여진족은 사막과 초원에서 이리저리 떠다니며 유목을 일삼던 야만민족이다. 이 문화수준이 낮은 지배자들이 오랜 역사를 통하여 찬란한 문화를 발전시켜 온 한족들에게 자기네 문화를 강요한 것이다. 이에 북경시대의 문학이나 음악·미술·연예 등의 성격이 모두 갑자기 바뀌고 중국 문화가 이전과는 다른 이질적인 방향으로 발전하게 된다. 원나라와 청나라의 중간에 한족의 왕조인 명나라가 있었다. 따라서 명나라의 많은 지식인들은 몽고족에 의하여 변질된 자기네 전통문화를 되찾아보려고 무척 노력하였지만 일단 전통을 잃은 처지에서는 아무런 성과도 올릴 수가 없었다. 이미 바뀐 사회 습성이나 생활방식을 옛날과 같이 되돌려놓을 수가 없었다. 사람들의 입는 옷과 먹고 마시는 음식이며 집안의 꾸밈이 모두 달라지고 심지어 사람들이 좋아하는 노래 가락이나 물건의 색깔까지도 모두 달라진 것을 어찌 하겠는가? 그리고 중국을 지배한 이민족이 지배자가 된 뒤에는 자기네 저질 문화보다는 오랜 세월을 두고 발전해 온 찬란한 중국의 전통문화에 이끌리지 않을 수가 없었다. 보기를 들면 상류 지배자로 행세하려고 하다 보니 자기네 글자는 제쳐두고 한자를 쓰지 않을 수가 없게 되었다. 이에 지배민족 스스로가 한족에 동화하였다. 지배민족이 한족에 동화하다 보니 한족의 성격도 크게 달라질 수밖에 없고 그들의 생활방식이나 문화에도 큰 변화가 일어나지 않을 수 없었다. 다시 명나라 뒤를 청나라가 계승하면서 그 문화의 이질화는 더욱 심해졌다.

한편 중원을 차지하고 있는 왕조는 틈만 나면 침입하여 약탈을 일삼는 북쪽 오랑캐들을 만리장성을 넘어가 토벌하기도 하였으나, 그곳은 대부분이 사막과 초원으로 이루어진 불모의 땅이라 그곳을 중국 영토에 합병시키려 들지 않고 그들을 혼내주기만 하고 바로 만리장성 안으로 되돌아왔다. 만리장성 저쪽은 이 세상 변두리의 오랑캐들이나 사는 형편없는 고장이라 치부하였던 것이다.

장안이라고 하지만 처음으로 장안 근처에 수도를 정하고 중원을 지배하기 시작한 것은 서주(西周, B.C. 1111~B.C. 771) 시기부터이다. 주나라 무왕(武王, B.C. 1111~B.C. 1103 재위)은 은나라를 쳐부수고 수도를 지금의 시안(西安) 근처 호(鎬) 또는 호경(鎬京)이라 부르는 곳에 정하였다. 진(秦)나라(B.C. 221~B.C. 207) 시황(始皇, B.C. 246~B.C. 211 재위)은 천하를 통일한 다음 수도를 시안 서북쪽의 함양(咸陽)으로 정하였다. 서한(西漢, B.C. 206~A.D. 8)에 이르러 고조 유방(劉邦, B.C. 206~B.C. 196 재위)이 수도를 장안에 정하였다. 뒤의 수(隋, 581~618)나라와 당(唐, 618~907)나라도 도읍을 장안에 두었지만 모두 한나라의 장안과 완전히 같은 도시는 아니다.

이들 왕조의 수도가 한 곳이 아닌 까닭은 왕조가 바뀔 때마다 새로운 정복 왕조는 이전 왕조의 도읍으로 쳐들어와서는 그곳의 재물을 모두 약탈하고 사람들을 닥치는 대로 죽이고 겁탈한 다음 도성을 완전히 불태우고 부숴버려 거의 흔적도 남기지 않았기 때문이다. 그리고는 그 근처에 정복한 백성들을 노예처럼 동원하여 앞선 왕조의 도성보다도 되도록 더 크고 호화로운 수도를 건설한 것이다. 이들은 모두 비슷한 장소이기 때문에 가장 잘 알려진 장안이란 이름으로 통칭하고 있으나 이전 왕조의 궁전을 비롯한 유적은 거의 남아있지 않다. 지금의 시안(西安) 근처가 장안이라고 하지만 옛날 장안의 흔적은 거의 발견할 수가 없다. 중국 사람들은 흔히 시안에 가서 이런 탄식을 하였다.

"눈을 들어 바라보면 해만 보이고 장안은 보이지 않는다.(擧目見日, 不見長安.)"

지금 시안 시내에 있는 옛날 성벽과 망루는 후세에 명나라 때(1368~1661) 서북지방을 방위하기 위하여 새로 만든 것이지 한나라나 당나라의 장안 유적이 아니다.

북경은 훨씬 뒤의 몽고족인 원(元)나라(1206~1368)가 중

시안(西安)의 명대에 쌓은 성과 성루

원을 지배하기 위하여 정한 수도이다. 북경의 파괴가 장안처럼 심하지 않은 것은 원나라를 뒤이은 것은 한족인 명나라(1368~1662)이고 태조(太祖, 1368~1397 재위)인 주원장(朱元璋)은 북경이 아니라 난징(南京)을 처음엔 수도로 삼았기 때문이다. 명나라의 세 번째 임금인 성조(成祖)의 영락(永樂) 19년(1421)에 수도를 북경으로 옮겼다. 다시 명나라가 망해 갈 적에 북경을 점령한 것은 농민들을 이끌고 일어났던 이자성(李自成)이었고, 명나라 장군 오삼계(吳三桂)가 이자성 군에 빼앗긴 자기 애인 원원(圓圓)을 되찾으려고 청나라 군대를 인도하여 산해관(山海關)을 넘어온 다음 다시 북경을 빼앗았기 때문에 파괴할 여유가 없었다.

중국이라는 천하(天下)에는 따로 주인이 없었다. 누구든 하늘의 뜻을 핑계 삼아 무력으로 기성 정치세력을 무자비하게 소탕하고 천하를 통일하기만 하면 천하의 주인인 천자(天子)가 되는 것이다. 중국 땅 안에는 한 민족만이 살고 있는 것이 아니다. 지금도 중국에는 한족을 중심

으로 하여 모두 55개의 소수민족(少數民族)이 함께 살고 있다. 따라서 어떤 민족이든 힘으로 천하를 통일하기만 하면 천하를 지배하는 민족이 되는 것이다. 심지어 중원 변두리의 오랑캐들이라 하더라도 무력으로 쳐들어가 천하를 차지하기만 하면 천자가 되어 천하를 지배하게 된다. 그리고 그들은 살아남은 한족들과 합쳐져 새로운 한족을 이루게 된다. 중국 역사상 왕조(王朝)의 교체는 왕국의 성격만이 달라지는 것이 아니라 그 왕국을 지배하는 한족(漢族)의 성격도 바뀌었다. 그리고 천하를 다스리는 정치기구는 백성들을 평안히 잘 살게 하기 위하여 만든 것이 아니라 천하의 백성들을 지배하며 착취하기 위하여 만든 것이다. 그것은 도읍의 경우도 마찬가지이다. 장안과 북경은 백성들을 잘 살도록 다스리기 위하여 마련한 수도가 아니었다. 백성들은 별로 거들떠보지도 않고 먼 변두리 도시에 자기만을 위한 화려한 궁궐을 건설해 놓고 홀로 온갖 사치를 즐기며 힘으로 온 천하와 사람들을 지배하는 근거지로 삼기 위하여 건설한 도읍이었다.

이 도읍의 위치인 '장안'과 '낙양'과 '북경'에 따라 나라를 다스리는 성격이며 그들의 학술과 문화 등 모든 성격이 뚜렷이 서로 달라진다. 따라서 수천 년의 역사를 지닌 중국의 전통적인 정치와 학술·문화의 성격을 올바로 이해하려 한다면 이 세 가지 서로 다른 지역에 도읍을 정하고 나라를 다스렸던 시대와 왕조를 제각기 분리하여 놓고 보아야만 그 올바른 실상과 특징을 파악할 수 있게 될 것이다. 중국의 대표적인 수도인 장안과 낙양과 북경을 문제 삼는 까닭은 여기에 있다. 특기할 만한 사실은 장안을 도읍으로 삼았던 왕조와 북경을 도읍으로 삼았던 왕조는 같은 중국의 나라이면서도 나라를 다스리는 지배자들의 성격이며 그들이 보여주는 문화와 사상이 거울의 앞뒷면처럼 판이

하게 서로 다르다는 점이다. 이런 방법을 바탕으로 한 중국의 역사와 문화적인 특징의 이해는 중국이라는 큰 나라를 올바로 이해하는 데 큰 도움이 될 것이다.

# 제2장

# 중국의 역대 왕조(王朝)와
# 황제들

## 1. 중국의 역대 왕조와 황제들의 특징

　중국 땅에서는 어떤 민족이든 밖에서 쳐들어와 힘으로 천하를 통일
하기만 하면 온 세상을 지배하는 민족이 되는 것이다. 심지어 중원 변
두리의 오랑캐들이라 하더라도 무력으로 쳐들어가 천하를 차지하기
만 하면 천자(天子)가 되어 천하를 힘으로 지배하게 된다. 그리고 천하
를 다스리는 정치기구는 백성들을 평안히 잘 살게 하기 위하여 만든
것이 아니라 천하의 백성들을 꼼짝 못하게 지배하기 위하여 만든 것
이다. 그것은 대표적인 왕조들의 도읍인 장안과 북경의 경우도 마찬
가지이다. 백성들이 잘 살도록 나라를 평화롭게 다스리기 위하여 마
련한 도읍이 아니라 힘으로 온 천하와 사람들을 지배하는 근거지로
삼기 위하여 건설한 터전이다. 임금인 천자는 백성들 사정은 거들떠

보지도 않고 호사를 누리며 자기만 잘 살기 위하여 변두리 지역에 도읍을 정하였다. 그런 나라의 임금들이 백성을 생각하면서 나라를 제대로 다스릴 이가 없다.

『맹자(孟子)』 등문공(滕文公) 하(下)편을 보면 옛날의 중국 정치 상황을 논하면서 다음과 같은 말을 하고 있다.

> "천하가 생성된 지는 오래 되었는데, 한때는 잘 다스려지다가 한때는 어지러워지는 일이 되풀이되고 있네."[1]

그리고 맹자(B.C. 372~B.C. 289)는 요(堯)임금과 순(舜)임금으로부터 하(夏)나라 우(禹)임금 같은 성왕(聖王)의 다스림이 있은 뒤에는 은(殷)나라(B.C. 1751~B.C. 1111) 주(紂)왕 같은 폭군이 나와 어지러운 세상이 되었고, 다시 주(周)나라에 문왕(文王)과 무왕(武王) 같은 임금이 나와 태평스러운 세상을 이룬 다음 점점 어지러워지자 다시 공자(孔子, B.C. 551~B.C. 479)라는 성인이 나와 세상을 바로 잡았음을 그 증거로 들어 설명하고 있다. 맹자는 너무 옛날 일을 근거로 하고 있어 믿음이 잘 가지 않는다. 그러나 현대의 중국 역사학자 샤쓩유(夏曾佑)는 그의 역저인 『중국고대사』에서 "중국 역사에는 한 가지 공식이 있었다."라고 하면서 중국 역대 왕조의 특징을 모두 싸잡아서 다음과 같이 설명하고 있다.

> "태평스러운 세상은 반드시 혁명으로 전쟁이 치러진 뒤의 사오십 년간이다. 이 뒤로부터 융성한 세상이 대략 100년 동안 이어진다. 100년 뒤에

---

1 "天下之生久矣, 一治一亂."

는 다시 어지러운 현상이 일어나고, 다시 수십 년 동안 더욱 익어 마침내
는 대란(大亂)이 일게 되어 다시 혁명이 일어나는 형국이 된다. 한(漢)나
라·당(唐)나라·송(宋)나라·명(明)나라들이 다 그러하였다. …

　대란이 일어난 뒤에는 백성들 수가 줄어들어 자연 생산되는 물건들이
그들을 먹이고도 남음이 있게 되고, 호걸이나 혼란을 일삼던 무리들도
모두 이미 죽어버려 살아남은 사람들은 혼란을 싫어하며 구차하게 살면
서도 과분한 소망 같은 것이 없다. 이것이 바로 태평 세상이 오는 원리
이다."**2**


　곧 중국은 왕조가 바뀔 때마다 새로운 정복자들이 수많은 사람들을
학살하여 인구가 현저히 줄어들어 자연 생산품에 먹고 남는 여유가
생기고 호걸이나 난동을 일삼던 자들도 다 죽어버려 초기에는 태평
스러운 세상이 온다는 것이다. 결국 중국이란 천하의 태평은 정치를
잘 해서가 아니라 세상의 혼란이 극에 달할 적에 천하를 정복하는 자
가 사람들을 많이 죽여버려 나라 사람들이 먹고 사는 데 여유가 생기
기 때문이라는 것이다. 이 태평천하는 오래 갈 수가 없다. 곧 인구가
늘어 먹고 살 것이 부족하게 되면 세상이 어지러워지고, 세상의 혼란
이 극에 달하면 또 밖에서 새로운 정복자가 쳐들어와 혁명을 일으켜
수많은 사람들을 죽여버린다. 이러한 대학살로 인구가 크게 줄어들면
먹고 살 생산품에 여유가 생기고 난동을 일삼는 자들도 없어져 다시

---

2　夏曾佑『中國古代史』; "中國歷史有一公例." "太平之世, 必在革命用兵之後四五十年. 從此以
後, 隆盛之世約及百年. 百年之後, 又有亂象, 又醞釀數十年, 逐致大亂, 復成革命之局. 漢·
唐·宋·明, 其例一也. ― 大亂之後, 民數減少, 天然之産, 養之有餘. 而豪傑敢亂之徒, 並已
前死, 餘者厭亂苟活, 無所奢望. 此卽太平之原理." (p.252)

태평스러운 세상이 찾아온다. 이러한 혁명을 바탕으로 한 태평천하에
이어서 물산의 부족으로 말미암은 대혼란 뒤의 다시 혁명이라는 현상
의 반복이 중국의 역사라는 것이다. 이러한 왕조 교체의 특성은 특히
중국의 역대 왕조의 대표적인 도읍지였던 장안과 북경을 수도로 삼은
왕조들의 혁명에 딱 들어맞는 설명이다.

따라서 이와 같은 중국 역대의 왕조를 세운 여러 황제들은 모두가
무척 강하고도 많은 사람을 죽일 수가 있을 정도로 매우 잔인한 성격
의 소유자이다. 중국 땅 안에는 말과 풍속이 서로 다른 여러 종족(種族)
들이 함께 어울려 한족을 이루고 있기 때문에 전제적(專制的)인 강력하
고 비정한 방법이 아니면 그 나라를 다스릴 수가 없다. 따라서 중국을
다스린 역대의 임금은 결국 백성들 생각은 조금도 할 줄 모르고 자기
만이 호화롭게 사는 길을 추구했던 인물들일 수밖에 없다. 청나라 초
기의 대학자인 황종희(黃宗羲, 1610~1695)는 그의 명저 『명이대방록(明夷待
訪錄)』의 제1원군(原君)에서 먼저 태곳적의 전설적인 요(堯)임금과 순(舜)
임금 및 천하의 홍수를 방지하고 하(夏)나라를 세운 우(禹)임금 같은 훌
륭한 성인이라고 일컬어진 임금들과 그 시대의 어진 정치를 이야기한
다음에 후세의 중국 황제들의 성격에 대하여 아래와 같은 설명을 하
고 있다.

　　"후세의 임금들은 그렇지 않았다. 그들은 '천하를 이롭게 하거나 해롭게
하는 권한은 모두 나에게서 나오는 것이다. 나는 천하의 모든 이익을 모
두 나에게로 돌리고 천하의 해로운 것은 모두 남들에게 돌린다 해도 잘
못이 아니다. 천하의 사람들은 감히 자기 멋대로 행동하거나 감히 자기
이익을 추구하게 두어서는 안 된다. 나의 위대한 나만을 위한 멋대로의

황종희의 초상

행동은 천하의 위대한 공정함인 것이다'라고 여겼다.

처음에는 부끄러워하기도 하지만 오래 가면 편안히 여기게 된다. 천하를 막대한 산업이라 보고 그것을 자손들에게 전하여 가면서 영원히 즐거움을 누리겠다는 것이다. 한나라 고조(高祖)가 '내가 이루어 놓은 사업이 중형님이 이룬 것에 비하여 얼마나 많습니까?'라며 한 말은 임금의 이익을 추구하려는 마음을 은연중 말을 통하여 흘려버린 것이다.

이건 다름이 아니다. 옛날에는 천하가 주인(主)이고 임금은 나그네(客)여서, 임금이 평생 동안 애써 일하는 것은 모두가 천하를 위한 것이었다. 지금은 임금이 주인이고 천하가 나그네가 되어버려서 온 천하에 편안히 지내는 곳이라고는 없게 되었는데, 그것은 임금만을 위하는 것이 되었기 때문인 것이다.

그러므로 임금이 천하를 차지하지 못하였을 적에는, 천하 사람들의 간과 머리 골을 쪼개고 해치며 천하의 아들딸이 가족과 함께 살지 못하게 하면서도 나 한 사람만의 사업을 추구하게 된다. 그러면서 조금도 언짢은 기색도 없이 '나는 본시 내 자손들을 위하여 위대한 일을 이루려는 것이다'라고 말한다.

임금이 천하를 얻고 나서는 천하 사람들의 골수를 깨부수고 빼내며 천하의 아들딸들을 가족과 함께 살지 못하게 하면서 자기 한 사람만의 음란한 즐김을 유지한다. 그렇게 하는 것이 당연한 일이라 보면서 '이것은 내 사업을 통해서 얻어지는 이익이다'라고 말한다. 그러니 천하의 막대한 폐해가 되는 것은 바로 임금이다. 처음부터 임금이 없다면 사람들은 각기 자기 뜻대로 살 수가 있을 것이다. 사람들은 각기 자기의 이익을 추구할 수가 있을 것이다. 아아! 어찌 마련해놓은 임금의 도리가 이렇게 되었단 말인가?"[3]

　이상 중국의 역대 왕조와 황제들의 특징에 대하여 쓴 글은 모두 저명한 중국학자들의 이론을 인용한 것이다. 이는 특히 중국 역대의 대표적인 수도였던 장안과 북경을 도읍으로 삼고 천하를 다스린 왕조와 황제들의 성격과 특징에 걸맞기에 여기에 인용하였다. 장안과 북경에 도읍한 나라들은 처음부터 막대한 군사력을 바탕으로 침략을 하여 수많은 사람들을 죽이고 약탈과 파괴를 일삼으며 나라를 세웠다. 그리고 무력으로 백성들을 멋대로 부리고 다스리며 주변의 나라들을 힘이 닿는 대로 쳐서 굴복시켰다. 때문에 장안과 북경을 수도로 했던 제국은 모든 면에서 무척 강하였다. 따라서 일반적으로 중국학자들은 역사적으로 외국에 대하여도 전쟁을 일삼으며 나라의 위세를 크게 떨치고 강한 권력을 내세워 백성들을 멋대로 다스린 장안과 북경에 도읍

---

3　『明夷待訪錄』; "後之爲人君者不然. 以爲天下利害之權, 皆出於我. 我以天下之利盡歸於己, 以天下之害盡歸於人, 亦無不可. 使天下之人, 不敢自私, 不敢自利. 以我之大私爲天下之大公. 始而慙焉, 久而安焉. 視天下爲莫大之産業, 傳之子孫, 受享無窮. 漢高祖所謂, 某業所就, 孰與仲多者, 其逐利之情, 不覺溢之於辭矣. 此無他, 古者, 以天下爲主, 君爲客. 凡君之所畢世而經營者, 爲天下也. 今也, 以君爲主, 天下爲客. 凡天下之無地而得安寧者, 爲君也. 是以, 其未得之也, 屠毒天下之肝腦, 離散天下之子女, 以博我一人之産業. 曾不慘然, 曰; 我固爲子孫創業也. 旣得之也, 敲剝天下之骨髓, 離散天下之子女, 以奉我一人之淫樂, 視爲當然, 曰; 此我産業之花息也. 然則爲天下之大害者, 君而已矣. 向使無君, 人各得自私也, 人各得自利也. 嗚呼! 旣設君之道, 固如是乎?"(전해종 역 『명이대방록』, 삼성문화재단 발행, 삼성문화문고 2. 참고 바람.)

을 정하였던 제국들을 훌륭한 왕조로 평가하고 있다. 여기에 보태서 특기해야 할 사실은 그런 중에도 장안을 도읍으로 삼았던 왕조와 북경을 도읍으로 삼았던 왕조는 나라를 다스리는 지배자들의 성격이며 그들이 보여주는 문화와 사상의 성격이 거울의 앞뒷면처럼 판이하게 서로 달랐다는 점이다. 이것은 중국 역사와 사상 및 그 문화의 한 가지 두드러진 특성이기도 하다.

그러나 되도록 다른 나라와의 전쟁을 피하고 백성들을 평화와 번영 속에 살게 한 낙양을 비롯한 중원 내륙에 도읍을 정하였던 나라들은 이와 경우가 전혀 다르다. 동주(東周)와 동한(東漢) 및 남송(南宋)은 적을 피하여 낙양과 임안(臨安)으로 옮겨가 나라를 다시 살려내고 그 명맥을 유지한 경우이며, 조조(曹操)의 위(魏)나라와 서진(西晉)·동진(東晉) 및 남북조(南北朝)시대의 나라들과 북송(北宋)은 별로 싸우지도 않고 앞 왕조의 황제로부터 임금 자리를 평화롭게 물려받아 나라를 다스렸던 나라들이다. 그리고 나라를 세운 뒤에는 되도록 전쟁을 피하며 평화와 번영을 추구하여 자기네 백성들은 물론 이웃나라까지도 평화롭게 잘 살도록 나라를 다스린 왕조들이다. 이들 나라는 나라 밖으로 나라의 위세를 크게 떨치지는 못하였지만 장안과 북경에 도읍하였던 나라들보다는 훨씬 백성들이 안락하게 잘 살았고 그들의 학술과 문화도 크게 발전시켰다.

중국 사람들에게 천하를 평화롭게 잘 다스리는 이상적인 황제로는 성인(聖人)이 있었다. '성인'은 훌륭한 덕(德)을 갖추고 빈틈없는 지혜를 지니어 모든 일을 올바로 처리하는 인격자이다. 따라서 하늘의 명(命)을 받아 천하를 다스리는 천자(天子) 자리에는 자연히 세상에서 덕을 가장 많이 갖추고 있는 성인이 맡게 된다. 이들 성인이 임금이 되면 성왕(聖王)이다. 나라를 다스리는 황제의 자리도 싸워서 남이 갖고 있는 것을 빼앗는 것이 아니라, 가장 훌륭한 덕을 쌓은 사람은 자연히 남에게도 그의 훌륭함이 알려져 이전의 황제로부터 정중한 권유를 따라 곧 선양(禪讓)에 의하여 자연스럽게 왕위를 물려받게 되는 것이다. 이러한 성왕(聖王)의 개념은 전설적으로 형성된 것이다. 중국 최초의 역사책인 사마천(司馬遷, B.C. 145~B.C. 86?)의 『사기(史記)』는 오제본기(五帝本紀)로 중국 역사의 기술이 시작되고 있는데, 여기에 등장하는 '오제'는 황제(黃帝)·전욱(顓頊)·제곡(帝嚳)·요(堯)·순(舜)의 다섯 임금이다. 그러나 요임금 이전의 '성왕'들이 실제로 어떻게 임금이 되고 어떤 정치를 하였는지 확실한 기록이 없다. 유가의 경전인 『서경(書經)』은 대략 기원전 20세기 전후에 황하(黃河) 중하류 지역의 작은 나라를 다스렸다고 생각되는 요(堯)임금과 순(舜)임금에서 시작하여, 그들을 뒤이은 하(夏)나라(B.C. 2183~B.C. 1751)와 상(商)나라(B.C. 1751~B.C. 1111) 및 주(周)나라(B.C. 1111~B.C. 250) 시대의 사관(史官)들 기록을 바탕으로 하여 후세에 저술된 책이라고 한다. 이를 바탕으로 공자(孔子, B.C. 552~B.C. 479) 이래로 유가(儒家)에서는 요임금과 순임금과 함께 하나라를 세운 우(禹)임금, 상나라를 세운 탕(湯)임금 및 주(周)나라를 세운 문왕(文王)과 무왕(武王)을 그들의 이상적인 정치를 행하였던 '성왕'이라고 떠받들어 왔다. 이들 성왕은 백성들에게 강요하는 일 없이 덕으로 나라를 다스리고, 백성들은 황제가 있는지조차도 느끼지 못하며, 각자의 생업에 힘쓰며 평화로운 삶을 누렸다 한다. 『제왕세기(帝王世紀)』에는 요임금 때 80세 또는 90세가 되어 보이는 노인이 타악기를 두드리며 노래 불렀다는 「격양가(擊壤歌)」가 있는데, 이때의 실정을 잘 표현하고 있다.

**요임금의 초상**

해가 뜨면 일어나 일하고, 해가 지면 들어
가 잠자네.
우물 파 물마시고 농사지어 먹고 사니,
임금의 권력이 나와 무슨 상관이랴!

日出而作, 日入而息.
鑿井而飮, 耕田而食,
帝力于我何有哉?

요임금은 이처럼 임금노릇을 하다가
뒤에는 덕이 많다는 '순'을 알게 되자 자
신의 두 딸을 그에게로 시집보낸 뒤 황
제 자리를 순에게 물려준다. 순임금도
요임금과 같은 지극한 덕으로 나라를 다
스렸다. 다만 그들의 나라 안을 흐르고 있던 황하(黃河)는 홍수가 나면
물이 넘칠 뿐만 아니라 흔히 물줄기까지 바꿔가며 넓은 땅을 이리저
리 휩쓸었다. 그러기에 옛날부터 중국을 다스리는 이들의 가장 커다
란 사명은 이 홍수를 다스리는 일이었다. 요임금 때부터 이 홍수를 다
스리려고 무척 애를 썼지만 성공하지 못하였는데, 순임금 때에 이 홍
수를 다스린 위대한 인물이 나타난다. 그가 바로 하(夏)나라를 연 우
(禹)임금이다. 우임금은 온 나라의 강물을 다스린 위대한 공로로 말미
암아 순임금에게서 왕위를 물려받아 새로운 나라를 세운 것이다. 이
전까지는 왕위를 나라에서 가장 어진 사람을 골라 그에게 물려주었으
나, 하나라 때부터 그의 아들이나 형제에게 임금 자리를 물려주게 된

다. 이렇게 대대로 임금 자리를 이어가다 열일곱 번째에 가서는, 후세의 은(殷)나라 주(紂)임금과 함께 폭군(暴君)으로 유명한 걸(桀)임금이 나온다. 걸임금은 포학한 정치를 일삼다가 민심을 잃어 마침내 상(商)나라 탕(湯)임금에게 멸망되고 만다.

탕임금이 세운 상나라는 뒤에 반경(盤庚) 임금(B.C. 1398~B.C. 1371 재위)이 도읍을 은(殷)으로 옮겨 나라 이름도 '은'이라 부르게 된다. 중국의 유사시대(有史時代)는 이 은나라 때부터라 한다. 이 은나라도 술과 여자만을 즐기며 백성들을 돌보지 않는 포학한 정치를 한 28대 주(紂)왕에 이르러 주(周)나라 무왕(武王)에게 멸망한다. 주나라는 무왕의 아버지인 문왕(文王) 때에 은나라를 쳐부수고 천하를 다스리라는 하늘에서 내린 천명(天命)을 받았으나 이를 이루지 못하고 죽어 아들 무왕이 천명을 이룬 것이라 한다. 그래서 옛날의 성인을 말할 때 흔히 요·순·우·탕·문왕(文王)·무왕(武王)을 친다. 후세에는 다시 유가에 의하여 공자와 주공(周公) 단(旦)도 성인이라 부르게 되었는데, 공자는 유학(儒學)이라는 위대한 학문을 이룬 분이고, 주공은 주(周)나라 초기에 제례작악(制禮作樂)을 하여 공자의 유학이 창시되는 바탕을 마련한 분이기 때문이다. 공자가 유학을 창시하고 주공이 제례작악하여 천하를 올바로 다스릴 사상과 제도를 마련한 것은 황제가 되어 덕으로 천하를 평화롭게 다스린 앞의 성인들 공로에 못지않다고 여겼기 때문이다. 여기에서 말하는 예(禮)와 악(樂)은 단순한 예의와 음악이 아니다. '예'는 나라를 다스리는 제도와 사람들이 살아가면서 지켜야 할 윤리 및 사회규범 등을 모두 가리킨다. '악'은 학술과 문화와 사상 등을 모두 아울러 부르는 말이다. 그러니 주공은 주나라를 세우면서 중국 전통문화의 바탕을 마련한 셈이다. 때문에 공자는 주공의 업적을 바탕으로 하여 유학이라는 새로운 사상체계를 세웠던 것이다. 어떻든 공자와 주공은 유학자들에게 떠받치어 '성인'이라는 칭호를 받았기 때문에 여기에서는 논외로 친다.

　중국의 전설적인 성인이며 덕으로 천하를 다스려 태평성대를 이루었다는 성왕들을 보면 주나라의 문왕과 무왕을 제외하고는 모두 장안이나 북경 같은 변두리가 아니라 중원 땅 내륙지역에서 나라를 다스렸던 임금들이다. 중국학자들이 유사시대(有史時代)라고 하는 상(商)나라는 지금의 허난(河南)성 상치우(商邱)현에 도읍을 하다가 '은'이라 부르던 같은 성의 안양(安陽)현으로 도읍을 옮겼었으니, 그 세력은 산둥(山東)·허베이(河北)·산시(山西)의 가까운 지역까지도 미쳤던 것 같으나 나라의 영역은 허난성 황하의 중하류 지역을 중심으로 한 곳이었던 것 같다. 하나라 이전 나라들의 도읍이나 나라 경계는 알 수가 없다. 그러나 은나라 시대 이전의 중국은 씨족(氏族)을 구성원으로 하는 여러 부락국가(部落國家)로 이루어져 있었고, 요임금과 순임금 및 우임금 모두가 이들 부락 연맹의 우두머리였을 것이니, 모두 허난성의 황하 중하류 지역을 크게 벗어나지 않는 지역이 활동무대였을 것이다.

　이들 성인들 중 요임금과 순임금 및 하나라의 우임금은 이른바 선양(禪讓)에 의하여 앞의 황제로부터 평화적으로 황제 자리를 물려받지만, 상나라의 탕임금은 하나라 최후의 황제 걸(桀)왕을 무력으로 쳐서 죽이고 상나라의 황제가 되고, 주나라의 무왕은 은나라 최후의 임금이 주(紂)왕을 무력으로 정벌하여 천하를 다스리는 새로운 황제가 된다. 그런데 중국학자들 모두가 유사시대는 기원전 16세기 무렵에 세워진 상나라부터라고 믿고 있으니, 실지로 먼저 임금으로부터 덕이 많다고 하여 황제 자리를 물려받은 성인은 존재치 않는 것이다. 후세 사람들이 만들어 낸 전설이라 보아야 할 것이다.

중국 역사상 실제로 덕이 많다고 하여 먼저 나라의 황제로부터 황제 자리를 '선양'으로 물려받은 임금은 중원 내륙 도시에 도읍하였던 나라들 중에 있었다. 동한(東漢, 25~220) 말에 위(魏)나라 조조(曹操, 155~220)가 죽고 그의 아들 조비(曹丕, 178~226)가 그 뒤를 잇자 동한의 헌제(獻帝, 190~220 재위)는 천자의 자리를 자진하여 조비에게 물려주어 그는 위나라 문제(文帝)가 된다. 당(唐, 618~907)나라 뒤의 오대(五代)의 후주(後周, 951~960)에 어린 공제(恭帝)가 임금 자리에 오르게 되자 후주의 여러 장군들 모두가 덕망이 높은 조광윤(趙匡胤)을 황제로 모시려 하자 공제는 순순히 황제 자리를 조광윤에게 물려주어 그는 북송(北宋) 태조(太祖, 960~975 재위)가 된다. 그 밖에도 내륙 도시에 도읍한 나라 중에는 어느 정도 압력이 있는 경우가 있기는 했으나 전쟁이 아닌 '선양'으로 왕조가 바뀌어진 경우가 여럿 있다. 그런데 중국에서 이러한 실제로 '선양'을 받아 임금이 되고 학술과 문화를 존중하는 부드러운 정치를 한 임금들은 성인으로 쳐 주지 않고 있다. 이런 사실은 모두 뒤에 중원 내륙 도시에 도읍한 나라들을 논할 적에 더 상세히 논술하게 될 것이다.

또 한 가지 특이한 일은 여러 성인들은 모두 한 왕국을 창시한 황제인데, 주나라의 문왕 만은 은나라를 쳐부수고 주나라를 세운 무왕(B.C. 1111~B.C. 1105 재위)의 아버지인데 '성인' 속에 끼어 있다. 물론 그들은 문왕이 정치를 잘 하여 은나라를 정복할 수 있는 주나라의 힘을 길렀고, 또 황제인 '천자'는 하늘에서 덕이 많은 사람에게 내리는 천명(天命)을 받아야 되는 것인데 문왕이 이미 '천명'을 받았는데 그 '천명'을 이루지 못하고 죽었다는 것이다. 때문에 아들인 무왕이 그 '천명'을 물려받아 은나라를 쳐부수고 주나라를 세웠다는 것이다. 하늘이 문왕은 곧 죽을 것이라는 것도 모르고 그에게 '천명'을 내렸다는 것이다. 여하튼 이런 이유로 주나라에는 '성인'이 두 분 있게 되었다. 그리고 『시경(詩經)』을 펼쳐보면 이전의 궁정에서 쓰던 음악인 대아(大雅)에는 「문왕(文王)」·「대명(大明)」 등 문왕의 덕을 기리는 시가 여러 편 있고, 주송(周頌)에는 「청묘(淸廟)」·「아장(我將)」 등 문왕의 제사와 관련된 시들이 있으나, 무왕과 관련된 시는 10대 뒤의 선왕(宣王, B.C. 827~B.C. 782 재위)보다도 훨씬 적다. 『서경(書經)』과 『역경(易經)』에도 무왕과 관련된 기사는 극히 적다. 아무래도 주나라가 설 때에 제례작악을 하며 이러한 경전들의 기반을 만들어 놓은 것은 주공(周公)이어서 그런 결과가 만들어진 것 같다. 주공은 무왕의 동생이며 문왕의 아들이기 때문에 별로 큰 역할을 하지 못한 자기 형보다도 아버지 문왕을 크게 내세웠을 것이다.

그리고 무왕은 실제로 은나라를 치면서 많은 사람을 죽이고 무력으로 은나라를 친 다음 황하 유역을 중심으로 하는 동서지역을 합병하여 주나라를 만들고 힘으로 천하를 다스리기 시작하였기 때문에 문왕과 무왕을 합쳐 요임금이나 순임금 같은 성인 또는 성왕의 대열에 끼워 넣을 수가 없는 것이다. 실제로는 주공 자신의 역할이 컸지만 문왕과 무왕은 사실상 장안을 바탕으로 하는 잔인한 힘의 통치를 개시한 사람들이다. 그 반면 중국 역사상 실제로 이전 황제로부터 정중히 황제 자리를 넘겨받고, 성인에 가까운 덕을 가지고 어진 정치를 한 위나라의 문제 조비(曹丕)나 북송의 태조 조광윤(趙匡胤) 같은 임금들은 '성인'이나 '성군'이라고 칭송하는 일이 거의 없다. 이미 그 백성들까지도 장안과 북경의 무력에 의한 가혹한 다스림에 익숙해진 때문일 것이다. 중국 사람들은 위나라나 북송의 황제들은 이상적인 천하의 통치자로 보지 않는다. 이러한 나라들은 모두 밖으로 국세도 별로 떨치지 못한 형편없는 왕조라고 보고 있다.

그러나 남송 때 주희(朱熹, 1130~1200)가 나와 북송 때 여러 학자들이 개척한 이학(理學)을 종합하고 체계화하여 주자학(朱子學) 또는 성리학(性理學)이라고도 부르는 새로운 유학체계를 집대성한다. 이 주자학은 몽고족의 원나라에서 크게 성행하고 명나라와 만주족의 청나라에서도 성행하였다. 이전에는 보통 사람들은 아무리 공부하고 노력해도 성인은 될 수가 없다고 믿었다. 때문에 공자도 사람들에게 군자(君子)가 되는 길을 가르쳤지 모든 사람이 성인이 되기를 바라지 않았다고 믿었다. 그러나 북송의 이학자들 중에 공부를 하면 누구나 성인이 될 수 있음을 주장한 학자들이 있었는데, 주희는 공부를 하는 목적은 공경스러운 몸가짐으로 궁리(窮理)를 함으로써 모든 이치를 터득하여 성인이 되는 데 있다고 하였다. 옛 사람들의 책을 읽어 지식을 습득하는 것은 이치를 터득하기 위한 방편의 하나이지 절대적인 공부는 아니라고 하였다. 때문에 주희 이후로 많은 학자들이 다른 모든 일은 접어두고 성인이 되려는 수양(修養)에 몰두하기 시작하였다. 따라서 공부를 하여 성인이 된다는 것은 북경시대의 학문의 중요한 목표의 하나였다. 그러나 그 뒤로 주자학을 공부한 사람 중에 성인이 된 사람이 있었다는 말은 들어본 일이 없다.

그러니 중국 사람들이 이상적인 인물, 이상적인 천하의 통치자로 떠받드는 성인은 모두가 허상(虛像)에 지나지 않는다. 이에 대한 올바른 이해를 위하여 다음에는 장안과 낙양 및 중부의 도시들, 그리고 북경을 도읍으로 정하고 중국 땅을 지배한 여러 왕조와 황제들이 천하라고 하는 중국이라는 큰 나라를 다스린 실상과 그 업적을 추적해 보고자 한다.

## 2. 장안에서 천하를 지배한 나라들

### (1) 서주(西周, B.C. 1111~B.C. 771)

중국에서 유사 이래 장안 지역에 맨 처음 도읍을 정한 왕조는 서북쪽의 오랑캐 지역에서 밀고 들어와 나라를 세운 오랑캐족의 주(周)나라이다. 그들은 문화수준이 형편없는 야만적인 민족이었지만 뒤에 나라를 잘 다스린 훌륭한 임금들이 나와 나라의 세력을 키운 끝에 동쪽의 문화가 상당히 발달하였던 은(殷, B.C. 1751~B.C. 1111)나라를 쳐부수고 그들의 발달한 정치제도와 문화까지 흡수하여 새로운 그들의 나라를 세운다. 그리고 주나라는 장안 근처를 도읍으로 하여 처음으로 중국 북부 황하(黃河) 유역의 동쪽과 서쪽지역을 통합하여 지배하기 시작하면서 중원(中原)을 만들고 한족(漢族)이라는 큰 민족을 형성하여 지금 우리가 말하는 중국이라는 나라의 바탕을 만든다. 본격적인 중국의 역사와 중국의 전통문화는 이 서주에 생겨나 발전하기 시작한다고 할 수 있다. 중국에 천하(天下)라는 개념도 그 터전이 이때 만들어진 것이다. 은나라 이전의 중국은 씨족(氏族)을 바탕으로 하여 태어난 작은 수많은 부족국가(部族國家)들로 이루어져 있었다.

주나라는 초기의 무왕(武王, B.C. 1111~B.C. 1105 재위)·성왕(成王, B.C. 1104~B.C. 1068 재위)·강왕(康王, B.C. 1067~B.C. 1042 재위)으로 이어지는 태평시대를 지나 황제 자리가 몇 대 내려가면서 날로 정치 질서가 무너지기 시작하였다. 여왕(厲王, B.C. 878~B.C. 828 재위)이 나라를 크게 어지럽혔고, 선왕(宣王, B.C. 827~B.C. 782 재위)이 나라의 중흥(中興)을 위하여 매우 힘썼으되, 다시 유왕(幽王, B.C. 781~B.C.
771 재위)에 이르러는 포사(褒姒)라는
여인에 빠져 나라의 정치를 더욱 망
쳐 놓았다. 결국 유왕은 오랑캐 견
융(犬戎)의 공격을 받아 죽음을 당하
고 나라가 일단 망한다. 그러나 몸
을 딴 곳에 숨기고 있던 태자가 제
후들의 도움을 받아 도읍을 낙읍(洛
邑, 지금의 洛陽)으로 옮기고 평왕(平王,
B.C. 770~B.C. 720 재위)이 된다. 역사가

갑골문자

들은 그 이전을 서주(西周, B.C. 1027~B.
C. 771), 그 이후를 동주(東周, B.C. 770~B.C. 256)라 부른다. 동주시대에는 천
자가 '천하(天下)의 종주(宗主)'로서의 권위를 잃어 제후들 사이에 겸병(兼
倂) 전쟁이 이어지면서 다시 춘추(春秋)시대(B.C. 770~B.C. 403)와 전국(戰國)
시대(B.C. 403~B.C. 221)로 나누어진다. 낙양에 도읍한 동주시대에 대하여
는 다음 장에 자세히 논술 될 것이다.

주나라가 쳐부순 중원 땅의 은(殷)나라는 본시 탕(湯)임금이 세운 상
(商)이라 부르던 황하의 중하류 지역인 지금의 산둥(山東)성 동쪽 지방
에서 허난(河南)성 서쪽 지방 일대에 걸친 지역을 지배하고 있던 나라
이다. 상나라 이전의 하(夏)나라 영토나 전설적인 임금인 요(堯)임금과
순(舜)임금이 다스리던 지방도 이 황하 중하류를 크게 벗어나지 못하
는 지역이었을 것이다. 상나라는 제17대의 반경(盤庚)임금(B.C. 1398~B.
C. 1371 재위)이 도읍을 은(殷)이란 곳으로 옮겨 나라 이름을 '은'이라고도
부르게 되었다. 은나라는 이미 한자도 써서 우리에게 유명한 그들의

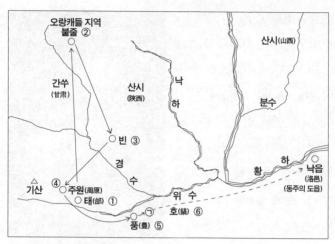

주나라 조상들의 이동 경로

갑골문자(甲骨文字)[4]가 전해지고 있으며, 지금까지 전하는 그들의 청동기(靑銅器) 등을 통하여 보더라도 이미 상당히 문화가 발전했던 나라이다. 정치 사회 제도도 어느 정도 갖추어져 있었고 농업도 상당히 발달한 위에 화폐까지 만들어 썼음이 갑골(甲骨)의 기록에 보이고 있다. 중국의 전통문화는 한자문화(漢字文化)라고도 할 수 있기 때문에 석기시대 이전의 유적이 중국 여러 곳에서 발굴되고 있지만 중국 문화는 황하의 중하류 지역에서 발생했다고 흔히 말하게 되는 것이다.

이에 비하여 주나라 민족은 지금의 시안 서북쪽으로부터 옮겨온 야만민족이다. 사마천(司馬遷, B.C. 145~B.C. 86?)의 『사기(史記)』 주본기(周本紀)

---

**4** 殷나라 때에는 占을 많이 쳤는데, 말린 거북 껍데기(龜甲)나 소뼈(牛骨)를 불로 지져 갈라지는 모양을 보고 점치는 일의 吉凶을 판단하였다. 그리고 점을 친 사람 이름과 날짜, 점을 친 이유와 결과를 卜兆 옆에 새겨놓았다. 그것을 卜辭 또는 甲骨文·甲骨文字라 부른다. 殷나라 도읍터인 河南省 安陽縣 小屯村 일대에서 발굴되었으며, 商나라 政治와 社會 文化를 알려주는 중요한 자료가 되고 있다.

에 의하면 주나라 선조인 기(棄)는 태(邰)지방<sup>5</sup>에 살았고, 순(舜)임금 때에 농사를 돌보는 후직(后稷)이란 벼슬을 지냈다고 하였다. 그러나 기의 아들 불줄(不窋)은 자기 직책을 제대로 수행하지 못하여 오랑캐인 융적(戎狄)들이 사는 서북쪽으로 도망가서 살게 된 것이라고 하였다. 이는 뒤에 주나라 사람들이 자기 조상이 본시는 오랑캐가 아니었다고 주장하기 위하여 지어낸 얘기임에 틀림이 없을 것이다. 그리고 다시 불줄의 손자 공류(公劉)가 후직의 직책을 잘 수행하여 주나라를 잘 다스리는 터전을 마련하였고, 그의 아들은 오랑캐 지역을 약간 벗어난 빈(豳)<sup>6</sup>으로 옮겨와 나라를 다시 세웠다. 그 뒤로 8대째의 고공단보(古公亶父)가 지금의 시안 서쪽에 있는 주원(周原)<sup>7</sup>이란 곳으로 옮겨와 오랑캐인 융적의 습속을 버리고 주나라를 발전시키기 시작하였다. 주나라의 건국을 칭송한 『시경』대아(大雅)의 「면(縣)」시에서는 그때의 실상을 다음과 같이 노래하고 있다.

> 길게 뻗은 외 덩굴이여!
> 백성들을 처음 다스리시기를,
> 두수로부터 칠수(漆水)에 이르는 지역까지 하셨네.
> 고공단보께서는
> 굴을 파고 기거하셨으니,
> 집이 없기 때문이었네.

---

5  지금의 陝西省 武功縣 근처.
6  지금의 陝西省 岐山 북쪽 기슭.
7  지금의 陝西省 岐山 남쪽 기슭.

緜緜瓜瓞!

民之初生, 自土沮漆.

古公亶父, 陶復陶穴, 未有家室.


고공단보께서

일찍이 말을 달리어

서쪽 칠수 가로부터

기산(岐山) 아래로 오셨으니,

여기에서 태강(太姜)과 함께

사시게 되었네.


古公亶父, 來朝走馬, 率西水滸, 至于岐下.

爰及姜女, 聿來胥宇.


주나라의 넓은 들은 비옥하여

쓴 나물 씀바귀도 엿처럼 달다네.

이에 비로소 계획을 세우시고

거북으로 점쳐 보시고는,

여기에 머물러 살기로 하시고

여기에 집을 지으셨네.


周原膴膴, 菫荼如飴.

爰始爰謀, 爰契我龜, 曰止曰時, 築室于兹.

머물러 살게 되자
왼쪽 오른쪽 땅 모두 다스리시고,
땅 경계 긋고 땅 정리하고
밭 갈고 이랑 내니,
서쪽에서 동쪽까지
두루 일이 잘 처리되었네.

迺慰迺止, 迺左迺右, 迺疆迺理, 迺宣迺畝,
自西徂東, 周爰執事.

집짓는 일 맡은 사공(司空) 부르고,
백성 돌보는 일 맡은 사도(司徒)를 불러
집을 짓게 하니,
터는 먹줄을 따라 곧게 닦여지고,
담틀 세우고 안에 흙을 넣고 다져서
엄정하고 바르게 묘당(廟堂) 지었네.

乃召司空, 乃召司徒, 俾立室家,
其繩則直, 縮版以載, 作廟翼翼.

흙 수레에 척척 흙 담아다
담틀에 퍽퍽 흙 쳐넣고,
탕탕 흙 다지며
평평 높은 곳 쳐 내려서,

모든 담벽 다 세우니,
북을 치며 일을 독려할 겨를도 없네.


捄之陾陾, 度之薨薨, 築之登登,
削屢馮馮, 百堵皆興, 鼛鼓弗勝.


바깥 성과 문을 세우니
바깥 성과 문은 우뚝하고,
궁전의 정문을 세우니
정문은 반듯하며,
땅의 신 모시는 사당(祠堂) 세우자
못된 오랑캐들은 떠나가네.


迺立皋門, 皋門有伉, 迺立應門, 應門將將,
迺立冢土, 戎醜攸行.


오랑캐들의 불만이 끊이지 않았으나
그들을 돌보아주는 일을 게을리하지 않으셨네.
갈참나무 백유나무 뽑아내어
사방으로 길 통하게 하자,
오랑캐들 두려워 뛰어 도망치며
어쩔 줄을 몰랐다네.


肆不殄厥慍, 亦不隕厥問, 柞棫拔矣, 行道兌矣,

混夷駾矣, 維其喙矣.

우(虞)나라와 예(芮)나라가 잘잘못 가리려고 문왕께 왔다 화해하였으니,
문왕께서 그들을 감동시킨 때문이었네.
내가 보니 먼 사람들은 친근하여지고,
내가 보니 먼저 친해진 이는 뒷사람을 끌어들이고,
내가 보니 모두가 부지런히 뛰어다니며 섬기고
내가 보니 남이 넘보지 못하도록 막아내었다네.

虞芮質厥成, 文王蹶厥生.
予曰有疏附, 予曰有先後, 予曰有奔奏, 予曰有禦侮.

주나라 민족은 본시 땅굴을 파고 그 속에 살던 야만민족이었다. 시 「면」은 주나라가 야만적인 상태에서 벗어나 덕으로 나라와 주변의 오랑캐들을 다스리는 문화적인 국가로 발전하는 과정을 노래한 것이다. 아마도 주나라 초기에 주나라 사람들 스스로가 자기네 영광을 칭송하기 위해서 지은 작품일 것이다. 제1·2장에서는 고공단보가 오랑캐 지역에서 야만적인 생활을 하다가 기산 아래로 나라를 옮겨온 것을 노래하고, 제3·4·5·6·7장에서는 나라를 안정시킨 다음 땅을 다스리고 도성과 집을 세우는 모습을 노래하고 있다. 그리고 끝머리 제8·9장에서는 오랑캐들까지도 잘 달래어 문왕(文王) 때에 이르러는 오랑캐들까지도 따르게 되었음을 노래하고 있다. 주나라 민족은 서북쪽에서 기산 아래 주원(周原) 땅으로 옮겨온 뒤에야 땅굴에서 살던 습속을 버리고 집을 제대로 짓고 살면서 야만적인 생활에서 벗어났던 것이다.

고공단보는 태왕(太王)이라고도 부르며 주나라는 실제로 여기서 출발하고 있다. 그리고 다시 그의 손자인 문왕은 훌륭한 정치를 베풀며 주변 여러 나라들을 쳐서 종속시켜 주나라의 세력을 크게 떨치게 되었고 도읍을 지금의 시안(西安) 근처인 풍(豊)으로 옮겼다. 다시 그의 아들 발(發)인 무왕(武王, B.C. 1111~B.C. 1105 재위)이 은나라를 쳐서 황하 유역을 중심으로 하는 북쪽의 동서 지방을 한 개의 나라 땅으로 합병시켜 지금의 중국의 지리적 문화적 터전을 마련하게 된다. 그리고 뒤에 지금의 창안(長安)현 서남쪽의 호(鎬, 또는 鎬京)라는 곳으로 도읍을 다시 옮겼다. 뒤에는 풍과 호의 두 도읍을 합쳐 풍호(豊鎬)라고도 부르고 종주(宗周)라고도 불렀다. 성왕(成王, B.C. 1104~B.C. 1068 재위) 때에는 은나라 백성들을 강제 동원하여 허난(河南)성에 낙읍(洛邑)이라는 도성을 건설하고 성주(成周)라 불렀다. 성주는 중원 지배의 전진기지로 건설한 것이다.

그런데 근년에 고공단보에서 문왕에까지 3대나 도읍으로 삼고 있던 기산 기슭의 두 곳에서 주나라 시대의 대형건축 유적이 발견되었다. 하나는 펑추촨(鳳雛川) 옆에서 발굴된 남북 45미터, 동서 32미터의 건축지로 지상 건축물의 규모도 추측케 하는 곳인데 당시의 종묘(宗廟) 터라고 생각하는 이가 많다. 다른 하나는 그곳에서 동남쪽으로 2.5킬로미터 가량 떨어진 푸펑(扶風)현 샤오천춘(召陳村)의 건축군 유적으로 600평방미터가 넘는 너비의 땅 안에서 15개의 큰 건물 유적이 발견되었다. 대체로 궁전 유적이라고 생각되고 있다. 그리고 여기에서 출토된 도기를 비롯한 유물의 시대를 보면 두 곳 모두 서주 초기에서 말기에 걸친 시대의 것이다. 문화대혁명 때 희생된 역사학자 천멍자(陳夢家)가 서주의 삼도설(三都說)을 주장하며 기주(岐周)의 역할을 중시했는데 매우 이유 있는 의견이다. 뒤에 청(淸)나라 만주족이 만일에 대비하여 자기들 본거지에 가까운 곳에 열하별궁(熱河別宮)을 건설했던 것과 같은 의도였다고 여겨진다. 기산 기슭의 주원(周原)은 평상시에는 서북쪽 오랑캐들에 대비하기 위한 전진기지였지만 유사시에는 자기 민족의 근거지이므로 후퇴하여 힘을 재정비할 기지도 될 수가 있는 곳이었다.

주나라 민족은 조상이 후직(后稷)인 기(棄)라고 하지만 분명히 중국 서북쪽의 미개한 민족이었다. 설사 주나라 민족이 정말로 시안에서 멀지 않은 곳의 태(邰) 사람이었다 하더라도 기원전 11세기의 그 지방은 여전히 오랑캐 지방이었다. 그리고 기의 아들 불줄(不窋)이 융적(戎狄)이 사는 오랑캐 지방으로 옮겨가 살았다고 하였다. 그리고 고공단보가 나라를 기산 아래로 옮기면서 융적의 풍속을 버렸다고 하였다. 이것은 모두 주나라 민족이 본시는 융적의 지방에 살던 오랑캐의 풍속을 지닌 야만민족이었음을 뜻한다.

이처럼 야만민족이 세운 주나라가 군사력으로 높은 수준의 문화를 발전시키고 있던 은나라를 쳐부수고 넓은 중국 땅을 힘으로 지배하게 되었다. 후세에 지은 중국 역사책에서는 은나라 주왕(紂王, B.C. 1174~B.C. 1111 재위)이 포악하고 무도한 폭군(暴君)이었음으로 백성들의 뜻을 따라 덕으로 정치를 베풀던 주나라가 은나라를 쳐부수고 천하를 다스리게 된 것이라고 한다. 그러나 그것은 후세에 주나라 편에 선 역사가들이 침략전쟁을 합리화하기 위하여 꾸며낸 이야기일 것이다. 이미 『논어(論語)』 자장(子張)편에서도 자공(子貢)이 다음과 같은 말을 하고 있다.

"주왕(紂王)의 좋지 못한 짓은 그처럼 심한 것은 아니었다. 그래서 군자는 하류에 처신하기를 싫어하는 것이니, 천하의 악이 모두 그리로 돌아가게 되기 때문이다."[8]

구제강(顧頡剛, 1893~1981)은 「주왕의 악한 짓 70종류가 생겨난 차례(紂惡七十事的發生次第)」[9]라는 논문에서 우선 『서경(書經)』의 기록을 보면 주왕이 한 나쁜 짓으로 "술을 많이 마시고", "소인을 등용하고", "부녀자의 말만 듣고", "제사를 제대로 지내지 않았다."는 것들뿐인데, 후세로 오면서 "살아있는 충신 비간(比干)의 심장을 꺼내 보고", "임신한 여자의 배를 갈라보고", "산 사람을 태워 죽이고" 하는 등의 수많은 포악한 행위가 보태어져 갔다는 사실을 논하고 있다. 그리고 최근에 와서는 주왕이 폭군이라는 설을 뒤집는 주런루이(朱人瑞)의 「주왕을 대신하여 사건을 뒤엎는다(替紂王飜案)」[10]는 등의 논문도 나왔다.

그리고 중국 역사책에서는 주나라 무왕이 은나라 주왕의 군대를 공격할 때 병력은 은나라 쪽이 훨씬 더 많았으나 은나라 군사들이 돌아서서 자기편을 공격하여 전쟁을 쉽게 이겼다고 기록되어 있다.[11] 그러나 그것은 은나라에서 천대를 받아온 일부 노예 출신 병사들의 반란이었을 것이다. 그리고 별로 싸우지도 않고 이길 수 있을 정도로 당시의 주나라의 중원 정복이 간단할 수는 없는 것이었다. 『서경』 무성(武成)편에는 무왕이 은나라를 칠 때에 상황을 이렇게 기록하고 있다.

"사람들이 흘린 피가 흘러가는 위에 절굿공이가 떠다녔다."

---

8  紂之不善, 不如是之甚也. 是以君子惡居下流, 天下之惡, 皆歸焉.
9  『古史辨』 第2冊 上編.
10  「人民日報」, 1957. 5. 28.
11  『史記』 周本紀 및 『書經』 武成 편.

무왕은 싸우지도 않고 이긴 것이 아니다. 엄청나게 많은 은나라 사람들을 죽여 죽은 사람들이 흘린 피가 강물처럼 흘러갔던 처참한 전쟁이었다. 다시 『일주서(逸周書)』 세부(世俘)편에는 다음과 같은 기록이 보인다.

주나라와 은나라의 영토 및 도읍 표시

"무왕이 마침내 사방의 나라들을 정벌하여 쳐부순 나라가 99나라이고, 목을 자른 수가 1억 10만 7,779명이고, 포로가 3억 1만 230명이고, 굴복시킨 나라들이 652나라였다."

이 기록이 뒤에 전국(戰國)시대 사람에 의하여 이루어진 것이라 하더라도 전혀 근거 없는 말이라 볼 수는 없다. 99개의 나라를 쳐부수고 652개의 나라를 굴복시켰다는 것은, 주나라 이전의 중국은 작은 수많은 부락국가(部落國家)들로 이루어져 있었기 때문이다. 은나라는 이들 부락국가 중 세력이 뛰어나 황하 중하류 지역에 있던 여러 나라들을 지배하고 있던 나라이다. 그리고 그 시대에 동부지방은 주로 동이족(東夷族)이 차지하고 있었다. 다시 『사기』 백이열전(伯夷列傳)을 보면 무왕이 은나라를 치자 백이(伯夷)와 숙제(叔齊)라는 어진 두 형제는 두 임금을 섬기지 않겠다고 하며 수양산(首陽山)으로 들어가 굶어죽었다고 한다. 그 두 형제는 수양산으로 들어가기 전에 주나라 무왕을 찾아뵙고 무왕이 은나라를 치는 것은 "폭력으로 포악함에 대신하는 것(以暴易

暴)"이라 말하며 전쟁을 만류하였다고 한다. 이는 주나라 무왕이나 은나라 주왕이나 다 같이 포악한 임금이란 말로 이해할 수도 있다. 주나라 군대는 은나라 수도로 쳐들어가 수많은 사람을 죽인 뒤에 많은 포로와 함께 엄청나게 많은 재물을 약탈하여 가지고 돌아와서 주나라의 문화는 갑자기 발전하기 시작한다.

주나라 무왕은 은나라를 쳐부순 다음 은나라 주임금의 아들 무경(武庚)에게 송(宋)나라를 내주어 자기 조상들 제사를 받들게 하고, 은나라 옛 땅을 셋으로 나누어 자기 형제인 관숙(管叔)·채숙(蔡叔)·곽숙(霍叔)에게 맡겨 은나라 백성들을 감시하게 하였는데 이들을 삼감(三監)이라 부른다. 무왕은 천하를 통일하고 2년 뒤에 병으로 죽어 어린 아들 성왕(成王)이 임금 자리를 계승하자 무왕의 아우인 주공(周公) 단(旦)이 임금 대신 나라 일을 맡아 처리하게 된다. 『순자(荀子)』에서는 주공이 한때 직접 성왕을 물리치고 임금 자리에 올랐었다고 말하고 있다.[12] 어떻든 아직 주나라 정치가 안정되지 않은 때라 무경은 이 기회를 이용하여 주공의 본심을 의심하는 형제들인 '삼감'을 부추기고 또 은나라 계열의 동쪽 동이족(東夷族)의 작은 나라들과 연합하여 반란을 일으킨다. 이를 보통 '삼감의 난(三監之亂)'이라 부른다.

이에 주공은 직접 군대를 이끌고 동쪽 정벌에 나서서 3년 동안 싸워 무경을 잡아 죽이고 반란을 평정한 이외에도 동이족의 50여 나라를 쳐부수었다. 그리고 난 뒤 은나라 옛 땅인 위(衛)에는 문왕의 작은 아들 강숙(康叔)을 봉하고, 동이족의 큰 나라였던 엄국(奄國, 곧 魯나라, 山東 남부)에는 주공 자신의 아들 백금(伯禽)을 봉하여 다스리게 하고, 포고(蒲

---

12 권 4 儒效 편.

52

姑, 곧 齊나라, 山東 북부)는 강태공(姜太公)의 아들 여급(呂伋)을 봉하여 다스리게 하고, 또 공신인 소공(召公) 석(奭)의 아들은 연(燕, 지금의 北京 지방)에 봉하여 다스리게 하는 등, 새로이 봉건제도를 정비하여 시행하였다.

그뿐 아니라 주공은 은나라가 쓰고 있던 한자를 이용하여 서로 말이 통하지 않는 여러 나라들에게 행정 명령이나 여러 가지 뜻을 시달하여 다스리고, 여러 가지 새로운 정치 사회 제도를 마련하였다. 이때 주공이 마련한 새로운 예악제도(禮樂制度)가 중국 전통문화의 터전이 되는 것이다. 그리고 이 봉건제도 아래 발전한 문화는 한자를 중심으로 하여 이루어지고 발전하기 때문에 한자문화(漢字文化)라고도 할 수 있는 성격의 것이다. 한편 주나라에서는 은나라 문화를 중시하고 그 문화에 관련된 사람들을 잘 대접하였던 것 같다. 은나라의 내사(內史)인 상지(向摯)는 스스로 주나라의 문화 자료를 수레에 싣고 자진하여 주나라로 귀의하여 무왕을 즐겁게 하였다.[13]

은나라에서는 거북 껍데기나 짐승 뼈를 이용하여 점을 쳐서 갑골문(甲骨文)을 남겼지만 주나라는 한자와 수리(數理) 개념을 활용하여 『역경(易經)』을 이용한 역점(易占)을 발전시켰다. 『역경』은 주나라에서 발전시켰기 때문에 흔히 『주역(周易)』이라고도 부른다. 『역경』뿐만 아니라 유가의 중요한 경전인 『시경(詩經)』·『서경(書經)』·『주례(周禮)』·『의례(儀禮)』·『예기(禮記)』 등의 전적의 바탕도 이때 주공에 의하여 이루어졌다.

『시경』은 특히 첫머리 풍(風)의 주남(周南) 11편을, 『모시(毛詩)』에서는 주공 단의 채읍(采邑)인 기산(岐山) 아래 옛 주나라 땅에서 모은 노래의

---

13 『呂氏春秋』 先識覽 先識; "殷內史向摯見紂之愈亂迷惑也, 於是載其圖法, 出亡之周. 武王大說, …."

가사라 하였다. 그리고 빈풍(豳風) 7편은 모두 주공의 동쪽 정벌과 관계가 있는 노래로 알려지고 있다. 『서경』은 요임금과 순임금 및 하나라·은나라·주나라의 옛날 사관(史官)들의 기록을 가지고 공자가 편찬한 것으로 전해진다. 그러나 가장 뒤의 주나라 사관의 기록인 주서(周書)는 대부분이 서주(西周)시대에 만들어진 것이지만 상서(商書) 이전 시대의 사관의 기록이라는 것들은 오히려 서주 이후에 만들어진 것이라 여겨지고 있다. 청(淸)나라 때의 학자들의 고증에 의하면 주서의 「대고(大誥)」에서 「고명(顧命)」에 이르는 12편이 서주 때에 만들어진 가장 오래된 글이라고 하는데, 이 12편은 모두 주공과 관계가 밀접한 글들이다. 『역경』의 팔괘(八卦)는 복희씨(伏羲氏)가 만들었으나 그것을 64괘로 발전시킨 것은 주나라 문왕(文王)이고 거기에 달려 있는 글인 괘사(卦辭)와 효사(爻辭)는 문왕 또는 주공이 썼다고 전해지고 있다. 64괘에 괘사와 효사가 달린 부분이 『역경』의 경문(經文)이다. 문왕은 주공의 아버지임으로 『역경』의 경문은 주공과 관련이 밀접하다고 할 수 있다.

따라서 유가의 기본 경전인 삼경(三經)은 대체로 서주시대에 주공에 의하여 그 바탕이 마련된 것이라 할 수 있다. 따라서 중국의 전통문화와 학술사상이 모두 주공에 의하여 그 기본 틀이 만들어져 발전하기 시작했다고 할 수 있다. 그리고 『예기』·『의례』·『주례』도 후세에 만들어진 책이지마는 거기에 기록된 예의제도 및 정치 사회 제도는 대체로 주공에 의하여 만들어진 것을 바탕으로 하고 있다. 그러니 춘추시대에 가서 생겨난 공자의 유학(儒學)도 주공의 사상을 바탕으로 발전한 것이라 할 수 있다.

또한 한자를 사용하는 전문가 출신도 은나라 때는 주로 무(巫)·축(祝) 등 제사지내는 일과 관련된 이들이었지만, 주나라에 와서는 정치와 직접 관련이 많은 사(史)·사(士) 출신들로 차차 옮겨가게 된다. 이들 두 종류의 '사'에 의하여 중국 고대의 학술 기록이 만들어지고, 그것을 바탕으로 중국의 학술이 발전하게 되는 것이다.

주나라는 은나라 유민들을 중심으로 하는 온 나라 백성들을 엄하게 다스렸다. 성왕이 강숙(康叔)을 위(衛)나라에 봉하면서 당부한 말을 기록한 『서경』주서(周書)의 강고(康誥)편을 보면 이런 말들이 보인다.

> "사람에게 작은 죄가 있다 하더라도 과실이 아니고 끝내 그러하면 스스로 법을 따르지 않는 것이다. 남들이 본뜰 것이니 그의 죄가 작다 하더라도 죽이지 않아서는 안 된다."**14**

> "재물 때문에 사람을 죽이고 억지를 쓰고 죽음을 두려워 않거든 모두 사형에 처하라."**15**

> "크게 악한 자는 크게 미워하고, … 그들을 벌하고 용서치 말라."**16**

> "따르지 않는 자들은 크게 법으로 다스려 … 모두 죽여라."**17**

그리고 같은 주서의 주고(酒誥)편에서는 강숙(康叔)에게 백성들이 술을 너무 마시지 못하도록 하라고 당부하면서 이렇게 말하고 있다.

---

**14** 人有小罪, 非眚乃惟終, 自作不典. 式爾, 有厥罪小, 乃不可不殺.
**15** 殺越人于貨, 暋不畏死, 罔不憝.
**16** 元惡大憝, … 刑玆無赦.
**17** 不率大戛, … 率殺.

"여럿이 술을 마시고 있거든 너는 놓치지 말고 그들을 모두 잡아 주나라로 보내라. 나는 모두 죽여버릴 것이다."[18]

간단한 일이라 하더라도 자기네 말을 듣지 않으면 모두 죽여버린 것이다. 얼마나 잔인하게 나라를 다스렸는가 짐작이 갈 것이다. 한편 그런 방식으로 다스리지 않으면 그처럼 넓은 천하의 수많은 씨족들을 다스릴 수가 없었을 것이다.

이처럼 엄하게 다스려도 옛 은나라 백성들의 저항이 끊이지 않자 주공은 은나라 백성들을 강제로 동원시켜 노예처럼 부리면서 허허벌판에 새로운 도시 낙읍(洛邑)을 건설하였다. 이 일은 주로 소공(召公)이 맡아 하였는데, 도읍이 너무 서북쪽에 치우쳐 있어 나라를 다스리기에 좀 더 편리한 곳에 천하를 다스리는 전진기지를 마련하려는 뜻도 있었을 것이다.

오랑캐에 가까운 주나라 민족이 무력으로 동쪽의 상당한 문화를 발전시키고 있던 은나라를 쳐부수고 후세의 장안 근처를 도읍으로 하여 황하 유역 동서지방을 합친 넓은 지역의 여러 종족들을 아울러 힘으로 지배하게 된 것이다. 『서경』 다사(多士)에도 "은나라 옛 분들에게는 문서와 책이 있었다."[19]고 말하고 있듯이 은나라는 한자를 사용하여 여러 가지 정치·사회에 관한 제도를 갖추고 있었는데, 특히 주공은 동쪽을 다시 정벌하면서 한자와 여러 가지 문물제도를 수습하여 새로운 주나라의 예악제도를 만들고 봉건제도를 확립한 다음 한자를 이용

---

18 羣飮, 汝勿佚, 盡執拘, 以歸于周. 予其殺.
19 惟殷先人, 有册有典.

하여 말과 풍습이 다른 넓은 중국 땅 안의 여러 종족들을 다스리기 시작했던 것이다. 여기에서 이른바 중국 전통문화의 터전이 마련되었고 중원이 이루어지고 비로소 중국 민족의 중심을 이루어 온 한족이 형성되었던 것이다.

아무리 주공이 천재라 하더라도 은나라 지식인들의 도움이 없었다면 한자를 가져다 자기들 정치에 사용하고 은나라 문물제도를 바탕으로 새로운 예악제도를 발전시킬 수는 없었을 것이다. 가장 뚜렷이 드러나는 주나라 예악제도의 발전을 적극 도운 은나라 유민으로는 유가 계통의 사람들이 있다. 후스(胡適, 1891~1962)의 『설유(說儒)』[20]를 보면 유(儒)는 본시 은나라의 사(士)였던 예(禮)를 돌보는 일을 전문으로 하던 사람들이라 추정하고 있다. 예란 실상 그 시대에는 정치·사회제도와 밀접한 관계가 있던 사람들의 행동 규범이며, 은나라 문화를 대표할 수 있는 것이었다. 정복자인 주나라 사람들은 은나라 유민들을 잔인하게 죽이고 노예로 만들고 하면서도 은나라의 정치 사회 제도와 문화는 배울 필요가 있었다. 이에 은나라에서의 지위는 별로 높지 않으면서도 은나라 문화에 대하여 특히 예에 대해서는 어떤 사람들보다도 많이 알고 있는 그 방면의 전문가인 '유'에 속하는 사람들을 달래어 보호해주며 그들을 이용했을 가능성이 많다.

공자(B.C. 552~B.C. 479)는 은나라 왕실의 후손이다. 그의 집안은 은나라가 망한 뒤에 송나라로 옮겨 가 살다가 다시 노나라로 옮겨 곡부(曲阜)에 살게 되었다. 공자 스스로도 자신은 '은나라 사람'이라고 말하고 있다.[21] 지금의 산둥 지역인 제(齊)나라와 노(魯)나라는 은나라 사람들

---

20 『胡適文存』 제4집 소재.

공자의 초상

이 은나라 문화를 지키며 살던 고장이다. 주나라 초기에 주공이 동쪽 지방을 정벌하면서 쳐부쉈던 포고(蒲姑)가 제나라이고 엄국(奄國)은 노나라이다. 그리고 주나라의 정치적인 권력 중심지는 장안이 있는 관중(關中) 땅이었지만 주나라가 망해 가는 전국시대까지도 그 시대의 문화의 중심지는 여전히 제나라와 노나라 지방이었다. 공자는 이 노나라의 곡부(曲阜)에서 태어났다.

그런데 공자는 나이 많은 아버지와 젊은 어머니 안씨(顔氏)가 야합(野合)하여 낳았다 하였고 집안은 가난하고 천한 신분이었다.[22] 그러기에 공자는 쉽사리 자기 민족과 조국을 등지고 주나라를 좇아 새로운 이상세계의 건설을 추구하여 중국 전통문화의 터전을 마련하는 성인(聖人)이 될 수 있었을 것이다.

공자는『논어(論語)』에서만 보더라도 자신은 주나라를 위하여 헌신할 것을 다짐하고 있다.

> "주나라는 하와 은 두 나라를 본떴으므로 문물제도가 빛나고 있다. 나는 주나라를 따르겠다."[23]

---

21 『禮記』檀弓.
22 『史記』孔子世家.
23 八佾; 周監於二代, 郁郁乎文哉. 吾從周.

"만약 나를 등용하는 사람이 있다면 나는 그 나라를 동쪽의 주나라로 만들겠다."[24]

"문왕은 돌아가셨지만 그의 문화는 여기 나에게 전해져 있지 않은가?"[25]

심지어 자기 조국을 쳐부순 것도 모자라 노나라 지방까지 원정하여 은나라 사람들을 잡아 죽이고 은나라 문화를 가져다가 새로운 주나라 문화를 건설한 주공을 자신의 이상적인 인물로 받들기도 하였다. 그러기에 공자는 만년에 뜻을 이루지 못한 자신을 한탄하면서 이런 말을 하고 있다.

"심히도 내가 노쇠하였구나! 오랜 동안 나는 주공을 다시는 꿈에 보지 못하였으니!"[26]

동이(東夷)와 싸운 은나라 군사들에 관한 기록이 새겨져 있는 주나라 초기의 청동기 백무보대개(白懋父敦蓋)[27]의 글을 보면 이런 구절이 보인다.

"… 동쪽 족속들이 크게 반란을 일으켜 백무보가 은나라 팔사(八師)를 이끌고 동쪽 족속들을 정벌하였다."[28]

---

**24** 陽貨; 如有用我者, 吾其爲東周乎.
**25** 子罕; 文王旣沒, 文不在茲乎?
**26** 述而; 甚矣, 吾衰也! 久矣, 五不復夢見周公!
**27** 臺灣 國立中央博物館 藏.
**28** … 東尸大反. 白懋父以殷八師征東尸.

그러니 무왕이 은나라 주임금의 군대와 싸울 때 은나라 군사들 중에는 돌아서서 자기 편과 싸운 자들도 많았다고 했지만, 주공이 동쪽을 정벌할 적에도 주나라 편을 들어 싸운 은나라 사람들이 상당히 많았음을 알 수 있다. 동쪽 족속들이란 동이(東夷)이며 은나라 민족과 같은 계열의 사람들이다. 지금과는 국가 개념이나 민족관이 전혀 달랐던 옛날이므로 이 주나라 편을 든 사람들을 조국에 대한 반역자라 말할 수는 없을 것이다.

장안이 있는 위하분지(渭河盆地)를 중심으로 하는 산시성(陝西省) 지역을 흔히 관중(關中)이라 부른다. 그것은 이 지역 사방이 관문으로 둘러싸여 있기 때문이다. 관중은 흔히 동쪽에는 함곡관(函谷關), 남쪽에는 무관(武關), 서쪽에는 산관(散關), 북쪽에는 소관(蕭關)이 있기 때문에 그렇게 부른다고 설명한다. 이 밖에도 장안에서 서역 쪽으로 나가는 길목에 있던 양관(陽關)과 옥문관(玉門關) 등이 유명하지만, 지도를 펴놓고 들여다보면 지명에 '관'자가 붙은 곳이 오랑캐 지역 쪽이 아닌 장안의 동쪽과 남쪽에도 무척 많다. 북동쪽의 편관(偏關, 또는 偏頭關, 山西)에서 시작하여 영화관(永和關, 山西)·흑룡관(黑龍關, 陝西)·연수관(延水關, 陝西)·청수관(淸水關, 陝西)·노령관(蘆靈關, 陝西)·형자관(荊紫關, 河南)·죽림관(竹林關, 陝西) 등이 있고, 남쪽으로는 만천관(漫川關, 陝西)·청동관(靑銅關, 陝西)·모패관(毛壩關, 陝西)·검문관(劍門關, 四川)·칠반관(七盤關, 陝西)·양평관(陽平關, 陝西) 등이 있다. '관'은 사람들의 출입을 통제하며 요충지에 외적의 침입을 막기 위해서 설치하는 것이다. 이들은 서북 변두리에 도읍을 마련하고 힘으로 중원땅을 다스리면서 자기가 다스리고 있는 백성들을 늘 적처럼 경계하고 있었기에 이처럼 중원땅으로 통하는 곳에 많은 관문을 만들어놓고 대비하였던 것이다.

주나라는 국세가 약해지자 서쪽 오랑캐들의 압력에 밀려 도읍을 허난(河南)성 낙양(洛陽)으로 옮겨 서주 뒤를 동주(東周, B.C. 770~B.C. 256)가 계승한다. 동주시대에는 천자의 제후들을 지휘하는 권위가 갈수록 형편없게 되어 어지러운 춘추시대(B.C. 771~B.C. 404)를 거쳐 제후의 나라들이 멋대로 서로 치고 싸우는 전국시대(B.C. 403~B.C. 221)라는 정치의 혼란기로 이어진다. 결국 진(秦, B.C. 221~B.C. 207)나라 시황제(始皇帝, B.C. 246~B.C. 210 재위)가 나와 중국 남부지방까지 중국 영토에 포함시키는 이른바 천하통일(天下統一)을 이룩하고 다시 도읍을 장안 근처의 함양(咸陽)으로 정하고 가혹한 법을 바탕으로 나라를 다스리게 된다.

어떻든 '장안'이란 이름은 없었지만 그곳은 주나라에 의하여 그들의 수도로 정해져 이후 중국 역사를 통하여 그곳에 장안이란 도시가 개발되어 대표적인 중국의 도읍으로 군림하게 된다. 그리고 나라의 도읍이라고는 하지만 실상 장안은 주변의 다른 나라들을 힘이 닿는 대로 정복하고 자기네 백성들을 무자비하게 착취하고 부리고 다스리는 권력의 거점 도시였던 것이다.


## (2) 진(秦, B.C. 221~B.C. 207)


주나라도 서주(西周) 말엽에는 정치가 어지러워지자 서쪽 오랑캐들의 침입을 견디어내지 못하고 기원전 770년에 도읍을 낙읍(洛邑)으로 옮겨 동주(東周)로 이어지고, 동주는 다시 춘추(春秋)시대와 전국(戰國)시대로 나뉜다. 기원전 221년에는 진(秦)나라 시황제(始皇帝, B.C. 246~B.C. 210 재위)가 처절한 전쟁을 통하여 다른 나라들을 모두 멸하고 마침내 천하를 통일한다. 진나라의 도읍은 장안 바로 옆 함양(咸陽)이어서 중국의 장안시대가 다시 이어지는 셈이다. 진시황의 천하통일은 북쪽 황하 유역의 중원 땅에 남쪽 장강(長江) 유역의 땅까지 합병시킨 것이기 때문에 비로소 거대한 중국 땅이 이루어짐을 뜻하기도 한다.

진나라의 조상은 서주(西周) 효왕(孝王) 때(B.C. 954~B.C. 925) 목축을 하는 자들의 우두머리인 비자(非子)라는 사람에게 진(秦) 땅29을 떼어주어 생겨난 것으로 알려져 있다. 이 비자의 자손들은 주나라에 많은 공을 세웠는데 특히 동주를 세운 평왕(平王)이 도읍을 낙읍(洛邑)으로 옮길 적에 진나라의 양공(襄公, B.C. 777~B.C. 766 재위)이 호위를 잘 하여 평왕은 기산(岐山) 서쪽의 땅에 양공을 진공(秦公)으로 봉하여(B.C. 771) 그때 비로소 진나라는 천자로부터 봉(封)해 받은 정식 제후의 나라가 되었다. 이후로도 진나라는 나라의 세력을 다져가다가 효공(孝公, B.C. 361~338)이 상앙(商鞅)이란 명재상을 등용하여 나라를 부하게 하고 강한 군사력을 지니는 정책을 써서 나라 땅을 넓히며 국세를 크게 떨치고 도읍을 함양으로 옮겼다.

전국시대의 일곱 나라 중에서도 진나라는 지금의 간쑤(甘肅)성 동부 지역을 중심으로 하는 중국의 가장 서북쪽 변두리에 자리한 나라여서 중원 지역과는 인종이며 생활문화 전반에 걸쳐 큰 차이가 있었을 것이다. 그들의 선조인 비자(非子)가 목축을 하는 사람이었다고 하니 본시는 주나라의 조상이나 같은 방목을 위주로 하는 문화 수준이 매우 낮은 종족이었음이 분명하다. 진시황이 천하를 통일한 뒤 천하의 책을 모두 모아 불태우고 선비들을 잡아다가 산 채로 땅에 묻어버린 유

---

29 지금의 甘肅省 淸水縣.

명한 분서갱유(焚書坑儒)라는 포악한 짓을 행한 것도 단순히 자기 정책을 비판하는 선비들을 없애버리려는 목적만이 아니라 글을 좀 안다고 거들먹거리는 선비들을 잡아 죽임으로써 중원의 문화민족들을 혼내주어 꼼짝 못하게 하려는 의도도 있었을 것이다. 주나라시대의 정치권력의 중심지는 장안 또는 낙읍이었지만 문화나 학술의 중심지는 여전히 은 민족의 고향이며 지금의 산둥(山東)성인 제(齊)나라와 노(魯)나라 지방이었음에 유의해야만 할 것이다.

진시황의 초상

진시황의 잔인한 성격을 알려주는 다음과 같은 이야기가 전한다. 진시황은 기원전 219년에 지금의 후난(湖南)성을 여행하다가 상수(湘水)를 건너려 하는데 큰 바람이 불고 장마가 져서 강물을 건너기가 어려웠다. 진시황은 이곳 상수의 신은 순(舜)임금의 부인인 아황(娥皇)과 여영(女英)**30**으로 죽어서 옆의 상산(湘山)에 묻혀 있다는 말을 듣고 화가 나서 바로 죄수들 3천 명을 동원하여 상산의 나무를 깨끗이**31** 신이 자기 뜻대로 해주지 않는다고 그런 행패를 부리는 임금인데 사람들에게야 어떠했겠는가? 글 좀 알고 책 좀 읽었다고 거들먹거리는 선비들을 중심

---

**30** 娥皇과 女英은 본시 堯임금의 딸이었다. 舜이 덕이 많음을 알고 두 딸을 그에게 出嫁시켰다. 舜이 天子가 된 뒤 남쪽 지방을 시찰하다가 蒼梧之野에서 돌아가셨는데, 娥皇과 女英은 舜임금이 돌아오시기를 湘水 가에서 기다리다가 돌아오지 않자 죽어서 湘水의 女神이 되었다 한다.

**31** 『史記』 秦始皇本紀.

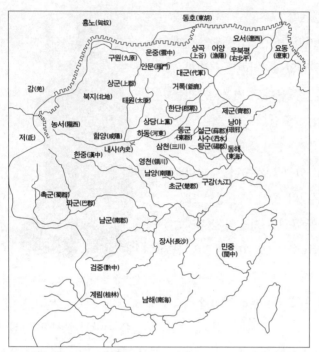

천하를 통일한 진나라

으로 하는 문화민족들을 곱게 그대로 놓아둘 리가 없는 것이다.

따라서 내전이라 하더라도 중국에서 온 천하를 지배하기 위하여 전개되었던 싸움은 극히 잔인하고 처절하였다. 특히 『사기』의 진본기(秦本紀)에만은 진나라가 다른 제후의 나라들과 싸워 적군의 목을 자른 수를 각별히 따로 기록하고 있다. 『사기』의 저자인 사마천(司馬遷)도 진나라는 특히 잔인한 오랑캐의 나라라고 생각하였기 때문일 것이다. 진나라 헌공(獻公) 21년(B.C. 364) 이후 진시황 13년(B.C. 234)에 이르는 동안 진나라가 적군의 목을 자른 수를 기록한 곳이 16개 대목이다. 한꺼번에 24만 명의 목을 자른 경우도 있어서, 진나라 군대가 적의 목을 자른 수를 모두 합치면 113만 8천 명에 달한다. 보기를 들면 헌공 21년에는 진(晉)나라 군사와 싸워 6만 명의 목을 잘랐다. 혜문군(惠文君) 7년(B.C. 331)에는 위(魏)나라와 싸워 8만의 적의 목을 잘랐다. 다시 혜문군의 경원(更元) 7년(B.C. 318)에는 한(韓)·조(趙) 등의 연합군과 싸워 이겨 8만 2천 명의 적의 목을 잘랐다. 그리고 소양왕(昭襄王) 14년(B.C. 293)에는 한(韓)나라와 위(魏)나라를 공격하여 적의 목 24만을 자르는 따위이다. 이 목을 잘랐다고 확실한 수가 기록된 숫자는 전쟁 통에 싸우다가 죽은 자들 수의 10분의 1도 안되는 숫자일 것이다. 소양왕 47년(B.C. 260)에는 진나라의 백기(白起)라는 장군이 조(趙)나라 군대와 싸워서 크게 승리를 거두고 포로 40여만 명을 잡았는데 이들을 모두 장평(長平)이란 곳에서 산채로 땅에 묻어 죽여버린 경우도 있다. 어떻든 진나라는 막강한 힘으로 여러 나라를 모두 쳐서 멸망시키고 상대방 사람들을 닥치는 대로 죽여버린 뒤 천하를 통일하여 대제국(大帝國)을 이룩한 것이다.

어떻든 주나라가 지금의 시안(西安)인 장안 근처 호경에 도읍을 정하고 중원 땅을 힘으로 다스리기 시작한 이후로 진나라가 일어나 다시 그 근처를 도읍으로 정하고 천하를 통일하여 다스리기 시작하였다. 주나라는 황하 유역을 중심으로 하는 중국 땅의 동쪽 지역과 서쪽 지역을 합쳐 중원(中原)을 만들었지만, 진나라는 다시 장강(長江) 남쪽 지역까지 차지하고 있는 초(楚)나라와 오(吳)나라 및 월(越)나라까지 쳐서 합쳐 진정한 의미의 천하통일(天下統一)을 이룬 것이다. 그러나 진나라는 오래 가지 못하고 그 뒤에 천하를 서한(西漢, B.C. 206~A.D. 8)이 이어받아 본격적으로 장안에 도읍을 정하고 대제국의 위세를 온 천하에 떨치게 된다. 그리고 다시 수(隋)나라(581~618)와 당(唐)나라(618~907)가 여기에 도읍을 정하고 나라의 위세를 온 세상에 크게 떨쳐 장안은 세계

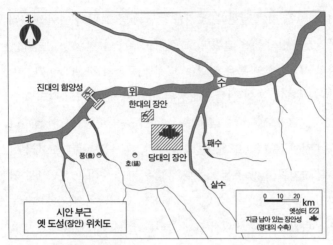

시안 부근 옛 도성(장안) 위치도

에서 가장 크고 번성한 도시로 이름을 날리게 된다. 그러나 이들 중국의 왕조 교체는 정권의 계승이 아니라 언제나 다른 민족의 무력에 의하여 상대방을 무자비하게 죽이고 쳐부수고 정복하는 것이었기 때문에 장안도 그곳에 도읍하던 왕조의 멸망과 함께 거의 완전히 파괴되어 약간의 흔적만을 남기고 사라지고 다시 새 왕조에 의하여 바로 그 근처에 새로이 도읍이 건설되었다. 항우(項羽)[32]는 진나라 수도 함양(咸陽)으로 쳐들어가기 위하여 먼저 관중(關中)으로 들어가서는 전쟁 끝에 항복한 진나라 군사 20여만 명을 산채로 땅에 묻어 죽였다. 얼마 뒤에 진나라의 수도 함양으로 쳐들어가서는 진시황의 무덤을 파헤치고 마음껏 약탈한 다음 함양의 궁전에 불을 질러 3개월이나 불이 꺼지지

---

**32** 項羽; 이름은 籍, 字가 羽. 힘이 장사였고 漢 高祖 劉邦과 천하를 두고 다투었다. 먼저 關中으로 쳐들어가 秦나라 수도 咸陽을 불태우고 秦始皇의 子孫들을 다 잡아 죽인 뒤 西楚 霸王이라 자칭하였다. 그러나 결국은 劉邦에게 垓下에서 敗하여 自決하고 말았다.

않고 탔다고 한다.[33] 이 장안을 차지하는 왕조들이 이전 왕조로부터 이어받는 것은 백성들의 삶이나 이웃 나라들은 거들떠보지도 않고 힘으로 잔인하게 천하를 다스리며 외진 곳에 화려한 도성을 다시 세우고 멋대로 자기만 영화를 누리고 사치스러운 생활을 하며 자신의 욕망만을 채우는 행동뿐이었다.

주나라에 이어 천하를 통일한 진나라가 사람의 목숨을 벌레 목숨 정도로도 생각하지 않는 잔인한 권력에만 의지하던 나라임은 분서갱유(焚書坑儒)가 아니더라도 이미 앞의 중국 내전의 잔혹상을 설명하는 중에 알게 되었으리라 믿는다. 전쟁은 말할 것도 없고 진시황은 나라에 큰 토목공사를 일으켜 엄청나게 많은 백성들을 희생시켰다. 이때 북쪽의 유목민족인 몽고족 흉노(匈奴)는 말을 잘 타는 이점을 이용하여 늘 중원 땅 깊숙이 침입하여 약탈을 일삼아 내륙 백성들의 삶을 위협하고 있었다. 전국시대 말엽에는 서북쪽의 진나라와 조나라가 싸우는 사이에 흉노의 세력이 무척 커져 네이멍구(內蒙古)에서 닝샤(寧夏)에 걸쳐 황하가 굽이쳐 흐르는 넓은 지역과 그 이남 지역까지 그들 세력권에 들어가 있었다. 진시황은 천하를 통일한 뒤 기원전 215년에 장군 몽념(蒙恬)에게 30만의 대군을 거느리고 가서 그들을 멀리 쫓아내도록 한 다음 기원전 214년에는 동쪽은 랴오닝(遼寧) 동쪽으로부터 허베이(河北) 북부를 경유하여 서북쪽은 네이멍구 바오토우(包頭)를 거쳐 서쪽은 간쑤(甘肅) 민셴(泯縣)에 이르는 만리장성(萬里長城)을 쌓았다. 수천 수백만의 인원이 동원되고 엄청난 인민들이 희생된 큰 공사였다. 그가 자신의 거처를 위하여 건설한 아방궁(阿房宮)은 위수(渭水) 남쪽 창

---

33 『史記』項羽本紀.

서북쪽 지방의 만리장성

안(長安)현 북서쪽에 지금도 유적이 있는데, 동서의 너비가 500보(步, 800m)이고 남북의 폭은 50장(丈, 150m)이나 되며, 궁전에서 회랑을 통하여 남산(南山)으로 올라갈 수가 있고, 남산 위에 문이 있었다 한다. 그리고 아방궁으로부터 위수를 건너 쉽사리 함양으로 갈 수가 있었으며, 그 안에는 1만 명이나 들어가 생활할 수가 있었다 한다. 아방궁을 짓기 위하여 70만 명의 인원이 동원되었는데, 시황제 때에 완성하지 못하여 2세 때에도 공사가 계속되었고, 아방궁이 완성되기도 전에 진나라가 망해버렸다 한다. 병마용(兵馬俑)이 묻힌 진시황의 능도 봉분의 높이가 55미터, 너비는 남북이 515미터, 동서가 485미터이고 25만 평방미터의 땅을 차지하고 있다. 그리고 땅속의 규모는 더욱 크고 복잡하여 2세 때에도 공사가 계속되었으며 진시황의 능을 건설하기 위하여 죄수 72만여 명이 동원되었다 한다. 이 밖에도 많은 토목공사가 이루어졌고 거기에는 얼마나 많은 무고한 백성들이 끌려가 강제노동을 하다가 목숨을 잃었는지 모를 일이다. 진나라는 천하통일 이전에도 남쪽 경영에 힘을 기울였고 지금의 광둥(廣東)과 광시(廣西) 지역을 중심으로 하는 남월(南越) 지역에는 진시황이 50만의 대군을 파견하여 이들을 굴복시키려 하였으나 저항이 만만치 않아 8, 9년의 고전 끝에 기원전 214년에야 증원군(增援軍)을 보내어 겨우 그들을 평정하였다. 중국 땅 동서지역을 합쳐놓은 주나라에 뒤이어 진시황은 다시 장강 이남 지역까지도 중국 판도로 합쳐놓아 지금의 중국 영역 곧 천하라는 개념을 확고히 만들어 놓은 것이다.

진시황은 기원전 221년 천하를 통일하자 우선 자기에 관한 호칭부터 천하의 지배자에 어울리게 고쳤다. 그는 이전의 왕(王)이란 호칭에 만족을 못하고 삼황오제(三皇五帝)에서 '황제'란 말을 골라 자기를 부를 때 쓰도록 하였다. 따라서 자기는 '시황제'이고 뒤의 세대는 2세(世)·3세·4세…로 이어나가 만세무궁토록 황제 자리가 이어지도록 하게 하려 하였다. 그리고 시황제 스스로는 짐(朕)이라 부르기로 하였다.

다시 정치권력을 자기에게로 통일하기 위하여 이전의 봉건제도를 버리고 군현제(郡縣制)를 실시하였다. 군현제란 전국을 36개의 '군'으로 나누고 그 밑에 다시 현·향(鄉)·정(亭)·리(里)의 행정구역을 마련하여 전국의 행정을 중앙에서 자신이 직접 결정하겠다는 것이다. 무엇보다도 강한 전제주의적 중앙집권적 제도의 출현이다. 그 밖에도 전국의 법률을 통일하고 화폐와 도량형 및 한자의 자체(字體)도 통일하였다. 전국시대에는 나라마다 서로 다른 글자체의 한자를 썼는데, 승상 이사(李斯, B.C. 284?~B.C. 208)가 소전(小篆)체를 만들어 문자의 통일을 이룩하였다. 곧 뒤에 정막(程邈)이 더 간편한 예서(隸書)체를 만들어 이 글자체가 뒤의 한나라 시대에 널리 쓰여 흔히 한예(漢隸)라고도 부른다. 특히 이 한자 자체의 통일은 진시황의 천하 통일의 업적 중에서도 가장 중요한 것이다. 왜냐하면 이후 이 통일된 한자가 널리 쓰이면서 중국의 학술과 문화를 발전시키는 기틀이 되었기 때문이다.

그뿐 아니라 진시황은 수도인 함양을 기점으로 하여 전국 각지로 통하는 국도인 치도(馳道)를 건설하였다. 이 치도는 동쪽으로는 바다 근처까지, 북쪽으로는 나라의 변두리 지역까지, 남쪽으로는 장강 유역까지 뻗쳤다. 치도의 건설이야말로 보통 임금은 생각지도 못할 웅대한 공사였다. 진시황은 이 길을 이용하여 다섯 번이나 넓은 영토를 순행하며 자신의 위세를 천하에 과시하였다. 그리고 전국의 수레바퀴 폭도 통일하여 전국의 교통과 물류 유통에 크게 이바지하였다. 그리고 사상의 통일을 위하여 실제로 소용이 있는 책을 제외한『시경』이나 『서경』을 비롯한 여러 가지 책을 모아 불태우고 진시황 35년(B.C. 211)에는 옛날 일을 근거로 지금의 일을 논하는 유생(儒生)들과 쓸데없는 이론을 펴는 자들 460여 명을 잡아다가 산 채로 땅에 묻어버렸다. 이것이 진시황의 폭정을 대표하는 유명한 분서갱유(焚書坑儒)이다.

이러한 정치적 통일과 함께 이룩한 문화상의 통일업적도 겹쳐서 진시황은 지금 중국의 역사가들로부터 폭군이 아니라 위대한 천하의 틀을 마련해 놓은 황제로 다시 새로운 평가를 받고 있다. 중국 영화의 거장 장이머우(張藝謨) 감독이 2002년에 찍은 영화 〈영웅(英雄)〉은 지금에 와서 달라진 진시황에 대한 새로운 평가를 잘 반영한 작품이다. 이 영화를 보면 조(趙)나라의 칼잡이가 자기 조국인 진나라에 대한 한을 풀기 위하여 진시황을 암살하려고 십 보(步) 안의 사람은 반드시 죽일 수 있는 검술을 닦는다. 그리고 많은 사람들의 희생을 바탕으로 신의를 쌓아 진시황에게 접근할 기회를 잡지만 결국은 검술을 닦으면서 터득한 위대한 '천하'라는 개념 때문에 진시황을 죽이지 않고 천하 통일의 대업을 이룩하도록 놓아준다. 조국 조나라보다도 더 위대하고 소중한 것은 천하라는 것이다. 그것은 중국의 학자들이 진시황을 지금에 와서는 폭군이 아니라 천하, 곧 대중국을 건설한 위대한 제왕으로 떠받들게 되었음을 의미한다.

그러나 천하를 힘으로 통일하기는 하였지만 그처럼 넓은 영역을 힘으로만 다스리기엔 벅찬 것이어서 진시황 뒤로 진나라는 2세·3세로 이어지지만 천하를 통일한 지 3대 15년 만에 나라가 망하고, 장안은 한(漢) 고조(高祖, B.C. 206~B.C. 195 재위) 유방(劉邦)에게 인계된다. 먼저 남쪽 초(楚)나라 출신의 진승(陳勝)이 농민들을 이끌고 일어나 진나라를 큰 혼란에 빠트렸고, 그 뒤를 역시 초 지방 출신의 항우(項羽)와 지금의 장쑤(江蘇)성 출신의 유방(劉邦)이 농민들을 이끌고 일어나 천하를 다투다가 결국은 유방이 승리하여 한나라 고조가 되어 천자의 자리에 오르게 된다. 진나라를 뒤이어 천하를 다툰 사람들이 모두 남쪽 오랑캐 지역 출신들이니 이때에 와서는 장강을 중심으로 하는 남쪽 지역의 세력이 크게 발전하였음을 알려준다. 장강 유역 강남 지방 사람들은 이 무렵에 와서 오랑캐의 지위를 벗어났다.


## (3) 서한(西漢, B.C. 206~A.D. 8)

한 고조도 출신부터 부드러운 정치는 하기 힘든 사람이다. 그는 중원의 남쪽 패(沛) 땅[34]의 사수정장(泗水亭長)을 지내다가 잘못하여 반란에 가담하게 된 사람이다. 정장은 마을의 이장 정도 지위의 아주 낮은 계급의 관리이다. 뒤에 그의 밑에 모여들어 천하를 얻는 데 공을 세운 장수들을 보아도 형편없는 출신의 사람들이다. 주발(周勃)은 고조와 동향 사람으로 누에 채반인 잠박(蠶箔)을 만들어 팔고 퉁소를 불며 상가(喪家)에 가서 잡일이나 거들던 사람이다. 경포(黥布)는 죄를 지어 얼굴

---

**34** 지금의 安徽 동북, 江蘇 북부 지역.

**한 고조의 초상**

에 문신을 하는 묵형(墨刑)을 받았고 떼 강도짓을 하던 자이다. 한신(韓信)은 거리를 떠돌던 건달로 밥도 남에게 얻어먹고 지내던 자이다. 번쾌(樊噲)는 고조와 같은 고향의 개 잡는 백정이었다. 팽월(彭越)도 떼 강도짓을 하던 자이다. 하후영(夏侯嬰)은 고조와 같은 고장에서 마구간을 돌보며 수레를 몰던 자이다. 관영(灌嬰)은 비단 장사를 하던 자이다. 조금 나은 소하 (蕭何)와 조참(曹參)은 고조와 같은 패 땅의 낮은 관리 출신이다. 장량(張良)은 자기의 한(韓)나라를 망친 진시황을 암살하려다 실패하여 숨어살던 자이다. 이런 사람들의 집단이라면 백성이나 사람들을 제대로 위하는 심성을 지니기는 어렵다고 보아야 할 것이다.

고조 유방의 부인 여후(呂后)의 일 한 가지만 들어 보면 이 집단의 심리적 성향이 짐작될 것으로 믿는다. 고조는 만년에 젊고 아름다운 척희(戚姬)를 만나 무척 총애를 하게 되고 그 사이에서 아들 여의(如意)가 태어났는데, 고조는 그를 조왕(趙王)으로 봉하고 기회 있을 때마다 그를 태자로 바꾸려 하였다. 그러나 뜻대로 하지 못하고 고조가 죽자 17세의 여후의 아들 혜제(惠帝, B.C. 194~B.C. 188 재위)가 임금 자리를 계승한다. 그러자 여후는 황태후(皇太后)로 윗자리에 올라앉아 나라의 권세를 휘두르게 된다. 고조가 죽자 여후는 고조가 총애하던 척희를 잡아 붉은 옷을 입히고 목에 쇠사슬을 감아 후궁(後宮)에 가두어 놓는다. 그리고는 척희의 아들 조왕을 궁 안으로 불러들여 독약을 먹여 죽여버린다. 그런 뒤 다시 척희의 손과 발을 자르고 눈알을 도려내고 귀를 불로 지져 무너뜨리고 약을 먹여 벙어리가 되게 한 다음 뒷간에 잡아 처넣어 놓고 '사람 돼지' 곧 인체(人彘)라 부르게 하였다는 것이다. 얼마 뒤 황제인 혜제가 척희의 그러한 처참한 모습을 보고 충격을 받아 대성통곡을 한 뒤 병이 나 그로부터 1년도 못 넘기고 죽게 된다.[35] 여후는 혜제가 죽자 어린 소제(少帝) 공(恭, B.C. 187~B.C. 184 재위) 및 소제(少帝) 홍(弘, B.C. 183~B.C. 181 재위)을 형식적으로 제왕 자리를 잇게 하고 실제로는 자신이 이후 8년 동안 정권을 쥐고 멋대로 나라의 정치를 주무른다. 서한은 이처럼 잔인한 지배계층이 나라를 다스렸으니 그들이 백성들의 생활실정 따위에 관심을 지녔을 리 만무하다.

한 제국이 크게 발전을 이룬 것은 무제(武帝, B.C. 140~B.C. 87 재위) 때이다. 그는 사방의 나라들을 정벌하여 영토를 넓히고 치안을 다졌다. 그러나 무제는 사방의 오랑캐들을 정벌하느라 백성들에게서 많은 세금을 거두어들였다. 그때 백성들은 자식을 낳아 세 살이 되면 곧 구전(口錢)을 내어야 했기 때문에 자식을 낳아 기른다는 것은 집안 형편을 더욱 어렵게 만들고 가난해지도록 만드는 일이었다. 때문에 그때 사람들은 자식을 낳으면 바로 죽여버리는 경우가 많았다고 한다.[36] 살아가기 위하여 자기 자식까지도 죽여버리는 세상이었으니, 그 당시의 정치가 얼마나 잔혹하였는가 더 설명이 필요치 않을 것 같다.

정양태수(定襄太守)였던 의종(義縱)은 부임하여 하루에 법을 어긴 자 400여 명을 죽여 "고을 사람들을 춥지 않은데도 떨게 만들었다." 하였고, 왕온서(王溫舒)란 자는 하내태수(河內太守)가 되자 그 고을의 권력을

---

35 『史記』 呂后本紀.
36 『漢書』 禹貢傳.

업고 법을 어기면서 잘 사는 자들을 모두 잡아들였는데, 거기에 연루된 집안이 1천여 집안에 이르렀고 자기 개인 판단에 의하여 그 중 죄가 큰 놈은 멸족을 시키고 죄가 작은 자는 그 자만을 죽여 "사람의 피가 10여 리나 흐르는 지경이었다."고 하였다.[37] 이런 관리들에게 백성들의 목숨은 파리 목숨보다도 더 가볍게 여겨졌을 것이다.

한제국은 크게 발전하고 있었지만 백성들의 참혹한 삶은 우리의 상상을 초월한다. 반고(班固, 32~92)의 『한서(漢書)』에 보이는 몇 조목을 인용한다.

원제(元帝) 2년(B.C. 47); "제(齊) 땅에 기근이 들어 … 백성 중에 굶어 죽는 이가 많았고 낭야군(琅邪郡)에서는 사람들이 서로를 잡아먹었다."[38]

원제가 즉위했을 초기; "… 백성들은 크게 굶주려 죽게 되고 죽어도 묻어주지 못하여 개 돼지들이 뜯어먹고, 사람들은 서로 잡아먹기에 이르렀다."[39]

영시(永始) 2년(B.C. 15); "백성들이 굶주리며 길 위에 흩어져 다니고 병으로 죽는 자들이 수만 명이고 사람들이 서로 잡아먹는 지경이 되고 도적이 사방에 생겨났다."[40]

---

**37** 『漢書』 酷吏傳.
**38** 권24 상 食貨志 上.
**39** 권72 貢禹傳.
**40** 권83 薛宣傳.

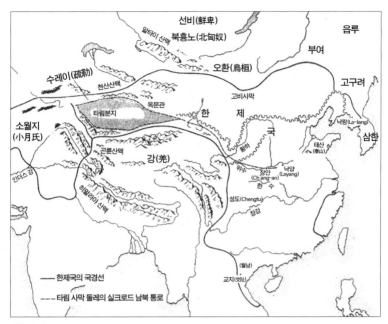

**서한의 영토**

건평(建平) 2년(B.C. 5); "흉년이 들어 천하가 텅 비고 백성들은 굶주려 아버지와 아들이 흩어져서 길 위에 떠도는 자들이 10만을 헤아릴 정도이다."[41]

백성들의 삶은 이러한데도 황제들은 먼 한 구석 장안에 앉아 호사스러운 생활을 하며 자기 욕망을 마음껏 채웠다. 한 무제의 경우에는 엄청난 희생은 아랑곳 하지 않고 장군들을 보내어 계속 사방 정벌을 하였고, 거대한 궁전을 수도 없이 건축했으며, 거의 해마다 밖으로 나가 전국을 돌아다니면서 자기의 위세를 과시했고, 또 자기만 죽지 않

---

41 권81 孔光傳.

고 오래 살려고 열심히 신선(神仙)이 되는 방법을 추구하기도 하였다.

광무제(光武帝) 이후 동한(東漢, 25~220)은 도읍을 중원 땅 낙양으로 옮겨 국세를 서한만큼 떨치지 못하였다. 아무래도 내륙으로 들어와 보니 어려운 백성들의 실상을 많이 접하게 되어 잔인한 통치를 할 수가 없었기 때문이었을 것이다.

한나라가 망한 뒤 위(魏, 220~265)나라를 뒤이은 서진(西晉, 265~317)·동진(東晉, 317~420)을 거쳐 남북조(南北朝)시대(420~581)에 이르는 사이에 흉노(匈奴)·갈(羯)·선비(鮮卑)·저(氐)·강(羌) 등 여러 이민족이 중원으로 쳐들어와 나라를 세웠다가 망했다 하는 오호십륙국(五胡十六國)시대(302~421)가 전개되는데, 그 중에서 티베트족인 저(氐)족이 장안에 전진(前秦, 351~394)을 세웠고, 선비족인 전연(前燕, 348~370)이 북경지방을 근거로 삼았으나, 이들은 나라를 불과 몇 해밖에는 지탱치 못하였으니 논외로 하는 수밖에 없다.


## (4) 수(隋, 581~618)

다시 장안을 도읍으로 하여 국세를 크게 떨친 당(唐)제국(618~907)은 한나라가 진나라의 통일을 계승했던 것처럼 위(魏)·서진(西晉)·동진(東晉)·남북조(南北朝)의 혼란했던 시대를 통일하여 다시 천하(天下)를 이룬 수나라를 계승한 왕조이다. 오랜 동안 이민족에 의하여 짓밟혀 오던 중원 땅을 통일한 주인공은 북조(北朝)의 주(周)나라 공신인 양충(楊忠)의 아들로 북주(北周, 557~581)를 멸망시키고 수나라를 세운 문제(文帝, 581~604 재위)이다. 수나라 왕실은 선비족(鮮卑族)의 피가 섞인 혈통이다.

이미 남북조시대에 많은 이민족이 중원으로 침입해 와서 나라를 세웠기 때문에 순수한 한족은 찾아보기 어려운 처지가 되어 있었다.

남북조시대의 선비족이 세운 북조의 북위(北魏, 386~534)는 서위(西魏, 535~556)와 동위(東魏, 534~550)로 갈라졌다가 서위는 다시 북주(北周, 557~581)로 이어지는데, 북주에 와서는 선비족도 이미 상당히 한족으로 변하여 있었다. 북주에는 독고신(獨孤信, 503~557)이라는 북주 건국에 큰 공을 세워 상서령(尙書令)과 대사마(大司馬) 벼슬을 하고 다섯 명의 아들까지도 모두 후왕(侯王)에 봉해졌던 인물이 있었다. 그 스스로가 미남이어서 딸들도 모두 미녀였으므로, 장녀는 북주 명제(明帝)의 주명경후(周明敬后)가 되고, 4녀는 북주의 안주총관(安州總管)이며 주국장군(柱國將軍)이었던 이병(李昞)에게 출가하였는데 당(唐) 고조(高祖) 이연(李淵, 618~626 재위)을 낳아 이병이 뒤에 원황제(元皇帝)로 높여지는 바람에 원정황후(元貞皇后)가 되었고, 7녀는 수나라 문제(581~604 재위)가 된 양견(楊堅)에게 시집 가 문헌후(文獻后)가 되고 양제(煬帝, 605~617 재위)를 낳았다.[42] 그러니 수나라와 당나라 왕족들에게는 분명히 선비족의 피가 다분히 섞여 있는 것이다. 수나라 양제와 당나라 고조는 다 같이 독고신의 딸을 어머니로 모신 이종사촌 형제였다.

수나라의 양씨와 당나라의 이씨 모두 선비족이 활동하던 북주의 근거지인 무천진(武川鎭)[43]에서 활약하던 사람들인데 그곳은 거의 이민족의 지역이라고도 할 수 있는 곳이다. 당나라 왕실은 농서(隴西, 지금의 甘肅省) 사람이고 이름이 이이(李耳)인 노자(老子)의 후손이라 하였고, 당

---

**42** 『北史』 권61 獨孤信列傳 의거.
**43** 지금의 內蒙古 武川縣 서남.

고조의 7대조 이고(李暠)는 서기 399년에 간쑤(甘肅)성에서도 서쪽 벽지인 둔황(敦煌)에서 스스로 양(涼) 무소왕(武昭王)이 되었다.[44] 이런 일들을 종합해 보면 수나라와 당나라 왕실은 이미 그 이전에 틀림없이 혼혈이 되어 있었을 것이다. 그 지방은 옛날부터 쉴 새 없이 이민족들이 쳐들어와 전쟁이 끊일 날이 없었고 한족과 이민족이 늘 섞여 지내던 곳이기 때문이다. 뒤에 다시 수나라와 당나라가 이전의 진나라와 한나라처럼 거대하고 강력한 왕국을 세우고 전제 통치를 할 수가 있었던 것은 그들 모두가 중원과는 인연이 먼 서북쪽 민족 출신이었기 때문일 것이다.

수나라 문제의 뒤를 이은 양제(煬帝, 605~617 재위)는 큰형인 태자 용(勇)을 죽이고 자신이 태자가 된 다음 아버지 문제가 병석에 누워 있을 적에 아버지도 죽이고 자신이 왕위에 오른 임금이다. 아버지나 형제도 권력을 위하여 거들떠보지도 않는 사람이 백성들 삶을 걱정할 이가 없다. 그는 황제가 되자 백성들이야 어떻게 살든 전혀 아랑곳하지 않고 인력과 재물을 긁어모아 자신의 사치와 욕망을 추구하였다.

양제는 황제 자리에 오른 대업(大業) 원년(605)에 엄청나게 많은 궁전과 정원을 갖춘 동도(東都) 낙양을 새롭게 건설하였다. 낙양 서쪽의 서원(西苑)만 보더라도 그 전체 둘레가 200리이고, 그 안에는 많은 궁궐과 누각이 있었다. 그 안에 둘레가 10여 리 되는 호수가 있는데 바다라 부르던 그 호수 안에는 수면 위로 100여 척이나 솟은 삼신산(三神山)이 있고 그 위에는 화려하고 사치스러운 누각이 세워져 있었다. 이 동도의 건설을 위하여 한 달에 200만 명의 백성들이 동원되었는데 그들

---

44 『北史』권100 序傳.

중 반 가까이가 일에 시달려 죽었다 한다.

같은 해에 수나라 양제는 거의 20만 명이나 되는 인원을 거느리고 배를 타고 강도(江都, 江蘇省)로 유람을 나갔는데, 그가 탄 용주(龍舟)는 높이가 45척(尺), 길이 200장(丈)의 4층 배이며 중간 두 층에만 120개의 방이 있는데 모두 진귀한 보석으로 찬란하게 장식되어 있었

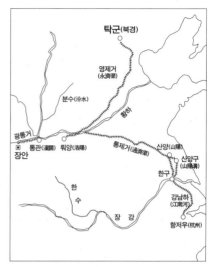

**수나라 때 만든 운하도**

다 한다. 그리고 수행하는 황후와 관리들이 탄 배도 수천 척이어서 이들 배가 꼬리에 꼬리를 물고 200여 리나 늘어서 있었다 한다. 이 뒤로도 그는 쉴 새 없이 각지를 유람하고 있다.[45]

다시 같은 해(605)에 100여만 명의 인원을 동원하여 황하에서 장강에 걸쳐진 통제거(通濟渠)라 부르는 대운하를 건설한다. 약간 길이가 짧은 장강에서 산음(山陰)에 이르는 한구(邗溝)도 만들었다. 그 옆에는 산양(山陽)에서 장강에 이르는 산양구(山陽溝)도 만들었다. 608년에는 다시 100여만 명의 인원을 동원하여 북쪽 탁군(涿郡, 지금의 北京)에서 낙양에 이르는 영제거(永濟渠)라는 대운하를 건설한다. 이 두 운하는 합친 길이가 3천여 리나 된다. 610년에는 다시 길이가 800여 리, 너비 10여 장

---

**45** 『隋書』帝紀 煬帝 上.

(丈)의 항저우(杭州)에서 장강에 이르는 강남하(江南河)를 건설한다. 장안으로부터 퉁관(潼關)에 이르는 사이에는 광통거(廣通渠)라는 운하도 건설되었다. 이런 공사 중 동원된 사람들은 10명 중 네댓 명이 지나친 강제노동으로 죽어 나갔다 한다.

백성들은 한없는 강제 동원으로 "천하의 거의 모든 사람들이 일하다 죽고 집안은 재물을 빼앗겨 망하였다" 한다.[46] 그리고 이러한 강제노동을 피하기 위하여 백성들 중에는 자신의 손과 발을 스스로 잘라내면서 이를 '복수(福手)'·'복족(福足)'이라 불렀다고도 한다.[47] 백성들은 목숨을 부지하기조차도 어려웠던 것이다.

이러한 운하 개통은 남북의 물자수송과 교통을 위한 것이기도 하지만 한편 고구려 원정에도 목적이 있었다. 대업 7년(611) 전쟁 준비를 위하여 동래(東萊) 바닷가에 장인들을 모아 300척의 큰 배를 만들게 하였는데 밤낮을 쉬지 않고 일을 시켜 장인들 태반이 죽었다 한다. 하남(河南)·회남(淮南)과 강남의 백성들에게는 전차 5만 대를 만들어 북쪽으로 보내도록 하였고, 회남과 강남 백성들에게는 남쪽 창고의 양식을 자기들 배로 탁군(涿郡)으로 나르게 하였다. 산동의 농민들을 동원하여 소 마차를 끌고 양식을 나르게 하였는데 마차가 부족하여 사람들이 직접 끄는 수레까지도 동원하였다. 이러한 강제 동원으로 길에는 다니다가 병들어 죽은 백성과 군인들의 시체가 허다하여 시체 썩는 냄새가 진동하는[48] 처참한 모습이었다 한다.

결국 양제는 서기 612년(대업 8년) 130만 대군을 동원하여 고구려

46 『隋書』食貨志.
47 『資治通鑑』貞觀 16年.
48 『自治通鑑』권181 大業 7년 7월 기사.

80

를 공격하였으나 을지문덕(乙支文德) 장군에게 크게 패하고 만다. 다시 613년과 614년 고구려 원정에 나서지만 역시 모두 실패하고 돌아온다.

이런 나라가 오래 갈 수는 없다. 곧 전국 사방에서 농민들의 반란이 일어나 결국은 당나라 고조(高祖) 이연(李淵, 618~626 재위)에 의하여 수나라는 멸망당하고 대신 새로운 나라가 들어선다. 진나라를 뒤이었던 한(漢)제국처럼 수나라가 전쟁과 포악한 정치로 인구를 줄여 놓고 민심을 망쳐 놓은 때문에, 당나라는 쉽사리 큰 수나라를 이어받아 백성들의 마음을 수습하고 새로운 왕국을 이룩할 수가 있었다.


## (5) 당(唐, 618~907)

당나라 왕실도 앞에서 말한 것처럼 순수한 한족이 아니고 북조(北朝)의 주나라 장군 집안으로 선비족의 피가 섞여 있다. 당나라는 고조(高祖, 618~626 재위)인 이연(李淵)이 세웠으나 태종(太宗) 이세민(李世民)이 정치를 잘 하여 나라의 터전을 다진 것으로 알려져 있다. 중국의 역사가들은 흔히 태종의 통치기간인 정관(貞觀) 연간(627~649)의 다스림을 '정관의 치(貞觀之治)'라 하면서 중국 역사상 이상적인 정치가 행해진 시대로 내세우고 있다. 그러나 이세민은 '현무문(玄武門)의 변'이라 부르는 쿠데타를 일으켜 자기 형인 태자(太子) 이건성(李建成)과 동생 이원길(李元吉)을 죽이고 그들의 아들 각각 5명도 모두 죽인 다음 자신이 태자가 되고 다시 억지로 왕위를 고조로부터 물려받은 임금이다. 수나라 양제나 심성이 다를 바가 없는 인물이다. 청(淸)대의 학자 조익(趙翼, 1727~1814)은 태종이 이원길의 처를 비(妃)로 삼았던 일을 당나라 여화

**당 태종의 초상**

(女禍)의 보기로 들며 비판하고 있다.[49] 태종은 신하의 처를 빼앗을 정도로 여색(女色)을 좋아하여 그의 궁중에는 수만 명의 궁녀(宮女)를 두고 거느렸다. 정관 원년(627)에 태종의 신임이 두터웠던 이백약(李百藥, 565~648)이 올린 상소문에 "궁녀들이 수만 명"이나 됨을 지적하고 있다. 그리고 자기 목적을 위해서는 형제들조차도 죽여버리는 잔인한 인물이었다.

정관 11년(637)에는 귀족계급의 지위를 확보하고 백성들의 반항을 억누르기 위한 12편 500조의 유명한 당률(唐律)을 제정 반포하였다. 거기에는 엄벌에 처하는 사회의 십악(十惡)으로 나라에 대한 반역이나 황제에 대한 반항과 불효 등이 규정되어 있고[50] 그 아래 호혼율(戶婚律) 등이 엄격히 규정되어 있으며 백성들이 호적과 부세(賦稅)·병역·요역(徭役) 등에서 벗어나려 하다가는 엄한 형벌을 받도록 되어 있다. 그 밖에 신분에 따른 법 적용의 차별도 규정되어 있다. '율(律)' 아래에는 다시 여러 가지 규정과 법에 대한 보충 수정 및 시행규칙을 담은 영(令)·격(格)·식(式)이 있다. 태종은 너그러운 체하면서도 엄한 법망으로 백성들을 꽁꽁 묶어 놓고 있었던 것이다.

---

**49** 『二十二史劄記』 권19.
**50** 『唐律疏議』 권1 名例.

정관 11년(637) 시어사(侍御史)이던 마주(馬周)가 태종에게 올린 상소문에 이런 말이 있다.

"관의 요역(徭役)을 치르느라 형이 가고 아우는 돌아오고 하며 길 위엔 사람들이 늘어선 줄이 끊일 날이 없습니다."[51]

정관(貞觀) 13년(639)에 충신으로 이름난 위징(魏徵, 580~643)도 태종에게 올린 상소문에서, 지금 백성들은 모두 "요역에 지쳐 있는데(疲于徭徵)", "관중의 사람들은 폐해가 더욱 심합니다(関中之人, 勞敝尤甚.)."고 말하고 있다.[52]

수나라 때보다는 훨씬 공정해졌다는 것뿐이지 당나라에 와서도 백성들을 힘으로 눌러 다스림에는 변함이 없었던 것이다.

당 태종은 주변 나라들을 정벌하여 나라의 위세를 크게 떨쳤으나 오직 고구려 원정에는 실패하여 큰 타격을 입었다. 태종의 정관 18년(644)에는 대군을 거느리고 고구려를 직접 정벌하였으나 크게 패하고 특히 안시성(安市城) 싸움에서 이기지 못하고 돌아왔다. 정관 21년(647)에도 대군을 바다와 육지의 두 갈래로 파견하여 고구려를 쳤으나 연개소문(淵蓋蘇文, ?~666)에게 막혀 실패하고 다음 해까지 고구려와 싸우다가 정관 23년(649)에 태종은 한을 품은 채 죽었다.

당나라 초기에도 사방의 농민 소요는 끊일 날이 없었다. 618년 당나라가 세워진 뒤에도 621년에는 허베이(河北) 지방에 유흑달(劉黑闥)

---

51 『資治通鑑』 권195 貞觀 11年 8月: "給役者兄去第還, 道路相繼."
52 『貞觀政要』 권10 愼終 제40.

이 반란을 일으키고 한동왕(漢東王)이라 자칭하고 나라를 세워 당나라 군사들을 쳐부수고 세력을 크게 떨치다가 623년에야 진압되었다.[53] 648년에는 당 태종이 고구려를 공격하기 위하여 쓰촨(四川) 사람들에게 군함을 만들어 바치도록 강요하였는데, 노역으로 고통을 받던 소수 민족을 중심으로 반란이 일어나, 당나라에서는 군대를 파견하여 그들을 진압하는 한편 배를 만드는 비용을 대주어 겨우 반란을 진압하였다.[54] 653년에는 저장(浙江) 지방에 진석진(陳碩眞)이라는 여자가 반란을 일으켜 문가황제(文佳皇帝)라 자칭하며 세력을 넓혀 한동안 크게 위세를 떨쳤다.[55] 이 밖에도 당나라 통치에 항거하는 항쟁은 무칙천(武則天, 684~704, 周나라 皇帝로 재위)에서 현종(玄宗, 713~755 재위)에 이르는 당 제국의 전성기에도 끊일 날이 없었다. 그것은 조정에서 백성들을 매우 학대했기 때문에 견디기 어려운 백성들이 연이어 일어난 때문이라 할 수 있다.

무칙천은 태종 때 재인(才人)으로 14세 나이에 궁중으로 들어갔다가, 뒤에 다시 고종(高宗) 때(650~683 재위)에 여관(女官)인 소의(昭儀)로 다시 궁중으로 뽑혀 들어가 열심히 왕황후(王皇后)를 모신 여자이다. 그는 황후를 모시면서 한편으로는 황후를 모함하여 결국 황후를 내쫓고 655년에는 대신 자기가 황후가 된다. 그리고 정치에 관여하기 시작하여 655년 이후로는 당나라 정권이 완전히 무칙천의 손아귀로 들어간다. 고종이 홍도(弘道) 1년(683) 12월에 죽자 자기의 셋째아들 중종(中宗)을 뒤를 이어 임금 자리에 오르게 하지만 무칙천은 두 달 뒤(684) 그를 내쫓고 넷

---

**53** 『資治通鑑』권190 武德 7年 3月.
**54** 상동 ; 권199 貞觀 22年.
**55** 상동 ; 권199 永徽 4년 10月.

째아들을 예종(睿宗)으로 임금 자리에 앉힌다. 그러나 무칙천(684~704 재위)은 곧 나라 이름을 주(周)라고 바꾼 뒤 낙양을 도읍으로 삼고 신도(神都)라 부르는 등 여러 가지 제도를 바꾸고는 마침내 스스로 황제 자리에 올라 권력을 휘두르며 나라를 멋대로 다스린다.

당나라 칙천무후의 행차

그는 황제 자리에 오르고 권력을 휘두르면서 가까운 사람들만도 엄청나게 죽였다. 린위탕(林語堂, 1895~1976)은 영어로 쓴 무칙천의 전기 『Lady Wu-a true story』에 5페이지에 걸쳐 무칙천이 죽인 사람들의 명단을 표로 만들어 싣고 있다. '1. 직계가족'을 보면 자기의 맏아들 이홍(李弘), 둘째아들 이현(李賢), 친손자 이중윤(李重潤), 고종의 셋째아들 택왕(澤王) 상금(上金), 고종의 넷째아들 허왕(許王) 소절(素節) 및 며느리 등 23명의 이름이 올라 있는데, 이들이 죽을 때 이들과 관련이 있는 얼마나 많은 사람들이 함께 죽었는지 모를 일이다. 친아들, 친손자도 자기 뜻에 어긋나면 죽여버리는 인물인데 다른 사람들이야 쉽게 용서받을 수가 있겠는가? '2. 왕실의 후왕(侯王)들'을 보면 고조의 아들 한왕(韓王) 원가(元嘉), 노왕(魯王) 영기(靈夔), 태종의 아들 월왕(越王) 정(貞) 및 그들의 아들들을 비롯하여 50명의 명단이 2페이지에 걸쳐 적혀 있다. '3. 고관과 장군들'에는 당나라의 공신인 상서우복야(尚書右僕射) 저수량(褚遂良)·시중(侍中)

한원(韓瑗)·중서령(中書令) 배염(裵炎)·양주자사(洋州刺史) 흑치상지(黑齒常之) 등 36명의 명단이 2페이지에 걸쳐 실려 있다. 얼마나 잔인하고 무서운 여자였는가 짐작이 갈 것이다. 이런 통치자에게는 백성들의 생활이 문제될 수가 없는 것이다. 사람들이 벌레 정도로 보였을 것이다. 남자 못지않게 잔인한 여자 황제였기에 당제국의 위세를 나라 안팎으로 계속하여 발휘하였던 것 같다. 이후 현종(玄宗, 713~756 재위) 말년에 안녹산(安祿山)이 내란을 일으키기 전까지 당제국은 전성시대를 맞이하게 된다.

중국 역사상 당 제국의 위치는 매우 높게 평가받고 있다. 그것은 한족의 왕조로 나라의 영토가 가장 넓은 지역으로 발전하였고, 또 당나라에 이르러 크게 발전한 중국의 전통문화는 당 제국 주변의 여러 나라들에게까지 스며들었기 때문이다. 『신당서(新唐書)』 지리지(地理志)를 보면 전성기의 당나라 판도는 한나라나 수나라 시대보다도 훨씬 넓어져서 영토의 동서 너비가 9,511리, 남북은 16,918리에 이른다고 하였다. 그리고 지리지 권7에는 유명한 기미주(羈縻州)에 대한 기록이 있다. 당 제국은 천하를 10도(道)로 나누고 다시 '도'를 주(州)와 현(縣)으로 나누어 통치하면서 그 둘레 이민족 땅에도 역시 부(府)·주(州)의 행정구역을 마련하여 통틀어 '기미주'라 부르는 제도를 마련하고 도독부(都督府)를 두어 이들을 다스리게 하였다. 관내도(關內道) 둘레에는 돌궐(突厥)·회흘(回紇)·당항(党項)·토욕혼(吐谷渾) 등이 소속되어 있는데 도합 부 29·주 90을 두고 다스렸다. 하북도(河北道) 둘레에는 돌궐의 다른 부족·해(奚)·거란(契丹)·말갈(靺鞨)·항호(降胡)·고려(高麗) 등이 소속되어 있고 부 14·주 46을 두고 다스렸다. 농우도(隴右道) 둘레에는 돌궐·회흘·당항·토욕혼의 다른 부족·구자(龜玆)·우전(于闐)·언기(焉耆)·소륵(疏

勒)·하서(河西)의 여러 오랑캐들·서역의 16나라 등이 소속되어 있고 부 51·주 198을 두고 다스렸다. 검남도(劍南道)에는 강(羌)·만(蠻)족이 소속 되어 있는데 주 261을 두고 다스렸다. 강남도(江南道)에는 만(蠻)족이 소속되어 있는데 주 51을 두고 다스렸다. 영남도(嶺南道)에도 만족이 소속되어 있는데 주 92를 두고 다스렸다. 그 밖에 어디 소속이었던지 분명치 않은 당항족에 대한 주 24곳이 있었다. 기미주라 하여 당 제국의 둘레에는 다시 도합 부·주 856개가 있었으니 대단한 장관이라 할 만하다. 다만 당제국의 지배가 이들 기미주에 얼마 동안 어떻게 미쳤는가 하는 문제는 별개의 일이다.

현종의 말년(755)에 일어났던 '안녹산(安祿山)의 난(755~763)'은 평화로웠던 당 제국의 형세를 하루아침에 바꾸어 놓았다. 안녹산 자신이 오랑캐 출신이고 반란군의 주력부대도 이민족 출신 군인들로 구성되어 있어 그들은 중원 땅으로 쳐들어오면서 멋대로 사람들을 죽이고 재물을 약탈하여 그들이 지나간 자리는 사람들도 거의 남지 않고 짐승이나 떠돌아다니고 귀신이 우는 소리나 들리는 처참한 형편이 되었다.[56] 그런데 현종의 뒤를 이은 숙종(肅宗, 756~761 재위)은 관군으로는 반란이 제대로 토벌되지 않자 반란을 토벌하기 위하여 서북쪽 외국에 원군을 요청하게 되었다. 그때 특히 회흘의 기병이 용감하고 잘 싸운다하여 이들을 불러들이기 위하여 "성을 탈환하면 그곳 토지와 사서(土庶)는 당나라로 돌려주되 금이나 비단과 자녀(子女)들은 회흘이 갖는다."는 조건을 내걸었다. 따라서 회흘 군대는 당나라로 들어와 장안을 되뺏어 주고 낙양을 되찾아 주면서 약탈을 마음껏 하였다. 낙양에 가서는 3일 동안이나

---

56 『舊唐書』 劉晏傳: "五百里中, … 居無尺椽, 人無烟爨, 蕭條悽慘, 獸游鬼哭."

멋대로 약탈을 자행하였다고 한다.[57] 대종(代宗, 762~778 재위)이 즉위하여
서도 회흘의 군대를 불러들였는데, 그때는 회흘의 임금 등리가한(登利可
汗)이 직접 군대를 인솔하고 재물 약탈을 목적으로 달려왔다. 그는 당나
라에 와서는 천하병마원수(天下兵馬元帥)인 대종의 맏아들 이괄(李适, 뒤에 德
宗이 됨)에게 자기에게 절을 하도록 강요하고 부당함을 역설하는 당나라
신하들은 100대의 매를 쳤다 한다. 그러니 이들은 반란군보다도 더 당
당하게 백성들의 재물을 약탈하고 여자들을 겁탈했을 것이다.

이 때문에 당나라(618~907)는 '안녹산의 난(755~763)'을 계기로 '앞 당
나라 시대(618~755)'와 '뒤 당나라 시대(756~907)'로 크게 갈라진다. '뒤
당나라'는 당제국의 정치·경제·문화 전반에 걸쳐 갑자기 큰 변화가
일어났던 시기이다. 마치 옛날 장안 지역에 도읍을 하였던 동주(東周)
와 낙양으로 도읍을 옮긴 뒤의 서주(西周) 및 장안의 서한(西漢)과 낙양
의 동한(東漢)의 차이와 비슷하다. 당나라는 '안녹산의 난' 뒤에 도읍을
옮기지는 않았다. 그러나 갑작스런 대란으로 이제껏 나라의 정치와
경제를 독점해 오던 대족(大族)이 무너져 버리고 일반 백성들의 세력이
크게 대두하였다. 서민 출신으로 지배계급으로 올라간 사람들이 많아
졌고 한 편 지식인들에게 서민의 힘을 깨닫게 하고 사회의식을 지니
게 하였다. 그리고 내란을 겪는 동안 더욱 거세진 주변 다른 민족들의
영향도 새로운 문화발전에 자극이 되었다. 혼란을 통해 지식인들도
사람으로서 자기 각성과 서민들의 고난과 저력에 대한 이해 같은 것
모두가 새로운 문화의 발전 요인으로 작용한다.

'뒤 당나라'는 나라 안팎으로 위세를 떨치지는 못하고 나라의 치안

---

57 『新唐書』回鶻傳.

도 어지러웠지만 지식인들은 보다 자유로운 분위기 아래 자기네 문화를 발전시키는데 공헌하게 된다. '앞 당나라 시대'는 서주(西周)나 서한(西漢)시대처럼 황제의 강력한 통치력 아래 지식인들이 모두 권력의 눈치나 보고 아첨이나 하면서 벼슬자리나 챙기려던 사람들이 대부분이었다. 그러나 '뒤 당나라 시대'는 동주(東周)나 동한(東漢)시대처럼 제국(帝國)으로서의 위세는 약해졌지만 지식인들이 자기를 각성하고 백성들을 위하면서 올바르게 창조적인 일을 하면서 살아가려는 사람들이 많아졌다. 정치하는 사람들의 눈에 백성들이 들어왔기 때문이다. 이 시대 문화의 발전에 대하여는 다음 장으로 미룬다.

장안을 수도로 하고 중국을 다스린 왕조들은 나라의 백성들을 거의 사람으로 취급하지 않았다. 다만 '뒤 당나라 시대'만은 전국을 휩쓴 내란으로 백성들의 힘과 그 소중함을 깨달아 여기에서 예외가 되고 있다. 그러나 처음 장안을 도읍으로 한 주나라 왕조는 중국 전통문화의 기틀을 마련하였고, 이어 그곳을 도읍으로 하여 나라를 다스린 한나라와 당나라의 두 제국은 국위를 온 세계에 떨치며 중국의 전통문화를 더욱 발전시켰다.

장안이 한나라와 당나라라는 세계에 위세를 떨친 나라들의 수도였음에도 불구하고 지금 시안에는 그 유적이 별로 남아 있지 않은 것은 중국에서의 왕조가 바뀔 적의 전쟁이 잔인하고 참혹하였기 때문임은 이미 앞에서도 설명한 바가 있다. 기원전 206년 항우는 진나라 함양(咸陽)으로 쳐들어가 진나라 황제의 집안사람들을 닥치는 대로 잡아 죽이고 금옥과 재물을 멋대로 약탈하고 심지어 진시황 능을 파헤쳐 땅속의 유물까지도 약탈한 뒤 궁전에 불을 놓아 3개월 동안이나 두고 불탔다고 한다. 당나라 말기에서 오대(五代)에 이르는 어지러운 시대에 이들은 쉴 새 없이 서로 죽이는 싸움을 되풀이하면서, 나라의 수도를 함락할 적에는 일정 기간 동안 공공연히 멋대로 약탈하는 짓이 허용되었다. 아마도 '안녹산의 난' 때 당나라 숙종이 외국 군대를 끌어들여 반란을 평정하면서 그들에게 함락시킨 반란군의 성을 멋대로 약탈하도록 공인한 데서 그러한 풍습은 더욱 발전했을 것이다. 어떻든 중국에서 한 나라가 망하고 왕조가 바뀐다는 것은 말로 표현할 수 없을 정도의 처참한 변화를 일으키는 현상이었다.

이처럼 변두리 장안에 도읍을 정하고 천하를 다스린 나라들은 백성들의 실정이나 생활은 거들떠보지도 않고 오직 힘으로 주변 여러 나라들을 쳐서 굴복시키고 잔인한 방법으로 무자비하게 나라를 다스렸다.

## 3. 낙양과 중부지방 도시에 도읍한 나라들

### (1) 낙양; 동주(東周, B.C. 770~B.C. 250)와 동한(東漢, A.D. 25~A.D. 220)

중국 역사상 장안과 북경이라는 중국 변두리의 대표적인 수도 이외에도 중원 내륙 지역에 도읍을 정하였던 나라들도 여럿 있다. 나라의 수도로 유명한 중원 땅의 도시로는 지금의 뤄양(洛陽, 옛날에는 洛邑)과 카이펑(開封, 北宋 때의 汴梁)·항저우(杭州, 南宋 때의 臨安)·난징(南京, 三國 吳나라 때는 建業)이 있다. 이들 중부지방의 네 도시와 장안 북경을 합쳐 옛날부터 중국의 6대 고도(古都)라 일컬어 왔다. 이들 네 도시는 중국의 중심지라고 할 수 있는 산업과 교통의 요지여서 이상적인 수도가 될 만한 곳이다. 그러나 이곳에 도읍을 정했던 나라들은 모두 평화를 추구하고 전쟁을 피하여 나라 밖으로 위세를 크게 떨치지 못하였다. 그러나 평화와 번영을 추구하며 백성들의 생활에는 보다 많은 관심을 기울였다. 그리고 자기네 전통문화와 학술은 크게 발전시키는 문화국가적인 통치 경향을 보여주고 있다.

옛날에는 낙읍(洛邑)이라고 부르던 낙양은 주나라 성왕(成王. B.C. 1104~B.C. 1068 재위) 때 은(殷)나라 백성들을 강제 동원하여 처음으로 건설한 도시[58]로 성주(成周)라고도 불렀으며 본시는 중원 경영의 전진기지로 쓰기 위한 곳이었다. 그러나 주(周)나라가 기원전 720년 오랑캐 견융(犬戎)에게 밀려 평왕(平王)이 도읍을 지금의 시안(西安) 근처의 호경(鎬京)으로부터 이곳으로 옮겨온다. 이에 주나라는 그 이전의 시대를 서주(西周, B.C. 1111~B.C. 771), 그 이후의 시대를 동주(東周, B.C. 771~B.C. 256)라 부르게 된다.

다시 한(漢)나라도 장안에 도읍을 정하고 제국의 국위를 온 세상에 떨치고 있다가 서한(西漢, B.C. 206~A.D.8) 말 왕망의 신(新, 8~23)나라에 나라가 멸망당하였다가 다시 광무제(光武帝, 25~57 재위)에 의하여 동한(東漢. 25~220)이 세워지고 도읍이 낙양으로 옮겨진다. 이 동주와 동한으로 말미암아 낙양은 장안·북경과 함께 중국의 대표적인 수도의 하나로 알려지게 된다. 그 뒤에도 조조(曹操)의 위(魏, 220~265)나라와 그 뒤의 서진(西晉, 265~316)이 여기에 도읍을 하였고 남북조(南北朝)시대의 북위(北魏, 386~534)도 493년에 이곳을 수리하고 다음 해 도읍을 그곳으로 옮겼

---

58 『書經』 洛誥에 洛邑 건설에 관한 기록이 보임.

다. 당(唐)나라 때 칙천무후(則天武后)의 주(周)나라(685~704)와 오대(五代)의 후량(後梁, 907~923)과 후당(後唐, 923~936)도 짧은 기간이었지만 이곳을 도읍으로 삼았었다.

낙양은 주나라 초기에 은나라 유민들을 잡아다가 노예처럼 부리면서 건설한 중원의 이상 도시였다. 그러나 주나라와 한나라도 낙양으로 도읍을 옮긴 뒤로는 동주와 동한 모두 나라의 세력을 전보다 나라 밖으로 크게 떨치지 못하였다. 아무래도 중원에 자리 잡고 있다 보니 천자들이 중원의 문화에 보다 물이 들어 잔혹한 통치를 못하게 되고, 또 백성들의 어려움에 대해서도 더 많이 직접 보고 듣게 되므로 가혹한 정책으로 백성들을 괴롭히거나 전쟁이나 토목공사에 함부로 백성들을 동원하지 못하게 된 때문인 듯하다.

낙읍을 도읍으로 삼으면서 백성들을 돌보는 부드러운 정치를 폈기 때문에 나라의 힘은 약하고 세상은 어지러웠지만 학술 문화는 크게 발전한다. 동주시대는 다시 춘추시대(B.C. 771~B.C. 404)와 전국시대(B.C. 403~B.C. 221)라는 무척 어지러운 두 시기로 나누어진다. 천자(天子)의 권위는 땅에 떨어지고 그 밑의 제후(諸侯)와 대부(大夫)들이 각기 자기 나라를 바탕으로 하여 멋대로 싸우고 날뛰면서 세력 다툼을 하던 시대였다. 그러나 그들 제후와 대부들은 자기 나라 백성들의 생활에 더 많은 관심을 기울이게 되었다. 때문에 잔인하고 가혹한 정치가 줄어들고 백성들의 목소리가 이전보다 커졌다. 그 결과 서주 시대에 만들어진 『시경(詩經)』·『서경(書經)』·『역경(易經)』 같은 책과 전통문화를 바탕으로 춘추시대에는 공자(孔子, B.C. 551~B.C. 479)가 나와 유가(儒家)를 이루고 남쪽에 새로 강성해진 초(楚)나라에서는 노자(老子, B.C. 500 전후)가 나와 도가(道家)를 발전시킨다. 이들을 뒤이어 묵자(墨子, B.C. 469?~B.C. 381?)

라는 위대한 사상가가 나와 다시 묵가
(墨家)라는 새로운 사상과 학문의 체계를
이루었다. 중국의 전통적인 학술과 사
상이 발전하기 시작한 것이다. 전국시
대로 들어오면 정치적으로는 혼란이 극
에 달하지만 유가(儒家)와 도가(道家) 및
묵가(墨家)를 뒤이어 법가(法家)·병가(兵
家)·명가(名家) 등의 이른바 제자백가(諸子
百家)라고 하는 여러 갈래의 사상가들이
나와 중국의 학술 사상을 크게 발전시
킨다. 그리고 수많은 이들의 저술이 이
루어진다. 제후들도 모두 이들 학자들
의 이론을 응용하여 자기 나라를 발전
시키고자 하였기 때문에 학자들을 서로
우대하는 경향이 있었다. 심지어 제(齊)
나라 같은 곳에서는 위왕(威王, B.C. 357~B.

노자가 소를 타고 가는 모습

C. 320 재위)·선왕(宣王, B.C. 319~B.C. 301 재위)을 거치면서 전국에서 학자들
을 초빙하여 도성인 임치(臨淄)에 직하관(稷下館)을 두어 이들이 자유롭
게 지내면서 학문 연구를 하게 하여 이곳의 학자들을 직하학사(稷下學
士)라 부르기도 하였다. 학자들이 우대를 받았기 때문에 수많은 제자
백가들의 저서가 출판되어 중국 학술과 사상이 공전의 발전을 이루고
그 밖에 『좌씨춘추(左氏春秋)』·『국어(國語)』·『세본(世本)』 등의 저작을 통하
여 역사적인 저술도 쏟아져 나온다. 뒤에 진(秦, B.C. 221~B.C. 206)나라는
제자백가 중에서 법가사상을 골라 자기네 정치에 이용하여 나라를 강

성하게 발전시키고 결국은 시황제(始皇帝, B.C. 246~B.C. 210 재위)에 이르러 천하를 통일함으로써 전국시대의 혼란을 마무리하게 된다. 어떻든 중국의 전통적인 학술문화는 동주시기 여러 학자들의 업적을 바탕으로 더욱 발전하게 된다.

은나라 사람들이 주로 신(神)과 뜻을 통할 때 보기를 들면 점(占)을 칠 때 같은 때 쓰던 한자를 주나라 사람들은 나라를 다스리는 일 곧 사람들 사이에 뜻을 통하는 일에까지 쓰기 시작하였다. 그러나 그 한자는 지역에 따라 글자의 모양과 읽는 음이 통일되지 않아 개인이 쓰기에는 매우 불편하였다. 그러나 진시황(秦始皇)이 한자의 자체를 통일한 뒤 서한 시대에 이르러는 한자의 사용이 지식인들 사이에 널리 보급되기 시작하여, 자기 나름대로 한자를 공부하여 자기 생각을 체계화하여 글로 쓰는 사람들이 늘어난 것이다. 이에 지식인들이 중심을 이루는 사대부(士大夫)라는 중국의 지배계급이 형성되기 시작하고 학술과 문화의 바탕이 되는 책들이 저술되기 시작하는 것이다. 물론 지금 우리에게 전해지고 있는 이 시대 이전의 저서들은 모두 뒤에 진나라 시황제가 한자의 자체를 통일한 뒤, 서한시대의 학자들이 다시 통일된 한자체인 예서(隷書)로 바꾸어 옮겨놓은 것들임에 주의해야만 한다.

서한 시대(B.C. 206~A.D. 8)에 와서는 한자의 자체가 예서(隷書)로 통일되고 이전의 모든 전적들이 모아져서 다시 정리되었다. 서한 왕실의 도서관에 수집돼 있는 옛날 글자로 쓰인 책들을 새로운 통일된 글자체인 예서로 바꾸면서 그것들을 교정하고 정리한 학자는 유향(劉向, B.C. 77~B.C. 6)과 유흠(劉歆, B.C. 53?~A.D. 23)의 부자이다. 그리고 『시경』의 『모전(毛傳)』을 비롯하여 여러 가지 유가 경전에 대한 주석서(注釋書)와 사마천(司馬遷, B.C. 145?~B.C. 86?)의 『사기(史記)』를 비롯한 여러 가지 저술도 나온다. 그리고 한(漢) 무제(武帝, B.C. 140~B.C. 87)가 오경박사(五經博士)를 두고 유학(儒學)으로 나라의 통치 이념을 삼은 뒤로는 출세를 위한 학술 연구와 저술 및 문학 활동이 시작된다. 그러나 이러한 학술상 문학상의 업적이 본격적으로 이루어져 학술연구와 문학창작이 제대로 성행하게 된 것은 낙양으로 도읍을 옮긴 뒤의 동한(東漢) 때(A.D. 25~A.D. 220)이다.

광무제

우선 동한을 세운 광무제(光武帝, 25~57 재위)는 낙양에 태학(太學)을 세우고 수많은 학자를 양성하며 유학을 장려하였다. 동한에는 교육이 계속 발전하여 동한 말엽에는 태학생(太學生) 수가 3만여 명이나 되었다.[59] 그리고 장제(章帝) 때(75~87 재위) 여러 학자들을 백호관(白虎觀)에 모아 유가의 오경(五經)에 대하여 강의와 토론을 하게 하여 그 성과를 기록한 반고(班固, 32~92)의 『백호통의(白虎通義)』가 나와 있다. 영제(靈帝) 때(168~188 재위)에는 '오경'의 경문을 교정하여 태학의 대문 앞의 바위에 새겨서 세워놓게 한 희평석경(熹平石經)이 있는데, 모두 이 시대의 분위기를 설명하기에 충분한 것이라고 믿는다. 마융(馬融, 79~166)·정현(鄭玄, 127~200) 등의 대학자들이 나와 수많은 옛 경전과 전적에 대하여 해석을 가한 주석서(注釋書)가 저술된다. 그리고 민간의 교육도 크게 성행하여 장흥(張

---

59 『後漢書』儒林傳.

興)이란 학자에게는 제자 1만여 명, 모장(牟長)에게도 1만여 명, 채현(蔡玄)에게는 1만 6천여 명, 루망(樓望)에게는 9천여 명 등등으로 정식으로 등록된 제자들이 몰려 공부를 하였다 하니[60] 유학이 얼마나 크게 성행을 하였는가 알 수 있을 것이다. 이 밖에 반고(班固)·왕충(王充)·최식(崔寔)·중장통(仲長統) 등 자기의 학문을 바탕으로 자기의 책을 저술한 학자들도 많이 나왔다.

그리고 동한 말엽에는 불교가 들어오고 도교가 생겨나고 발전하여 유학을 중심으로 현실적인 문제만을 가지고 씨름해 오던 중국의 학술계와 사상계를 일변하게 하였다. 그리고 서한시대의 지식인들은 출세를 위하여 공부하고 황제에 아부하는 글을 많이 지었으나 동한 말엽에 와서는 지식인들이 자기자신에 대한 각성을 하게 된다. 이에 지식인들이 자기의 의식을 가지고 문학작품도 창작하고 책도 자기 생각을 바탕으로 쓰기 시작한다. 이는 지식인의 성격과 학술 또는 문학에 있어서의 커다란 변화를 의미하는 것이다.

동주와 동한이 낙양으로 도읍을 옮기자 이전의 서주나 서한보다 왕조의 지배력이 약해지고 나라의 다스림은 어지러워졌으나 지식인들에게는 보다 자유로운 분위기가 형성되어 학술과 문화는 크게 발전하였던 것이다. 나라의 위세를 밖으로 떨치지 못하게 되고 세상을 다스리는 황제의 힘이 약해졌다고 하지만 오히려 일반 백성들은 보다 자유롭고 안락한 삶을 누렸을 것이다.

---

60 『後漢書』儒林傳 각 학자들의 전기.

## (2) 낙양, 그 밖의 위(魏, 220~265)와 서진(西晉, 265~317)과 동진(東晉, 317~420)·남북조(南北朝, 420~581)·오호십륙국(五胡十六國, 304~439)

동한 말 헌제(獻帝)의 건안(建安) 연간(196~129)에는 조조(曹操, 155~220)의 위(魏)나라가 일어나 낙양을 도읍으로 삼고 백성을 다스린다. 위나라의 조조와 그를 뒤이은 아들 손자들은 모두 어떤 나라의 임금보다도 문화의식이 높아 스스로도 모두 시를 잘 지었고 그들 밑에는 수많은 문인들을 거느렸다. 조조가 죽고 아들 조비(曹丕, 178~226)가 뒤를 잇자, 한나라의 마지막 황제인 헌제(190~220 재위)는 조조 부자의 학식과 인품을 크게 평가하고 스스로 천자의 자리를 조비에게 물려주었다. 이에 위나라(220~265)는 참된 천하를 다스리는 천자(天子)의 나라로 발돋음하고 조비는 문제(文帝, 220~226 재위)가 된다. 그리고 문제는 아버지인 조조를 높여 무제(武帝)라 부르게 된다.

소설 『삼국지연의(三國志演義)』의 영향으로 위나라 조조는 간사한 영웅으로 알고 있지만, 조조뿐만이 아니라 그의 아들 손자 모두 학문을 닦고 무술도 익혀 백성을 돌보려고 애쓴 훌륭한 임금이었다. 장안에 도읍했던 나라들과는 달리 천하를 다스리는 나라를 건립하는 방법도 옛날의 성인인 요(堯)임금과 순(舜)임금 및 하나라의 우(禹)임금처럼 덕이 많은 사람이 황제 자리를 물려받는 선양(禪讓)의 방식이었다. 한나라에서 위나라로 천하를 다스리는 나라가 바꾸어지는데도 한 사람의 목숨도 날라가

위 태조 조조의 초상

지 않았다. 그리고 세상을 다스리는 방법도 백성들을 힘으로 억누르고 가혹한 방법으로 다스린 진(秦)나라나 한(漢)나라의 임금들과는 전혀 달랐다. 위나라 무제(武帝)가 된 조조에 대하여 『삼국지(三國志)』위지(魏志) 권1 무제기(武帝紀)[61]에는 이런 기록이 보인다.

> "건안(建安) 14년(209) —(무제가)영을 내렸다. 근래에 와서는 군대를 자주 동원하여 간혹 역병(疫病)에 걸리기도 하여 군사들이 죽어서 돌아가지 못하게 되니, 집안에선 식구를 만나지 못하게 된 것을 원망하고 백성들이 떠다니게 되었으니 어찌 어진 사람이라면 즐거울 수가 있겠는가? 할 수 없이 하는 일이다. 죽은 자들의 집안에 일하는 사람이 없어서 먹고 살지 못하는 사람들이 있다면 고을의 우두머리는 그들의 식량이 끊이지 않게 하고 관원들은 그들을 도와주고 돌보아주어 내 뜻에 어긋나는 일이 없도록 해주시오."[62]

조조는 "전쟁은 할 수 없이 하는 일"이라고 하면서 백성들의 어려운 처지를 몹시 동정하고 있다. 그리고 백성들의 생활에도 세심한 관심을 보여주고 있다. 조조는 스스로 "어진 사람"이 되려고 노력한 사람이다. 다시 같은 책 건안 23년(218)의 기록인 배숭지(裴崧之) 주에는 다음과 같은 『위서(魏書)』에 실린 무제의 조칙을 인용하고 있다.

---

61 武帝 曹操를 가리킴.
62 『三國志』魏志 武帝紀 ; "十四年 —令曰; 自頃已來, 軍數征行, 或遇疫氣, 吏士死亡不歸. 家室怨曠, 百姓流離, 而仁者豈樂之哉? 不得已也. 其令死者, 家無基業, 不能自存者, 縣官勿絕廩, 長吏存恤撫循, 以稱吾意."

"작년 겨울에 하늘이 역병을 내리어 백성들의 피해가 컸는데 밖으로는 전쟁까지 일어나 농사를 짓는 밭이 줄어들었으니 나는 매우 이를 걱정하고 있다. 이에 관리와 백성들 남녀 모두에게 다음과 같이 명을 내리는 바이다. 여자로서 70세가 넘었는데도 남편이 없는 자, 열두 살 아래 아이들로서 보모나 형제가 없는 자, 눈이 보이지 않는 자, 손을 쓰지 못하는 자, 발로 걷지 못하는 자, 처와 자식 또는 아비와 형도 없고 생업도 없는 자들은 평생토록 관에서 먹여 살린다. 어린 아이는 열두 살까지이다. 가난하여 스스로 먹고 살수 없는 자들에게는 식구 수에 따라 양식을 빌려준다. 늙어서 봉양해드려야 할 90세 이상인 분이 있는 집은 요역(徭役)을 면해주되 한 집에 한 사람에 한한다."**63**

배송지(裵松之)는 같은 책 주(注)에 또 조조에 대하여 쓴 『위서(魏書)』의 다음과 같은 기록을 인용하고 있다.

"그래서 대업(大業)을 이룩하면서 문무(文武)를 아울러 존중하였고, 30여 년 군대를 거느리면서도 손에서 책을 떼어놓지 않았다. 낮에는 군사 정책을 강구하고 밤에는 경전(經傳)을 공부하였다. 높은 산에 올라가서는 반드시 시를 읊었고 새로운 시가 완성되면 악기로 연주하여 모두 악장(樂章)을 이루었다. 재능과 힘도 남보다 뛰어나서 손수 날아가는 새를 활로 쏘아 잡고 사나운 짐승을 직접 잡았다."**64**

---

**63** 『三國志』魏志 卷一 裵崧之注 引『魏書』; "去冬天降逆癘, 民有凋傷, 軍興於外. 墾田損少, 吾甚憂之. 其令吏民男女, 女年七十以上無夫子, 若年十二以下無父母兄弟, 及目無所見, 手不能作, 足不能行, 而無妻子父兄産業者, 廩食終身. 幼者至十二止. 貧窮不能自瞻者, 隨口給貸. 老耄須待養者, 年九十以上, 復不事, 家一人."

조조는 전쟁보다도 문학과 학문에 관하여 더 많은 관심을 지니고 어진 정치를 하려고 애썼던 사람이다. 당시의 대학자인 하안(何晏, ?~249)은 임금인 조조의 양자였다. 이런 훌륭한 정치는 한나라 황제까지도 감동시켜 조조가 죽은 다음 아들 조비(曹丕)가 뒤를 잇자 한나라 헌제(獻帝)는 황제의 자리를 위나라 문제(文帝)가 된 조비에게 넘겨준다. 『삼국지』위지 권2 문제기(文帝紀)에는 다음과 같은 기록이 있다.

"건안(建安) 25년(220) — 8월 — 한나라 황제는 여러 사람들의 신망(信望)이 위나라로 기울었다 생각하고 여러 장관들을 불러모아 종묘에 아뢰는 제사를 지내고 어사대부(御史大夫) 장음(張音)으로 하여금 부절(符節)을 갖고 옥새(玉璽)를 받들고 가서 황제 자리를 물려주도록 하였다."[65]

그리고 문제가 된 조비도 아버지처럼 학문과 문학을 무척 중시하고 덕으로 정치를 하려던 임금이었다. 『삼국지』의 위지 권2 문제기(文帝紀)를 보면 그에 관하여 이렇게 쓰고 있다.

"처음부터 문제는 학문을 좋아하여 저술에 힘써서 자신이 지어놓은 책이 백 편(篇)이나 되었다. 또 여러 학자들로 하여금 경전(經傳)을 모아가지고 종류에 따라 분류케 하여 모두가 천여 편이나 되었는데, 이를 『황람(皇覽)』이라 불렀다."[66]

---

64 ; "是以勘造大業, 文武並施. 御軍三十餘年, 手不捨書. 晝則講武策, 夜則思經傳. 登高必賦, 及造新詩, 被之管絃, 皆成樂章. 才力絶人, 手射飛鳥, 躬禽猛獸."
65 『三國志』魏志 卷二 文帝紀; "漢帝以衆望在魏, 乃召羣公卿士, 告祠高廟, 使兼御史大夫張音, 持節奉璽綬禪位. 冊曰; 一改延康爲黃初, 大赦."

따라서 정치도 학문을 바탕으로 공정하게 하려고 애썼다. 『삼국지』 위지를 보면 문제가 궁전의 연못에 사다새(鵜鶘鳥) 라는 물새가 날아든 것을 보고 자신이 밑에 훌륭한 군자(君子)들을 잘 쓰지 못하고 있는 것은 아닌가 하고 깊이 반성하는 다음과 같은 기록이 있다.

"황초 4년(223) — 여름 오월 달에 사다새가 영지지(靈芝池)에 모여든 일이 있었다. 황제가 조칙(詔勅)을 내리셨다. 이건 사인이 말한 연못을 더럽힌 것이다. 『시경(詩經)』 조풍(曹風) 후인(候人) 시에 사다새가 날라든 것을 노래한 것을 두고 '조(曹)나라 공공(恭公)이 군자들을 멀리하고 소인들을 가까이 함을 풍자한 것이라 하였다. 지금 어찌 현명하고 지혜로운 군자가 낮은 자리에 있다는 말인가? 그렇지 않다면 이 새가 어찌 날아왔겠는가? 이제 천하의 덕이 있고 재능이 뛰어난 인재들과 행실이 올바른 군자들을 널리 천거하여 조풍 시의 풍자에 대응하여야만 할 것이다.'"[67]

따라서 『삼국지』 위지 문제기(文帝紀) 의 끝머리에는 "평왈(評曰)" 하고 문제에 대하여 다음과 같이 요약하여 평하는 말을 하고 있다.

"문제는 타고난 자질이 글재주가 있어서 붓을 잡으면 글을 지었고, 많은 공부를 하여 지식을 쌓았으며 재주와 학문을 두루 갖추었다."[68]

---

**66** 上同; "初, 帝好文學, 以著述爲務, 自所勒成, 數百篇. 又使諸儒撰集經傳, 隨類相從, 凡千餘篇, 號曰皇覽."

**67** 上同; "(黃初五年)夏四月, 立太學, 制五經課試之法, 置春秋穀梁博士."

**68** 上同; "評曰; 文帝天資文藻, 下筆成章, 博聞彊識, 才藝兼該."

문제를 뒤이은 아들 조예(曹叡)인 명제(明帝, 227~239 재위)도 학문을 존중하는 점잖은 임금이었다. 『삼국지』 위지 권3 명제기(明帝紀)를 보면 그가 태화(太和) 2년(228)에 내린 조칙(詔勅)에 이런 말이 보인다.

"학술을 존중하고 학문을 귀중히 여기는 것이 임금으로서 백성을 이끄는 근본이다."**69**

청룡(靑龍) 2년(234) 4월에는 촉(蜀)나라의 명장 제갈량(諸葛亮)이 쳐들어오자 사마선왕(司馬宣王)이 군대를 이끌고 그를 막으러 나갔다. 그때 위나라의 명제는 싸우러 나가는 사마선왕에게 다음과 같은 명을 내리고 있다.

"다만 성벽을 굳건히 하고 단단히 지키면서 그들의 선봉(先鋒)을 무찌르기만 하라. 그들이 전진할 적에는 뜻대로 되지 않게 하고 후퇴할 적에는 그들과 싸우지 마라. 오래 머물다 보면 식량이 끊어지고 노략질을 해봐도 얻어지는 것이 없게 될 것이니 반드시 도망가게 될 것이다."**70**

명제의 기본자세가 싸움꾼이 아니다. 학문을 중시하고 덕으로 백성들을 다스리려고 한 임금이다. 옆의 다른 나라를 무력으로 쳐서 차지하려는 생각은 전혀 없었다. 적의 군대가 쳐들어 와도 잘 막아내기만 하면 그만이라 생각하고 있었다. 장안을 거점으로 세상을 힘으로 다

---

**69** 上同; "太和二年 ―詔曰; 尊儒貴學, 王敎之本也."
**70** 上同; "靑龍二年 ―但堅壁拒守, 以挫其鋒. 彼進不得志, 退無與戰. 久停則糧盡, 虜畧無所穫, 則必走矣."

스린 황제들과는 근본적으로 다른 사람이다.

소설『삼국지』가 널리 읽히는 바람에 중국 역사가들은 흔히 이 시대를 삼국(三國)시대라고 하지만 실은 위나라 시대이다. 위나라 문제가 정식으로 한나라 헌제로부터 싸우지 않고 천자(天子)의 자리를 물려받아 천하를 다스리게 되었기 때문이다. 따라서 위나라를 상대로 싸운 유비(劉備)의 촉(蜀, 221~263)과 손권(孫權)의 오(吳, 222~280)는 반란자들이다. 그때의 천자인 위나라 황제들이 잔인하지 않고 백성들을 배려하는 훌륭한 임금들이었기 때문에 그들을 가혹하게 쳐부수지 않았던 것이다. 그때의 천하에는 천자의 나라에 버금가는 촉과 오라는 나라가 있어 쉴 새 없이 세 나라 사이에 전쟁이 벌어졌지만 그 싸움은 장안에 도읍한 왕조들이 싸우는 것처럼 잔인하지 않았다. 되도록 무고한 사람들은 죽이지 않았다. 그 때문에 그때의 '삼국'의 전쟁 얘기를 소설로 다시 엮었지만 사람들이 지금까지도 재미있게 읽을 수가 있는 것이다.

위나라는 국세를 대외적으로 크게 떨친 왕조는 못되지만 중국 전통문화 발전에는 크게 기여한 나라이다. 고전문학만을 놓고 보더라도 정식으로 자기의 이름을 내걸고 시인으로서의 의식을 가지고 시를 쓰기 시작한 것은 그들이다. 중국 문학사에서는 이 시기의 문학을 한나라 헌제의 연호를 따서 건안 문학(建安文學)이라 부른다. 지금 우리가 쓰는 한자의 자체인 해서(楷書)체의 한자가 일반적으로 쓰이게 되는 것도 그들에 의하여 주도되었다. 이들의 중국 문학과 문화 발전에 대한 공헌은 결코 과소평가해서는 안 된다. 다만 중국인들은 위나라가 천하를 통일한 다음 대제국으로 세계에 위세를 떨치지 못한데다, 소설『삼국지』의 영향으로 조조를 간사한 영웅이라 단정하고 그들의 업적을 높이 평가하려고 들지 않는다. 그러나 위나라가 이룬 중국 문화상의 공로는 무척 위대하다.

위나라는 명제가 죽은 뒤 10살의 제왕(齊王) 조방(曹芳, 240~253 재위)이 뒤를 잇고, 오래 전부터 위나라의 권력을 쥐고 있던 사마씨(司馬氏) 집안의 사마사(司馬師, 208~255)는 제왕 조방을 왕위에서 밀어내고 14 살인 그의 사촌 동생 조모(曹髦, 또는 高貴鄕公, 254~259 재위)를 왕위에 앉혔다. 조모는 권력을 너무 휘두르는 사마사를 뒤이은 사마소(司馬昭, 221~265)를 군대를 이끌고 치려다가 오히려 자기가 죽음을 당한다. 사마소는 그 뒤에 명제의 사촌 동생인 15살의 조환(曹奐)을 원제(元帝, 260~265 재위)라 하여 임금 자리에 오르게 한다. 진(晉)나라 임금으로 봉해진 사마소가 죽자 아들 사마염(司馬炎, 236~290)이 뒤를 이었는데, 위나라 원제는 천자의 자리를 사마염에게 물려준다(265). 이에 천하는 진나라 것이 되고 사마염은 진나라 무제(武帝, 265~290 재위)가 되어 제대로 낙양을 도읍으로 삼고 천하를 다스리게 된다. 그리고 진나라는 뒤에 일어난 동진(東晉, 317~420)과 구별하기 위하여 흔히 서진(西晉, 265~317)이라 부른다.

서진의 무제가 위나라 원제로부터 황제의 자리를 물려받기 전에, 위나라가 군대를 움직여 정벌하러 가자 촉(蜀)나라 후주(223~265) 유선은 아무런 저항도 없이 항복하였다. 오(吳)나라도 위나라가 천자의 자리를 서진에게 평화롭게 물려줄 무렵에는 손권(孫權)의 손자 손호(孫皓, 곧 烏程公, 265~280 재위)가 임금 자리에 있었는데, 위나라 군대가 건업(建業, 지금의 南京)을 향해 쳐들어가자 손호는 아무런 저항 없이 성문을 열고 나와 항복하였다.

서진의 무제는 처절한 싸움을 하지 않고 천자가 된 다음 자연스럽게 천하가 통일되어 온 세상을 다스리게 된다. 장안에 도읍을 하였던 왕조들과 중원 내륙 도시에 도읍을 하였던 왕조들은 무엇보다도 나라를 세우는 방식부터 크게 차이가 난다. 장안에 도읍을 하였던 나라들은 천하를 차지하려고 장안으로 쳐들어오면서 손에 닿는 대로 상대방 병사나 백성들을 모두 죽이고 철저히 상대방 도성을 약탈하고 파괴한다. 상대방 나라 지배자들의 족속은 한 명도 살려두지 않는다. 그러나 앞의 황제가 자기보다 더 낮은 사람에게 황제 자리를 물려주는 이른바 선양(禪讓)으로 천자의 자리를 물려받은 중원 내부 도시에 도읍한 나라들은 자기에게 천자 자리를 물려준 이전 왕실의 사람들과 대항하지 않고 항복한 사람들을 가능한 한 우대해준다. 그리고 나라를 다스리는 방법도 장안에 도읍한 나라의 황제들은 힘으로 백성들을 억누르고 멋대로 부리면서 자기들만이 호사스러운 생활을 누리는 정치를 하지만 내부 도시에 도읍한 나라의 황제들은 되도록 백성들을 위하여 덕으로 나라를 다스리려 한다. 그것은 서진의 무제도 예외가 아니었다. 그에게는 대항 세력도 거의 없어서 부드럽게 덕으로 백성들을 다스리려 하여 위나라 때부터 정치적인 지배계급으로 자리를 잡기 시작한 귀족들과 함께 안락하고 태평스러운 세상을 만들어갔다. 때문에 왕실이나 귀족사회에서는 생활에 사치를 극하게 되었다. 무제를 이은 혜제(惠帝, 259~306)는 마치 흉년이 닥쳐 어느 대신이 "백성들은 먹을 양식이 모자라 야단입니다." 하고 임금에게 말하자, 임금은 "참 바보 같은 녀석들이군! 양식이 없는데 왜 고기를 먹지 않나?"라고 대답했다 한다. 임금이 이 모양이니 정치는 극도로 어지러워져 혜제의 만년에는 왕위를 둘러싸고 여덟 명의 형제들이 서로 다투며 죽이는 이른바 '팔왕(八王)의 난'이 일어나 혜제 자신도 독약 때문에 죽게 된다. 그 뒤를 이어 아우 회제(懷帝, 307~312)가 임금이 되지만 뒤에 후조(後趙,

319~352)나라의 왕이 된 흉노족의 일파인 갈족(羯族) 출신으로 한(漢)나라의 장군이었던 전조(前趙, 304~329)의 석륵(石勒, 319~332 재위)이 군대를 이끌고 낙양으로 쳐들어오자 제대로 대항도 못하고 점령당한다. 회제는 잡혀서 북쪽으로 끌려갔다가 죽임을 당한다. 그때 회제의 조카 한 사람이 낙양을 벗어나 장안으로 탈출하여 민제(愍帝, 313~316)가 되어 나라의 명맥을 유지하지만 곧 전조의 군대가 공격해오자 항복을 하여 서진은 완전히 망한다. 이처럼 회제 이후 한족의 천자의 나라인 서진이 처음으로 오랑캐들에게 짓밟혀 망하게 되는 혼란을 중국 역사가들은 회제의 연호를 빌어 '영가의 난(永嘉之亂)'이라 부른다.

중원 지방이 이처럼 어지러운 때 서진의 임금 집안사람 사마예(司馬睿, 277~322)는 미리 오(吳)나라의 수도였던 남쪽의 지금의 난징(南京)인 건업(建業)으로 내려가 장강 하류 지방을 중심으로 하는 오나라 영토를 다스린다. 서진의 민제가 도망쳐 있던 장안이 북쪽 군대에 점령당하여 서진이 망하자 그는 스스로 임금이 되어 진왕(晉王)이라 하다가 다시 황제가 되어 원제(元帝)라 부르게 되는데, 이 나라를 동진(東晋, 317~420)이라 부른다. 그들은 서진을 다시 일으킨다는 명분을 앞세우며 천자 행세를 하며 도읍인 건업(建業)을 건강(建康)이라고 이름을 바꾸었다. 동진의 지배계급도 중원에서 내려온 귀족들이 중심이어서 말로는 북쪽의 옛 땅을 되찾겠다고 하면서도 적극적으로 전쟁을 하려는 사람은 없었다. 거기에 장강이라는 큰 강물이 북쪽으로부터 쳐들어오는 적을 막아주어 이들은 안락한 정치를 추구할 수 있었다. 원제의 뒤를 이은 명제(明帝, 323~325 재위)는 문학을 좋아하는 임금이었고 다시 그 뒤를 이은 성제(成帝, 326~342 재위)도 역시 모두 부드러운 정치를 추구하였다. 때문에 대외 관계는 무난하였으나 안에서 내란과 권력 다툼이 이어지게 된다. 성제도 7세에 임금이 되었으나 22세에 죽자 겨우 3세의 태자가 뒤를 이어 목제(穆帝, 343~362)가 된다. 때문에 실제 정치권력은 곁의 권신(權臣)이 행사하게 되고 따라서 내분이 많아질 수밖에 없게 된다. 그 뒤로 효무제(孝武帝, 373~396 재위)와 안제(安帝, 397~418 재위)는 비교적 오랜 동안 왕위에 있었지만 모두 자리만 차지하고 혼란 속에 나라를 지탱했을 뿐이다. 안제 때에는 일단 권신인 환현(桓玄)에게 황제 자리를 물려주어 동진이 망하고 새로 초(楚)나라가 섰었다. 그러나 다시 동진의 장군 유유(劉裕, 363~422)가 의병을 일으켜 도읍 건강으로 쳐들어가 환현을 내쫓고 동진을 되살려 놓았다. 그리고 동진의 안제를 죽게 만든 다음 그 뒤에 공제(恭帝, 419~420 재위)가 뒤를 잇게 하였다. 공제는 딸을 유유의 아들에게 시집을 보내어 사돈을 삼은 뒤 이미 다 넘어간 나라의 권세를 의식하고는 황제 자리를 유유에게 물려주었다. 이에 선양(禪讓)을 받은 유유는 남조(南朝)의 송(宋)나라 무제(武帝, 420~422 재위)가 되는 것이다. 무제가 겨우 3년 만에 죽자 태자 소제(少帝, 423~424)가 뒤를 잇지만 옆의 권신들이 뜻을 합쳐 왕위를 빼앗은 다음 죽여 버리고 그의 동생 유의륭(劉義隆)을 불러들여 문제(文帝, 424~452 재위)로 모신다. 이가 송나라의 명군(名君)으로 알려진 황제이며, 중국 역사상 남북조(南北朝)로 알려진 시대의 '남조'는 그에 의하여 기틀이 마련된다.

한편 서진이 약해지자 촉(蜀) 지방에는 성도(成都)를 도읍으로 한 성한(成漢)나라(302~347)가 섰고, 중원지역에는 흉노족의 유연(劉淵)이 힘으로 한(漢, 304~319)나라를 세워 세력을 떨쳤다. 그러나 유연은 술 마시고 놀이 하는 데 빠져 나라는 잘 돌보지 않았다. 그가 죽자 그의 아들 형제들 사이에 왕위를 두고 다툼이 일어나 아우가 형을 죽였고, 손자 대

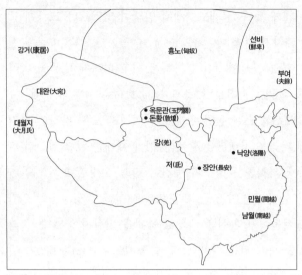

한대의 이민족 분포도

에는 내란이 일어나자 내란을 평정한 뒤 군사력이 강한 임금 집안의 유요(劉曜)는 중원 서쪽 지방을 차지하고 스스로 황제가 되어 이로부터 한나라는 전조(前趙, 319~329)로 이름이 바꾸어지고, 한나라에서 크게 활약한 갈족(羯族)의 장군 석륵(石勒)은 중원 동쪽 지방을 차지하여 후조(後趙, 319~352)의 황제가 된다. 한족의 전량(前涼, 313~376)도 일어났지만 모두 서로 싸우다가 오래 가지 못하고 망해버린다.

　서진이 망해버리고 남쪽을 동진이 차지하자 북쪽 지역에는 요하(遼河) 지방에 선비족(鮮卑族)의 전연(前燕, 349~370)이 일어나 고구려(高句麗)에 위협을 가하기도 하고, 섬서(陝西) 지방에는 티베트 계열인 저족(氐族)이 전진(前秦, 351~394)나라, 산서(山西) 북부에는 선비족이 대(代)나라를 세워 세력을 떨친다. 이 대나라에는 탁발규(拓拔珪, 371~409)라는 뛰어난 임금이 나와 뒤에 영토를 중원으로 확장시키고 북위(北魏, 386~534)

를 발전시키게 된다.

이러한 북쪽 지방의 혼란을 틈타 중국 주변의 다섯 종류의 외부 민족인 선비(鮮卑)·흉노(匈奴)·저(氐)·갈(羯)·강(羌) 등의 이른바 오호(五胡)가 제각기 중국 땅으로 쳐들어와 나라를 세우고 서로 죽이고 싸우다가 망하는 오호십륙국(五胡十六國)의 시대가 성립된다. 앞에 보인 오랑캐 나라들 이외에 선비족의 후연(後燕, 384~409)·서연(西燕, 384~394)·서진(西秦, 385~431)·남량(南涼, 397~414)·남연(南燕, 398~410), 강족의 후진(後秦, 384~417), 저족의 후량(後涼, 386~403), 흉노족의 북량(北涼, 397~439)·하(夏, 412~431)나라 등을 말한다. 이 틈에 끼어 한족도 앞에 든 전량 이외에 서량(西涼, 405~422)과 북연(北燕, 413~436)을 세웠었다.

이 오랑캐들은 억세고 용감하여 싸움은 잘 하지만 첫째로 자기 동족의 인구가 그다지 많지 않다. 따라서 자기 동족만으로는 넓은 지역을 장악할 수가 없어서 결국 문제가 생긴다. 둘째로 이들은 유목생활을 위주로 하는 문화 수준이 낮고 교양이 없는 야만적인 민족이다. 그들은 어려운 자연 환경 속에 힘들고 거친 생활을 하여 왔다. 그러한 오랑캐가 힘으로 적을 쳐부수고 중원 땅에 나라를 세우고 보면 하루아침에 문명사회의 지배자가 된다. 갑자기 물자가 풍부해지고 생활에 여유가 생긴다. 이에 멋대로 자기 욕망을 추구하다보니 술과 여자에 빠지게 된다. 셋째로 권력의 매력에 끌려 형제나 친척들 사이에도 왕위를 놓고 서로 죽이며 싸운다. 군사력이 강한 장군은 기회만 있으면 반란을 꾀한다. 때문에 나라가 오래 가지 못하고 밖으로 세력이 크게 발전할 수가 없다. 그리고 한족 여인들을 가까이 하여 혼혈이 날로 많아지고 중국의 전통문화에 이끌려 한화(漢化)하는 경향을 보인다. 한편으로 한나라 때 생겨난 도교가 성행하여 사람들의 생각을 신선술(神仙

術)과 죽지 않고 오래 살고자 하는 장생술(長生術) 등 현실 세계 밖의 일로 이끌어주었다. 그 시대가 정치적으로는 혼란이 극에 이른 시대였지만 이러한 경향은 한편 불교를 비롯한 외국문화를 받아들여 중국의 전통 학술과 문화가 자극을 받아 새롭게 발전하는 기틀이 되기도 하였다.

남쪽 지방에 건강(建康, 지금의 南京)을 도읍으로 한 동진이 망하고 송(宋, 420~479)나라가 일어나 남쪽의 넓은 지역을 통일하여 다스리게 되자, 북쪽 지방의 북위(北魏, 386~534)에는 태무제(太武帝, 424~451)라는 명군이 왕위에 올라 강성해져서 섬서(陝西) 지역에 남아있던 흉노족의 하(夏, 412~431)나라와 선비족의 서진(西秦, 385~431) 및 북동 지방을 차지하고 있던 선비족의 북연(北燕, 413~436)의 땅을 흡수한 뒤 양주(涼州)를 도읍으로 하여 영하(寧夏) 지방을 차지하고 있던 북량(北涼, 397~439)까지 합병시키자 완전히 북쪽 지방을 통일하여 다스리게 된다. 남쪽의 송나라에는 북위의 태무제와 거의 같은 기간에 문제(文帝, 424~452)라는 명군이 임금 자리에 올라 나라를 다스렸다. 이로부터 송나라에 이어 남쪽을 다스린 제(齊, 479~502)·양(梁, 502~557)·진(陳, 557~589)의 나라들을 합쳐 남조(南朝), 북위를 뒤이어 북쪽을 다스린 동위(東魏, 534~550)·서위(西魏, 535~556)·북제(北齊, 550~577)·북주(北周, 557~581) 등의 나라들을 합쳐 북조(北朝)라 부르고, 이 시대를 남북조(南北朝)시대라고 한다.

북위의 선비족은 본시 유목을 하던 야만적이고 잔인한 싸움과 살인을 좋아하던 민족이다. 그런 북위가 남쪽의 송나라를 보고만 있었을 리가 없다. 태무제는 총력을 다하여 송나라를 공격하며 많은 사람들을 죽였으나 남쪽에는 회수를 비롯하여 장강 같은 강물이 많아 군대가 마음대로 움직이기 어려운데다가 송나라의 방비도 튼튼하여 남쪽 공격에 별 재미를 보지 못하였다. 그리고 태무제는 도교에 빠져 민간에 성행하는 불교를 탄압하면서 안락한 생활과 사치를 추구하며 통치 방식이며 생활이 갈수록 한족들의 방식을 따르게 되었다. 남조의 송나라 문제도 별로 북쪽의 북위와는 싸울 생각을 하지 않고 편안한 생활을 추구하였다. 이에 북조와 남조는 심한 전쟁은 하지 않았으나 양쪽 모두 나라를 다스리는 권력을 두고 형제와 대신들 사이에 서로 죽이고 다투는 내분이 계속되었다. 북위의 태무제가 권력을 놓고 태자(太子)와 틈이 벌어져 결국은 밑에 부리던 환관(宦官)인 종애(宗愛)에 의하여 죽음을 당하고, 남조 송나라의 문제도 권력 분쟁으로 황태자에게 그의 대신들과 함께 죽음을 당한다. 권력 앞에는 부자와 형제들도 상관없이 서로 죽이면서 상대방의 자리를 빼앗는다.

　북위는 효문제(孝文帝, 471~499 재위)에 이르러 지배자들이 적극적으로 한족화(漢族化)하면서 도읍을 산서(山西) 북쪽의 평성(平城)으로부터 하남(河南)의 낙양(洛陽)으로 옮긴다. 북조와 남조는 모두 나라의 세력을 대외적으로 크게 늘리려는 정책은 쓰지 않고 회수(淮水)를 경계로 평화를 누리며 부자 형제와 장군 대신들이 권력을 두고 서로 죽이며 다툼을 일삼으면서도 안락하고 사치스러운 생활을 추구하였다.

　특히 이 중원 땅 내부 도시에 도읍한 나라들은 장안이나 북경에 도읍을 정하고 천하에 호령한 왕국이 자기 나라를 세우기 위하여 상대방 나라 백성들을 멋대로 학살하고 나라를 세운 뒤에도 백성들을 가혹하게 부리며 다스렸던 것과는 분위기가 전혀 다르다. 나라를 세울 적에도 강요를 당하는 경우도 있었지만 이전 나라의 황제가 왕위를 다른 강자에게 평화적으로 넘겨주어 새로운 왕국이 생겨나게 된다. 북위를 보면 만년에 갈수록 북쪽 지방을 지키던 회삭(懷朔)·무천(武川)·무명(撫冥)·회황(懷荒)·유현(柔玄)·어이(禦夷)의 육진(六鎭)을 지키던 장군들의 세력이 매우 커져 서로 반란을 일으키면서 세력을 다투게 된다. 결국 효무제(孝武帝, 532~534 재위) 말년에 가서는 회삭진(懷朔鎭) 출신의 군인 고환(高歡)이 효문제의 증손을 밀어 산서(山西)의 업(鄴)을 도읍으로 하여 동위(東魏, 534~550)나라를 세우고, 무천진(武川鎭) 출신의 장수 우문태(宇文泰)는 효무제의 사촌형을 밀어 장안을 도읍으로 하여 서위(西魏, 535~556)를 세운다. 북위라는 나라는 전쟁 때문에 망한 것이 아니라 내분으로 망하여 둘로 쪼개진 것이다. 이들은 세력 다툼에 여념이 없었다. 곧 동위는 뒤에 고환의 아들 고양(高洋)이 스스로 임금을 밀쳐내고 황제가 되어 북제(北齊, 550~577)를 세운다. 서위는 우문태가 죽자 그의 아들 우문각(宇文覺)이 임금 공제(恭帝)에게 압력을 가하여 스스로 황제 자리를 내주게 만든다. 이에 우문각의 나라 북주(北周, 557~580)가 선다.

남조의 경우도 송(宋, 420~479)나라는 건업(建業)을 도읍으로 한 동진(東晉)으로부터 나라와 황제 자리를 물려받아 나라를 세운다. 그들도 나라의 위세를 키울 생각은 하지 않고 편안하고 사치스러운 삶을 추구하며 권력다툼을 어지러이 하다가 마지막에는 권력이 가장 강한 장수 출신의 소도성(蕭道成)이 순제(順帝)에게 강요하여 황제 자리를 자기에게 밀어주도록 한다. 이에 새로운 제(齊, 479~502)나라가 생겨난다. 제나라도 권력 때문에 내분이 끊이지 않다가 결국 화제(和帝)에 이르러 군인 출신 소연(蕭衍)에게 평화적으로 황제 자리를 넘겨준다. 이에 양(梁, 502~557)나라가 세워지는데, 소연이 학술문화 정책으로 명성을 떨치고 86세의 장수를 누린 양무제(梁武帝, 502~549 재위)이다. 양나라도 만년에는 황제의 자리와 권력을 놓고 장군들까지 끼어 옥신각신 하다가 양나라 경제(敬帝, 556 재위)는 권력이 커진 장군 진패선(陳覇先)에게 황제 자리를 물려주어 양나라는 망하고 진(陳, 557~589)나라가 일어난다. 북조와 남조도 형식은 평화적으로 나라가 망하고 일어나고 하고 있다.

이후 북제는 북주에게 멸망하고, 북주도 곧 정제(靜帝, 579~581 재위)때에 나라의 권력을 쥐고 있던 임금의 외조부(外祖父)인 양견(楊堅)이 마침내 정제를 밀어내고 그 스스로가 황제 자리에 올라 수(隋, 581~618)나라를 세웠는데 그가 문제(文帝, 581~604 재위)이다. 수나라 문제는 북위의 무천진(武川鎭) 장군 집안 출신의 군인이다. 그는 곧 남쪽 양나라의 계열로 잠깐 강릉(江陵)을 도읍으로 하여 남아 버티던 후량(後梁)을 정벌한 뒤 다시 진나라도 쳐서 어지러웠던 세상을 평정하고 천하를 통일하여 다스리게 된다.

이상 위(魏)나라(220~265) 이후 서진(西晉, 265~317)·동진(東晉, 317~420)과 남북조(南北朝, 420~581)의 나라들은 낙양을 비롯한 중부지방에 도읍을 정하고, 나라의 위세도 밖으로 크게 떨치지 못하고 정치도 어지러웠지만, 황제들이 잔인하지 않고 백성들을 위하는 다스림을 펴려고 하였다. 때문에 백성들과 지식인들은 보다 안락하고 자유로운 생활을 누려 학술과 문화를 크게 발전시켰다. 주변 외국에 대하여도 유연한 정책을 써서 많은 외국문화도 자유롭게 들어와 문화 발전에 기여하였다.

## (3) 오대(五代) 십륙국(十六國)·변량(汴梁), 북송(北宋, 960~1127)·임안(臨安), 남송(南宋,1127~1279)

대제국으로 온 세상에 위세를 드날리던 당나라는 현종(玄宗)의 천보

(天寶) 14년(755)에 일어나 전국을 휩쓴 '안녹산(安祿山)의 난' 이후 나라의 정치가 어지러워진 다음 우승유(牛僧孺)와 이길보(李吉甫)에게서 시작된 당쟁(黨爭)이 이어지고 환관(宦官)들이 정치에 끼어들어 나라를 어지럽히자 '황소(黃巢)의 난'을 중심으로 하여 반란까지 연이어져서 나라가 위태로워져 가고 있었다. 결국 서기 907년에 선무절도사(宣武節度使)로 있던 주전충(朱全忠, 852~912)이라는 장군이 일어나 명목만을 지탱하던 당나라 왕조를 무너뜨리고 변량(汴梁, 지금의 開封)을 도읍으로 삼아 후량(後梁, 907~923)이란 나라를 세웠다. 변량이란 도시는 운하의 개통으로 강남 지역에서 장안으로 통하는 교통의 요지로 매우 번성하고 있었다. 후량을 뒤이어 후당(後唐, 923~936)·후진(後晋, 936~947)·후한(後漢, 947~951)·후주(後周, 951~960)나라들로 이어진 52년 동안의 오대(五代, 907~979)의 나라들이 모두 여기에 도읍을 하였다. 그리고 뒤이어 북송(北宋, 960~1127)이 이곳에 도읍을 하여 천하를 다스림으로써 마침내 천자(天子)의 도읍이 된다. 후당 만이 뒤에 낙양(洛陽)으로 도읍을 옮겼었다.

이 '오대' 동안에 다시 사방에 열 나라가 생겨났다 망하였다. 곧 사천(四川)지방에서는 성도(成都)를 도읍으로 하여 왕건(王建)이 스스로 전촉(前蜀, 907~925)나라 왕, 강소(江蘇)·안휘(安徽)·강서(江西)지역을 근거지로 하는 양악(楊渥)이 승주(昇州, 지금의 南京)를 도읍으로 오(吳, 902~937)나라 왕으로 행세하였다. 전촉 뒤에는 맹지상(孟知祥)이 후촉(後蜀, 926~965)을, 오나라는 뒤에 이변(李昪)에게 빼앗겨 남당(南唐, 937~975)나라가 되었다. 그리고 장강(長江)을 중심으로 하는 남쪽 지방에서도 여러 절도사(節度使)들이 제각기 나라를 세우고 스스로 임금이 되었다. 절강(浙江)지방에는 전류(錢鏐)가 항주(杭州)를 도읍으로 하여 오월(吳越, 893~978)나라의 왕, 호남(湖南) 지방에는 마은(馬殷)이 담주(潭州, 지금의 長沙)를 도읍으로 하여 초(楚, 896~951)나라 왕, 복건(福建)지방에서는 왕심지(王審知)가 복주(福州)를 도읍으로 하여 민(閩, 894~945)나라의 왕, 광동(廣東) 지방에는 유은(劉隱)이 광동(廣東)을 도읍으로 하여 남한(南漢, 905~971)의 왕이 되어 활약을 하였다. 다시 곽위(郭威)가 북한(北漢, 951~979)을 세웠다. 호북(湖北)의 서부 지역에는 형주(荊州)절도사 고계흥(高季興)이 형주(荊州, 지금의 江陵)를 도읍으로 하여 형남(荊南, 또는 南平, 907~963)의 왕으로 행세하고 있었다.

'오대'의 후한(後漢)이 후주(後周)로 바뀌자(951) 후한 유지원(劉知遠)의 동생이 하동(河東) 지역을 지키고 있다가 자립하여 태원(太原)을 도읍으로 하여 북한(北漢)나라를 세우게 된다. 이때 남당은 또 초나라를 정복한다. 이에 후주시기에 와서는 남당·오월·후촉·남한·북한·남평의 여섯 나라만이 남게 된다. 후주는 나라를 잘 다스렸으나 3대에 어린 공제(恭帝, 959~960 재위)가 즉위한 뒤 곧 여러 사람들의 뜻을 따라 자기 밑의 장군인 조광윤(趙光胤)에게 황제 자리를 넘겨주어 북송(北宋, 960~1127) 왕조가 이루어진다. 북송은 곧 나머지 여섯 나라도 모두 흡수하여 명실공히 천하를 다스리는 천자(天子)의 나라가 된다. 이때 중국의 동북쪽에는 거란족(契丹族)의 요(遼)나라(907~1125)가 커가고 있었다.

다음에는 변량(汴梁)을 주로 도읍으로 삼았던 오대 다섯 나라의 흥망 과정을 간단히 살펴본다. 북쪽 중원 땅에 주전충(朱全忠)이 세운 후량(後梁, 907~923)은 황제가 된 다음 권세가들이 서로 죽이며 권력을 다투는 틈에 진(晉)나라 임금 이존욱(李存勗)이 후당(後唐, 923~936)나라를 세워 장종(莊宗)이 된다. 그는 도읍을 변량으로부터 낙양으로 옮겼다. 이존욱은 기(岐)나라와 촉(蜀)나라 및 형남(荊南)나라를 굴복시키고 남평(南平)나라로 만든다. 후당도 공신들을 죽이고 정치를 잘 못 하는 틈에 권세가인 석경당(石敬瑭)이 다시 변량을 도읍으로 삼아 후진(後晉, 936~947)을 세워 고조(高祖)가 되었다. 그러나 곧 유지원(劉知遠)이 임금 자리를 빼앗고 후한(後漢, 947~951)의 고조(高祖)가 된다. 후한은 나라가 수립된 지 겨우 4년 만에 다시 장군 곽위(郭威)가 임금을 밀쳐내고 황제 자리에 올라 '오대' 최후의 나라인 후주(後周, 951~960)의 태조(太祖)가 된다. 후주는 뒤를 이은 세종(世宗)에 이르기까지 나라의 위세도 크게 발전시키고 정치도 잘 한 셈이지만, 그 뒤를 7세의 공제(恭帝)가 잇자 여러 사람들이 그의 부하 장군인 조광윤(趙光胤)을 황제로 추대하는 바람에 황제 자리를 넘겨주어 다시 북송(北宋) 왕조가 세워지게 된다.

이에 황하 유역의 중원 지역에는 짧게는 4년밖에 못 버틴 왕조 다섯 나라들이 연달아 짧은 기간(907~960)에 생겨났다 망했다 하고 남쪽 및 변두리 지역에는 동시에 10개의 나라가 생겨났다가 망하였는데, 이 시기를 중국 역사가들은 '오대십국(五代十國)' 또는 '오대'라 부른다. '오대'는 당나라 때 여러 지방을 맡아 관할하던 '절도사'라는 장군들의 왕조 쟁탈전이 이어진 혼란을 극한 시대였다고 할 수 있다. 어느 나라건 임금이 어린 사람으로 바뀌거나 전쟁으로 말미암아 나라를 다스리는 데 허점이 생기기만 하면 그의 부하 장수가 무력으로 그 나라를 무너뜨리고 새로운 자기의 나라를 세웠다.

그러나 중부지방 도시에 도읍했던 '오대'의 여러 나라들도 자기들끼리 권력투쟁을 하며 상대방을 죽이기는 하였지만 나라의 세력을 늘리기 위하여 다른 나라를 대대적으로 침략하며 많은 사람들을 죽이는 잔인한 짓은 하지 않았다. 그리고 대부분 강압은 있었다 하더라도 앞 나라의 임금이 평화롭게 황제 자리를 뒤에 세워진 나라의 임금에게 넘겨주어 새로운 나라가 생겨났다. 그들은 군대를 이끌고 들어가 적의 나라의 군사들과 백성들을 닥치는 대로 모조리 잡아죽이고 멋대로 도성을 파괴하고 물자를 약탈하는 짓은 하지 않았다. 그리고 앞 왕조의 황제 가족을 모조리 찾아 죽이는 짓도 하지 않았다. 나라를 다스리는 방식도 유연했다. 때문에 그들의 학술 문화는 대제국의 강한 통치 아래 있을 적보다도 더 자

조광윤의 초상

유롭게 눈부신 발전을 이루고 있다. 중부지방에 도읍했던 나라 중 중국의 역사상 가장 유연한 방식으로 온 천하를 평화롭게 잘 다스려 백성들이 평화롭고 풍성하게 잘 살았던 나라가 다음으로 이어지는 변량 (汴梁)을 도읍으로 한 북송(北宋, 960~1127)이다.

앞에서 이미 언급한 것처럼 당나라 뒤의 '오대'란 시기는 많은 나라들이 짧은 기간에 세워지고 망했는데, 모두 군대를 이끄는 장군들이 기회를 틈타 임금을 몰아내고 자신이 임금이 되는 일의 반복이었다. 송 태조(太祖) 조광윤(趙匡胤)은 후주(後周)의 장군이었는데 부하 장교들의 추대에 의하여 황제가 된 다음 다시 후주의 임금으로부터 왕위를 물려받았다. 피 한 방울 흘리지 않고 평화롭게 세워진 나라가 북송이다.

먼저 조광윤이 북송의 태조가 된 특별한 경과를 살펴보자. '후주'는 태조(太祖, 951~954 재위)에 이어 세종(世宗, 954~959 재위)으로 이어지면서 나라의 세력도 어느 정도 확장되고 나라도 비교적 잘 다스려지고 있었다. 세종 7년(959)에 거란(契丹)족의 요(遼, 916~1125)나라가 북한(北漢)나

라와 손을 잡고 잃었던 땅을 되찾겠다는 명목으로 쳐들어왔다. 후주의 세종은 먼저 선발군을 전쟁터로 파견하고 다음 날 주력부대를 출전시키려고 도읍인 변량의 진교역(陳橋驛)에 정예부대를 모았다. 그 정예부대의 지휘자가 조광윤이었다. 마침 그날 밤 후주의 세종이 갑자기 병이 들어 누었다가 죽어서 어린 7세의 공제(恭帝, 959~960 재위)가 뒤를 잇게 되었다. 이러한 사실을 안 그의 부하 장수들이 한밤중에 모여 의논한 끝에 모두가 자기들의 장군인 조광윤을 새로운 나라의 임금으로 모시기로 만장일치로 가결한다. 이때 조광윤은 술에 취하여 장막 안에서 아무것도 모르고 잠을 자고 있었다. 장수들의 권유로 조광윤의 동생 조광의(趙光義)**71**와 조보(趙普, 921~991)가 장막 안으로 들어가 조광윤을 깨운 다음 이 사실을 알리고, 장수와 군인들은 모두 칼을 빼어들고 장막 앞마당에 줄서서 "지금 우리에게는 여러 부대의 통솔자가 없으니 장군님을 천자(天子)로 모시겠습니다." 하고 소리를 질렀다 한다. 본인이 대답할 틈도 주지 않고 곧 이어 한 사람이 황금색 천자의 옷을 조광윤에게 입혀주자 모든 사람들이 줄지어 서서 절을 하면서 '만세'를 불렀다. 이것은 전혀 조광윤 자신의 뜻이 아니었던 것 같다. 그리고는 정식으로 왕위를 차지하기 위하여 여러 사람들이 그를 부축해 말에 태운 다음 임금의 궁전으로 가려 하자, 조광윤은 말고삐를 잡고 서서 여러 장수들에게 말하였다. "내가 명령을 내린다면 당신들은 모두 따라주겠소?" 모든 사람들이 말에서 내려 "명하시는 대로 따르겠습니다!" 하고 대답하였다. 그러자 조광윤이 말하였다.

---

**71** 뒤에 太祖의 뒤를 이어 皇帝 자리에 올라 太宗(967~997 在位)이 됨.

"임금 공제와 태후(太后)는 내가 이제껏 받들어 모시던 분들이오! 그리고 공경대신(公卿大臣)들은 모두 나의 동료들이오! 당신들은 오늘부터 그 분들에게 함부로 굴어서는 안 되오! 근세의 제왕들은 군사를 일으키어 한 나라의 도읍으로 들어가면 모두 군사들을 풀어 크게 약탈을 하게 하였는데 이를 '항시(砗市)'라 하였소. 당신들은 '항시'를 하거나 나라의 창고를 털면 안 되오! 일이 잘 되면 당신들에게는 후한 상이 내려질 것이오. 그대로 따르지 않는다면 그런 자는 죽여버리겠소! 그래도 되겠소?"[72]

여러 장수들은 모두 절을 하고 대열을 가다듬고 궁 안으로 들어갔다.[73] 그리고 조광윤을 황제로 추대하고 궁전으로 들어갔을 적에 궁전 안에는 궁전을 지키는 장수와 전 재상 범질(范質, 911~964?)과 당시의 재상 왕부(王溥, 922~982) 같은 사람들이 있었으나 별로 반항하지 않고 조광윤을 새로운 나라의 황제로 받아들였다. 그리고 후주의 공제는 바로 나와서 조광윤에게 왕위를 물려주는 글을 올리고 신하의 예를 갖추었다. 이 사건을 중국 역사에서는 흔히 '진교의 변란(陳橋之變)'이라 부르지만 중국 역사상 가장 평화롭고 이상적인 새로운 나라를 세우고 새 황제를 옹립한 사건이었다. 임금인 공제도 여러 사람들의 권유로 순순히 왕위를 조광윤에게 물려주었다 한다. 이것은 옛날 중국의 전설적인 요(堯)임금이나 순(舜)임금의 임금 자리를 덕이 많은 사람에게 물려주었다는 선양(禪讓)에 못지않은 훌륭한 일이었다. 조광윤은 황제

---

[72] 司馬光 『涑水紀聞』卷一 ; "主上及太后, 我平日北面事之, 公卿大臣皆我比肩之人也, 汝曹今日毋得輒加不遜. 近世帝王, 初擧兵入京城, 皆縱兵大掠, 謂之砗市. 汝曹今毋得砗市及犯府庫, 事定之日, 當厚賫汝. 不然, 當誅汝! 如此可乎?"

[73] 『宋史』卷一 本紀 第一 太祖 및 司馬光 『涑水紀聞』卷一 등의 기록 종합하였음.

가 된 다음 임금인 공제와 세종의 부인 부후(符后)를 서궁(西宮)으로 옮겨 살도록 하고, 공제의 칭호는 정왕(鄭王)이라 하고 부후는 주태후(周太后)로 높여 주었다 한다. 북송에서는 이전 왕조의 사람들이나 항복한 나라의 사람들 모두에게 조금도 위해를 가하지 않고 적절한 예우를 해주었다.

조광윤은 북송나라 태조가 된 다음 당나라 때 장군들이 맡던 여러 지방의 절도사(節度使) 제도를 없애고 군대 지휘권과 나라의 통치권을 모두 중앙으로 집중시켰다. 당나라 때에는 장군인 절도사들이 자기가 맡은 지역의 정치까지 맡고 온갖 권세를 멋대로 휘두르게 되자 황제는 전혀 힘을 못 쓰게 되어 당 제국이 망하였다. 이어서 오대로 들어와서도 이 절도사들의 세력이 여전하여 여러 왕조들은 얼마 가지 못하고 이들 장군들에 의하여 망해버렸다. 송 태조는 우선 이러한 폐단을 막기 위하여 정치제도부터 개혁하였다. 재상(宰相)을 우두머리로 하여 민정(民政)을 담당하는 중서성(中書省)과 추밀사(樞密使)를 우두머리로 하여 군정(軍政)을 담당하는 추밀원(樞密院) 등 나라의 최고 우두머리에 모두 문관(文官)을 임명하고 권력은 황제에게 집중토록 하였다. 이에 문관이 나라의 중심을 이루는 문치(文治)가 시작되는 것이다.

문관 중심의 정치는 북송의 대외정책 한 가지만 보아도 그 특징을 잘 알 수가 있다. 북송은 문관을 위주로 하는 정치를 시행하였기 때문에 국방 임무를 맡은 문관들은 처음부터 밖의 다른 나라와 전쟁을 할 생각이 전혀 없었다. 북송 태조 조광윤을 황제로 모시는데 큰 공을 세운 명재상이었던 조보(趙普)의 전기가 적혀 있는 『송사』 권256 조보열전(趙普列傳)을 보면 조보가 태종에게 전쟁에 대한 자기 생각을 아뢴 다음과 같은 기록이 있다.

"옹희(雍熙) 3년(986) 봄에 대부대가 유주(幽州)와 계주(薊州)를 치러 나가서 오랜 동안 돌아오지 못하였다. 조보가 손수 임금에게 올리는 글을 써서 간하였다. '엎드려 올 해 봄에 군대가 출정(出征)한 실정을 보건대, 관문(關門) 밖의 땅을 되찾으려는 목적이었고 여러 번 승전 소식을 들으니 여러 사람들도 마음이 매우 유쾌할 것입니다. 그러나 여러 달이 지나 더운 여름철이 다가오고 있는데 군대의 출동이 날로 잦아지고 전투가 멈추어지지 않고 있어, 군인들을 손상시키고 재물을 소비하고 있으니 정말 아무런 이익도 없는 일입니다. … 제가 생각건대 날랜 군대를 크게 동원하여 백만의 병사를 움직이는 것은, 얻는 것은 적은 반면 잃는 것은 많습니다. 또 듣건대 전쟁이란 위험한 일이어서 싸움에 반드시 이길 것이라는 것은 보증할 수가 없습니다. 무기라는 것은 흉한 물건이니 뜻밖의 결과를 깊이 조심하여야 할 것입니다. 전쟁의 영향은 매우 큰 것이니 잘 생각해 보지 않아서는 않됩니다. … 바라옵건대 폐하께서는 식사를 잘 하시고 몸을 잘 보양하시며 저 지친 백성들을 이끌어 부유하고 번성하게 해주십시오. 앞으로 변경에 전쟁을 알리는 봉화(烽火)가 오르는 일이 없게 되고 밖의 문도 닫지 않고 지내게 되어 온 세상이 어진 다스림을 따르게 되면 먼 지역의 다른 풍속을 지닌 사람들도 앞을 다투어 이끄시는 대로 따르게 될 것입니다. 거란족(契丹族) 홀로 어찌 할 수가 있겠습니까?'**74**

'유주'와 '계주'라는 곳은 지금의 만리장성 남쪽의 북경과 북경에서

---

**74** 『宋史』卷256 列傳 15 趙普; "雍熙三年春, 大軍出討幽薊, 久未班師. 普手疏諫曰; 伏睹今春出師, 將以收復關外. 屢聞克捷, 深快輿情. 然晦朔屢更, 荐臻炎夏, 飛輓日繁, 戰鬪未息, 老師費財, 誠無益也. … 臣竊念大發驍雄, 動搖百萬之衆, 所得者少, 所喪者多. 又聞戰者危事, 難保其必勝. 兵者凶器, 深戒於不虞. 所繫深大, 不可不思. … 望陛下精調御膳, 保養聖躬, 携彼被氓, 轉之富庶, 將見邊烽不警, 外戶不扃, 率土歸仁, 殊方異俗, 相率嚮化, 契丹獨將焉往?"

랴오닝(遼寧)성에 가까이 있는 땅으로 본시 중국 사람들이 자기네 땅으로 생각하던 곳이다. 북송은 여진족의 요나라가 아직도 차지하고 있는 본시 자기네가 다스려야 할 땅을 되찾으려는 것이다. 어지러웠던 오대를 뒤이은 북송이 이른바 천하를 통일하려는 전쟁을 하는 것이고 또 그 전쟁은 북송의 승리로 완전히 기울고 있는데도 조보는 이처럼 전쟁 자체를 반대하고 있는 것이다. 그는 전쟁에 이기고 있는데도 "전투가 멈추어지지 않고 있어, 군인들을 손상시키고 재물을 소비하고 있으니 정말 아무런 이익도 없는 일입니다. …제가 생각건대 날랜 군대를 크게 동원하여 백만의 병사를 움직이는 것은, 얻는 것은 적은 반면 잃는 것은 많습니다." 하고 말하고 있다. 승리하는 전쟁이라 하더라도 나라 사이의 전쟁이란 쓸데없이 많은 병사들을 희생시키고 막대한 재물을 낭비하는 일이라는 것이다.

그러면 침략을 일삼고 있는 외부의 나라들을 어떻게 하여야 하는가? 조보는 황제에게 이렇게 말하고 있다. "제가 생각건대 날랜 군대를 크게 동원하여 백만의 병사를 움직이는 것은, 얻는 것은 적은 반면 잃는 것은 많습니다. … 바라옵건대 폐하께서는 식사를 잘 하시고 몸을 잘 보양하시며 저 지친 백성들을 이끌어 부유하고 번성하게 해주십시오. 앞으로 변경에 전쟁을 알리는 봉화(烽火)가 오르는 일이 없게 되고 밖의 문도 닫지 않고 지내게 되어 온 세상이 어진 다스림을 따르게 되면 먼 지역의 다른 풍속을 지닌 사람들도 앞을 다투어 이끄시는 대로 따르게 될 것입니다. 거란족(契丹族) 홀로 어찌 할 수가 있겠습니까?" 전쟁은 아무리 잘 한다 해도 얻는 것보다 잃는 것이 많은 짓이다. 그러니 황제는 백성들이 부유하게 전쟁 없이 평화롭게 잘 살도록 해주며, '어짊'으로 다스려 백성들이 모두 자연스럽게 따르도록 하여야 한다는 것이다. 이렇게 어진 덕으로 나라를 다스리면 거란족의 요나라 같은 오랑캐들도 모두 자연히 어짊으로 다스리는 황제를 따르게 된다는 것이다.

이것은 실은 조보 한 사람만의 의견이 아니라 대부분의 북송 사대부들과 황제들의 의견이기도 하였다. 이런 까닭에 북송은 별로 큰 전쟁 없이 평화로운 나날을 보내면서 날로 융성함을 누렸다. 그리고 주변 이민족의 나라들이 무력으로 침략을 거듭해 오면 북송은 그들을 무력으로 상대하여 그들을 물리치지 않고 물건을 주며 유화정책을 썼다. 북쪽의 요(遼)나라의 경우도 무력침략을 자주 해왔다. 특히 요나라 역대의 명군(明君)이라고 알려진 성종(聖宗, 983~1031 재위)은 이전에 후주(後周)에게 빼앗긴 북경 남쪽 지역까지 무력으로 되찾으려고 노력하였다. 결국 989년에는 북송을 공격하여 일부 지역을 되찾는 데 성공하고 그 이후로는 그들의 침략이 더욱 잦아졌다. 결국 북송의 진종(眞宗) 경덕(景德) 원년(1004)에 요나라 군대는 역수(易水)와 부양하(滏陽河)를 건너 황하(黃河) 근처까지 공격해 와 도읍인 변량까지도 위협을 받게 되었다. 모두 두려워하며 부재상격인 참지정사(參知政事) 진요수(陳堯叟)와 왕흠약(王欽若)은 황제에게 남쪽으로 피신할 것을 권하였으나 재상인 구준(寇准, 961~1023)이 반대하고 나서서 황제가 직접 군사를 거느리고 황하를 건너가 적군을 맞아 싸울 것을 권유하였다. 황제가 수십만의 군사를 직접 거느리고 싸움에 나서자 북송의 군사들은 크게 사기가 진작되었다. 이에 요나라 군사들도 기가 죽어 결국 전쟁을 포기하고 전주(澶州)[75]에서 화약(和約)을 맺게 되었다. 구준의 계략대로 되었던

75 지금의 河北省 開州 濮陽縣의 동남쪽.

것이다. 이를 '전연의 맹약(澶淵之盟)'이라 흔히 부르는데, 그때의 맹약 조건은 대략 다음과 같은 내용이었다.

첫째, 두 나라의 관계는 북송을 형님, 요나라는 아우가 되어 형제의 예를 지킨다.

둘째, 두 나라 국경은 현재의 상태를 지키되 분쟁의 대상지인 북쪽의 역주(易州)는 요나라가 차지하고 남쪽의 영주(瀛州, 河間府)와 막주(莫州, 任邱縣)는 송나라가 차지하기로 한다.

셋째, 북송은 해마다 은(銀) 10만 냥(兩)과 비단 20만 필(匹)을 요나라에 보내주기로 한다.

넷째, 나라의 경계지역에 무역장소를 마련하여 상인들이 자유로운 무역을 하게 한다.[76]

"은 10만 냥과 비단 20만 필"은 요나라에는 큰 재물이었지만 북송에는 전쟁 비용에 견주어 본다면 아무것도 아니었다. 북송은 다시 평화를 되찾아 요나라와는 북송이 망할 때까지 평온한 사이를 유지할 수가 있었다.

그러나 서북쪽에는 티베트족 계열의 당항족(黨項族)의 세력이 강해져서 분쟁이 끊이지 않았다. 그런 중에 경덕(景德) 원년(1004) 북송이 요나라와 '전연의 맹약'을 맺고 평화롭게 지내자 당항족도 북송에 화의(和議)를 요청하였다. 이에 당항족은 북송에게 신하로서의 예를 지키기로 하고 그 대가로 북송으로부터 은 일만 냥(兩), 비단 일만 필, 전(錢) 일만

---

76 『遼史』 卷14 聖宗紀 5, 『續資治通鑑長編』 卷58, 十二月辛丑條 注 등 의거.

관(貫), 차(茶) 2만 근을 해마다 하사받기로 한다. 이로부터 당항족과도 평화로운 관계를 유지하고, 북송은 평화와 번영을 계속 누리게 된다.

그러나 당항족에게는 그 뒤로 20여 년 동안 북송과의 평화상태가 이어진 뒤 이원호(李元昊)라는 뛰어난 지도자가 나와 1028년에는 북송과 가까이 지내던 감주(甘州)의 회골(回鶻)족을 토벌하고 사주(沙州)[77] 지역까지 세력을 확대하였다. 그리고는 북송 인종의 명도(明道) 원년 (1032) 아버지를 뒤이어 왕위에 오른 다음 나라 이름을 대하(大夏)라 부르게 된다. 다만 중국학자들은 자기네 옛날 우(禹)임금의 하나라나, 오호십륙국(五胡十六國) 때의 하나라와 구별하기 위하여 그 나라를 '대하' 나 '하'나라라 부르지 않고 '서하(西夏)'라 부른다. 이원호는 자기네 서하문자(西夏文字)도 새로 만들어 쓸 정도로 민족의식도 투철한 사람이었다. 이에 서하는 북송의 서북쪽 변경을 끊임없이 침략하여 공방전이 연이어 이어졌다. 이에 경력(慶曆) 4년(1044)에는 결국 두 나라가 화의(和議)를 맺게 된다. 싸우지 않는 조건은 서하나라가 북송에 신하로서의 예를 갖추는 반면 북송은 서하에 해마다 은(銀) 7만 2천 냥과 비단 15만 3천 필 및 차 3만 근을 내려준다는 것이었다. 그리고 국경 근처에 시장을 마련하여 상인들이 서로 무역을 하도록 하였다. 이를 중국 역사가들은 '경력화의(慶曆和議)'라 부른다.[78] 이에 따라 북송의 평화와 번영은 그대로 이어지게 된다.

만주(滿洲) 지역에서 요나라의 거란(契丹)족에 압박과 수모를 당하며 지내오던 여진(女眞)족에 아구다(阿骨打)라는 뛰어난 지도자가 나와

---

**77** 지금의 甘肅省 敦煌縣.
**78** 『宋史』 卷485 夏國傳.

여진족을 결속시켜 요나라와 싸운다. 아구다는 지도자가 된지 13년(1114)부터는 요나라와 본격적으로 전쟁을 하여 여러 번 이기고 북송 휘종의 정화(政和) 5년(1115) 정월에는 제위에 올라 나라 이름을 대금(大金)이라 부르고 금나라의 태조(太祖, 1115~1122 재위)가 된다. 금나라가 요나라를 쳐서 만주 땅을 거의 다 차지하자 북송은 다시 남쪽으로 군사적인 압박을 가하고 있는 금나라와 화약(和約)을 맺지 않을 수가 없었다. 명목상으로는 금나라와 동맹을 맺고 요나라를 함께 공격하여 연주(燕州)·계주(薊州)·운주(雲州)·삭주(朔州) 등 잃었던 옛 땅을 되찾으려는 것이었다. 북송 휘종의 선화(宣和) 2년(1120)에 휘종은 사신을 보내어 이제껏 요나라에 해마다 보내주고 있던 은 20만 냥과 비단 30만 필을 보내기로 하고 화맹(和盟)을 맺는다. 중국사에서는 이를 북송과 금나라 사이의 '해상의 맹약(海上之盟)'이라 부른다.[79]

그 뒤로 평화는 유지되었지만 금나라는 요나라를 멸망시키며 나라 땅을 확장시켜 나가고 있었다. 그러나 북송은 만리장성 안의 연경(燕京, 지금의 北京)도 자기 힘으로 되찾지 못하는 형편이었다. 이에 휘종의 선화 5년(1123)에는 금나라에 '연경' 지역을 자기들이 차지하는 대신 '해상의 맹약'에서 해마다 보내주기로 한 물건들 외에 다시 전(錢) 100만 관(貫)과 군량(軍糧) 20만 석(石)을 더 보내주기로 한다.[80]

정강(靖康) 원년(1126) 말엽에 금나라 군대가 하북(河北)과 산서(山西) 양쪽에서 남쪽으로 쳐내려와 북송의 도읍인 변량을 위협하였다. 이때 북송의 휘종은 왕위를 태자에게 넘겨주고, 금나라에 금 500만 냥, 은 1,000만 냥,

---

79 『三朝北盟會編』 卷4, 引 趙良嗣 『燕雲奉使錄』.
80 『大金國志』 卷2 本紀2.

소와 말 10만 마리, 비단
100만 필을 보내주기로
하고 도읍이 포위된 위
기를 잠깐 넘겼다. 휘종
에게서 왕위를 물려받은
흠종(欽宗)은 연호를 '정
강'이라 바꾸었지만 임
금 노릇도 제대로 못해
보고 다음 해(1127) 4월에
침략한 금나라 군대에

**북경 근처의 만리장성**

휘종과 함께 북쪽으로 잡혀가 북송이 망한다.

　이상 살펴본 바와 같이 북송은 외국의 침략에 대하여도 전혀 무력
으로 대항하지 않고 평화적인 해결방법을 강구한다. 앞머리에 인용한
태조 때의 재상 조보(趙普)의 전쟁관은 거의 그대로 북송 황제와 지식
인들에게 계승되었다. 그러기에 상대방 나라가 계속 쳐들어올 경우에
는 이를 막는 최후 수단으로 금과 은이나 비단 같은 물건을 내주고 상
대방을 달래었다. 대체로 상대방 나라들은 가난한 오랑캐 나라들임에
비하여 북송은 물산이 풍부하고 부유한 나라였기에 이 방법은 매우
효과가 좋았다. 북송이 진종(眞宗) 때 요나라를 상대로 맺었던 '전연의
맹약(澶淵之盟)'에서 해마다 "은 10만 냥과 비단 20만 필"을 요나라에 주
기로 하였지만 이는 전쟁에 군대를 동원하는 비용에 비하면 매우 적
은 비용이었다.

　북송은 태조(太祖, 960~976 재위)와 태종(太宗, 976~997 재위)에 이어 진종(眞
宗, 998~1022 재위)·인종(仁宗, 1023~1063 재위)·영종(英宗, 1064~1067 재위)·신종

(神宗, 1068~1085 재위) · 철종(哲宗, 1086~1100 재위) · 휘종(徽宗, 1101~1125 재위)으로 이어지다가 흠종(欽宗, 1126~1127 재위)으로 이어졌으나 금나라의 침입으로 망해버린다. 그러나 역대 모든 황제들이 모두 태조와 태종의 정책을 이어받아 문관을 위주로 한 정치를 하면서 학술과 문화를 중시하는 부드러운 정책을 써서 태평스러운 나라를 만들었다.

북송은 이러한 문화적인 정책 덕분에 평화로운 중에 경제적인 번영을 누릴 수가 있었고, 백성들은 전쟁에 끌려 나가는 일 없이 풍성하고 안락한 삶을 누릴 수가 있었다. 이로 말미암아 북송은 중국역사상 가장 나라를 잘 다스리고 자기들의 전통문화와 학술을 가장 높은 수준으로 발전시키는 왕조가 될 수 있었다.

명(明) 나라 시내암(施耐庵, 1296~1370)이 썼다는 소설 『수호전(水滸傳)』은 북송 말엽인 선화(宣和) 연간(1119~1125)에 산둥(山東) 지방에서 반란을 일으켰던 송강(宋江) 등의 얘기를 소설로 쓴 것이다. 그 소설의 서문이라 할 수 있는 설자(楔子)의 맨 앞에 북송 학자 소옹(邵雍, 1011~1077)이 북송의 건국과 태평스러운 세상을 이끈 북송의 정치를 칭송한 시를 한 편 인용하고, 역사상 유례가 없는 송 태조가 나라를 세운 경위와 북송의 평화로운 세상을 만든 정치와 백성들을 풍요롭고 편안하게 살도록 이끈 정치를 격찬하고 있다. 아래에 소옹의 시를 소개한다.

어지러운 오대의 난리가 이어지더니,
하루 아침에 구름 걷히고 다시 하늘이 드러났네.
풀과 나무는 백년을 두고 새로운 비와 이슬 맞게 되었고,
책 실은 수레는 옛 강산에 만 리나 늘어서 있네.
백성들 사는 마을에도 비단 옷이 널려 있고,

이곳저곳 누각에선 풍악 소리 들려오네.

온 세상 태평하고 별 일 없는 세월이라

어디에나 꾀꼬리 울고 꽃 피어 있으니 해가 높이 뜨도록 잠을 자네.


紛紛五代亂離間, 一旦雲開復見天.

草木百年新雨露, 車書萬里舊江山.

尋常巷陌陳羅綺, 幾處樓臺奏管絃.

天下太平無事日, 鶯花無限日高眠.


　이 시는 소옹의 문집인 『이천격양집(伊川擊壤集)』 권15에 실려 있는 「성대한 백성을 위한 정치를 보면서 읊음(觀盛化吟)」이란 시를 옮겨놓은 것이다. 문집의 시와 몇 글자 다른 구절이 있으나 대의를 파악하는 데에는 큰 차이가 없어서 그대로 옮겨놓았다. 『수호전』의 설자(楔子)에서는 이 시를 인용하고 난 뒤 본문에서, 송 태조가 황제가 되어 이 세상에 나타나자 "붉은 빛이 하늘 가득 찼고, 특이한 향내가 하루 밤이 지나도록 흩어지지 않았다.(紅光滿天, 異香經宿不散.)"고 한 뒤, 다시 "영웅답고 용맹스러운 위에 지혜와 도량이 넓고 큼은 옛날의 제왕들도 모두 이 왕조의 천자에는 미칠 수가 없다.(英雄勇猛, 智量寬洪, 自古帝王都不及這朝天子.)"라고 지극한 칭송을 하고 있다.

　소옹은 또 『이천격양집』에 실린 이 시의 뒤에 '다섯 가지 일(五事)'에 대하여 설명하는 다음과 같은 자주(自注)를 붙여놓고 있다.


　"첫째 일(一事)은 북송이 생겨날 적에도 시장이 그대로 열렸다는 것이다. 둘째 일(二事)은 조광윤이 임금이 된 뒤에 다시 천하를 지배하는 천자

(天子)까지 되었다는 것이다. 셋째 일(三事)은 무고한 사람을 한 사람도 죽인 일이 없다는 것이다. 넷째 일(四事)은 백 년 동안에 꼭 4대째 천자가 이어져 왔다는 것이다. 다섯째 일(五事)은 백 년 동안에 신하들 중에 배반하는 사람이 없었다는 것이다."[81]

그 시대를 산 학자 소옹이 "요(堯)임금 이후로는 전혀 없던 일이네." 하고 읊고 있듯이, 북송 나라와 같은 건국에서 시작하여 천하를 덕으로 다스리는 일에 이르기까지 위대하고 훌륭했던 왕국은 전설적인 요임금 이후로는 없었던 일이라는 것이다. 도읍을 중원 땅 내륙에 정한 나라들은 황제가 직접 백성들을 대할 기회가 많아 그들을 가깝게 보고 있기 때문에 백성들에게 잔인하고 가혹한 정책은 펼 수가 없었던 것이다. 북송 같은 훌륭한 왕국이 이루어진 것은 도읍의 위치에도 관련이 있었음이 분명하다.

1127년 여진족(女眞族)의 금(金)나라의 침략으로 북송이 망하자, 마지막 임금 흠종(欽宗)의 아우인 고종(高宗, 1127~1162 재위)이 남쪽 임안(臨安, 지금의 杭州)으로 도망을 가 나라의 명맥을 유지하여, 남송(南宋, 1127~1279)이라 부른다. 중국학자들은 흔히 북송에 남송을 합쳐 '송' 또는 양송(兩宋)이라 부르며 송나라를 당나라에 뒤이어 정식으로 천하를 다스린 왕조라고 본다. 그러나 남송 시대에는 이미 여진족(女眞族)의 금(金)나라(1115~1234)와 거란족(契丹族)의 요(遼)나라(907~1125) 및 당항족(黨項族)의 서하(西夏)나라(1032~1227)가 중원지역과 중국의 서북쪽을 모두 차지하

---

81 "一事; 革命之日, 市不易肆. 二事; 以據天下在卽位後. 三事; 未曾殺一無罪. 四四; 百年方四葉. 五事; 百年無腹心患."

고 있었고, 곧 이어 몽고족(蒙古族)의 세력도 강해져 그들은 원(元)나라 (1206~1368)를 세워 북경에 도읍을 정하고 결국은 온 세계에 위세를 떨치는 대제국으로 발전한다. 따라서 남송시대에는 이미 오랑캐의 세력이 강남지역까지도 크게 미치고 있었다.

중국 사람들은 남송이 고도로 발전한 북송의 문화를 그대로 이어받아 발전시킨 것으로 믿고 있다. 그것은 맹원로(孟元老, 1126 전후)가 『동경몽화록(東京夢華錄)』에서 북송의 도읍 변량을 중심으로 한 지역의 위아래 사람들의 갖가지 문화생활 등에 대하여 쓰고 있는데, 다시 내득옹(耐得翁, 1235 전후)의 『도성기승(都城紀勝)』·오자목(吳自牧, 1270 전후)의 『몽량록(夢梁錄)』·주밀(周密, 1232~1308)의 『무림구사(武林舊事)』 등의 책에는 남송의 임안(臨安)을 중심으로 하는 지역 사람들의 여러 가지 문화생활에 대한 실상을 기록하고 있다. 그런데 이들 책의 내용과 성격이 모두 비슷하다. 따라서 학자들은 이를 근거로 모두 남송은 북송의 문화를 그대로 이어간 왕조라고 믿고 있다. 그러나 여기의 남송에 대한 기록은 도읍인 임안의 왕실과 귀족 및 이들 주위의 시민생활을 중심으로 한 극히 제한된 일부지역의 일부 사람들의 생활 현상을 중심으로 쓴 것이다. 남송 시대의 중국 대부분 지역은 심지어 강남지역까지도 이미 오랑캐인 여진족과 몽고족의 영향으로 그들의 생활이며 문화가 크게 변질되고 있었다.

금나라는 태조(太祖) 천보(天輔) 3년(1119) 여진 문자(女眞文字)를 만들었는데, 세종(世宗, 1161~1189 재우)에 이르러는 여진 문자와 언어를 크게 장려하며 자기네 풍속과 정신을 크게 내세우고 장려하는 정책을 쓴다. 원나라도 세조(世祖) 지원(至元) 6년(1269)에 몽고 문자를 만들고 몽고 문자의 사용과 그들의 풍속이며 문화를 온 세상에 크게 펴려고 애쓴다.

이에 남송 때에 와서는 중국의 문화가 전반적으로 변질 된다. 입는 옷이며 먹고 마시는 음식과 술까지도 모두 달라진다.

따라서 남송의 민간에는 이미 이전의 전통희곡(傳統戲曲)과는 노래의 가락이며 악기가 전혀 달라지고 배우의 화장이며 옷가지도 전혀 달라진 위에 희곡의 연출방법도 완전히 달라진 새로운 대희(大戲)[82]가 유행하고 있었다. 여기에서 갑자기 희곡 얘기를 꺼내는 것은 중국의 옛날 희곡은 '소희'와 '대희'의 구별 없이 음악과 무용뿐만이 아니라 그 시대 중국문화를 종합적으로 가장 잘 대표할 수 있는 것이기 때문이다. 중국의 고전희곡 중에서 가장 먼저 생겨난 '대희'는 여진족과 몽고족의 영향 아래 북송 말 또는 남송 초에 생겨난 희문(戲文)이란 연극이다. 이 '희문'이 확실히 언제 어디서 생겨난 것인지는 확실치 않다. 원나라 주덕청(周德淸, 1277~1365)의 『중원음운(中原音韻)』에는 남송의 항주(杭州)에 가까운 오흥(吳興)에 『악창분경(樂昌分鏡)』 등의 '희문'이 연출되었음을 알려주는 기록이 있고, 같은 시대 유일청(劉一淸)의 『전당유사(錢塘遺事)』에는 "무진(戊辰)·기사(己巳)년간[83]에 『왕환희문(王煥戲文)』이 남송 도하(都下)에 성행하였다."는 기록 등이 있다. 다시 명대의 축윤명(祝允明, 1460~1526)은 그의 『외담(猥談)』에서 "남희(南戲)는 선화(宣和, 1119~1125) 이후 남도(南渡)할 무렵(1127)에 생겨났는데 온주잡극(溫州雜劇)이라고도 불렀다."고 하면서 작품으로 「조정녀채이랑(趙貞女蔡二郎)」 등이 있었으나 많지는 않았다고 하였다. 또 서위(徐渭, 1521~1593)는 『남사서록(南詞敍錄)』

---

82 臺灣의 曾永義가 그의 『詩歌與戲曲』의 「中國地方戲曲形成與發展的徑路」에서 옛날의 歌舞戲 같은 戲曲을 '小戲', 宋대의 戲文에서 元 雜劇·明 傳奇·淸 花部戲로 발전하는 大型化된 戲曲을 '大戲'라 구분하고 있다.
83 咸淳 4·5年, 西紀 1268~1269.

에서 "남희는 송 광종(光宗) 때(1190~1194)에 시작되었는데, 영가(永嘉) 사람이 지은 「조정녀(趙貞女)」와 「왕괴(王魁)」두 가지가 첫째로 나온 것이다."고 주장하고 있다. 이들 사이에는 서로 거리가 있으나, 대체로 북송 말에서 남송 초에 걸쳐 '희문'이 생겨났고, 남송의 민간에는 오랑캐 문화의 영향 아래 상당히 발전된 연극이 성행되었음을 알 수 있다. 여기에 보이는 온주(溫州)라는 도시는 남송이 차지하고 있던 절강(浙江)성 남쪽에 있는 도시이다. 금나라와 원나라의 영향으로 이루어진 새로운 중국의 대희는 이전의 희곡인 소희와는 공연 때 쓰이는 음악의 가락도 달랐고 성격도 달랐으며 그 반주에 쓰이는 악기도 완전히 다른 것이었다.

이러한 사실은 남송의 도읍인 임안(臨安)을 제외한 중원의 대부분 지역은 일찍이 그 문화가 여진족과 몽고족 등의 영향을 받아 상당히 달라졌음을 뜻한다. 남송을 북송이란 나라의 연장이라 보는 것은 정치상으로 보든 문화면으로 보든 잘못임을 알 수 있을 것이다. 그러나 역시 중원 내부 도시에 도읍한 나라라서 북송의 문치(文治)를 그대로 이어받아 전쟁을 하여 잃어버린 땅을 되찾으려는 생각을 하지 않고 망할 때까지 다른 나라와의 평화를 추구하였다. 그리고 자기 나라를 다스리는 데도 백성들을 마구 억압하고 부리는 잔인한 정책은 쓰지 않았다.

## 4. 북경에서 천하를 지배한 나라들

### (1) 원(元, 1206~1368)

처음으로 북경을 수도로 정한 것은 여진(女眞)족의 금(金, 1115~1234)나라이다. 그들에 앞서 여진족에게 박해를 가하던 거란(契丹)족의 요(遼, 916~1125)나라는 중국을 통제하기 위하여 발해(渤海)의 오경(五京)을 본떠 다섯 고장의 행정중심도시를 두었는데, 상경(上京)·중경(中京)·동경(東京)은 모두 만리장성 밖에 있었으나 중원지배의 거점으로 서경(西京, 지금의 山西省 大同) 대동부(大同府)와 남경(南京, 지금의 북경) 석진부(析津府)를 두었다. 그 중 유주성(幽州城)을 확장하고 많은 건설을 더한 남경이 가장 중시된 듯 보이지만 정식 수도의 역할을 하지는 못하였다.

요나라의 압박을 받아오던 여진족은 금나라 태조(太祖, 1115~1122 재위) 아구다(阿骨打)가 나라를 세우고(1115) 요나라와 싸우기 시작하면서 1120년에는 상경·중경·서경을 차례로 함락시키고 남경도 차지하게 되었다. 그러나 다시 연경(燕京, 곧 南京)을 북송에 내주었다가 1125년에 다시 싸워서 빼앗고, 1153년에 제4대 제량(帝亮)이 남송을 정복하려는 목적으로 이전의 수도인 상경 회녕부(會寧府, 지금의 黑龍江省 阿城縣 근처)를 버리고 연경을 수도로 정하고 중도(中都) 대흥부(大興府)라 불렀다. 이에 북경이 정식으로 중국의 한 나라의 수도로 등장하게 된 것이다. 그러나 금나라는 뒤에 도읍을 변경(汴京)으로 옮겼던 일도 있고 또 얼마 못 가서(1234) 나라가 망하게 되어 북경을 도읍으로 하여 국세를 떨칠 겨를이 없었다.

본격적으로 북경을 나라의 수도로 삼은 것은 이곳을 대도(大都)라 부르며 도읍으로 정하고 무력으로 천하를 정복한 뒤 온 세계에 큰 위세를 떨쳤던 대제국인 몽고족의 원(元, 1206~1368)나라이다. 몽고의 태조 칭기즈칸(成吉思汗, 1206~1228 재위)은 몽고를 통일하고 1215년에는 지금의 북경인 금나라의 연경을 공략하였다. 그러나 동방을 거의 제압한 칭기즈칸은 눈을 중국 영토 밖으로도 돌려 1219년에는 대군을 이끌고 서역 정벌 길에 올랐다. 몽고군은 파죽지세로 중앙아시아 나라들을 무찌르고 1225년에는 남쪽으로 인더스강 유역, 서쪽으로는 카스피해를 넘어 남러시아에 이르는 중앙아시아의 거의 전역을 그들 지배 아래 두었다. 원정에서 돌아온 칭기즈칸은 1227년 서하(西夏)를 멸하고 금나라를 치려다가 중도에 죽는다.

그 뒤를 이은 오고타이(窩闊台) 태종(太宗, 1229~1241 재위)은 1234년 금나라를 멸하고, 다시 원정군을 내어 러시아로부터 동유럽에 이르는 지역을 석권하였다. 다시 뒤의 몽케(蒙哥)가 헌종(憲宗, 1251~1259 재위)이 된 뒤에는 서아시아의 압바스왕조를 무너뜨려 그들의 영역은 동쪽은 동해로부터 서쪽은 남러시아에까지 닿았다. 다시 그 뒤에 쿠빌라이(忽必烈)가 세조(世祖,1260~1294 재위)로 황제 자리에 올라 몽고제국을 계승하여 국위를 더욱 떨치고 서기 1260년 개평(開平)[84]에서 스스로 따칸(大汗)이라 칭하며 황제가 되어 세조가 된 뒤, 개평은 상도(上都)라 부르고 연경은 중도(中都)라 하였다. 그 뒤 중도를 더욱 개축하고 지원(至元) 8년(1271)에 국호를 대원(大元)이라 고친 뒤 도읍을 중도로 옮기고 중도를 대도(大都)라 부르게 된다. 대도의 건설에는 아라비아 및 네팔 쪽의 기

---

**84** 지금의 內蒙古 多倫 북쪽 지역.

술자들도 참여하여 새로운 문화도시로 발전하게 되었다.

일찍이 이탈리아 사람 마르코 폴로(Marco Polo)는 중국을 여행하고 쓴 『동방견문록』에서 대도인 칸발리크(Khanbalic)의 웅장함과 쿠빌라이의 눈부신 활약에 대하여 기술하고 있다. 칸발리크는 한 편의 길이가 8마일이나 되는 성과 해자로 둘러싸여 있고, 사방에는 교외로 통하는 11개의 대문이 있다. 그 안팎으로는 엄청나게 많은 인구가 모여 살고 있으며, 장사꾼이나 잡일을 하는 자들은 모두 교외에서 활동하고 있다. 교외에도 화려한 주택과 건물들이 늘어서 있고 세계 각지에서 몰려든 외국인들이 북적이고 진귀하고 값비싼 물건들도 넘쳐흐를 정도로 많다. 보석·진주·약재·향료 등 없는 것이 없고, 매일 비단을 실은 1천 이상의 마차와 말이 들어온다. 교외에는 창녀만도 2만 5천 명이나 우글대고 있다고 하였다.[85]

이 북경은 북송 때도 거란족의 요(遼)나라 땅이었고 그 이전의 한나라와 당나라 때도 그들 영토의 변두리였다. 몽고족은 중국을 지배하면서 유사시에는 자기네 종족들의 후원을 받기에 편리하고 또 본거지로 도망치기에도 편한 자기네 근거지와 가까운 변두리 땅에 도읍을 건설했다. 이들은 북경인 대도를 중국 지배의 근거지로 삼고, 만리장성 북쪽 내몽고의 상도는 황제의 별궁으로 유지하면서 실질적인 근거지로 유지하였다. 상도는 재물과 국력을 비축하는 근거지도 되고 만약 뒤에 한족에게 밀리는 경우가 생길 적에는 후퇴하여 제2의 기지로 삼으려는 뜻을 갖고 있었다.

몽고족은 온 세계를 닥치는 대로 쳐서 정복하며 중국 땅을 근거로

---

85 『동방견문록』 제2편 11장·23장.

하여 그들의 권력을 중앙으로 집중시킨 뒤 무자비하게 힘으로 오랜 전통을 지닌 중국을 다스렸다. 마르코 폴로의 기록에 의하면 황제나 고관들은 사람을 죽이고 살리는 일에서부터 시작하여 세상에서 못할 일이 없을 정도로 멋대로 행동하였다.

**칭기즈칸의 초상**

몽고족은 칭기즈칸(1206~1227) 이전에는 북경을 먼저 중도로 정했던 금나라의 지배 아래 있었는데, 금나라 세종(世宗, 1161~1189)의 경우를 보면 골칫거리가 될 몽고족을 결속되기 이전에 없애버리려고 잔혹한 '감정(減丁)정책'을 시행하였다. 그것은 명령을 내려 3년마다 한 번씩 군대를 북쪽 몽고족들이 사는 지역으로 보내어 몽고족을 닥치는 대로 어른아이와 여자남자를 가리지 않고 깨끗이 죽여버리는 것이다. 일손이 필요할 적에는 젊은이들을 죽이지 않고 끌고 와 노예로 삼아 노동을 시켰다.[86] 칭기즈칸의 증조부의 형제인 암빠가이(俺巴孩)도 금나라에 잡혀가 이유 없이 극형에 처해져 죽었다. 그러므로 몽고 사람들은 금나라에 대하여 깊은 원한을 품고 있었다. 몽고족은 1211년부터 금나라를 치기 시작하여 1234년 금나라를 멸망시킬 때까지 공격을 계속하였는데 이들 사이의 전쟁은 매우 처절하였다. 몽고족은 원수를 갚듯 금나라 여진족들을 잡아 죽였고 금나라는 목숨을 걸고 몽고족에 대항하여 싸웠다.

---

86 趙珙『蒙韃備錄』.

칭기즈칸이 하북(河北)·산서(山西)·산동(山東)의 여러 고을들을 공격할 때의 기록 한 토막을 인용한다.

"정우(貞祐) 원년(1213) 겨울 11월부터 다음 해 봄 정월에 이르는 기간에 모두 90여 군(郡)을 쳐부쉈는데, 재도 남지 않을 정도로 쳐부수어 하북·산서·산동 지역 수천 리에 걸쳐 사람들을 거의 남김없이 죽여버리고, 금과 비단, 남자와 여자 및 소와 양과 말 등 가축은 모두 싹 쓸어가고 집과 건물은 불태우고 무너뜨렸으며 성곽은 언덕처럼 되어버렸다."[87]

몽고족은 금나라 사람뿐만이 아니라 한족까지도 닥치는 대로 무자비하게 죽였다. 그들은 온 중국을 통치하면서 잔인한 수법을 썼다. 우선 중국의 민족을 크게 4등급으로 구분하여 사회적인 지위를 부여하였다. 최고 등급의 대우는 몽고인이고, 제2등급은 색목인(色目人, 곧 서북쪽의 서하사람·위구르인 및 아라비아인 등), 제3등급은 한인(漢人, 곧 高麗·女眞·契丹 및 금나라 통치구역에 살던 漢人들), 맨 아래 제4등급은 남인(南人, 곧 南宋의 통치구역에 속하는 지역에 살던 漢人)이었다. 명나라의 고계(高啓, 1336~1374)는 이런 말을 하고 있다.

"그때의 제도로는 '몽고인과 색목인(色目人)이 한인과 남인(南人)들을 때려도 보복하면 안 되었다.' 그래서 서쪽의 떠돌아다니는 자들 수백 명이 이것을 믿고 포악한 짓을 하였다. 그들은 지나가는 곳의 재물과 가축을 약탈하고 부녀자들을 욕보여도 백성들은 손을 묶인 듯 대항을 못하여 모

---

87 李心傳『建炎以來朝野雜記』乙集 권19 韃靼款塞.

두가 강도를 만나는 것처럼 놀랐다."**88**

『원전장(元典章)』에도 "몽고사람이 한인을 때려도 보복하면 안 된다."**89**고 분명히 규정되어 있다. 한인과 남인이 도적질을 하면 벌로 팔에 문신을 하지만 몽고인과 색목인들에게는 하지 않았다. 한인과 남인은 살인을 하면 무조건 사형이지만 몽고 사람이 다투거나 술을 마시다가 사람을 죽이면 벌로 군대에 끌려가거나 벌금을 내면 되었다. 한인과 남인이 갖고 있는 무기는 모두 압수하고 몽고인과 색목인의 무기는 압수하지 않았다.**90** 이 밖에도 한인은 사냥을 해서도 안 되고, 무술을 닦아도 안 되고, 모여서 신에게 제사를 드리거나 축제를 벌여도 안 되고, 밤에 등불을 켜지도 못했다.

몽고 사람들은 중원으로 쳐들어와 한 성을 함락하면 그곳의 재물과 자녀들을 모두 약탈하였다. 몽고에서는 평상시에는 상이라는 것이 없으나 전쟁을 하여 승리하기만 하면 말이나 금과 은 또는 비단을 상으로 주었다. 성을 함락시키면 그곳의 자녀들과 주옥이나 비단을 마음껏 약탈하게 내버려두었다. 노략질을 할 적에는 그들의 공로에 따라 등급이 매겨져 있어서 등급이 앞선 자가 먼저 문에 화살을 꽂아놓으면 등급이 뒤진 자는 감히 그 안에 들어가 약탈을 하지 못하였다.**91**

그들은 약탈한 물건을 자기 개인이 모두 갖는 것이 아니라 임금과

---

88 『高太史凫藻集』元胡松墓志銘.
89 권 44 刑部.
90 이상 모두 『元典章』 의거.
91 『黑韃事略』.

몽고 땅에 있는 고관들에게도 일정한 양을 바쳤다. 『몽달비록(蒙韃備錄)』군정(軍政) 대목에는 다음과 같은 기록이 있다.

"지키고 있는 성을 함락시켜서 생기는 소득은 곧 정해진 분수대로 고르게 나누었다. 위로부터 아래에 이르기까지 비록 많고 적은 차이가 있었지만 언제나 일부분은 남겨 칭기즈칸에게 바쳤다. 나머지 물건은 모두 정해진 차등에 따라 나누었다. 북쪽 사막에 있어 전쟁에 나서지도 않는 재상 등에게도 역시 그들에게 돌아가는 수량이 정해져 있었다."

그러니 약탈한 재물은 많은 부분이 몽고 쪽으로 옮겨갔음을 알 수 있다. 그들은 성에 있던 사람들로 쓸 만한 사람들은 죽이지 않고 모두 잡아다가 노비로 부렸다. 『원사(元史)』조적전(趙迪傳)에는 다음과 같은 이야기가 실려 있다.

"진정(眞定)이 함락되자 조적(趙迪)은 급히 성 안으로 들어가 성 안에 있는 고성(藁城) 사람[92] 남녀 1천 명을 모이게 하였다. 여러 장수들이 들어와 그들을 잡아가려 하자 조적은 '이건 모두 내가 잡아놓은 것이니 모두 내 것이오!' 하고 말하니 다른 장수들은 어찌하는 수가 없었다. 조적은 뒤에 그 사람들을 모아놓고 말하였다. 나는 당신들이 다른 장수들에게 잡혀 가 모두 노예가 될까 두려웠던 것이오. 그래서 당신들을 모아 내 것인 체 하였소. 이제 내가 당신들을 놓아줄 것이니 가서 각각 하던 일에 힘쓰면서 양민이 되십시오!' 여러 사람들은 감격하여 울면서 떠나갔다."

---

92 藁城은 眞定(지금의 河北省)의 고을로, 趙迪은 眞定 藁城 사람이다.

이처럼 몽고인들은 중원의 성을 하나 함락시키면 그 안의 재물과 사람들을 모두 차지했으니, 이들이 백성들을 얼마나 멋대로 포악하게 다스렸을까 하는 일은 미루어 짐작할 수가 있는 일이다. 항저우대학(杭州大學)의 린쟈리(林家驪) 교수는 연세대에 와서 강연을 하면서 남송의 수도 임안(臨安)으로 번성을 극했던 항저우(杭州)를 여러 학생들까지 동원하여 자세히 조사해 보았으나 남송 때의 흔적은 어디에서도 전혀 발견할 수가 없었다고 한다. 원나라 군대가 쳐들어왔을 적에 잔인하게 철저히 약탈하고 모조리 조금도 남겨놓지 않고 파괴하였기 때문이라는 것이다.[93]

원나라 때에는 사회계급이 10등급으로 나누어져 있었는데, 첫째 고관(官)·둘째 관리들(吏)·셋째 라마 승(僧)·넷째 도사(道)·다섯째 의사(醫)·여섯째 공인(工)·일곱째 사냥꾼(獵)·여덟째 서민들(民)·아홉째 선비(儒)·열째 거지(丐)[94]였다. 또 다른 기록에는 일곱째 공장(匠)·여덟째 창녀(娼)·아홉째 선비(儒)·열째 거지(丐)[95]로 되어 있다. 사방득(謝枋得, 1226~1289)이 개탄하고 있듯이 옛날 사회의 지도층이며 지배계급이었던 '선비'가 열 개로 나누어진 사회계층에서 9위를 차지하고 창녀보다도 못한 대우를 받았다는 것은 오랑캐 족들의 힘에 의한 탄압정치를 뜻한다고 볼 수 있을 것이다. 그러면서도 몽고족은 한족의 선비들을 이용하여 세상을 다스렸다. 한족의 선비들도 몽고 지배자들의 요구에 잘 따라주었기 때문에 선비들에게만 각별한 박해를 가한 일은 없었다.

---

**93** 연세대학교 인문학특성화사업단 해외학자초청강연. 2008. 12. 1. 林家驪 강의 제목 「중국 전통 인문정신에서 바라본 浙江文化」.

**94** 鄭所南 『心史』.

**95** 謝枋得 『疊山集』 送黃六有歸三山序.

원나라 말기부터 명나라 초기에 이르는 시기에 산 도종의(陶宗儀, 1360 전후)의 『철경록(輟耕錄)』에는 그 시대 도읍으로부터 강남에 이르는 전국 민간에 유행하였다는 짧은 노래인 소령(小令)에 속하는 「취태평(醉太平)」한 수를 인용하고 있다.

당당한 대 원나라는
간악한 자들이 정권을 잡고서
운하를 파고 돈을 마구 찍어내어 화근을 만드니,
수만 수천의 홍건적이 일어났네.
관에서는 법을 멋대로 적용하고
형벌은 무겁기만 하니
백성들 원망에 찼네.
사람이 사람들 잡아먹고
돈으로 돈을 사는 일
본 일이 있는가?
강도가 관리가 되고
관리가 강도짓 하여
어리석은 자 현명한 자 뒤섞여 있으니
슬프고도 가련한지고!

堂堂大元, 姦佞專權, 開河變鈔禍根源,
惹紅巾萬千.
官法濫, 刑法重, 黎民怨.
人喫人, 鈔買鈔, 何曾見?

賊做官, 官做賊, 混愚賢, 哀哉可憐!

북경은 원나라 세조가 전국의 재물과 인력을 멋대로 동원하여 건설한 도읍이라 그 규모가 대단하였다. 성의 크기는 60평방 리에 사방 11개의 성문이 있었다.[96] 마르코 폴로가 『동방견문록』에서 이 엄청 큰 도시와 그 안에 있는 장엄하고도 화려한 황제의 궁전을 자세히 묘사하고 있음은 앞에서 이미 언급하였다. 이처럼 도성이 잘 건설되어 있었기 때문에 한족의 명나라도 뒤에 결국 이곳을 다시 수도로 정하게 되었을 것이다.

원나라의 뒤를 한족인 주원장(朱元璋)의 명(1368~1662)나라가 잇는데, 명 태조 주원장은 남경을 도읍으로 하였으나 3대째 성조(成祖)가 영락(永樂) 원년(1403)에 다시 도읍을 북경으로 옮겼다. 다시 명나라의 뒤는 만주족의 청(1616~1911)나라가 뒤이어 북경을 수도로 하여 나라를 크게 확장시킨다.


## (2) 명(明, 1368~1662)

한족인 명나라 태조(1368~1398 재위) 주원장은 질서가 어지러워진 원나라를 쳐부수고 명나라를 세웠다. 그리고 그는 응천부(應天府)에 도읍을 정하고 그곳을 남경(南京)이라 부르기로 하였다. 하남(河南)의 개봉(開封)을 북경(北京)이라 한 데 따른 칭호였다. 명나라 태조는 전쟁을 할 때

---

96 『元史』 地理志.

도 장수들에게 이런 훈계를 하고 있다.

명 태조 주원장의 초상

"성을 함락시키는 것은 무(武)로써 하지마는 어지러움을 다스리는 것은 어짊(仁)으로 하는 것이다. 내가 집경(集慶, 지금의 南京)으로 들어갈 적에도 조금도 사람들을 해치지 않았기 때문에 단번에 안정시킬 수가 있었다. 여러 장수들이 한 성을 함락시키고도 함부로 사람들을 죽이지 않았다는 말을 들을 때마다 기뻐서 어쩔 줄을 모를 정도이다. 군사 행동은 불과 같은 것이어서 단속하지 않으면 불길이 되어 모든 것을 태울 것이다. 장수가 되어서도 사람을 죽이지 않는 것으로 무(武)를 삼을 수 있다면, 국가의 이익이 될 뿐만 아니라 자손들도 실로 그 복을 누리게 될 것이다."[97]

이민족 군대와 같은 민족 군대의 차이이다. 주원장은 나라 한 가운데 있는 도시를 도읍으로 삼았고 또 한족 출신이었기 때문에 원나라 군대와는 백성들을 대하는 태도가 크게 달랐다. 그 때문에 민심이 쉽사리 주원장에게로 돌아가 천하를 차지하게 된 것이다.

그러나 일단 황제가 되자 홍무(洪武) 13년(1380) 황제의 권세를 강화하기 위하여 원나라 때부터 나라 일을 통할하던 중서성(中書省)을 없애고 나라 일을 전체적으로 관장하는 승상 호유용(胡惟庸)을 모반죄로 얽어 많

---

**97** 『明史』太祖本紀 19年.

은 사람들과 함께 죽여 버리고 승상의 제도도 폐지하였다. 그러고도 황제의 자리가 불안하여 1390년에 이르기까지 10년 동안에 나라의 공신들을 포함하여 3만여 명의 신하들을 죽였다. 1393년에는 대장군 남옥(藍玉)이 모반했다 하여 그와 함께 모두 1만 5천여 명의 신하들을 잡아 죽였다. 이때 "유명한 공신들과 장수들이 모두 없어져버렸다."[98]

그리고 백성들을 엄격히 다스리기 위하여 홍무 6년(1373)에는 『당률(唐律)』을 바탕으로 하여 30권 460조(條)에 달하는 『대명률(大明律)』을 제정 반포하고, 이를 실행하기 위하여 홍무 18년(1385)에는 『대고(大誥)』를, 다음 해에는 『대고속편(大誥續編)』과 『대고삼편(大誥三編)』을 제정 반포하였다. 백성들을 법으로 꼼짝 못하게 얽어매어 놓자는 것이다. 명나라 태조는 한족 출신이었지만 잔혹한 통치방식은 원나라의 것을 그대로 이어갔던 것이다.

『대고』 중에는 여러 가지 엄한 형법 규정이 있었는데, 죄인의 생식기를 제거하고 하인으로 삼는 것도 그 중의 하나였다. 홍무 9년(1376)에는 남경에 근신전(勤身殿)을 건축하였는데, 그때 일을 맡은 관리가 보통 기술을 지닌 목수들을 데려와 상급의 목수라고 잘못 아뢰고 일을 시켰다. 이를 안 주원장은 크게 노하여 2천여 명에 달하는 목수들을 잡아다 벌로 모두 불알을 까라고 명하였다. 이때 한 관리가 그들의 죄를 용서하라고 간절히 간하여 다행히도 화를 면할 수는 있었다고 한다. 명 태조의 심성을 알아보기에 충분한 일화이다.

태조가 죽은 뒤 태자가 먼저 죽은 탓에 손자가 뒤를 이어 혜제(惠帝, 1399~1402 재위)가 된다. 그러나 북평(北平)을 지키던 연왕(燕王)이었던 주

---

[98] 『明史』 권132 藍玉傳.

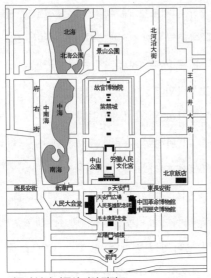

**지금의 북경 자금성 지역 평면도**

체(朱棣)가 무력으로 황제를 밀어내고 스스로 왕위에 올라 성조(成祖, 1403~1424)가 된다. 그리고 영락(永樂) 원년(1403)에 북평(北平)을 북경이라 부르기로 하고, 영락 19년(1421)에는 수도를 북경으로 옮겼다. 수도를 북쪽 변두리의 북경으로 옮긴 것은 그곳 지리에 익숙하다는 이유도 있었지만 세조로서는 가장 골치 아픈 서북쪽의 오랑캐들을 적극적으로 응징하여 나라의 위세를 크게 떨치려는 뜻이 있었다. 그러므로 그는 여러 번 사막을 건너 북쪽 지방을 정벌하여 나라의 위세를 드높인다. 그리고 엄격하고 강력한 방법으로 백성들도 다스린다. 그러나 성조가 죽자 인종(仁宗, 1424~1425 재위)이 뒤이어 성조의 가혹한 정책을 버리고 백성을 사랑하는 정치를 펴지만 1년 만에 죽어버리고 그 뒤를 선종(宣宗, 1425~1435 재위)과 영종(英宗, 1436~1449 : 1457~1464)이 뒤잇는다. 그들도 오랑캐 나라를 정벌하여 나라의 위세를 키우기보다는 백성을 다스리는 데 보다 힘을 써서 한 동안 나라 안이 비교적 편안하였다. 이때 몽고 서부의 오이라트(Oirat, 瓦剌)족이 강해져서 명나라를 침공하자 영종이 직접 이들을 치러 나갔다. 그러나 산서(山西) 대동(大同)에서 싸움에 밀려 후퇴하다 그들에게 잡혀 갔다(1449). 그 뒤를 경제(景帝, 1450~1456 재위)가 이었으나 다시 풀려나 돌아와서 황제 자리에 올랐다. 이런 중에 환관(宦官)의 세력이 커져 정치에 간여하게 되면서 계속 내분이 이어진다. 영종의 뒤를 헌종(憲宗, 1465~1487 재위)이 황제가 되지만 환관들의 세력이 더 강해지고, 뒤이은 효종(孝宗, 1488~1505 재위)가 뒤이어 정치를 바로잡으려고 애썼지만 잘 되지 않았다. 효종 뒤로도 무종(武宗)·세종(世宗)·목종(穆宗)으로 이어지지만 제대로 나라를 다스리는 임금은 더 이상 나오지 않는다. 그 뒤를 이은 신종(神宗, 1573~1620 재위) 때

이자성의 초상

에는 여진족의 청(淸, 1616~1911)나라가 서서 위세가 점점 강해지고 있었다. 한편 명나라는 말엽으로 오면서 황실과 정계가 썩어빠져 황제들은 사치스럽고 음란한 생활에 젖어 백성은 돌볼 줄을 몰랐고, 정권은 환관들의 손아귀에 놀아나 관리들은 타락하고 당쟁을 일삼게 되었다. 이에 백성들 중에는 굶주리는 자들이 허다하여 살 길이 막막해지자 사방에서 농민들의 반란이 일어났다. 그 중에서도 이자성(李自成, 1606~1645)은 1643년(崇禎 16年) 세력을 확장하여 호북(湖北)과 하남(河南) 두 성의 대부분을 차지한 다음 양양(襄陽)에 새로운 정권을 수립하고 스스로 신순왕(新順王)이 되었다. 그리고 의종(毅宗,1628~1644 재위)의 숭정(崇禎) 17년(1644)에는 반란을 일으킨 이자성의 군대가 쳐들어와 북경을 점령하고 명나라 황제를 만세산(萬歲山)으로 쫓아내어 스스로 목매어 죽게 한다. 그 뒤로 다시 명나라 장군 오삼계(吳三桂)가 북경에서 반란군의 손으로 넘어간 자기의 애첩 원원(圓圓)을 되찾으려고 청나라 군

대를 안내하여 산해관(山海關) 안으로 들어와 북경을 청나라 군대가 점령하게 하였다. 명나라 임금 핏줄이 남쪽으로 도망하여 명나라의 명맥만을 유지해 보지만 결국 1661년에는 최후의 영명왕(永明王)도 죽자 명나라는 완전히 망하고 청나라의 천하가 된다. 명나라는 변두리 도시 북경을 도읍으로 삼았지마는 별로 나라의 위세를 밖으로 떨치며 전쟁을 하여 많은 사람을 죽이고 잔인한 방법으로 가혹한 정치를 하지 못하였다. 명나라는 한족의 나라인데다 본시 남경(南京)을 도읍으로 삼았고 중국 내륙의 백성들 사이에서 길들여진 탓으로 백성들을 돌보지 않고 자기의 즐거움만을 생각하는 지나치게 무자비한 정치는 하지 못하였다.

### (3) 청(淸, 1616~1911)

여진족에서는 누루하치(努爾哈赤, 1559~1626)라는 뛰어난 지도자가 나와 명나라가 주는 벼슬을 하면서 요녕(遼寧)을 근거로 세력을 늘려나가다가 만력(萬曆) 11년(1583)부터는 무력에 의한 세력 확장으로 들어간다. 1588년에는 건주오부(建州五部)를 통일하고 더욱 세력을 확장해 나간다. 1616년에는 만주 땅의 대부분을 차지하고 정식으로 후금(後金)을 세워 스스로 뒤에 청 태조(太祖, 1616~1626 재위)가 되었다. 누루하치는 후금을 세운 뒤 1618년에는 정식으로 명나라와 전쟁을 시작하여 무순(撫順)을 공격 함락시키고 다음 해에도 명나라와 싸워 큰 전과를 올리며 수만 명의 명나라 군대를 죽여버린다. 다시 명나라 희종(熹宗)의 천계(天啓) 원년(1621)에는 후금이 심양(沈陽)·요양(遼陽)을 점령하며 세력을 크게 확장시키고 1625년에는 도읍을 심양으로 옮기고 그곳을 성경(盛京)이라 부른다. 그러나 명나라에는 서양에서 들여온 새로운 무기인 포르투갈 대포를 중요한 성에는 비치하고 있어서 쉽사리 명나라 성을 빼앗을 수가 없었다. 이 비밀 무기에 대하여 전혀 몰랐던 누루하치는 영원성(寧遠城)을 공격하다가 천지를 뒤흔드는 대포의 위력에 날쌔기로 유명한 그의 기병단(騎兵團)이 혼줄이 나서 도망쳐야 하였고 누루하치 자신도 부상을 입었었다는 소문이 있다. 그러나 태조 누루하치는 자기들이 점령한 지역에서는 살아남은 한족 백성들에게 모두 자기네 여진족 생활풍습으로 바꾸도록 강요하였다. 우선 머리 모양을 여진족 방식으로 머리털 일부를 깎지 않고 남겨 그것을 짧게 땋아 늘어뜨린 모양의, 서양 사람들이 Pig Tail(돼지 꼬리)이라고 한, 변발(辮髮)을 하게 하였다. 그리고 남녀의 옷에서 시작하여 음식이며 집안에서의 생활 습성까지도 모두 여진의 방식으로 바꾸게 하였다. 다음 해 태조는 죽고 천계(天啓) 7년 태종(太宗, 1627~1643 재위) 황타이지(皇太極)가 후금의 왕위를 잇는다. 명나라 의종(毅宗)의 숭정(崇禎) 9년(1636)에는 나라 이름 후금을 대청(大淸)으로 바꾸고 자기네 종족 이름 '여진'을 스스로 '만주(滿洲)'라 부르기로 한다. '여진'은 유목을 하던 미개하고 약탈을 일삼던 잔인한 오랑캐 민족을 생각하게 하는 호칭이기 때문에 '만주'라고 바꾼 것이다. 그러고는 적극적으로 명나라에 대한 공격을 가하기 시작한다. 태종은 만리장성을 넘어와 북경을 포위한 일도 있었지만 명나라를 멸망시키지는 못하고 죽는다.

그러나 1629년 청나라 군대가 북경을 포위했을 적에 병사였던 이자성(李自成)은 탈출하여 반란군에 가담한 뒤 곧 반란군의 지휘자 중의 한 사람이 되어 하남(河南) 지방을 근거로 세력을 떨치기 시작하여 호북(湖北)·호남(湖南)으로 세력을 확장한 뒤 1643년에는 스스로 신순왕(新順王)이 되었고, 다음 해에는 나라 이름을 대순(大順)이라 바꾸고 북경으로 쳐들어가 의종(毅宗)을 죽게 하여 명나라는 실질적으로 망하게 되었다. 그러나 청나라 세조(世祖, 1644~1661)가 뒤를 이은 순치(順治) 원년(1644) 산해관(山海關)에서 청나라 군대와 대치하고 있던 명나라 장군 오삼계(吳三桂)가 청나라 군대를 끌어들이어 함께 북경으로 진격하여 이자성이 차지하고 있던 북경을 함락시켰다. 이자성은 북경을 차지한 지 1개월 만에 도망하여 여러 곳을 전전하며 싸우다가 1645년에 죽었다. 명나라는 그 뒤로 남경 등지를 중심으로 복왕(福王)·당왕(唐王)·계왕(桂王)으로 이어지면서 강남지방을 도망다니며 명맥을 유지하다가 결국은 청나라 성조(聖祖) 강희(康熙)황제가 즉위한 해(1661)에는 청의 공격 앞에 완전히 명줄도 끊기고 만다.

이에 앞서 태조 누루하치는 1614년에 자기네 군사력을 강화시키기 위하여 독특한 군대의 구성제도인 팔기제도(八旗制度)를 마련한다. 팔기제도란 만주족의 행정 군사상의 제도인데 청나라 터전이 잡힘에 따라 그 조직은 더욱 발전한다. 군대를 여덟 부대로 나누고 그들의 깃발을 노란색·흰색·붉은색·푸른색의 네 색깔과 다시 그것을 테두리가 있는 양(鑲)과 테두리가 없는 정(正)의 두 종류로 나누어 그들의 군대를 도합 여덟 부류로 분류하여 조직한 것이다. 태종(太宗, 1627~1643) 때에 이르러 팔기제도는 더욱 발전하여 만주팔기(滿洲八旗) 이외에 1635년(天聰 9년)에 따로 몽고팔기(蒙古八旗)를 조직하고 1642년(崇德 7년)에는 또 한군팔기(漢軍八旗)도 만들어, 하인이나 노예가 된 중국인 포로를 포함한 모든 나라 안 사람들을 모두 각자의 깃발 아래 등록시켰다. 청나라는 이 조직을 이용하여 군대뿐만이 아니라 온 나라의 정치와 사회를 다스리게 된다.

순치(順治)황제(1644~1660 재위)는 1644년(順治 1년) 북경을 차지한 다음 도읍을 북경으로 삼은 뒤 이들 24기의 병력을 모두 중원 땅으로 끌어들여 도성을 지키는 금려팔기(禁旅八旗)와 여러 지방에 주둔하는 주방팔기(駐防八旗)로 나누었다. 팔기병은 모두 22만 명에 달했는데 태반수의 금려팔기는 북경과 그 주변에 주둔시키고, 주방팔기는 심양(沈陽)·길림(吉林)·흑룡강(黑龍江)·서안(西安)·이리(伊犁)·강녕(江寧)·항주(杭州)·복주(福州)·광주(廣州)·형주(荊州)·성도(成都) 등 요지에 배치하여 수비와 감시의 임무를 수행토록 하였다.

만주족이 부유한 생활로 군기가 해이해지자 한인들을 모집하여 녹영병(綠營兵)을 조직하여 이용하였는데 그 인원이 1812년에는 66만 명에 달했다. 이들의 대우는 팔기병보다는 낮을 수밖에 없었다.

청나라는 북경을 도읍으로 정한 뒤 도읍을 내성(內城)과 외성(外城)으로 구분하여 내성에는 만주족만이 살고 외성에는 피지배자인 한족이 살도록 하였다. 이것은 명대의 도성 규모를 그대로 계승한 것이었다. 그러나 도시가 더욱 발전함에 따라 북경 성 안은 경사(京師)라 하여 특별취급을 하고 그 주변 지역은 순천부(順天府)라 부르게 된다.[99]

1644년 청나라 군대가 산해관을 넘어와 북경을 차지하고 그곳을 도읍으로 정한 뒤에도 자기 고향 땅 만주는 특별 관리를 한다. 언제든 중원 지배가 마음대로 되지 않아 힘으로 밀릴 적에는 후퇴할 근거를 마련하고 또 강력한 민족적 지지기반을 다져놓기 위해서였다. 지금의

---

[99] 『淸一統志』 의거.

심양을 성경(盛京)이라 부르며 내대신(內大臣)을 성경에 두고 만주지방 전체를 관할케 하였다. 그리고 곧 성경장군(盛京將軍)·영고탑장군(寧古塔將軍)·애훈장군(璦琿將軍)을 두어 만주 땅을 요녕(遼寧)·길림(吉林)·흑룡강(黑龍江)의 세 지역으로 나누어 맡아 관할케 하였다.

특히 요하(遼河) 유역과 길림을 중심으로 하는 지역은 만주족 통치자들의 조상이 일어난 근거지였다. 청나라 초기에는 국내외 형세가 여러 가지로 복잡하여 통치자들이 마음을 놓을 수가 없어서 이 지역은 특별 관리하여 그들의 근거지로 확정지어 놓을 필요가 있었다. 그들은 이 지역 안으로는 다른 민족 특히 한족은 들어오지 못하도록 엄금하였고 특히 들어와 농사를 짓거나 목축업을 하는 일은 절대로 허락하지 않았다. 청나라에서는 이곳을 보호하기 위하여 넓은 그 둘레에 대대적으로 유조변(柳條邊) 또는 유조변장(柳條邊牆)이라 부르는 울타리를 만들었다. 먼저 순치(順治) 18년(1661)에 완성한 노변(老邊)이라 부르는 것은 남쪽 봉황성(鳳凰城, 지금의 遼寧 鳳城, 丹東 바로 북쪽)에서 북쪽은 개원(開元) 북쪽의 위원보(威遠堡)에 이르기까지, 그리고 다시 그곳으로부터 서남쪽으로 뻗어 산해관의 만리장성에 맞닿고 있다. 전체 길이가 1,950여 리에 이른다 한다. 다시 강희(康熙) 9년에서 20년에 이르는 사이(1670~1681)에는 신변(新邊)을 만들었는데, 이는 위원보에서 동북 방향으로 뻗어 길림 북쪽 법특합(法特哈, 지금의 法特)에 이르는 것이다. '유변'은 양편의 땅을 파서 높이 3자, 너비 3자의 둑을 쌓고 그 위에 5자 사이를 두고 3개의 버드나무를 심은 뒤 다시 밧줄로 버들가지를 옆으로 연결한 것이라 한다. 그리고 이 '유변'을 따라 모두 21개소의 관잡(關卡, 곧 關門)을 두고 사람들의 출입을 관리했다고 한다.[100] 이것은 자기네 근거지인 만주 땅의 치안과 경제를 특별히 별도로 잘 보전하기 위한 시책이었다.

청나라 황제의 별궁으로 유명한 열하(熱河)의 피서산장(避暑山莊)이 있다. '열하'란 지금의 허베이(河北) 북부 청더촨구(承德專區)의 직할시이다. 본시 난하(灤河)의 상류 무열하(武烈河) 가의 산간 도시이지만, 남쪽으로는 꾸베이커우(古北口)를 거쳐 북경으로 통하고, 북쪽으로는 만주 랴오닝의 치펑(赤峰), 서쪽으로는 네이멍구의 둬룬(多倫)으로 통하는 교통 요지이다.

청 강희 황제의 초상

강희황제가 열하의 온천에 놀러갔다가 착안하여 강희 42년(1703)부터 여기에 여름철 별궁으로 피서산장(避暑山莊)을 짓기 시작하였다. 주위가 8킬로미터가 넘는 부지 위에 호화로운 궁전과 정원을 만들고 많은 라마교(喇嘛敎) 사원(寺院)도 건설하였다. 뒤에 강희황제의 손자인 건륭(乾隆)황제는 이곳에서 거의 생장하였고 더욱 규모를 확장하였는데, 특히 티베트 라사(拉薩)의 궁전과 사원들을 그대로 본떠서 호화로운 건물들을 지었다. 영국 최초의 중국 사절인 조지 매카트니 경(Earl George Macartney)은 여기에 와서 건륭황제를 만나고 서양에 이곳을 Jehol(熱河)이라 소개하였다. 이 뒤로 역대 황제들은 5월부터 9월에 이르는 기간은 여러 신하들을 이끌고 이곳에서 나라 일을 처리하였고, 외국 사신

100『淸一統志』와『盛京通志』참고.

들도 이곳에서 접견하였다. 이곳에 열하직례청(熱河直隸廳)을 두어 행정적으로 특별히 관리하였고, 가을이면 그 북쪽에 목란위장(木蘭圍場)을 마련해놓고 군사훈련을 겸하여 대대적인 가을 사냥인 추선(秋獮)을 거행하였다.

이 피서산장의 경영은 중국 주변의 민족들, 그 중에서도 특히 몽고족과 티베트족을 달래어 이들이 청나라에 반기를 들지 못하도록 하려는 데도 목적이 있었다. 특히 라마교 사원을 많이 지어 몽고족과 티베트족에게 불교를 장려한 것은 살생을 금하고 싸움을 피하는 불교의 교리를 이용하여 그들의 저항력을 감소시키려는 것이었다. 그리고 티베트와 몽고의 라마교 승려들과 지도자들을 이곳으로 초청하여 늘 호화판 잔치를 베풀어 주었다. 그리고 몽고족이 사는 지역과 티베트 지역은 특별 관리를 하였다. 그러나 열하 피서산장의 더 중요한 목적은 앞으로 청나라가 중원에서 힘으로 밀리게 될 적에 심양으로 후퇴하기 전에 일차적으로 그곳으로 물러나 자기 편 군대를 정비도 하고 자기네 근거지로부터 지원도 받아 반격을 꾀한다는 것이었다.

함풍(咸豐) 10년(1860) 영불연합군(英佛聯合軍)이 북경으로 쳐들어왔을 적에 함풍황제(1851~1861 재위)는 북경의 별궁인 원명원(圓明園)에 있다가 창졸간에 후비와 내시들을 이끌고 열하로 도망친다. 황제는 콩국, 보리죽 등으로 끼니를 때우며 겨우 이궁에 도착하여 목숨을 살렸다. 그는 다음 해 열하의 이궁에서 죽지만 어떻든 이 피서산장은 청나라 황제들의 일차 피신처로 마련되었음은 의심의 여지가 없다.

앞에서도 잠깐 이야기한 청 태조가 시작한 팔기제도(八旗制度)는 본시 만주족을 중심으로 하는 정치 목적도 겸한 군사조직이었으나 태종(1627~1643 재위)시대에는 다시 몽고팔기와 귀순한 한족 군인으로 이루어진 한군팔기도 생겨나 모두 24기(旗)가 되었다. 청나라는 무력을, 나라를 세우는 기초로 받들었기 때문에 북경을 수도로 삼으면서 순치황제(1644~1661 재위)는 팔기를 대동하고 들어와 전국 통치의 기초로 삼았다. 앞에서도 설명했듯이 금려(禁旅)팔기와 주방(駐防)팔기로 구분하여, 금려팔기는 경사에 주둔하면서 궁성을 중심으로 하는 북경 안팎의 호위를 비롯한 여러 가지 일을 맡았고, 주방팔기는 중원과 각 지방에 나가 주둔하면서 치안과 질서를 바로 잡는 업무를 맡았다. 그리고 같은 팔기라고 하더라도 민족에 따라 직무며 대우와 권한에 차등이 있었다. 이들 팔기들은 거의 전국 도시로 나누어져 파견되어 그 지방을 방위하고 주민들을 감시하는 역할을 맡았다. 국민당 정부에서 교육부장을 지내고 베이징대학 총장도 역임한 장명린(蔣夢麟, 1886~1964)의 자서전『서조(西潮)』제6장에 실린 그가 항저우(杭州)에서 중학교 과정 공부를 할 적의 기록에는 그가 직접 듣고 본 그 지방에 주둔한 팔기에 대한 사정이 소상하다. 그 중 한 대목을 인용한다.

"저장고등학당(浙江高等學堂) 자체에는 도처에 혁명을 선전하는 팸플릿과 잡지와 책들이 있었는데, 거기에는 청나라 군대가 국경을 넘어오면서 저지른 포악한 행동, 청나라 조정의 부패한 실정, 청나라 조정의 만주 사람과 한인에 대한 평등하지 못한 대우 등이 쓰여 있었다. 학생들은 기갈이 든 듯이 이들 기록을 읽었고 거의 어떤 세력도 그들의 이런 경향을 막을 수는 없었다. 실제로 청나라 조정의 부패하고 무능한 실례는 학교 밖을 나가기만 하면 바로 볼 수가 있었다. 항저우의 성 안에는 만주 사람들이 살던 작은 성이 하나 있는데, 그 안에는 한인들을 감시하는 '팔기

병사'들이 주둔하고 있었다. 200여 년 전에 정부에서는 특별히 이 성 안의 성을 따로 지정하여 항저우에 주둔하는 '팔기 병사'들의 군영으로 쓰게 하였다. 이들 '팔기 병사'들은 자자손손 계속 여기에 살아왔는데, 명분상으로는 여전히 군인이었다. 만주 사람과 한인 사이에는 결혼이 금지되어 있었으나, 만주 사람이 한인 여자를 처로 얻고 싶을 적에는 허락이 되어 실제로 그러한 결혼이 상당히 많이 이루어졌다. 그리고 '태평천국의 난' 때(1952) 반란군이 항저우를 포위하고 항저우의 '팔기 병사'들을 모두 죽여버렸다. 내전이 끝난 뒤에 본시 후베이(湖北)의 징저우(荊州)에 주둔하던 '팔기 병사'들 중 일부가 항저우로 옮겨와 주둔하면서 빈 곳을 메웠다. 이들 징저우에서 온 '팔기 병사'들은 그 당시 아직도 건재하였고 그들은 후베이 말을 쓰고 있었다. 비록 그때의 그들 대부분은 이미 죽었지만 그들 자녀들은 아직도 그곳에 살고 있고 또 그들 부모처럼 후베이 사투리를 쓰고 있다. … 그러나 3대째로 와서는 모두 항저우 말을 쓰게 되었다.

당시의 저장고등학당에도 10명의 기인(旗人) 자제들이 있었다. … 이들 이른바 '팔기 병사'들이란 실제로는 전혀 군인이 아니었다. 그들은 전혀 일반 백성들과 다를 바가 없었다. 그들은 이른바 '병영' 안에서 결혼하고 자식들을 키웠을 뿐 전쟁에 관한 일은 조금도 아는 게 없었다. 유일한 차이는 그들에게는 정부에서 봉급이 주어지는데 하는 일이란 전혀 없고 그들은 일종의 기생적인 생활을 하고 있다는 것이다. 그 때문에 그들의 신체며 지력이며 도덕이 날로 쇠퇴하고 있다. 그들은 늘 서호 주변의 찻집이나 드나들고 있고, 어떤 자들은 당시의 습속을 따라 새장이나 들고 다니며 놀고 있어서 일반 백성들 모두 경이원지(敬而遠之: 겉으로는 공경하는 체하면서 속으로는 꺼리어 멀리함)하였다. 만약 어쩌다가 그들 비위를 건드리기만 하면 바로 위험한 처지에 놓이기 십상팔구이기 때문이다. 이러한 타락하고 부패하며 교만한 생활방식은 청년학생들에게는 널리 미움과 천시의 감정을 불러일으켰다. 그들이 불러일으키는 반감은 혁명선전의 효과에 비하여 결코 못하지 않았다.'

이러한 팔기병의 주둔과 횡포 및 민족 차별은 항저우만의 일이 아니라 전국적인 현상이었을 것이다. 팔기의 주둔병은 중국 각지에 주둔하지 않은 곳이 없었다.

박지원(朴趾源, 1737~1805)의『열하일기(熱河日記)』권17에는 그가 열하에 가서 만난 만주 사람 기려천(奇麗川)과 한족인 윤형산(尹亨山)의 이야기가 보이는데, 만주 사람인 기려천은 나이가 20여 세나 어리면서도 윤씨에 대하여 "오만하고 그를 멸시하는 태도"로 대하는데 윤씨는 이를 "모르는 체하면서 부드러운 대꾸를 하며 겸손한 몸가짐을 하였다."고 쓰고 있다. 만주 사람과 한족의 사회적인 종족적 차별 현상을 잘 알려주는 기록이다.

청나라 군대는 중원 땅을 정복하면서 무자비하게 사람들을 죽이고 약탈을 자행하였다. 정확한 통계라고 할 수는 없지만 명나라 만력(萬曆) 연간(1600년 전후)만 하더라도 전국 인구가 1억 5천만 명이었는데[101], 청나라 군대가 쳐들어오면서 수많은 사람들을 죽인 나머지 강희(康熙) 12년(1673)에는 인구가 1,939만 명이었다고 한다. 이후로 급속히 증가하여 강희 50년(1711)에는 2,462만여 명, 옹정(雍正) 11년(1733)

---

[101]Ping-ti Ho, Syudies on the population of China, 1368~1953, Harvard University Press. 참조.

에는 2,634만 명, 건륭 28년(1763)에는 2억 420만 명, 건륭 말(1795)에 가서는 3억 명대를 넘어갔다.[102]

순치(順治) 2년(1645)에 청나라 군대가 쳐들어와 장수(江蘇)성 양저우(揚州)를 점령할 적의 그들의 만행을 노래한 오가기(吳嘉紀, 1618~1684)의 시 「이씨 댁 며느리(李家娘)」 10해(解) 중의 앞머리 1, 2해를 소개한다. 이씨 댁 며느리는 청나라 군사들에게 잡혀가서도 그들에게 몸을 허락하지 않고 스스로 자기 목숨을 끊은 여자이다.

> 성 안의 산은 죽은 사람의 뼈로 하얗게 덮였고,
> 성 밖 개울물은 죽은 사람의 피로 빨갛네.
> 사람을 140만 명이나 죽였으니
> 새 성이고 옛 성이고 그 안에 몇 사람이나 살아 있겠는가? (1해)

> 처는 거울을 보고 있는 사이
> 남편은 목이 이미 떨어졌고,
> 살인자는 피비린내 나는 칼을 칼집에 넣고는
> 아름다운 여인들을 끌고 갔네.
> 서쪽 집 여인도
> 동쪽 집 며느리도
> 꽃 같은 이씨 댁 며느리도
> 모두 난폭한 자들 손 안에 떨어졌네. (2해)

---

102 王氏 『東華錄』 의거.

城中山白死人骨, 城外水赤死人血.

殺人一百四十萬, 新城舊城內有幾人活? (一解)


妻方對鏡, 夫已墮首. 腥刀入鞘, 紅顏隨走.

西家女, 東家婦, 如花李家娘, 亦落强梁手. (二解)


　만주족이 중원으로 들어오면서 한족들에게 가한 압박은 그들의 풍습을 강요한 치발령(薙髮令) 하나만으로도 알 수 있다. '치발'은 변발(辮髮)이라고도 하는 만주의 머리 풍습이었다. 머리 앞쪽은 빡빡 밀어버리고 뒤의 일부만을 남기고 땋아 꼬리를 만드는 것이다. 이미 청나라 태종(太宗)은 천총(天聰) 3년(1629)에 항복한 한인들에게 만주족의 옷을 입고 치발을 함으로써 순종의 뜻을 표하라고 명하였다. 청나라 군대가 중원으로 넘어들어 온 직후(순치 1年, 1644)에는 "우리를 따르려는 모든 벼슬아치·관리·군인·백성은 모두 치발을 하고 의관은 우리의 것을 따르라."는 포고를 내렸다. 한인들의 저항이 거세지자 일시 늦췄다가 다음 해(1645. 9.) 장강(長江) 유역까지 다 점령하여 중국 지배의 기초가 든든해지자 다시 북경 및 그 주변 지역은 10일, 다른 지방은 이 포고가 도착한 날 이후로 10일 이내에 모두 치발을 하라고 엄명을 내렸다. 그들은 "목을 남기려면 머리를 남기지 말고, 머리를 남기려면 목을 남기지 못한다."[103]라고 쓰인 제찰(制札)을 전국 각지에 세웠다 한다. 장쑤성 장인(江陰) 같은 곳에서는 그곳 사람들이 염응원(閻應元) 등을 우두머리로 추대하고 "목이 날아갈지언정 머리를 깎을 수는 없

---

[103] 留頭不留髮, 留髮不留頭.

다."는 맹세 아래 투쟁을 전개하였으나 24만의 청나라 대군이 몰려와 공격하는 바람에 그래도 81일이나 버티다가 전멸하였다. 이에 현령은 치장(薙匠)을 거리로 내보내어 머리를 밀 도구를 짊어지고 다니면서 치발을 않고 머리를 기른 자를 발견하면 곧 그를 잡아 치발을 시키도록 하였다. 그래도 치발을 하지 않는 자가 있으면 잡아 죽이고 그의 머리를 잘라 장대 위에 매달아 놓고 사람들에게 구경을 시켰다 한다.[104] 이에 심지어 산둥(山東) 취푸(曲阜)의 공자묘에서 제사를 지낼 적에도 유관(儒冠)과 유복(儒服)을 착용하지 않고 모두 만주족의 옷과 만주족의 관을 쓰게 되었다. 이로부터 치발은 중국 사람들의 대표적인 머리 모양이 되었다. 이 때문에 높은 수준의 문화를 자랑하던 중국 사람들이 여러 면에서 문화 수준이 형편없던 만주족의 습속을 따르게 된 것이다.

청나라가 중국 지배에 성공한 것은 한족에 대하여 겉으로는 너그러운 듯이 보이면서도 실은 전국의 권력을 중앙에 집중하여 만주족들 손으로 엄격히 나라를 다스렸기 때문이다. 최초의 중앙기구는 만주의 귀족들로 이루어진 의정왕대신회의(議政王大臣會議)였는데, 옹정(雍正) 7년(1729)에는 군사를 신속하고 은밀히 처리하기 위하여 군기방(軍機房)을 설치하였고 옹정 10년에는 이를 판리군기처(辦理軍機處)로 발전시켰다. 황제의 형제 또는 중신을 군기대신(軍機大臣)에 임명하고 이 군기처(軍機處)를 통하여 군무뿐만 아니라 중요한 정무도 직접 황제가 챙기게 되었다. 이 군기처의 권한은 날로 커져서 중국 역사상 가장 황제가 강력히 정치를 장악한 본보기가 되었다. 그들은 지방의 순무(巡撫)도 거의 모두

---

104 徐珂『清稗類鈔』帝德類.

만주 귀족들에게 맡기고 전국의 팔기를 활용하여 전국을 중앙에서 통제하고 다스렸다. 중앙 집권에 의한 통제와 전제정치가 철저히 시행되었던 것이다.

청나라의 역대 황제들은 중국의 학술문화를 존중하여 스스로 그에 대한 공부를 게을리 하지 않는 한편, 수많은 한족 학자들을 동원하여 중국 학술자료들을 정리 편찬하는 사업을 대대적으로 전개하였다. 강희 연간에 편찬된 『강희자전(康熙字典)』·『연감류함(淵鑑類函)』·『패문운부(佩文韻府)』·『전당시(全唐詩)』·『고금도서집성(古今圖書集成)』, 건륭 연간에 편찬된 『황조문헌통고(皇朝文獻通考)』·『사고전서(四庫全書)』 등 모두 열거할 수 없을 정도로 엄청나다. 한족 지식인들은 이러한 황제의 은전에 감격하여 자기네 학술을 연구하고 정리하며 만주족의 지배에 반항할 생각을 잊었다. 그리고 학자들은 연구 방향을 모두 사상탄압을 받을 일이 없는 훈고학(訓詁學)·고증학(考證學)·문자성음학(文字聲音學) 등 고전연구로 돌렸다.

청나라 왕조는 이러한 편찬 작업을 이용하여 중국 서적에 대한 검사작업도 함께 진행하였다. 보기를 들면 『사고전서』는 천하의 책을 다 모아 도합 3,458종의 책 7만 9,582권으로 이루어진 방대한 것인데, 수집된 책들을 심사하여 청나라 비위에 거슬리는 책은 모두 빼내어 태워버리고 그 목판까지도 다 찾아내어 부숴버렸다. 이때 읽지 못하도록 금한 책은 2천 수백 종이나 되었는데, 명나라의 정치를 찬양하거나 만주족을 오랑캐로 다루고 있는 내용의 책들이다. 그리고 『사고전서』에 들어간 책 중에도 그 중 일부분을 지워버리고 고친 책이 상당히 많다. 이를 통해서도 청나라 왕조에서는 특히 사상통제에 철저하였음을 알 수 있을 것이다.

이 때문에 청대에는 이른바 필화(筆禍)사건인 문자옥(文字獄)이 연달아 일어났다. 한나라 때로부터 명대에 이르기까지 문자옥은 어느 시대나 있었으나 청나라 때만큼 철저하고 심했던 예는 없다. 그 중 유명한 것 몇 가지만 보기로 들어본다.

강희 2년(1663) 장정롱(莊廷鑨)이란 사람이 명나라 사람이 편찬한『명사(明史)』의 초고를 바탕으로『명사집략(明史輯略)』을 편찬했는데, 책 속에 청나라에 불리한 기록이 있다고 고발당하여 장정롱은 이미 죽은 뒤라 관을 꺼내어 목을 잘랐고, 책의 편찬 간행에 관계한 그의 아우를 비롯한 72명이 사형을 당하였고 부녀자를 포함하여 수백 명이 군대로 끌려 갔다.[105]

강희 50년(1711) 대명세(戴名世)라는 사람은『남산집(南山集)』을 저술하였는데, 그 속에 명나라 세 임금들의 연호를 썼고 또 불순한 방효표(方孝標)의 책『전검기문(滇黔紀聞)』이 인용되고 있다고 고발당하여 그의 온 가족이 사형을 당하고, 방효표는 시체가 파내어져 버려지고 그의 온 혈족이 유배형을 당하였다.

옹정 5년(1726) 사사정(査嗣庭)은 강서(江西)의 향시(鄕試)에 시험문제를 출제하면서 시사를 풍자하는 문제를 냈고, 또 시험 문제의 "유민소지(維民所止)" 넉 자의 앞뒤 두 글자는 '옹정(雍正)' 두 글자의 머리를 쳐낸 것이라 하여 하옥되었다. 그는 하옥되자 병이 들어 죽었는데, 그의 시체는 거리에 내걸렸고 그의 자식들은 모두 사형당하고, 나머지 가족들은 모두 옥에 갇혔다.

옹정 10년(1733)에는 여류량(呂留良)이란 사람의 저서를 금서로 정하

---

105 『痛史』莊氏史案.

고 그의 시체를 파내어 토막내었다. 여류량은 본시 주자학(朱子學)을 공부한 학자로 책을 써서 한족과 오랑캐의 구분을 분명히 하며 만주인들을 내치려 하였다. 그는 만주 귀족들의 미움을 사면서 강희 연간에 죽었다. 뒤에 증정(曾靜)이란 사람이 여류량의 책을 읽고 감동하여 청나라에 항거하는 활동을 하다가 고발을 당하였다. 이에 옹정황제는 여류량의 무덤을 파헤쳐 그의 시체를 조각내었고 그의 제자와 가족들 수많은 사람들까지도 잡아 죽였다. 그리고 23집안의 사람들을 멀리 귀양을 보내어 모두 노비가 되게 하였다. 이 밖에도 문자옥을 당한 사람들이 여러 명 더 있다. 옹정황제는 이 일을 계기로 친히 『대의각미록(大義覺迷錄)』을 써서 한족들이 그릇되게 청나라를 반대하는 사상을 바로잡고 자신이 황제가 된 것은 합리적인 일임을 논증하려 하였다.[106]

건륭 연간에는 22년(1757)에 팽가병(彭家屏)과 단창서(段昌緖)가 명 말의 역사책을 지니고 있었다 하여 사형을 당하였고, 32년(1767)에는 제주화(齊周華)라는 사람이 여류량(呂留良)의 책을 간행하였다가 잡혀서 죽었고, 43년(1778)에는 서술기(徐述夔)의 『일주루시(一柱樓詩)』에 청나라를 비꼬는 말이 들어있다 하여 그를 잡아 죽이고 시체를 거리에 내걸고 그의 자손들까지도 사형에 처하였다. 44년(1779)에는 지천표(智天豹)가 『대청천정운수(大淸天定運數)』라는 책을 썼는데 불경스러운 내용이 있다 하여 사형에 처하였다. 이 밖에도 호중조(胡中藻)·심덕잠(沈德潛)·전조망(全祖望) 등 여러 명이 문자옥으로 죽었다. 가경(嘉慶) 연간(1796~1820) 이후로는 독재전제의 체질이 바뀌고 학자들은 더욱 고증학으로 빠져들

---

106 『大義覺迷錄』 卷首 上諭.

어 필화사건이 보이지 않게 되었다. 만주족이 얼마나 가혹한 방법으로 중국을 다스렸는가 짐작이 갈 것이다.

청나라 시대의 만주족과 한족의 차별은 거지들의 모습에서도 잘 드러난다. 중국에는 각 지방마다 그 곳의 거지들을 거느리는 거지 우두머리인 개두(丐頭)가 있었다. 어느 지역이건 '개두' 정도가 되면 무척 호화로운 생활을 하였다 한다. 북경의 '개두'에는 남간자(藍桿子)와 황간자(黃桿子)라 부르는 두 종류가 있었다. '남간자'는 보통 거지들의 우두머리이지만 '황간자'는 팔기에 속하는 만주 사람들의 거지 우두머리이다. '황간자'는 권세가 대단한 만주족 거지들의 우두머리였으므로 그 자격이나 권세가 큰 집안의 어른이나 같았다. '황간자'에 속하는 만주 거지들은 보통 때는 구걸을 하지 않다가 단오·추석·섣달 그믐날만 나가서 구걸을 하였다. 그들은 2명 또는 4명씩 짝을 지어 나가서 한 집이나 상점 앞에 가면 그 중 한 명이 장타령을 부르고 다른 한 명은 고판(鼓板)을 두드리며 장단을 맞추는데, 장타령을 부르는 사람은 손등을 위로 하고 손을 쳐들고 고판을 치는 자는 고판을 평평한 모양으로 들면 이것이 돈을 내라는 신호가 된다. 주인들은 형편에 따라 최소한 대전(大錢) 5매(枚) 이상을 들고 나와 높이 들어 올렸다가 그것을 고판 위에 올려놓아야 한다. 그런 다음에야 거지들은 그곳을 떠난다. 또 장타령을 5구절을 부르기 전에 돈을 갖고 나와야 한다는 규칙도 있었다. 만약 규칙에 어긋나거나 돈을 제대로 내지 않으면 다음 날은 두 배의 거지가, 다시 그 다음날은 다시 그 두 배의 거지들이 몰려온다. 그래도 해결이 안 되면 그 집과 모든 그 집 사람들과 관계 있는 곳을 거지들이 완전히 포위하여 아무 일도 못하게 한다. 한참 뒤에 주인이 거지들과 문제를 해결하려면 앞뒤 사정에 따라 몇 천 몇 만의 돈

이 든다. 권력자를 통하여 '황간자'를 직접 불러내는 경우에도 그들의
원칙을 따라 많은 돈을 내고 해결을 해야만 하였다.[107] 거지가 이 정도
이니 일반 사람들 사이의 민족 차별이야 얼마나 더 심했겠는가? 베이
징을 수도로 한 나라의 횡포는 우리의 상상을 초월한다.

---

[107] 徐珂『清稗類鈔』乞丐類.

**제3장**

# 중국 전통 학술 문화의 형성과 발전
## -장안과 낙양시대

## 1. 장안의 서주(西周)와 낙양의 동주(東周)

### (1) 중국 전통문화의 형성-장안(長安) 서주시대(西周時代, B.C. 1111~B.C. 771)

중국 전통문화는 한자문화라고도 한다. 그것은 중국의 전통문화가 한자를 중심으로 하여 발전한 것이기 때문이다. 그런데 그 한자를 발명하여 발전시킨 것은 장안 지역에 도읍을 정하였던 서주(西周) 바로 앞의 상(商)나라(B.C. 1751~B.C. 1111)이다. 본시 상나라는 탕(湯)임금(B.C. 1751~B.C. 1739 재위)이 하(夏)나라(B.C. 2070~B.C. 1751)의 걸(桀)왕을 쳐부수고 세운 나라이다. 처음에는 하남(河南)성 중부에서 동부 지방에 걸친 황하 유역에 도읍을 정하였다가 도읍을 여러 번 옮겼지만 그 지

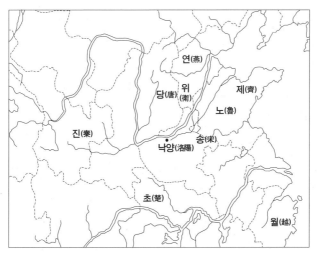

서주시대의 제후들의 나라

역에서 멀리 벗어나지는 않는 곳이었다. 제17대의 반경(盤庚)임금(B.C. 1398~B.C. 1371 재위)이 도읍을 은(殷, 지금의 河南省 安陽)으로 옮긴 뒤로는 나라 이름도 은(殷)이라 부르게 되었다. 그 시절 중국 땅은 수많은 씨족(氏族)들이 제각각 한 지역을 차지하고 있던 부족국가(部族國家)의 시대였는데, 은나라는 동쪽의 가장 세력이 큰 여러 나라 씨족들을 밑에 거느리던 중요한 나라였다.

중국 최초의 한자인 갑골문(甲骨文)은 주로 허난(河南)성 안양현(安陽縣) 서북쪽의 샤오툰(小屯村)의 은허(殷墟: 은나라 유적지)에서 나온 것이다. 본시 농민들이 밭을 갈다가 거북 껍데기 조각을 중심으로 하여 이상한 짐승 뼈 조각을 발견했는데 사람들은 이것을 주워모아 용골(龍骨)이라고 하며 만병통치의 약재로 썼다고 한다. 다행히 이를 본 학자들이 거북 껍데기와 뼛조각에 글자 같은 것이 새겨져 있음을 발견하고 보통 물건이 아님을 직감하고는 이를 수집하기 시작하였다(1899). 이를 5천 조각이나 수집한 유악(劉鶚, 1857~1909)이 그 중에서 글자가 많이 새겨져 있는 것들을 골라 탁본을 만들어 『철운장귀(鐵雲藏龜)』란 이름으로 출판하여 학계에 소개하였다. '철운'은 유악의 호이다. '장귀'는 '모아서 갖고 있는 거북 껍데기'라는 뜻이다. 학자들이 이를 연구하기 시작하여 이것이 은나라 유물이며 거기에 새겨져 있는 글자는 그 시대의 한자임이 밝혀졌다. 그리하여 이 거북 껍데기와 뼛조각들을 갑골(甲骨), 거기에 새겨져 있는 글을 갑골문(甲骨文)이라 부르게 되었다. 이에 많은 학자들이 본격적으로 이를 수집하고 연구하여, 이 갑골을 통하여 은나라 왕조의 계보와 여러 가지 역사적인 사실이 밝혀지고 갑골학(甲骨學)이란 말까지 생겨났다.

1928년부터는 국립중앙연구원(國立中央研究院)에서 본격적으로 은허(殷墟)의 발굴에 착수하여 1937년에 이르기까지 10년 동안에 15회에 걸쳐 발굴이 진행되었다. 여기에서 발굴된 갑골은 2만 4,934개인데, 그 성과는 여러 해의 고난을 겪은 끝에 1948년에 가서야 『샤오툰은허문자(小屯殷墟文字)』 갑편(甲編)·을편(乙編) 상·중·하의 4책으로 간행되었다. 둥쭤빈(董作賓, 1895~1963)은 1933년 「갑골문단대연구례(甲骨文斷代研究例)」라는 유명한 논문을 발표하여 갑골문을 근거로 하여 은나라 임금의 계보, 임금의 호칭 등 많은 새로운 은나라의 역사적인 사실을 밝혀냈다. 시국의 혼란을 이겨내면서 1945년에 출간된 10권의 『은력보(殷曆譜)』도 둥쭤빈이 아니면 해낼 수가 없었던 위대한 업적이다. 이 책에서 주(周)나라 초기 이전의 서기(西紀) 기년(紀年)을 둥쭤빈의 『중국년력총보(中國年曆總譜)』를 따르고 있는 것도 그 때문이다.

은나라 한자는 갑골문뿐만 아니라 청동기(青銅器)에 새겨져 있는 금문(金文) 및 약간의 토기 그리고 돌그릇, 옥그릇에 새겨져 있는 것들도 있다. 그런데 학자들의 연구와 정리 결과에 따르면 은대의 문자는 한자 발전의 제3단계가 되는 이미 성숙한 경지에 도달해 있는 글자라는 것이다. 곧 한자의 육서(六書) 중 상형(象形)·회의(會意)·형성(形聲)의 세 가지 글자가 다 갖추어져 있다는 것이다. 특히 형성자는 한자 발전의 고급단계에서 이루어진 산물인데, 갑골문자 중에는 형성자가 상당히 많다. 그리고 주나라 사람들이 "은나라 옛 분들에게는 문서와 책이 있었다."[1]고 말하고 있으니 은나라는 한자의 사용이 상당히 보편화되어 있었음을 알 수 있다.

특히 은허 등에서 출토된 은대의 청동기는 우리에게 수공업과 공예 발전의 높은 수준을 알려준다. 출토된 청동기는 종류가 무척 많아서, 음식그릇 술그릇 등 여러 가지가 있다. 그 모양이나 조각이 정묘한데, 조각된 대표적인 무늬로 운뢰문(雲雷紋, 곧 回紋)·도철문(饕餮紋)·기룡문(夔龍紋)의 세 가지가 있다. 새나 뱀 등 여러 짐승 모양도 조각되어 있고 특수한 모양의 그릇도 많다. 청동 거울도 발굴되었고, 동령(銅鈴)·동요(銅鐃) 등의 악기도 발견되었다. 그리고 옥과 돌·짐승 뼈로 조각한 정교한 물건들도 있다. 은허에서는 여러 가지 정교한 모양의 도기(陶器)도 나왔다. 건축도 상당히 발달하였고 입는 옷과 먹는 음식 및 마시는 술 같은 것도 상당한 수준이었음이 증명되고 있다.

이에 비하여 기원전 1111년 무렵에 은나라를 정복하여 중원(中原)을 이룩한 주(周)나라 민족은 중국의 서북쪽에서 온 문화 수준이 극히 낮은 야만민족이었다. 그러나 이들이 산시(陝西)성 기산(岐山) 아래로 옮겨 온 뒤 문왕(文王) 대에 이르러 나라의 세력이 크게 발전하였고, 그 아들

---

1 『書經』周書 多士.

무왕(武王)은 마침내 은나라를 쳐서 황하 유역을 중심으로 중원 땅의 동서를 합쳐 주나라의 기틀을 마련하였다. 주나라에는 무왕의 아우로 주공(周公)이라는 뛰어난 인물이 나와 은나라를 정복한 다음 무왕이 죽은 뒤 은나라의 한자와 여러 가지 문화를 끌어들여 새로운 정치사회제도를 마련하고 천하를 다스림으로써 새로운 중국의 터전을 마련 한다. 보통 주공이 주나라의 예악제도(禮樂制度)를 마련하였다고 하는데 이는 옛날의 문화와 정치에 관한 제도를 통틀어 말하는 것이다. 여기에서 중국 땅의 남북이 합쳐져 장안 근처의 도읍을 바탕으로 새로운 천하(天下)라는 개념이 형성되고 새로운 성격의 나라와 함께 새로운 한족(漢族)이라는 민족도 형성되었다. 그리고 중국 전통문화의 바탕도 함께 만들어져 본격적인 중국의 역사는 여기에서 시작된다고 할 수도 있는 것이다.

주나라 무왕(武王)은 무력으로 동쪽의 은나라를 멸하고(B.C. 1111) 장안 근처인 호경(鎬京)을 도읍으로 정하고 천하를 다스리기 시작한다. 그러나 주나라는 고도의 문명을 발달시킨 은나라를 힘으로 정복하기는 하였지만 힘만으로 그들을 다스리기는 어려웠다. 무왕은 은나라를 멸하고 나서 미처 나라의 기틀을 다져놓지도 못한 채 6년 뒤에 병으로 죽고 어린 성왕(成王, B.C. 1104~B.C. 1068 재위)이 뒤를 잇자 삼촌인 주공(周公)이 나랏일을 대신 맡아 처리하게 된다.

그러나 동쪽에 있던 은나라 주왕(紂王)의 아들 무경(武庚)은 은나라 유민들을 감시하게 한 주공의 형제인 관숙(管叔)·채숙(蔡叔)을 선동하여 손을 잡은 뒤 동쪽의 17개 부족의 나라들과 연합하여 반란을 일으켰다. 이에 주공은 직접 동쪽으로 출정하여 이들을 평정한다. 이것이 유명한 주공동정(周公東征)이며 3년에 걸쳐 진행된 두 번째 은민족 토벌이었다. 주공은 이 동쪽 원정을 마친 뒤 은나라 유민들을 강제로 지금의 허난성 뤄양(洛陽) 근처로 옮겨 새로운 큰 도시 낙읍(洛邑)을 건설하고 궁전과 필요한 건물까지 짓게 한다. 그리고 이전의 도읍인 호경은 종주(宗周), 그곳은 성주(成周)라 부르며 제2 수도로서 중원 지배의 전진기지로 삼는다.

주공은 동쪽 원정을 통하여 반란을 평정하고 은민족을 완전히 제압했을 뿐만 아니라 은나라가 쓰고 있던 한자를 비롯하여 천하를 다스리는 데 필요한 은나라의 여러 가지 문물제도를 모두 들여온다. 그리고 그것을 더 보완하여 주나라의 천하 통치에 필요한 여러 가지 새로운 제도를 마련한다. 중국의 역사학자들은 이를 두고 흔히 주공이 제례작악(制禮作樂)하였다고 말한다. 그러나 여기의 '예'와 '악'은 단순히 예법과 음악을 뜻하는 것이 아니라 넓은 의미의 자기네 전통문화를 통틀어 말하는 것이다. 따라서 중국의 전통문화는 서주 시대에 그 바탕이 이루어진 것이다.

주공은 무척 성실한 인물이어서 주나라의 건설을 위하여 성의를 다하였다. 사마천의 『사기』 권33 노세가(魯世家)를 보면 주공이 노(魯)나라에 봉해진 자기 아들 백금(伯禽)을 노나라로 떠나보내면서 다음과 같은 훈계를 하고 있다.

"나는 문왕의 아들이며 무왕의 아우요 성왕의 숙부이다. 나는 천하에서 천하지 않은 사람이다. 그러나 나는 한 번 머리를 감는 사이 세 번이나 젖은 머리를 잡고 나가고, 한 끼 밥을 먹는 사이 세 번이나 먹던 음식을 토해놓으면서, 일어나 나아가 찾아온 사람들을 대접하면서 천하의 현명한 사람들을 잃지 않으려고 애썼다. 너는 노나라로 가더라도 삼가 나라의 권세만 믿고 사람들에게 교만하지 않아야 한다!"[2]

주공은 은나라 역사에 대해서도 해박한 지식을 지니고 있었다. 『서경』 주서(周書)의 무일(無逸)편에서 주공은 장성한 성왕에게 이렇게 말하고 있다.

"옛날 은나라 임금 중종(中宗)은 엄숙하고 삼가며 공경하고 두려워하며 하늘의 명을 스스로 헤아려, 백성을 다스림에 공경하고 두려워하는 듯이 하며 감히 편히 노는 일에 빠지지 않았습니다. 그래서 중종은 나라를 다스린 기간이 75년이나 되었습니다.

그리고 고종(高宗) 때에는 오랫동안 밖에서 일하며 낮은 백성들과 함께 지냈습니다. 그가 임금 자리에 오를 무렵 친상을 당하여 3년 동안 누구와 말도 하지 않았습니다. 한동안 말하지 않았으나 말하기 시작하니 온화하였고 감히 편히 노는 일에 빠지지 않으니 은나라가 제대로 안정되었습니다. 낮은 사람 높은 사람 할 것 없이 아무도 이 분을 원망하지 않았습니다. 그래서 고종이 나라를 다스린 기간이 59년이나 되었습니다.

다시 조갑(祖甲)에 이르러서는 자기가 임금이 되는 것이 의롭지 않다하여 오랫동안 낮은 백성으로 지냈습니다. 그러다 왕위에 오르게 되자 낮은 백성들의 어려움을 알고 있어서 백성들을 보호하고 사랑하며, 홀아비나 과부들도 감히 업신여기지 않았습니다. 그래서 조갑이 나라를 다스린 기간은 33년이나 되었던 것입니다."[3]

---

2  司馬遷 『史記』 魯周公世家; "我文王之子, 武王之弟, 成王之叔父, 我於天下亦不賤矣. 然我一沐三握髮, 一飯三吐哺, 起以待士, 猶恐失天下之賢人. 子之魯, 愼無以國驕人!"

3  『書經』 周書 「無逸」; "昔在殷王中宗, 嚴恭寅畏, 天命自度, 治民祗懼, 不敢荒寧, 肆中宗之享國, 七十有五年. 其在高宗時, 舊勞于外, 爰曁小人, 作其卽位, 乃或亮陰, 三年不言. 其惟不言, 言乃雍, 不敢荒寧, 嘉靖殷邦. 至于小大, 無時或怨. 肆高宗之享國, 五十有九年. 其在祖甲, 不義惟王, 舊爲小人, 作其卽位. 爰知小人之依, 能保惠于庶民, 不敢侮鰥寡. 肆祖甲之享國, 三十有三年."

주공은 이렇게 은나라 역사를 이야기하면서 성왕에게 열심히 나라를 잘 다스릴 것을 당부하고 있다.

같은 책 낙고(洛誥)편에서는 주공이 낙읍이란 새로운 큰 도성을 완성한 다음 성왕에게 이런 당부를 하고 있다.

> "임금님은 처음부터 은나라 예를 따라 새 도읍에서 제사를 지내시되 모든 일에 질서를 따라 문란하지 않게 하십시오."**4**

또 같은 책 군석(君奭) 편에서는 주공이 소공(召公)에게 이렇게 말하고 있다.

> "은나라의 예는 위로 하늘의 뜻에 맞아 여러 해 나라를 다스릴 수 있었습니다."**5**

주공은 은나라의 역사와 예의제도를 공부하여 이를 높이 평가하고 이것을 들여와 주나라에 적용하여 나라를 다스리지 않으면 안 된다고 생각하였다.

주공은 동쪽 정벌을 마친 뒤 대대적으로 봉건(封建)을 실시한다. 여기에서 중국의 봉건제도가 확립된다. 봉건제도란 유럽 중세의 퓨덜리즘(Feudalism)을 옮긴 말이다. '봉건'이란 천자가 나라 땅을 여러 개로 나누어 자기 집안사람들이나 공신들에게 영지(領地)로 나누어주어 다

---

4 『書經』周書「洛誥」; "王肇稱殷禮, 祀于新邑, 咸秩無文!"
5 『書經』周書「君奭」; "殷禮陟配天, 多歷年所."

스리게 하는 제도이다. 주공은 새로 정복한 넓은 땅의 여러 부족들을 다스리기 위하여 새로운 봉건제도를 발전시켰다. 『사기』의 은본기(殷本紀)를 보면 "상나라에서는 자손들을 분봉하여 그들 나라로 각기 성을 삼아 은(殷)씨·내(來)씨·송(宋)씨·공동(空桐)씨 … 등이 있었다."고 쓰고 있다. 주공은 이러한 은나라의 분봉(分封)제도를 보완하여 새로운 주나라의 봉건제도를 마련한 것이다.

주공은 동쪽 정벌을 통하여 수십 개의 작은 나라들을 멸망시키고 '봉건'을 통하여 새로이 도합 71개의 나라를 세웠다. 주나라 도읍 종주(宗周) 둘레에는 모두 왕실과 성이 같은 친족들을 수십 개의 나라로 나누어 봉하여 왕실의 울타리로 삼았다. 그리고 낙읍 성주(成周)의 둘레에는 주나라 왕실과 관계가 특별한 사람들을 봉하여 주나라의 터전을 굳건히 하였다. 은나라 옛 땅인 허난(河南)성 북부에서 허베이(河北)성 남부에 걸친 땅에는 무왕의 막내아우 강숙(康叔)을 봉하여 위(衛)나라를 세우고 은나라 유민 7족(族)을 다스리게 하였다. 산둥(山東)성 남부에서 허난성 동부에 이르는 은족의 근거지에는 주공의 아들 백금(伯禽)을 봉하여 노(魯)나라를 세워 은나라 유민 6족을 다스리게 하였다. 산둥성 북부에는 강태공(姜太公) 여상(呂尙)을 봉하여 제(齊)나라를 세우고 동이족(東夷族)과 은나라 유민을 다스리게 하였다. 지금의 허베이성 북부에는 소공석(召公奭)을 봉하여 연(燕)나라라 하였다. 지금의 산시(山西)성 분수(汾水) 유역에는 성왕의 아우 당숙(唐叔)을 봉하여 진(晉)나라를 세웠다. 이 밖에도 많은 나라가 세워져 주나라의 봉건이 이루어진다.

위(衛)나라의 태축(太祝)이었던 축타(祝佗)의 말 중에 보이는 백금이 노나라에 제후로 봉해져 부임할 때의 상황을 인용한다.[6]

"옛날 무왕은 상나라를 쳐부수고, 성왕은 세상을 안정시키기 위하여 덕이 있는 사람을 골라 세워 주나라를 보호하는 울타리로 삼았습니다. … 주공의 아들을 노공(魯公)에 봉하면서 임금의 수레·용 깃발·하후씨(夏后氏)의 옥·봉보(封父)의 번약(繁弱)이라는 활과 은나라 육족(六族)을 나누어 주었습니다. 그의 집안사람들을 거느리고 나누어진 부족을 인솔하며 그에 딸린 가솔들을 통솔하였습니다. … 좋은 땅과 밭 및 축(祝)·종(宗)·복(卜)·사(史) 등의 전문 직업인과 여러 가지 기물 및 서적과 제사지내는 데 필요한 물건 등을 나누어 주었습니다."

이를 보면 제후들에게 영지를 나누어주고 단순히 힘으로 그곳 부족들을 다스리라고 한 것이 아니라, 그 영지를 다스릴 권위와 능력과 보조자들과 통치방법까지 두루 갖추어서 제후로 내보냈다. 수레·깃발·옥·활 같은 것들은 제후의 권위를 상징하는 물건이었을 것이다. 은나라 6족은 멋대로 노예처럼 부릴 수 있는 인원이었을 것이다. 그의 집안사람들과 그의 부족들은 제후인 백금을 직접 보호하고 도와줄 사람들이었을 것이다. 땅과 밭은 그의 영토로 먹고 사는 데 필요한 물건들을 생산해주는 곳이다. 축(祝)·종(宗)·복(卜)·사(史) 등은 제사와 점치는 일과 기록 등을 관장할 전문가로 그들을 통하여 예의와 여러 가지 제도를 유지하여 나라를 다스린다. 그들을 통하여 한자의 쓰임을 고스란히 물려받고 그것을 바탕으로 주나라의 새로운 제도를 더욱 발전시켰다. 그리고 여러 가지 물건과 서적 같은 것은 나라의 예의제도와 정치를 해나가는 데 필요한 물건들이다. 이어 축타(祝佗)는 위(衛)나라에 강

---

6 『左傳』定公 4年.

숙(康叔)을 봉할 적 이야기를 하면서 "모두(노나라와 위나라) 은나라의 통치 방식을 썼다"[7] 하였고, 다시 당숙(唐叔)을 진(晉)나라에 봉할 적 이야기를 하면서 "다섯 직관(職官)의 우두머리"[8]도 붙여주었다고 하였다. 봉건제 도뿐만 아니라 주나라는 모든 정치제도며 사회의 규율과 예의를 모두 은나라로부터 배워 그대로 그것을 천하 통치에 적용하였음을 알 수 있다. 그리고 그러한 위대한 일을 만든 주역은 주공(周公)이었다.

지금 우리에게 전하는 『주례(周禮)』와 『의례(儀禮)』·『예기(禮記)』 등 예에 관한 경전은 주공보다 후세에 간행된 책이기는 하나, 『주례』에 보이는 이상적인 정치제도와 『의례』와 『예기』에 기록되어 있는 여러 가지 예의제도는 은나라의 것을 바탕으로 하여 주공이 마련한 주나라의 제도로부터 나온 것이라고 할 수 있다. 그래서 공자는 뒤에 이런 말을 하고 있다.

"주나라는 하나라와 은나라 두 나라를 본떠서 문물제도가 더욱 찬란하다. 나는 주나라를 따르겠다."[9]

"심히도 내가 노쇠하였구나! 오랫동안 나는 주공을 다시 꿈에 보지 못하였다."[10]

공자는 서주 초기의 봉건문화, 특히 주공이 마련한 예악제도를 바

---

7  啓以商政.
8  職官五正.
9  『論語』 八佾; "周監於二代, 郁郁乎文哉! 吾從周!"
10  上同 述而; "甚矣, 吾衰也! 久矣, 吾不復夢見周公!"

탕으로 하여 유학을 발전시켰기 때문에 스스로도 "옛것을 배워 전하기는 하되 새로 만들지는 아니하였다."[11]고 말하고 있다.

**서주시대의 청동기**

청동기를 보더라도 은나라의 것과 거의 모양이나 만든 방법 모두 비슷한 것들이 주나라에 들어와 더욱 많이 만들어진다. 지금 우리에게 알려진 고대의 청동기가 7, 8천 개나 되는데 그 중 8할 이상이 주나라 때의 것이다. 청동기는 은나라로부터 서주 중엽(약 B.C. 950)까지의 기간에 나온 청동기가 모양이나 무늬 모두 가장 뛰어나서 골동품 전문가들은 최고 품질의 것이라 여기고 있다. 서주 중기를 지나서 생산된 청동기는 오히려 이전의 것들만 못하게 느껴진다. 그리고 이 청동기에는 서주의 것으로 새겨진 글이 있는 것들만도 3, 4천 개나 되는데, 이는 무엇보다도 확실한 그 시대의 기록으로 매우 소중한 가치를 지닌다. 보기를 들면 주공이 동쪽을 정벌한 뒤에 대대적으로 동정(東征)에 공로가 있는 사람들에게 기념으로 만들어 상으로 내려준 청동기가 여러 개 전해지고 있다. 19세기 중엽에 산동(山東)성 서우장(壽張)현에서 출토되었다는 비교적 간단한 글이 새겨져 있는 대보궤(大保簋)의 글을 보기로 들기로 한다.

"왕이 녹보(祿父)를 쳤다. 그가 반란을 일으켰기 때문에, 왕은 대보(大保)

---

11 上同 述而; "述而不作."

에게 그를 정벌하라는 명을 내렸다. 대보는 공경히 명을 받들어 잘못됨이
없었다. 왕은 그래서 대보에게 여(余)의 땅을 하사하였다. 이에 이 예기(禮
器)를 가지고 왕명을 밝히는 바이다."

그 밖에 어느 정도 주나라 궁실의 구조를 알게 하는 소우정(小盂鼎)
같은 비교적 긴 글이 새겨진 것도 있다.

이처럼 주나라가 은나라의 청동기를 고스란히 계승하여 만들어냈
다는 것은 은나라의 문화를 주나라가 거의 그대로 계승 발전시켰음을
뜻한다. 농기구를 비롯하여 그 밖의 여러 가지 생산기구도 청동으로
만든 것뿐만 아니라 돌과 나무로 만든 기구도 은나라의 것을 대부분
그대로 계승하고 있다. 조형예술이나 무늬를 만드는 미술 감각도 은
나라의 것을 그대로 이어받고 있다. 거의 모든 은나라의 기술자나 장
인을 주나라에서 잡아다 썼을 가능성이 많다.

이렇게 하여 서주(西周, B.C. 1027~B.C. 771) 초에 '한자문화'라고도 불
리는 중국의 전통문화의 터전이 마련되어 발전하게 되는 것이다. 은
나라의 예의제도를 계승하고 발전시켜 바로 뒤 동주(東周)의 춘추(B.C.
770~B.C. 404)시대에 가서는 공자가 나와 이후 중국사회의 생활규범 및
중국의 전통적인 학술과 사상을 발전시킨다. 그리고 은나라의 제도를
본떠서 마련한 봉건제도는 이후 중국 봉건전제의 바탕이 된다.

서주시대의 글은 청동기에 새겨진 금문(金文)뿐만 아니라 책의 형식
으로도 엮어져서 우리에게 전해지고 있다. 중국 최초의 책으로 유가
의 삼경(三經)인 『시경(詩經)』·『서경(書經)』·『역경(易經)』이 그것이다. 『시
경』은 중국의 가장 오래된 시가집인데, 거기에 들어 있는 305편의 시
들은 대부분이 주나라 초기로부터 춘추시대 중엽에 이르는 시기(B.C.

10세기~B.C. 4세기)에 수집된 것들이
다. 『시경』은 풍(風)·소아(小雅)·대아
(大雅)·송(頌)으로 크게 나누어져 있
는데, '풍'에는 15나라의 민요가 실
려 있고 모두 160편으로 음악뿐만
아니라 주나라 여러 지방의 백성
들의 생활과 사상 등 그 시대의 정
치·경제·사회·문화를 반영하고 있
어 가장 소중한 자료가 되고 있다.

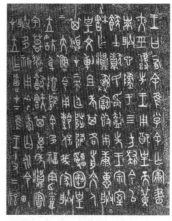

주나라시대 청동기에 새겨진 금문

'소아'는 모두 74편으로 궁중에
서 잔치를 할 때 부르던 노래가 그 중심을 이루고 있다. 그러나 주나
라 수도 근처의 민요라고 생각되는 작품도 들어있다. '대아'는 모두
31편으로 궁중에서 의식을 행할 적에 부르던 노래가 대부분이다. '송'
은 제사지낼 적에 부르던 노래가 중심을 이루며 도합 40편으로, 주송
(周頌) 31편에는 종묘에서 선왕을 제사지낼 적에 부르던 선왕의 덕을
칭송하는 시가 많다. 노송(魯頌) 4편은 노나라의 노래, 상송(商頌) 5편은
상나라 자손인 송(宋)나라의 노래이다. 이 중 주송과 대아 및 소아의
대부분 그리고 풍의 일부분이 서주시대의 노래이고, 노송과 상송 및
소아와 풍의 일부분은 동주시대의 노래라고 여겨지고 있다.

시의 모양은 한 구절이 네 글자인 사언(四言)이 주류를 이루는데, 그
것은 서북 민족과 동쪽의 민족이 합쳐지면서 만들어진 새로운 중국
노래의 자연스러운 리듬을 대표하는 것이라 할 수 있다.

『서경』은 요(堯)임금·순(舜)임금과 하(夏)나라·은나라·주나라의 이른
바 삼대(三代)의 사관(史官)들의 기록을 가지고 공자가 편찬한 것으로

전해진다. 그러나 가장 뒤의 주서(周書)의 기록은 대부분이 서주시대에 만들어진 것이지만 상서(商書) 이전 시대에 속하는 기록들은 오히려 서주 이후에 만들어진 것이라 여겨지고 있다. 청대 학자들의 고증에 의하여 『서경』은 지금 우리에게 전해지고 있는 『위고문상서(僞古文尚書)』 58편 중 진짜는 금문(今文)12 29편이라고 알려져 있다.

『역경』에서 팔괘(八卦)는 복희씨(伏羲氏)가 만들었으나 그것을 64괘로 발전시킨 것은 주나라 문왕(文王)이고 괘사(卦辭)와 효사(爻辭)는 문왕 또는 주공이 썼다고 알려지고 있다. 『역경』은 주나라에 들어와 쓰기 시작한 점책이다. 64괘에 달린 괘사와 효사를 근거로 점을 칠 적의 길흉(吉凶)을 판단했던 것이다. 이상이 『역경』의 경문인데, 후세에 이 역점(易占)의 원리를 해설한 십익(十翼)이라 부르는 10편의 글이 보태져 『역경』을 옛날의 철학책이라 여기고 공부하는 경향도 생기게 된 것이다.

그런데 유가의 기본 경전인 이들 '삼경'도 대체로 서주시대에 주공에 의하여 그 바탕이 만들어진 것임이 분명하다. 한 편 이들 '삼경'은 중국 전통문화와 학술 사상의 바탕이 되고 있다. 중국의 전통문화가 '한자문화'로 발전하게 된 바탕도 여기에 있는 것이다. 보기로 이 중에서 『서경』의 경우를 들어 이들 중국 최초의 책이 주공과 특히 밀접한 관계가 있음을 드러내 보이려고 한다.

『서경』은 일반적으로 요(堯)임금·순(舜)임금과 하(夏)·상(商)·주(周) 세 왕조 삼대(三代)의 사관(史官)들의 기록을 공자가 정리하여 편찬한 것이라 말하고 있다. 그런데 대부분의 학자들이 그 중에서도 주서(周書)의

---

12 금문: 『서경』 중에서도 주서의 「대고(大誥)」에서 「고명(顧命)」에 이르는 12편이 서주 때에 이루어진 가장 오래된 글이라고 한다.

「대고(大誥)」·「강고(康誥)」·「주고(酒誥)」·「자재(梓材)」·「소고(召誥)」·「낙고(洛誥)」·「다사(多士)」·「무일(無逸)」·「군석(君奭)」·「다방(多方)」·「입정(立政)」·「고명(顧命)」의 12편이 가장 오래된 서주(西周) 초기에 만들어진 글이라 보고 있다. 따라서 그 나머지 상서(商書)를 비롯한 그 이전 시대의 기록이라는 것은 모두가 반대로 서주 이후에 만들어진 것들이라는 것이다. 그리고 이 주서의 12 편은 모두가 금문(今文)[13]에 속하는 것이고 또 주공과 직접 관계가 있는 기록이어서 서주 초기의 역사자료 가치로서도 매우 귀중한 것들이다.

이들 내용을 보면 특히 「대고」는 주공이 임금 성왕을 도와 동쪽 지방을 정벌하게 된 대의(大義)를 천하에 밝히고 있는 글이다. 「강고」는 주공이 동쪽 지방을 정벌한 뒤에 그의 아우 강숙(康叔)을 위(衛)나라에 봉하면서 훈계한 것이다. 「주고」와 「자재」는 주공이 임금의 명을 받들어 강숙에게 훈계한 내용이며, 대략 「강고」와 비슷한 시기에 지어졌을 것이다. 「소고」는 성왕이 낙읍(洛邑)을 건설하기 위하여 먼저 소공(召公) 석(奭)을 보내어 그곳의 지리적인 조건을 살피도록 하였는데, 뒤에 소공이 직접 살핀 결과를 주공을 통하여 성왕에게 아뢴 내용이다. 다시 「낙고」는 낙읍의 건설을 완성한 다음 주공이 낙읍을 창건한 시대적인 중요성을 널리 공포한 내용이다. 「다사」는 낙읍의 건설을 마친 뒤 주공이 여러 은나라 백성들을 더 낙읍으로 옮겨와 살도록 하고는 그들

---

13 漢대의 經學에는 今文과 古文의 두 가지가 있었다. 본시 今文이란 漢대에 일반적으로 쓰이던 隸書로 쓴 經書를 말하고, 古文은 秦나라 이전에 쓰던 옛날 글씨체로 쓴 經書를 뜻하였다. 그러나 이 今文과 古文은 글자 뿐이 아니라 經文 자체에도 서로 다른 것이 많아지고 그 解釋에도 차이가 생겨나 學者들이 今文派와 古文派로 갈라지게 되었다. 지금 우리에게는 58편의 『書經』이 전해지고 있으나 그 중 古文이라고 알려진 25편은 後人이 가짜로 만든 것이고 今文으로 알려진 것들 만이 진짜이다.

지도자들을 임금의 명을 빌어 주나라에 잘 따라주도록 달랜 것이다. 「무일」은 성왕이 성장한 뒤에 주공이 나라의 정치를 성왕에게 되돌려 주면서 훈계한 내용이다. 「군석」은 소공이 늙었음을 이유로 벼슬자리에서 물러나려 하자 주공이 만류한 내용이다. 제목의 '석'은 소공의 이름이다. 「다방」은 성왕이 직접 정치를 맡아 하게 된 다음 동쪽의 회이(淮夷)와 엄(奄)나라를 정벌하고 나서 주공으로 하여금 그들을 훈계하도록 한 것이다. 「입정」도 주공이 성왕에게 정치를 올바로 하는 방법을 아뢴 것이다. 「고명」은 주공이 성왕을 모시고 있는 중에 성왕이 죽기에 앞서 대신들에게 뒤를 이을 강왕(康王)을 잘 돌보아줄 것을 부탁한 내용이다. 이들보다 약간 뒤에 이루어진 주서의 「금등(金縢)」편은 완전히 주공의 전설적인 사적을 주공 뒤의 사람이 기록한 내용이다. 그 밖에 가짜인 고문(古文)이라고 지목되는 편들 중에도 「미자지명(微子之命)」·「채중지명(蔡仲之命)」·「주관(周官)」·「군진(君陳)」 같은 것들은 모두가 주공과 관계가 있는 내용들이다. 이를 근거로 본다면 가짜라고 내쳐지는 고문의 글들도 전혀 근거 없이 만들어진 완전한 가짜는 아닌 것도 같다.

이상 살펴본 바와 같이 『서경』은 주공과의 관계가 매우 깊다. 『시경』과 『역경』도 주공과의 관계가 밀접함은 물론이다. 무왕과 관계가 있는 내용의 글은 「목서(牧誓)」와 '가짜 고문' 중의 「태서(泰誓)」·「무성(武成)」 3편이 있으나, 『사기』 노주공세가(魯周公世家)에서 "주공이 무왕을 보좌하면서 「목서」를 지었다."[14]고 말하고 있으니, 역시 주공과의 관계가 매우 깊다고 볼 수 있다. 따라서 『서경』의 주나라 왕조의 역사기

---

14 周公佐武王, 作「牧誓」.

록은 완전히 주공의 활동이 중심을 이루고 있다고 하여야 할 것이다.

또 하나 눈길을 끄는 것은 「강고(康誥)」·「주고(酒誥)」·「다사(多士)」 등 편의 본문에 분명히 주공이 한 말이라고 밝히고 있는데도 "임금님이 이렇게 말씀하셨다(王若曰)" 또는 "임금님이 말씀하셨다(王曰)" 하고 주공의 말을 인용하고 있다는 것이다. 필자는 『서경』을 번역하면서 그런 경우에 "왕명으로 이렇게 말하였다" 또는 "왕명으로 말하였다" 하고 옮겼다. 「낙고(洛誥)」나 「입정(立政)」처럼 임금이나 특정 인물을 상대로 말하는 경우에만 "주공이 말하였다(周公曰)" 또는 "공이 말하였다(公曰)" 하고 그의 말을 인용하고 있다. 주공 밑의 사람들은 많은 경우 주공을 '왕'과 같은 존재로 보고 존경하고 있었기 때문에 주공의 말을 인용하면서 "왕약왈(王若曰)" 또는 "왕왈(王曰)"이라 말한 것이 아닐까 하는 생각이 든다.

『서경』의 상서(商書) 속에는 주나라 초기의 작품이라 생각되는 「서백감려(西伯戡黎)」와 「미자(微子)」의 두 편이 있는데 앞의 '서백'은 바로 문왕이다. 이 편은 은나라의 신하가 주(紂)임금에게 문왕이 여(黎)나라를 친 활동을 아뢴 내용이다. 그런데 주서의 「강고(康誥)」에는 다음과 같이 문왕이 미리 천하를 다스리라는 하늘의 명을 받았음을 다음과 같이 기록하고 있다.

"업적이 하나님에게 알려지자 하나님은 훌륭하게 여기시고 문왕에게 크게 하늘의 명을 내리시어 은나라를 쳐 멸하게 하시니, 그 하늘의 명을 잘 받드셨다."**15**

---

**15** 聞于上帝, 帝休, 天乃大命文王, 殪戎殷, 誕受厥命.

『서경』에는 이처럼 주나라가 은나라를 쳐부수고 천하를 맡아 다스리라는 하늘의 명을 무왕에 앞서 문왕이 이미 받았다는 기록이 여러 곳에 보인다. 이런 문왕의 영예를 마련하여 요(堯)임금·순(舜)임금·하(夏)나라를 세운 우(禹)임금·상(商)나라를 세운 탕(湯)임금과 함께, 주나라를 세운 무왕뿐만이 아니라 그의 아버지인 문왕까지도 성인이라고 추거 올릴 수 있는 사람은 분명히 주공 밖에는 있을 수가 없다.

『시경』에는 문왕의 덕을 칭송한 작품이 특별히 많다. 대아(大雅)의 「문왕(文王)」·「대명(大明)」·「면(緜)」·「역복(棫樸)」·「사제(思齊)」·「황의(皇矣)」·「영대(靈臺)」·「문왕유성(文王有聲)」, 주송(周頌)의 「청묘(淸廟)」·「유천지명(維天之命)」·「유청(維淸)」·「아장(我將)」 등 무척 많다. 반대로 진짜 주나라를 세운 임금인 무왕(武王)의 덕을 읊은 시는 무척 적다. 심지어 성왕(成王)보다도 관심이 더 적은 것 같이 느껴진다.

『시경』에는 문왕 때 이미 주나라가 하늘의 명 곧 천명(天命)을 받았다고 힘주어 노래한 곳이 여러 군데 있다. 보기를 몇 구절 들어 본다.

> 문왕께선 하늘 위에 계시는데
> 아아, 하늘에 뚜렷하시네. ─
> 주나라 임금 매우 밝게 나라 다스리시니
> 하늘의 명이 제때에 내려진 것이네.
>
> 文王在上, 於昭于天. ─
> 有周不顯, 帝命不時.   -大雅 「文王」

> 하늘로부터 명이 내려졌으니,

이 문왕에게 명하시어

주나라에 도읍을 마련하고 다스리도록 하셨네.


有命自天, 命此文王,

于周于京.  - 大雅「大明」


하늘이 문왕에게 이르셨네.—

하늘의 법도를 따르라!


帝謂文王,—順帝之則.  - 大雅「皇矣」


문왕께서 하늘의 명을 받으시어

무공을 세우셨네.


文王受命, 有此武功.  - 大雅「文王有聲」


하늘의 명은

아름답기 그지없네.

아아, 밝기도 해라,

문왕의 덕의 순수함이어!


維天之命, 於穆不已.

於乎不顯, 文王之德之純.  -周頌,「維天之命」

그래서 후세 사람들은 문왕은 천하를 다스리라는 하늘의 명을 받았으나 바로 뒤에 죽었기 때문에 아들 무왕이 하늘의 명을 받들어 은나라를 쳐부수게 되었다고 말하고 있다. 하늘이 전지전능하시다는 것을 생각할 때 말도 안 되는 주장인 것도 같다. 어떻든 이렇게 된 것은 아버지 문왕을 특히 높이 내세우려고 한 주공의 뜻이라고 보아야만 할 것이다.

성인(聖人)은 본시 완전한 덕을 지니어 하늘의 명을 받아 나라를 세우고 덕으로 천하를 다스린 사람들이었다. 그런데 으뜸으로 치던 요(堯)임금·순(舜)임금·우(禹)임금·탕(湯)임금과 문왕(文王)·무왕(武王)의 성인 가운데 주나라 문왕만이 한 왕조를 처음으로 세운 사람이 아니다. 그는 주나라를 세운 무왕의 아버지이다. 문왕은 주공의 아버지이기도 하다. 이처럼 주나라의 성인으로 무왕 위에 문왕을 덧붙이어 문무(文武)라 말하게 된 것은 주공이 그렇게 만들어 놓은 것이라 보는 수밖에 없다. 『효경(孝經)』에도 이런 대목이 보인다.

"아버지를 높이 모시는데서는 하늘에 짝지어드리는 것보다 더 위대한 일이 없는데, 주공이 바로 그러한 일을 하신 분이다. —문왕을 명당(明堂)에 모시어 제사지내드림으로써 하나님과 짝이 되게 하셨다. —성인의 덕에서 또 무엇이 효도보다 더하겠느냐?"[16]

주공은 아버지 문왕에 대한 효도를 극진히 다하면서 힘써 문왕의 덕을 높이고 문왕이 주나라가 누린 하늘의 명을 받은 분이라고 칭송

---

[16] 嚴父莫大於配天, 則周公其人也. —宗祀文王於明堂, 以配上帝. —夫聖人之德, 又何以加於孝乎?

한 것이다. 무왕은 주공의 형이지만 은나라를 칠적에 주공 자신이 크게 도와주었고 그 뒤로 천하를 다스린 공로는 주공이 무왕보다도 훨씬 더 많으며 덕에서도 주공보다 별로 뛰어난 것이 없다. 그러므로 『시경』에는 무왕과 관련된 시가 많지 않고, 또 주나라의 성인을 얘기할 적에는 자기 아버지를 위에 올려놓고 문무(文武)라 말하게 되었다고 보는 것이다.

그리고 『예기(禮記)』·『의례(儀禮)』·『주례(周禮)』는 훨씬 뒤의 동주(東周) 이후에 만들어진 책임이 분명하다. 그러나 거기에 쓰인 예의제도 및 정치사회제도는 대체로 주공에 의하여 바탕이 만들어진 것이라 보아야 한다. 그리고 공자의 유학은 주공의 사상을 바탕으로 발전한 것이다. 이런 위대한 업적 때문에 후세에 가서는 주공과 함께 공자는 천하를 다스리는 황제가 되지 못하였음에도 불구하고 '성인'으로 떠받들게 된다.

주나라는 은나라의 문화와 제도를 이어받아 발전시켰지만, 이들 두 나라의 성격은 매우 다르다. 『예기』 표기(表記)를 보면 이런 말을 하고 있다.

"은나라 사람들은 신을 존중하여 백성들을 이끌고 신을 섬기며 귀신을 앞세우고 예는 뒤로 미루었다."

"주나라 사람들은 예를 존중하고 베푸는 일을 중히 여겼다. 귀신을 섬기고 신을 공경하되 그것들을 멀리 하였다."

은나라 사람들은 미신적인 경향이 많은데 비하여 주나라 사람들은 보다 현실적이었다. 같은 책에 이렇게 비판하는 대목도 있다.

> "은나라 사람들은 예를 함부로 쓰지는 않았고 … 주나라 사람들은 백성
> 들에게 예를 강요하며 신을 지나치게 섬기지는 않았으나 상벌과 작위와
> 형벌이 번거로워졌다."

주나라 사람들은 냉정하여 예의제도를 통하여 중국의 통치를 튼튼
히 하려 하였음이 분명하다. 보다 합리적이기 때문에 정치제도 등이
은나라의 것을 바탕으로 하면서도 더욱 완비되었다. 주나라에 와서는
은나라에서 이어받은 여러 신에 대한 신앙과 조상 숭배 사상 등이 더
욱 정비되었다. 그들이 중시하던 점은 복사(卜辭)를 남긴 거북점에서
『역경』을 바탕으로 치는 역점(易占)으로 발전하였다. 이런 흐름에 따라
문자의 기록자로는 신과 관계가 깊은 무(巫)·축(祝)보다도 인간사회와
관련이 많은 사(史)가 더욱 존중받는 경향으로 발전하였다. 임금이나
귀족들이 죽었을 때 죽은 이와 관련이 각별하였던 살아있는 사람들을
함께 무덤의 땅속에 묻는 순장(殉葬)제도를 없앤 것도 주나라 사람들의
합리적인 성격을 말해준다고 볼 수 있다.

이를 바탕으로 도읍을 낙읍으로 옮긴 바로 뒤의 춘추시대에는 공자
가 나와 유학(儒學)을 이룩하고 중국의 학술과 사상을 발전시키게 된
다. 그리고 전국시대에는 수많은 제자백가(諸子百家)가 나와 중국 학술
사상의 꽃을 피운다. 어떻든 중국 전통문화의 바탕은 서주 초기에 주
공을 중심으로 이루어졌고, 다시 공자가 그것을 계승하여 유학을 창
시함으로써 중국의 전통문화는 꽃을 피우게 되는 것이다.

때문에 맹자(孟子, B.C. 372~B.C. 289)에 와서는 주공까지도 성인이라고

높이 받들게 되었다. 『맹자』를 보면 진가(陳賈)라는 사람이 맹자에게 "주공이란 어떤 사람입니까?" 하고 묻자 "옛날 성인이시지요." 하고 잘라 말하고 있다.[17] 그리고 주나라를 크게 발전시킨 문왕·무왕과 함께 주공의 공로에 대하여 다음과 같은 말도 하고 있다.

"문왕은 백성들을 마치 다친 사람 돌보아주듯이 대하였으며 올바른 도(道)를 보기를 그것을 구경한 일이 없는 듯이 하였다. 무왕은 가까운 사람들을 소홀히 대하지 않고 소원한 사람들을 잊는 일도 없었다.

주공은 하나라 우(禹)임금과 상나라 탕(湯)임금 및 문왕과 무왕의 업적을 아울러 이 네 분들의 이룬 일을 모두 행하려 하셨다. 그 가운데 자기 일에 맞지 않는 것이 있으면 하늘을 우러르며 생각하되 밤에도 자지 않고 계속하다가 다행히도 터득하는 것이 있게 되면 그것을 실행하려고 앉은 채로 날이 밝기를 기다렸다."[18]

맹자는 주공의 공덕을 우·탕·문왕·무왕 등의 성인과 나란히 하여 설명하면서, 오히려 무왕보다 더 위대한 인물인 듯이 말하고 있다. 어떻든 주공을 성인으로 받들어 모시는 가장 중요한 원인은 주공이 '삼경(三經)'이라는 중국의 가장 중요한 최초의 책을 만들게 하여 중국전통문화의 바탕을 마련한 공로 때문이라고 하여야 할 것이다.

---

**17** 『孟子』公孫丑 下.
**18** 『孟子』離婁 下; "文王視民如傷, 望道而未之見. 武王不泄邇, 不忘遠. 周公思兼三王, 以施四事. 其有不合者, 仰而思之, 夜以繼日, 幸而得之, 坐而待旦."

## (2) 중국 전통문화의 발전-낙양(洛陽), 동주(東周)시대(B.C. 771~B.C. 250)

### ① 공자(孔子)·노자(老子)·묵자(墨子)의 출현-춘추(春秋)시대(B.C. 771~B.C. 404)

도읍을 낙양으로 옮긴 동주(東周) 시대에는 천자의 위세가 약해지고 그 아래 제후(諸侯)와 대부(大夫)들의 세력이 강해져서, 제후와 대부들이 천자는 무시하고 자기들끼리 서로 싸우면서 자기의 영역과 세력을 키우기에만 힘써서 세상의 다스림은 무척 어지러웠다. 그러나 한 편 이 통치력의 약화는 능력이 있고 지식이 있는 이들에게는 보다 자유롭게 활동할 분위기를 마련해주게 되어 새로운 학술문화가 발전하게 된다. 그 중에서도 가장 중요한 인물이 어짊(仁)과 의로움(義)의 윤리사상을 중심으로 하여 새로운 유학(儒學)을 창시한 공자(孔子, B.C. 551~B.C. 479)[19] 와 무위자연(無爲自然)의 사상을 바탕으로 하여 도가(道家)의 바탕을 마련한 노자(老子, B.C. 571?~?)와 모든 사람들이 다 같이 다른 사람들을 똑같이 위해 주고 사랑해야 한다는 겸애(兼愛)의 사상을 바탕으로 하여 묵가(墨家)를 창시한 묵자(墨子, B.C. 469?~B.C. 381?)이다. 이들의 학문과 사상이 더욱 발전하면서 전국시대(戰國時代)에 가서는 이른바 제자백가(諸子百家)를 비롯하여 여러 학자들이 나와 중국의 학술과 사상을 본격적으로 발전시키게 된다.

유교의 창시자인 공자는 기원전 551년 노(魯)나라 창평향(昌平鄕) 추읍(陬邑, 지금의 山東省 曲阜 남쪽 22킬로미터 지점)에서 태어났다. 그는 숙량흘(叔梁紇)이라는 나이 많은 남자와 안징재(顔徵在)라는 젊은 여자의 '야합(野

---

**19** 김학주 저, 『공자의 생애와 사상』, 명문당, 2003, 증보판.

殷)'의 소산이었다.[20] 이 '야합'이 무엇을 뜻하는지 확실히 알 수는 없으나 정상적인 남녀의 결합이 아닌 것만은 분명한 사실이다.

공자의 조상들은 본시 은(殷)나라 왕족이었다. 공자 스스로 "나는 은나라 사람이다."[21]라고 말하고 있다. 그리고 공자가 태어나 살던 노(魯)나라도 주나라 이전에는 엄(奄) 또는 상엄(商奄)이라 부르던 은(殷)의 육족(六族)이 살고 있던 고장이었다.[22] 그리고 반경(盤庚)임금이 도읍을 은(殷)으로 옮기기 바로 전까지는 은나라의 수도여서 은나라 문화의 중심지의 하나였다. 따라서 주나라 주공(周公)이 동쪽지방 정벌을 할 적에는 정벌의 주요 목표지역의 한 곳이기도 하였다.

주나라가 은나라를 멸한 뒤에는 그들 조상의 제사를 받들게 하기 위하여 은나라 주(紂)임금의 서형인 미자(微子)를 송(宋)나라에 봉하였다. 미자 뒤로 5대의 송나라 임금이 민공(公)인데 그의 다음 대로부터 공자의 조상은 송나라의 임금 집안 족보에서 벗어난다. 그러나 공자의 조상들은 송나라의 귀족으로 지내오다가 공자의 증조부 때에 노나라로 옮겨와 살게 된다. 노나라는 주나라의 예의제도를 마련한 주공의 아들 백금(伯禽)을 봉한 곳이며 앞에서도 이미 말한 바와 같이 은 민족의 본거지여서 은나라의 문화 특히 은나라의 예가 잘 보존되고 있는 고장이었다. 공자는 이처럼 은나라 왕손이며 송나라 임금의 후손이지만 가난한 집안의 두 부모의 '야합'에 의하여 노나라에 태어났다. 공자의 대에 와서는 집안이 몰락하여 무척 가난하였지만 그래도 은나라 임금의 자손이어서 은나라 문화의 전승자로 자처하고 있었던 것

---

20 『史記』孔子世家.
21 『禮記』檀弓 下: "丘也, 殷人也."
22 『左傳』定公 4년 참조.

같다. 『논어』**23**에는 이런 말이 보인다. 공자가 광(匡)이라는 고장에서 위기에 처했을 적의 일이다.

"문왕께서 돌아가신 뒤로 문화가 여기에 전해져 있지 아니한가? 하늘이 이 문화를 없애려 하셨다면 후세에 나온 내가 이 문화에 참여할 수가 없었을 것이다. 하늘이 이 문화를 없애려 하지 않고 계신데, 광(匡)사람들이 나를 어찌할 수가 있겠느냐?"**24**

공자는 주나라 문왕(文王)으로부터 이어져 내려온 주나라 문화의 계승자로 자처하고 있는 것이다. 『논어』에서 공자의 제자인 자공(子貢)은 스승의 학문의 근원에 대하여 이렇게 말하고 있다.

"문왕과 무왕의 도가 아직 땅에 떨어지지 않고 사람들에게 남아 있어, 현명한 사람은 그 중 큰 것을 알고 있고 현명하지 않은 사람도 그 중 작은 것을 알고 있으니, 문왕과 무왕의 도를 지니지 않은 이가 없는 것입니다. 선생님께서 어떤 것인들 배우지 않으셨겠습니까?"**25**

곧 공자의 학문은 세상에 전해지고 있는 주나라 문왕과 무왕의 도를 종합하고 그것을 다시 정리하여 완성시킨 것이라는 뜻이다. 그것은 공자가 은나라 임금의 자손이어서 은나라가 망한 뒤에도 은나라

---

23  김학주 역주 『논어』, 제2 전정판, 서울대학교 출판부, 2007 발행, 참조.
24  『論語』 子罕; 文王旣沒, 文不在茲乎? 天之將喪斯文也, 後死者不得與於斯文也, 天之未喪斯文也, 匡人其如予何?
25  『論語』 子張: 文武之道, 未墮於地, 在人, 賢者識其大者, 不賢者識其小者, 莫不有文武之道焉. 夫子焉不學?

문화에 대한 희망과 책임감을 스스로 지니고 있었고, 그 은나라 문화를 문왕과 무왕의 도를 바탕으로 하여 이 세상에 다시 살려내려 하였음을 뜻한다.

후스(胡適, 1891~1962)는 「설유(說儒)」라는 논문[26]에서 '유'는 은나라의 사(士)에 속하던 유민 중의 한 계층이며, 그들은 은례(殷禮)의 보존자였다고 하였다. 문화 수준이 낮은 주나라가 은나라를 힘으로 정복한 뒤에 무엇보다도 은나라의 예의제도를 배울 필요가 있어서, 주나라에서는 은나라의 유민 중 특히 '유(儒)'에 속하는 사람들은 보호해주어 뒤에 공자의 유가가 발전할 수 있었다는 것이다. 공자는 은나라 황실의 후손이어서 은나라 문화를 계승 발전시킨 문왕과 무왕의 도를 바탕으로 하여 유학을 완성시킨 것만은 사실로 받아들여야 할 것이다.

앞에서 자공이 "문왕과 무왕의 도"라고 하였지만 실상 그것은 주공(周公)이 은나라의 것을 바탕으로 하여 새로 정비한 예악제도(禮樂制度)를 뜻하는 말이다. 주공이 주나라 초기의 예악제도를 마련하였음은 이미 앞에서 논한 바가 있다. 따라서 공자는 주공이 마련한 예악제도를 바탕으로 어지러운 그 시대의 사회를 올바로 이끌 사상을 정립하였다. 주공이 바탕을 마련해 놓은 『시경(詩經)』·『서경(書經)』·『역경(易經)』을 다시 손질한 위에 『춘추(春秋)』를 저술하고 『예경(禮經)』과 『악경(樂經)』을 보태어 육경(六經)을 편정(編定)하여 사람들이 반드시 읽고 공부해야 할 유가의 경전으로 삼았다. 따라서 뒤에 만들어진 『주례(周禮)』와 『의례(儀禮)』·『예기(禮記)』 등 유가의 경전들도 그 기반은 모두 그때 함께 마련된 것이다. 이때의 주공이 마련한 예악제도란 주나라가 만들

---

**26** 『胡適文存』 제4집 권1에 실려 있음.

어 놓은 천하를 강력하게 장악하고 지배하기 위하여 마련한 정치 사회에 관한 제도와 사상이다. 따라서 이를 바탕으로 발전한 공자의 유가사상은 한(漢)나라 무제(武帝, B.C. 156~B.C. 87 재위) 이후 2천 년의 중국 역사를 통하여 봉건전제 정치를 뒷받침하게 된다.

유안(劉安, B.C. 179~B.C. 122)의 『회남자(淮南子)』에서도 이런 말을 하고 있다.

> "공자는 주나라의 도를 닦고 주공의 가르침을 계승하여, 자기 제자들을 가르치고, 그 시대의 의관을 갖추도록 하고, 그들의 전적을 손질하였기 때문에 유학이 생겨났다."[27]

한(漢, B.C. 206~A.D. 220)나라 이후 2000년의 역사를 통하여 중국 봉건 전제 정치와 사회의 윤리를 지배해온 공자의 유학의 바탕은 장안시대를 출발시킨 서주 초에 주공의 주도로 은나라 문화를 기초로 하여 마련되었다. 주공이 마련한 제도를 바탕으로 도읍을 낙양으로 옮긴 동주의 춘추시대에 공자가 나와 유학을 완성하였다. 그리고 전국시대에는 맹자(孟子)와 순자(荀子)라는 대학자가 나와 공자의 유학을 더욱 발전시킨다.

노자는 언제 나서 언제 죽었는지 그의 생애에 관한 자세한 기록이 전해지지 않는다. 그래도 한나라 사마천(司馬遷, B.C. 145~B.C. 86?)이 지은 『사기(史記)』의 노장신한열전(老莊申韓列傳)이 가장 확실한 기록이라고 모든 사람들이 믿고 있다. '노장신한'이란 노자·장자(莊子)·신불해(申不

---

**27** 『淮南子』 권21 要略.

害)·한비자(韓非子)의 네 사람을 뜻하며, 노자의 전기는 이들의 전기와 함께 한 편으로 묶여 있는 것이다. 이 밖에도 후세 도가와 도교의 저서 속에는 노자에 관한 전설들이 많이 기록되어 있으나, 이것들은 모두 믿을 수가 없는 얘기들이다. 노자의 생애에 관한 기록으로 가장 신빙성이 있는 것이 『사기』이나, 실상은 『사기』의 기록에도 많은 문제가 있다. 그러나 우리가 의지할 수밖에 없는 것은 『사기』의 기록이다. 아래에 『사기』에 실려 있는 노자의 생애에 대하여 쓴 전기의 앞부분만을 소개한다.

"노자는 초(楚)나라 고현(苦縣) 여향(厲鄕) 곡인리(曲仁里) 사람이다. 성은 이(李)씨이고, 이름은 이(耳), 자는 담(聃)이라 하였다. 주(周)나라 왕실의 수장실(守藏室)의 사(史)**28**를 지냈다.

공자는 주(周)나라로 가서 노자(老子)에게 예(禮)에 관하여 가르침을 청한 일이 있다. 그때 노자가 말하였다.

'당신이 말하고 있는 예라는 것은 그것을 만들어 놓은 사람의 뼈조차도 이미 다 썩어빠진 낡은 것이오. 오직 그에 관한 말만이 남아 있지요. 또 군자란 때를 잘 만나면 바로 수레를 타고 나가 일을 하고, 때를 만나지 못하면 곧 쑥대가 바람에 불리듯 되는 대로 행동하는 법이오. 내가 듣건대 훌륭한 장사꾼은 물건을 깊숙이 저장해 두고 가게는 텅 빈 듯이 하여 놓으며, 군자는 훌륭한 덕을 쌓고 있으면서도 겉 모습은 어리석은 듯이 보인다고 하였소. 당신의 교만한 기운과 많은 욕망 및 그럴싸한 겉 모양과 지

---

**28** 守藏室은 周나라 天子의 궁전 안에 있는 도서관이다. 그리고 史는 그 守藏室을 관리하는 관리이다.

**사마천의 초상**

나친 뜻을 속히 버리시오. 이런 것들은 모두가 당신 자신에 아무런 이익도 되지 않소. 내가 당신에게 얘기해줄 수 있는 것은 오직 이것뿐이오!'

공자는 그곳에서 돌아와 제자들에게 말하였다.

'나는 새가 날아다닌다는 것을 알고 있다. 물고기는 헤엄을 잘 친다는 것을 알고 있다. 짐승은 잘 달린다는 것을 알고 있다. 그러니 뛰어다니는 놈은 그물로 잡고, 헤엄쳐 다니는 놈은 낚시로 잡고, 날아다니는 놈은 주살(화살)로 잡을 수가 있다. 그러나 용에 대해서만은 나는 아무것도 모른다. 용은 바람과 구름을 타고 하늘을 날아다닌다고 한다. 나는 오늘 노자를 만났는데 그는 마치 용과 같은 사람이었다.'

노자는 도(道)와 덕(德)을 닦아, 스스로 숨어서 이름이 드러나지 않도록 힘쓰는 데에 그의 학문의 목표를 두었다. 주나라에 오랜 동안 있다가 주나라가 쇠약해지는 것을 보고는 곧 그곳을 떠나 관(關)[29]으로 갔다. 그 관을 지키고 있던 윤희(尹喜)라는 사람이 노자에게 말하였다.

'선생님께서는 숨으려 하고 계시는데 억지로라도 저를 위하여 책을 써 주십시오.'

이에 노자는 상하(上下) 두 편으로 나누어 도(道)와 덕(德)의 뜻을 논한

---

**29** 關은 지금의 陝西省 寶雞縣 서남쪽에 있는 散關이 아니면, 河南省 靈寶縣 남동쪽에 있는 函谷關일 것이다(裴駰·司馬貞·張守節 등의 『史記』注 의거).

5,000자(字)의 책을 지어 놓고 그곳을 떠났다. 그가 어디로 가서 일생을 마쳤는지는 아무도 알지 못한다.

어떤 사람은 말하기를 노래자(老萊子)도 역시 초나라 사람이었는데, 15편의 책을 지어 도가의 기능을 논하였고, 공자와 같은 시대 사람이었다고도 한다.

노자는 160여 세를 살았다고도 하고, 혹은 200여 세를 살았다고도 하는데, 그가 도를 닦아 수명을 보양하였기 때문일 것이다. ─

이이(李耳)는 의식적인 행동을 하지 않고 무위(無爲)함으로써 스스로 변화해 갔고, 맑고 고요함으로써 스스로 올바르게 지내던 사람이었다."

노자의 저서인 『노자』는 도경(道經)과 덕경(德經)의 상하편(上下篇)으로 이루어져 있어 『도덕경(道德經)』이라고도 부른다. 도(道)와 덕(德)의 사상을 바탕으로 하여 새로운 도가사상을 전개시킨 것이다. 그가 말하는 '도'란 우주와 모든 존재의 근원이어서, 하늘과 땅 사이의 모든 것은 '도'를 바탕으로 하여 존재하고 있다고 한다. 따라서 '도'란 사람들의 지성의 한계를 초월한 절대적인 것이다. 노자의 학문과 사상은 '도'에 관한 추구가 그 중심을 이루고 있기 때문에 그의 학파를 도가(道家)라 하고 그들의 사상을 '도가사상'이라고 부르게 된 것이다.

덕(德)은 이 도가 인간세계에 작용하여 어떤 것으로 드러나는 것이다. 노자의 도는 사람들의 이성을 초월하는 것이기 때문에 그 도가 인간세계에 작용하여 '덕'으로 드러날 적에도 그것은 사람들의 지각이나 상식을 초월하는 것일 수밖에 없다. 공자의 '덕'은 사람을 통하여 발휘되는 올바르고 훌륭한 효능을 뜻하지만 노자의 '덕'은 사람들의 올바르다 또는 훌륭하다는 판단을 초월하는 것이다. 노자는 사람들의 올바르다 그르다는 판단이나 그런 것을 추구하는 의식적인 행위 자체가 '도'에 어긋나는 행위라 생각하였다. 어떤 의식적인 행동도 하지 말고 자연스럽게 지내야 한다는 무위자연(無爲自然)의 사상은 이를 바탕으로 발전한 것이다. 그러나 그의 「덕경」에는 이와는 정반대되는 성격의 도술(道術)을 바탕으로 한 여러 가지 술법(術法)을 논한 대목들도 눈에 띈다. 이를 바탕으로 뒤에 법가(法家)와 병가(兵家)가 나와 또 다른 성격의 그들 사상을 발전시키게 된다. 이것은 노자의 나라인 초(楚)는 남만(南蠻)의 오랑캐 취급을 받던 나라로 춘추시대 이후 북쪽 한족(漢族)의 여러 나라들을 상대로 어려운 싸움을 이어가던 나라이다. '도'를 바탕으로 무위(無爲)를 주장하던 노자도 자기가 태어나 살고 있는 조국의 처지 때문에 이러한 여러 가지 '술법'을 연구하여 나라를 다스리는 사람들을 도왔을 것이다.

그러나 위대한 사상가인 노자는 그의 생애조차도 확실치 않다. 그는 특히 사회로부터 숨어 산 인물이기에 그러하였을 것이다. 그러나 바로 뒤 전국시대에는 장자(莊子, ?~B.C. 275?)라는 뛰어난 사상가가 나와 노자의 도가사상을 더욱 발전시킨다. 따라서 지극히 현실적인 문제만을 추구하는 유가사상이 지배해 온 세상에 살아온 중국 사람들에게 현실을 뛰어넘는 보다 원대한 생각을 가지고 또 다른 가치를 추구하면서 여유 있게 살 수 있도록 해준 것이 도가사상이다. 그리고 후세에 가서는 도가사상에 생겨난 신선사상(神仙思想)을 바탕으로 하여 도교(道敎)가 발전한다. 따라서 노자에 대한 이해에는 후세로 가면서 더욱 신묘(神妙)한 성격이 보태어진다. 그리고 노자가 지었다는 『도덕경』이라고도 부르는 『노자』는 중국에 널리 읽히는 책이 된다.

묵자(墨子, B.C. 501?~B.C. 416?)는 묵가(墨家)의 창시자로 은(殷)나라 후손

이 봉해진 송(宋)나라 사람이다. 춘추(春秋)시대 말엽에서 전국(戰國)시대에 이르는 시기에는 유가(儒家)의 창시자인 공자(孔子)와 함께 제자(諸子) 중에서도 가장 두드러진 사상가였다. 그는 어지러운 세상을 두려워하지 않고 자신을 희생하며 열심히 사랑·평등·평화의 개념을 바탕으로 낮은 지위의 사람들, 천한 신분의 사람들, 낮은 계층의 사람들의 입장을 대변한 중국 역사상 가장 독특한 사상가요 활동가였다. 공자의 유가(儒家)가 봉건지배계급의 입장을 대변하는 사상이라면, 묵자는 낮은 피지배계급인 서민들의 입장을 대변하는 사상가였다.

묵자가 주장한 겸애(兼愛)의 사상은 모든 사람들이 너와 나의 구별 없이 서로 사랑하고 서로 돕는 것을 뜻한다. 남을 자기 자신처럼 사랑하고, 남의 부모나 형제를 자기 부모나 형제처럼 사랑해야 한다는 것이다. '겸애'라는 절대적인 사랑이 시행되는 사회에는 핏줄이나 '계급'을 바탕으로 한 사람들 사이의 차별이 있을 수가 없다. 묵자가 살았던 시대는 봉건주의 사회여서, 노예(奴隷)·서민(庶民)·사대부(士大夫)·후왕(侯王)으로 구성되는 사회계급이 엄격히 구분되던 때였다. 그리고 이 사회계급은 모두 타고나는 것이었다. 이런 사회에서 '겸애'의 사상을 내세운다는 것은 곧 계급의 부정과 봉건지배의 부정을 뜻한다. 따라서 묵자는 반봉건적인 사상가였고, 봉건지배계급의 입장에서 보면 위험하기 짝이 없는 혁명을 주장하는 존재였다.

묵자는 하늘을 믿으며, 사람들은 하늘의 뜻을 따라야 함을 강조하였다. 하늘의 뜻이란 하늘이 온 세상 모든 사람들에게 똑같이 햇볕을 비춰주고 비와 이슬을 내려주는 것을 말한다. 사람들은 그처럼 착한 사람 악한 사람도 가릴 것 없이 모든 사람들을 똑같이 사랑하고 이롭게 해주어야 한다는 것이다. 그의 사상은 낮고 가난한 서민들을 위하려는 것이기 때문에, 그가 주장하는 '사랑'에는 언제나 상대방을 '이롭게 해주어야 한다'는 조건이 따라붙고 있다. 실질적으로 이롭게 해주는 것이 없는 관념적인 사랑은 아무런 소용도 없는 것이다. '사랑'의 개념에 문제가 있기는 하지만 어떻든 그의 사상은 결국 인류생활에서의 사랑·평등·평화의 철학으로 귀착된다.

그는 '겸애' 이외에도 '모든 사람이 생활비용을 절약하며 검소히 살고 부지런히 일해야 하고(節儉)', '남의 나라를 공격하는 전쟁을 해서는 안 되며(非攻)', '장례는 되도록 간소하게 치러야 하고(節葬)', '사치스러운 음악을 즐기는 일을 해서는 안 되며(非樂)', '운명(運命) 같은 것을 믿어서는 안 된다(非命)'는 등 유가사상 또는 봉건지배계급의 이익에 어긋나는 피지배계급, 곧 백성들의 입장을 대변하는 주장을 폈다.

따라서 묵가는 남을 위해서 자신은 어렵게 지내면서도 자기네 학파의 주장을 철저히 실천한 사람들이었다. 이것은 하늘에 대한 신앙을 바탕으로 한 종교집단이 아니면 하기 어려운 일이다. 그가 직접 사랑·평등·평화를 얘기하지는 않았지만, 그의 겸애(兼愛)·근검(勤儉)·비공(非攻) 등의 사상은 현대적인 표현으로 그렇게 요약될 수도 있는 내용이다. 그러기에 『장자(莊子)』천하(天下)편을 보면 묵자의 사상을 비판하여 "그의 도(道)는 너무나 각박하다(大觳)"고 하면서도 끝머리에 가서는 또 다음과 같은 칭찬을 아끼지 않고 있다.

"그러나 묵자는 진실로 천하를 사랑한 사람이다. 자기의 도를 추구하여 얻지 못한다면, 비록 자기 몸이 깡마르게 된다 하더라도 그만두지 않을 사람이다. 그는 재사이다!"[30]

『맹자(孟子)』에서도 "묵자는 겸애(兼愛)를 주장하며 모든 사람들이 똑같이 서로 사랑해야 한다고 하니, 이는 자기 아버지도 없는 셈이 된다. 아비도 없고 임금도 없으니, 이는 새나 짐승인 셈이다(滕文公 下)."라고 비판을 하면서도, 한편으로는 역시 다음과 같은 칭찬도 하고 있다.

"묵자는 '겸애'를 주장하여, 머리끝에서 발꿈치에 이르기까지 털이 다 닳아 없어진다 하더라도, 천하에 이로운 일이라면 행하던 사람이다."**31**

그리고 동주시대에는 『맹자』 등문공(滕文公) 하편에 다음과 같은 말이 있을 정도로 묵가사상이 세상에 크게 성행하였다.

"양주(楊朱)와 묵적(墨翟)의 이론은 천하에 가득 차 있으니, 천하의 이론은 양주에게로 귀착되지 않으면 묵적에게로 귀착된다."**32**

『여씨춘추(呂氏春秋)』 유도(有度)편에도 그를 뒷받침하는 이런 기록이 있다.

"공자와 묵자의 제자와 무리들이 천하에 가득 찼다."**33**

그 당시에는 묵자의 학문이 유학과 함께 온 세상에 성행하였다.

---

**30** 天下篇; "雖然墨子眞天下之好也. 將求之不得也, 雖枯槁不舍也. 才士也夫!"
**31** 盡心 上; "墨子兼愛, 摩頂放踵, 利天下, 爲之."
**32** "楊朱墨子之言盈天下, 天下之言, 不歸楊, 則歸墨."
**33** "孔墨之弟子徒屬滿天下."

묵자는 그의 사상을 배척하고 반대하는 학파에서도 무시할 수 없었을 정도로 세상에 성행되었던 위대한 사상가이다. 양계초(梁啓超)가『묵자학안(墨子學案)』[34]에서, 묵자를 겸애(兼愛)·비공(非攻) 등 윤리적인 면에서 본다면 "작은 예수(小基督)"라 할 수 있고, 평등과 절검(節儉) 등을 주장하는 사회사상이나 경제사상면에서 본다면 "큰 카를 마르크스(大馬克思)"라 할 수 있다고 한 점은 재미있는 표현이다.

그러나 그의 생애에 관해서는 우리에게 구체적인 기록이 전혀 전해지지 않고 있다. 한(漢)나라 사마천(司馬遷, B.C. 145~B.C. 86?)의『사기(史記)』를 보더라도 그의 생애에 관한 기록은 권74 맹자순경열전(孟子荀卿列傳) 끝머리에 다음과 같은 짧은 24자의 글이 덧붙여져 있을 뿐이다.


"대체로 묵적은 송(宋)나라 대부(大夫)로서 나라의 방어를 잘하였고 절용(節用)을 주장하였다. 어떤 이는 공자와 같은 때 사람이라 하고, 어떤 이는 그보다 뒤의 사람이라 한다."[35]


전국시대만 하더라도 세상에 그처럼 큰 반향을 일으켰던 묵자였지만, 이미 한나라에 와서는 역사가인 사마천조차도 그에 관하여는 잘 알 수 없는 인물로 변해버렸던 것이다.

그런데『묵자』라는 책을 읽어보면 묵자는 자기가 주장하는 이론의 근거로 자주 공자와 같은『시경(詩經)』·『서경(書經)』본문의 구절을 인용하고 있음에 주의해야 한다. 곧 유가의 학설을 정면으로 반대하는 묵

---

**34** 第三章 墨子之實利主義及其經濟學說.
**35** "蓋墨翟, 宋之大夫, 善守禦, 爲節用, 或曰並孔子時, 或曰在其後."

자도 공자가 유학의 경전으로 '삼경(三經)'이라 하여 중시한 그 당시에 전해지고 있던 책을 똑같이 읽고 공부하였음을 알려주는 것이다. 그 것은 춘추시대에는 이미 당시에 전해지고 있던 책인 『시경』과 『서경』을 읽고 공부하여 자기의 사상체계를 수립하는 지식인들이 생겨났음을 뜻한다. 당시에 책을 읽고 공부한 사람은 공자와 노자·묵자 세 사람에게 한정되는 것은 아니었을 것이다.

춘추시대에 와서 중국의 학술과 사상의 형성과 발전을 앞에서 이끈 노자와 공자 및 묵자라는 세 위대한 사상가의 학문은 제각기 그 시대 문화의 삼대중심지(三大中心地)였던 노자의 초(楚)나라, 공자의 노(魯)나라, 묵자의 송(宋)나라의 특징과 이익을 대표하고도 있다.

먼저 노자는 남만(南蠻)의 지역으로 알려졌던 초나라 출신이다. 이 시대의 한 가지 두드러진 특징은 남쪽 오랑캐 지역이라고 알려졌던 장강(長江) 유역을 중심으로 하는 지방에 초(楚)나라와 오(吳)나라 및 월(越)나라가 일어나 멋대로 나라를 세우고 강성하여졌다는 것이다. 이들은 모두 왕(王)을 참칭(僭稱)하였는데, 특히 초나라는 앞뒤로 45나라를 합병하여 넓은 땅을 차지하고 기회가 있을 때마다 북쪽으로 세력을 확장하여 갔다. 따라서 춘추시대의 전쟁은 겸병전쟁 이외에도 중원의 한족 여러 나라와 새로 일어난 오랑캐 초나라와의 다툼이었던 것 같은 모습도 보여준다. 오나라와 월나라는 자기네끼리 원수가 되어 서로 싸우느라 초나라만큼 중원에 큰 영향을 끼치지는 못하였다. 이때 큰 사건이 일어났다. 그것은 기원전 520년에 주나라 경왕(景王, B.C. 544~B.C. 520 재위)이 죽자 왕자 조(朝)가 왕위를 다투며 반란을 일으키다가 실패하여 4년 만에 자기를 따르던 여러 종족 및 관리들과 함께 왕실에 보존되고 있던 많은 전적(典籍)들을 가지고 초나라로 도망한 사건이다. 이것은 주나라 문화의 대이동을 뜻하는 것이어서, 이 뒤로 초나라는 주나라 왕실을 대신하여 송나라·노나라와 함께 3대 문화 중심지로 변하였다.

노자가 주장하는 무위자연(無爲自然)의 사상이나 유약(柔弱)함을 존중하는 태도는 그대로 중국 남방의 여유가 있고 낭만적인 기질을 대표한다고 할 수 있다. 그러나 그의 저서인 『노자』는 도경(道經)과 덕경(德經)의 상하(上下) 두 편으로 구성되어 있어 『도덕경(道德經)』이라고도 부른다. 상편인 「도경」에서는 노자 사상의 근본이 되는 우주자연의 절대적인 근본원리인 '도'에 관한 해설이 그 중심을 이루고 있다. 때문에 그의 학파를 도가(道家)라고 부르는 것이다. 그런데 '덕'이란 도가 사람을 통해서 발휘되는 것을 말한다. 그리고 노자는 「덕경」에서 '덕'에는 훌륭한 덕인 상덕(上德)과 사람들이 의식적으로 행동할 때 나타나는 하덕(下德)이 있다고 하면서 도술(道術)을 논하고 있다. 도술이란 '하덕'에서는 권모술수(權謀術數)와 통하는 것이므로 여기에서 법가(法家)와 병가(兵家)에 통하는 사상까지도 나오고 있다. 따라서 뒤에 법가와 병가는 『노자』를 바탕으로 하여 발전하게 된다. 이러한 술법(術法)의 응용은 '도'를 바탕으로 하여 '무위자연'을 주장하는 노자의 중심 사상과 모순되는 것이지만, 날로 넓혀지고 있는 자기 나라 땅을 잘 다스리며 북쪽의 한족 여러 나라들과 싸워야만 하였던 초나라의 처지에서는 꼭 필요했던 것이다.

공자는 노(魯)나라 곡부(曲阜) 태생이다. 춘추시대는 천자(天子)의 실권과 위세가 땅에 떨어지고 제후(諸侯)와 대부(大夫)들이 제멋대로 싸우던 어지러운 시대였다. 노나라는 지금의 산둥(山東)지방에 있던 은(殷)민족의 중심지역이었다. 그리고 주공(周公) 단(旦)의 맏아들 백금(伯禽)이 최초의 노공(魯公)으로 봉해진 곳이다. 세상은 혼란하였지만 노나라에는 주나라를 대표할 은나라의 문화가 보존되어 있던 곳이다. 주나라의 문화는 주공이 은나라에서 쓰던 한자(漢字)를 들여와 제례작악(制禮作樂)하여 만들어진 것이기 때문이다. 이런 나라에 유가(儒家)를 발전시킨 공자라는 위대한 사상가가 나왔다는 것은 당연한 일이라 할 수 있다. 『맹자(孟子)』만장(萬章) 하편에 "공자는 성인 중에서도 시대에 적절했던 분이다.(孔子, 聖之時者也.)"라고 평하고 있는 것은, 성인도 시대의 산물임을 뜻하는 말일 것이다. 공자는 사람들과 세상을 올바로 이끌어 주나라 건국 때 주공이 마련한 예악(禮樂)을 바탕으로 하는 봉건체제를 다시 회복하여 평화로운 세상을 만드는 것이 꿈이었다. 어짊(仁)과 의로움(義)를 바탕으로 사람들을 올바른 길로 이끌어 '예악'이 제대로 행하여지는 이상세계를 건설하겠다는 것이다. 따라서 그의 이상은 정치적으로는 봉건지배계급의 입장을 대변하게 된다.

묵자라는 대사상가가 공자보다 약간 뒤늦게 송(宋)나라에서 나왔다. 송나라는 주나라가 은나라를 친 다음 은나라 주(紂)임금의 서형(庶兄)인 미자(微子) 계(啓)를 봉해준 나라이다. 따라서 송나라에는 은나라 유민들이 많이 살고 은나라 문화가 많이 보존되어 춘추시대까지도 천자의 주나라와 공자가 태어난 노나라와 함께 그들 문화의 '삼대 중심지' 중의 한 곳이었다.

송나라는 전쟁에 패배하여 승자에게 지배당하고 있는 나라 백성들의 나라이고, 묵자 자신도 가난하고 낮은 집안 출신이었으므로 지배계급의 입장을 대변하는 공자의 처지와는 전혀 다를 수밖에 없었다. 더욱이 격변하는 춘추시대에는 서민들 중에서도 장상(將相)으로 입신하는 사람들이 나오고, 지주나 대상인으로 부자가 되어 사회에 큰 영향력을 끼치는 사람도 나오는 한편, 많은 귀족들이 서민으로 전락하여 서민의 세력이 확장되어 가고 있던 시기였다. 그러나 세상에는 지배계급보다도 피지배계급(被支配階級)의 어렵게 사는 서민들이 훨씬 많았다. 이러한 시대에 모든 사람들이 다 같이 다른 사람들을 똑같이 서로 위해주고 서로 사랑해야 한다는 겸애(兼愛)의 주장을 중심으로 하여 사회의 계급을 없애려 한 묵자가 나와 묵가(墨家)를 창시한 것은 극히 자연스러운 일이다. 묵자는 공자와는 반대로 당시의 피지배계급의 입장을 대변하는 사상가이다.

묵자가 살았던 시대는 봉건주의 사회여서, 노예(奴隸)·서민(庶民)·사대부(士大夫)·후왕(侯王)으로 이루어지는 사회계급이 엄격히 구분되던 때였다. 그리고 이 사회계급은 모두 타고나는 것이었다. 이런 사회에서 '겸애'의 사상을 내세운다는 것은 곧 계급의 부정과 봉건지배의 부정을 뜻한다. 따라서 묵자는 반봉건적인 사상가였고, 봉건지배계급의 입장에서 보면 위험하기 짝이 없는 혁명을 주장하는 반동적인 존재였다. 묵자는 어지러운 세상을 두려워하지 않고 자신을 희생하며 열심히 사랑·평등·평화의 개념을 바탕으로 낮은 지위의 사람들, 천한 신분의 사람들, 가난한 계층의 사람들의 입장을 대변한 중국 역사상 가장 독특한 사상가요 활동가였다.

이상과 같이 춘추시대에 노나라에 공자가 나와 유가(儒家)를 창설하고, 송나라에는 묵자(墨子)가 나와 묵가(墨家)를 창시하고, 초나라에서는 노자(老子)가 나와 도가(道家)를 발전시킨 것은 우연일 수가 없는 일이다. 이밖에도 이들과 비슷한 시대에 제(齊)나라 환공(桓公, B.C. 685~B.C. 842 재위)을 보좌하여 춘추시대 패왕(霸王)으로 만든 관중(管仲, B.C. 650 전후)과 정(鄭)나라 때 공전(公田)을 폐지하고 옛 세제(稅制)를 개혁하며 공상업(工商業)을 중시하여 나라를 크게 발전시킨 자산(子産, ?~B.C. 552)[36]은 법가(法家)의 개척자가 되었고, 제(齊)나라 출신 손무(孫武, B.C. 520 전후)[37]는 전쟁의 경험을 정리하여 『병법(兵法)』 13편을 지어 병가(兵家)의 선구자가 되기도 하였다. 또 도가(道家)에 가까운 생각을 지녔던 월(越)나라의 범려(范蠡)[38] 같은 사람도 있었다. 이들의 학문과 사상을 바탕으로 전국시대에 와서는 더 다양하고 화려한 학술문화가 피어나게 되는 것이다.

② 제자백가(諸子百家)와 지식인들의 활약-전국(戰國)시대(B.C. 403~B.C. 221)

춘추시대에는 공자와 노자·묵자뿐만이 아니라 이미 많은 자기 나름의 학문과 사상을 개발한 지식인들이 나와 활동을 하였다. 전국시대에 와서는 '제자백가' 라 불리는 여러 계파의 사상가들이 나와 자기의 사상을 정리하여 책으로 엮으면서 정치적으로도 크게 활약을 하게 된다. 그리고 역사에 관한 책을 저술하는 학자들도 나온다.

특히 전국시대에는 나라들 사이의 싸움이 날로 치열해져서 그 전쟁에서 이기고 살아남기 위해서는 임금들도 특수한 재능을 지닌 사람들

---

**36** 子産; 春秋時代 鄭나라 大夫. 이름은 公孫僑, 字가 子産. 鄭 簡公으로부터 定公·獻公·聲公에 걸쳐 國政을 맡아 나라를 강성케 하였고, 그가 죽었을 적에는 孔子도 눈물을 흘렸다 한다.

**37** 孫武; 春秋時代 齊나라 大夫. 兵法에 뛰어나 吳王 闔閭의 장수가 되어 楚·齊·晉 등 强國을 무찔렀다. 戰國時代 兵家인 孫臏은 그의 후손이며, 『孫子』 13篇을 지었다 한다.

**38** 范蠡; 春秋時代 越王 句踐의 功臣. 越나라를 도와 吳나라를 멸한 뒤 나라의 功臣임에도 훗날을 걱정하여 몰래 齊나라로 도망쳐서 鴟夷子皮라 이름을 고치고 齊나라 宰相이 되어 크게 蓄財한 뒤 財物을 어려운 백성들에게 나누어 줌. 다시 齊나라 宰相 자리를 내놓고 이름을 陶朱公이라 바꾼 뒤 다시 막대한 재산을 모음. 그가 높은 벼슬 자리나 재물을 대수롭지 않게 여긴 태도가 道家에 가깝다고 본 것임.

이 필요하였다. 이에 여러 나라 임금들은 모두 정치와 외교 및 전쟁에 관한 특별한 사상과 지식을 지닌 여러 학자들을 중히 여기게 되었다. 사마천(司馬遷)의 『사기』에 보이는 그 시대 제(齊)나라 직하(稷下)의 얘기를 보기로 든다.

"추연(騶衍)과 직하선생(稷下先生)인 순우곤(淳于髡)·신도(愼到)·환연(環淵)·접자(接子)·전변(田駢)·추석(騶奭)의 무리들은 각기 책을 써서 세상의 어지러움을 다스리는 일에 관하여 논하였다. ― 신도는 조(趙)나라 사람이고, 전변과 접자는 제(齊)나라 사람, 환연은 초(楚)나라 사람이다. 모두 황제(黃帝)와 노자(老子)의 도(道)와 덕(德)에 관한 이론을 배워가지고 그 뜻을 더욱 밝히어 자기 사상을 체계화 하였다. 그러므로 신도는 『십이론(十二論)』을 지었고, 환연은 『상하편(上下篇)』을 저술하였으며, 전변과 접자도 모두 그들의 논저(論著)가 있었다. ― 순우곤과 같은 사람들 모두를 열대부(列大夫)에 임명하고 넓은 거리에 큰 집을 지어주고 존중하고 아끼었다."**39**

"제나라 선왕(宣王)은 글을 잘 짓고 이론을 잘 펴는 선비들을 좋아하여 추연·순우곤·전변·접자·신도·환연 같은 무리들 76명에게 모두 집을 내려주고 상대부(上大夫)로 삼은 뒤 일은 하지 않고 이론만 논구(論究)하게 하였다. 그래서 제나라 직하(稷下)에는 학사들이 더욱 많이 모여들어 그

---

**39** 『史記』卷74 孟子荀卿列傳; 自騶衍與齊之稷下先生, 如淳于髡·愼到·環淵·接子·田駢·騶奭 之徒, 各著書, 言治亂之事. ― 愼到, 趙人, 田駢, 接子齊人, 環淵, 楚人. 皆學黃老道德之術, 因發明序其指意. 故愼到著十二論, 環淵著上下篇, 而田駢, 接子, 皆有所論焉. ― 自如淳于 髡以下, 皆命曰列大夫, 爲開第康莊之衢, 高門大屋, 尊寵之.

수가 수백 명에서 천여 명에 이르렀다."**40**

　세상은 극히 어지러웠지만 지식인들은 매우 자유롭게 자기 생각 자기 사상을 정리하여 책으로 엮어 발표함으로써 자기의 성가를 널리 알렸던 것이다. 그리고 여러 나라 제후들도 싸움에 이들의 지혜를 이용하고자 하여 이들을 매우 우대하였다. 제나라의 직하선생들은 그 중에서 대표적인 보기라고 할 수 있다.

　이때의 학사(學士)라는 사람들은 여러 나라들 사이에 어지러운 싸움이 이어지는 혼란의 와중에서, 제각기 서로 다른 입장을 대변하면서 형성된 사상이기 때문에 그들 사상은 그가 속하는 집단의 성격에 따라 성향이 다를 수밖에 없었다. 예를 들면 유가(儒家)는 정치상으로는 혼란 속에서도 질서를 찾아 자기의 지위를 유지하려는 통치계급의 입장, 경제상으로는 종족제도의 붕괴로 말미암아 새로 생겨난 대지주들의 입장을 대변하는 것이어서 그들의 사상은 지배계급을 뒷받침하는 내용을 담은 위에 일의 형식을 중시하는 내용의 저술을 이루게 된다. 묵가(墨家)는 혼란한 사회 속에서 가난과 싸우며 고난과 씨름을 하면서도 그 세력을 확장시키려 하고 있는 낮은 서민의 입장을 대변하는 것이어서, 그들의 사상도 피지배 계급을 대변하는 질박하고도 실제적인 성향을 띤 내용을 담은 책을 쓰도록 만든다. 법가(法家)는 정치상으로는 강력한 지배를 유지하려는 통치계급의 입장, 경제상으로는 새로이 등장한 상인과 지주들의 입장을 대변하기 때문에 그들의 사상은 현실

---

**40** 『史記』卷46 田完世家; 宣王喜文學遊說之士, 自如騶衍, 淳于髡, 田駢, 接子, 愼到, 環淵之徒
七十六人, 皆賜列第, 爲上大夫, 不治而議論. 是以齊稷下學士復盛, 且數百千人.

적이고 논리가 명확한 저술을 이루게 된다. 도가(道家)는 남방의 따스한 기후와 풍부한 물산을 배경으로 한 낭만적인 기질을 대변하기 때문에 그 사상도 혼란한 사회를 초극하며 초현실적이고 무척 환상적인 성격의 책을 쓰게 된다.

반고(班固, 32~92)의 『한서(漢書)』 예문지(藝文志)의 제자략(諸子略)에는 이 시대 제자백가의 저술의 목록이 가장 잘 정리 수록되어 있다. 여기에 실린 제자로 유가(儒家)에서 시작하여 도가(道家)·음양가(陰陽家)·법가(法家)·명가(名家)·묵가(墨家)·종횡가(縱橫家)·잡가(雜家)·농가(農家)에서 소설가(小說家)에 이르는 10종류의 학자들을 모두 합치면 189가(家)의 1,390편(篇)의 그들의 저술이 수록되어 있다. 『한서』 예문지는 한나라 초기의 학자인 유흠(劉歆, B.C. 53?~A.D. 23)의 『칠략(七略)』을 따른 것이어서 그속에는 진(秦)나라에서 한나라 초기에 이르는 기간의 학자들도 포함되어 있기는 하지만 대부분이 전국시대 사람들이다. 공자의 유가를 보면 『자사(子思)』 23편·『증자(曾子)』 18편·『맹자(孟子)』 11편·『손경자(孫卿子)』 33편·『안자(晏子)』 8편[41]과 전하지 않는 책들과 그 저자들을 합쳐 52가(家) 836편이 실려 있다. 노자의 도가의 경우를 보면 『노자인씨경전(老子鄰氏經傳)』 4편·『노자부씨경설(老子傅氏經說)』 37편·『노자서씨경설(老子徐氏經說)』 6편과 함께 『관자(管子)』 86편·『장자(莊子)』 52편·『열자(列子)』 8편 등 모두 37가 993편이 실려 있다. 묵가의 경우를 보면 『묵자(墨子)』 71편 이외에 6가 86편이 실려 있다. 공자의 『춘추(春秋)』 이외에 『논어(論語)』와 『노자』·『묵자』 같은 지금 우리가 보는 책들도 실상은 전

---

41 『子思』는 『中庸』으로, 『曾子』는 『大學』으로, 『孫卿子』는 『荀子』로, 『晏子』는 『晏子春秋』로 전해지고 있다고 보면 될 것이다.

국시대에 저술된 것이다. 다만 여기서 논하는 우리에게 지금 전해지고 있는 제자의 글은 거의 모두가 작자로 알려진 사람들이 직접 완성해 놓은 것은 아니다. 모두 그의 제자 또는 그 제자의 제자들의 손에 의하여 보충되고 다듬어진 위에 후세 사람들의 손도 많이 가해진 것이다. 전국시대에는 아직 한자의 자체가 통일되지 않아 지역이나 학자에 따라 서로 다른 모양의 글자를 썼고, 또 지금 우리가 쓰는 해서체(楷書體)의 글자는 생기지 않았던 시대이기에 당연한 일이라고 할 수 있다. 어떻든 전국시대에 와서는 학술연구가 활성화하여 수많은 학자들이 활약하였고 저술활동도 무척 활발하였음을 알 수 있다.

다시 『한서(漢書)』 예문지(藝文志)를 보면 제자략(諸子略) 이외에도 유가의 경전이 중심을 이루는 육예략(六藝略), 문학 작품을 모아 놓은 시부략(詩賦略), 병가(兵家)와 관련이 많은 병서략(兵書略), 천문(天文)과 점법(占法) 등에 관한 책인 수술략(數術略), 의술(醫術)과 신선술(神仙術) 등에 관한 책을 몰아 놓은 방기략(方技略) 등이 있다. 이것들 모두가 대부분이 전국시대에 이루어진 저술들이다.

또 이 시대의 저서로 중요한 것은 『서경』과 공자의 『춘추』의 전통을 계승한 역사적인 저술이다. 공자가 편찬한 육경(六經) 중의 하나인 『춘추』는 노(魯)나라에 전해 오는 사관의 기록을 바탕으로 공자가 노나라 은공(隱公) 원년(B.C. 722)에서 애공(哀公) 14년(B.C. 481)에 이르는 사이의 중요한 일의 기록을 편년체(編年體)로 엮어 놓은 것이다. 그런데 『춘추』의 글은 "공(公)이 누구를 만났다", "누가 누구와 싸워 이겼다", "어느 나라와 맹약을 하였다", "누가 왔다", "누가 죽었다"는 정도의 지극히 간단한 기록이다. 때문에 『춘추』는 오히려 전국시대에 와서 그것을 보충 해설하였다는 『좌전(左傳)』으로 말미암아 후세에 널리 읽혔다고 할 수 있다. 『춘추』의 해설인 '전'에는 『좌전』이외에도 『춘추공양전(春秋公羊傳)』과 『춘추곡량전(春秋穀梁傳)』이 있으나, 내용이 교의문답(敎義問答)식으로 이루어져 읽는 이의 흥미를 끌지 못한다. 『좌전』은 『춘추좌씨전(春秋左氏傳)』[42] 또는 『좌씨춘추(左氏春秋)』[43]라고도 부르는데, 본시는 독립된 저술이었던 것을 후세에 와서 『춘추』를 해설하는 책으로 재편한 것이다.[44]

춘추시대의 사실(史實)을 바탕으로 쓴 책으로는 『좌전』이외에도 『국어(國語)』가 있다. 『좌전』이 노나라 왕실을 중심으로 한 편년체의 기록인 데 비하여 『국어』는 주어(周語)·노어(魯語)·제어(齊語) 등으로 그 시대 나라별로 중요한 사건들을 기록해 놓은 것이다. 옛날에는 『좌전』과 『국어』를 모두 공자와 같은 시대의 좌구명(左丘明)이 지은 것으로 믿는 이가 많았으나, 이것들은 동일인의 글일 수가 없는 것이며,[45] 전국시대의 작품임이 틀림없는 것이다.[46]

이것들을 본떠서 쓴 『전국책(戰國策)』이 한나라 초기에 유향(劉向, B.C. 77~B.C. 6)에 의하여 이루어진다. 『전국책』은 동주 정왕(定王) 16년(B.C. 453)에서 진시황(秦始皇)이 천하를 통일하기까지(B.C. 246)에 이르는 전국시대의 사건들을 그 시대 12국별로 나누어 기록해 놓은 것이어서 후

---

42 『漢書』藝文志·儒林傳 등.

43 『史記』十二諸侯年表, 『漢書』楚元王傳 등.

44 劉逢祿 『左氏春秋考證』참고.

45 張以仁 「論國語與左傳的關係」 및 「從文法語彙的差異證國語左傳二書非一人所作」(國立中央研究院 『歷史語言研究所集刊』 第33, 34 本).

46 王安石 『左氏解』(『困學紀聞』作 『春秋解』), 葉夢得 『春秋考』, 鄭樵 『六經奧論』 등 宋代부터 『左傳』이 戰國時代 글임을 증명하려는 학자들이 많이 나왔다. 스웨덴의 Bernhard Karlgren 은 The Authenticity and the Nature of the Tso Chuan에서 『左傳』의 글을 언어학적으로 분석하여 대략 전국시대의 작품임을 증명하였다. 『國語』는 『左傳』보다 약간 뒤진 시대의 작품임에는 거의 모두가 동의하고 있다.

세에 많이 읽히게 된다. 이런 바탕이 있었기에 한대에 이르러 사마천(司馬遷, B.C. 145~B.C. 86?)이 중국의 정사(正史)의 시작이라고 할 수 있는 『사기(史記)』의 저술도 간행하게 된 것이다.

전국시대의 이러한 지식인들의 활동은 중국의 학술문화를 크게 발전시키게 된다. 그리고 무엇보다도 중요한 것은 한자로 쓰는 중국의 문장을 여러 면에서 크게 발전시켰다는 것이다. 이들의 활발한 저술 활동이 진(秦)나라 시황(始皇)으로 하여금 한자의 글자 쓰는 모양을 통일할 수 있게 하였고, 한자를 바탕으로 하는 중국 문화와 중국 문학의 큰 발전을 이룩하게 하였다. 중원의 중부지역에 건설한 낙읍으로 도읍을 옮긴 뒤 동주는 국세가 약해지고 세상은 어지러웠지만 지식인들은 보다 자유롭게 활동할 수 있어서 그들의 전통문화와 학술을 크게 발전시켰다.

## 2. 장안의 진(秦)·서한(西漢)과 낙양의 동한(東漢)

### (1) 진시황(秦始皇)의 천하통일, 한자 자체(字體)의 통일-장안, 진(秦, B.C. 221~B.C. 206)

서주(西周)에서 동주(東周)를 거치면서 이룩된 중국의 전통문화는 진(秦)나라 시황(始皇, B.C. 246~B.C. 211 재위)이 이른바 천하를 통일(B.C. 221)한 뒤에 기원전 206년부터 한(漢)제국이 이어받아 발전시키게 된다. 진시황의 천하통일은 장강 유역의 남쪽 지방까지도 북쪽에 합쳐 놓아 명실공히 중원(中原)이 천하(天下)가 되었음을 뜻한다. 이에 대중국이 형성되고 한족이 이루어져 한족은 천하를 차지하는 민족으로 확대된 자리를 잡게 되었다. 진시황은 대중국의 기틀을 완성한 황제이기 때문에 지금 와서 중국 역사학자들은 그를 폭군(暴君)이라고 매도하던 태도를 버리고 중국이라는 위대한 나라를 만들어 놓은 황제로 높이 받드는 방향으로 평가를 바꾸어 가고 있다. 진시황은 나라 땅을 통일했을 뿐만 아니라 이전의 봉건제도를 버리고 중앙에서 직접 아래 고을들을 다스리는 군현제(郡縣制)로 바꾸어 통일된 지배 권력을 확보하였다. 바로 뒤 한나라는 봉건제도를 회복하였지만 제후들을 무력화시키고 군현(郡縣)의 제도는 그대로 살려 주나라 때의 봉건제도와는 전혀 다른 성격의 봉건전제를 발전시키게 된다. 진시황은 또 천하의 질서를 확보하기 위하여 혼란하던 법률도 모두 통일한다. 전율(田律)·구원율(廄苑律)·요율(徭律) 등 특별한 한 가지 일에 대한 법률만도 근 30종이나 만들어졌다. 그리고 사상을 통일하기 위하여 자신의 정책과 어긋나는 이론을 펴고 있는 유가의 경서를 비롯한 여러 가지 책을 모아 불태워 없애고, 자기의 정책을 비판하는 선비들을 모두 잡아다가 산 채로 땅에 묻어버리는 유명한 '분서갱유(焚書坑儒)'를 실시한다. 그리고 도읍을 시안(西安) 바로 옆의 함양(咸陽)에 건설하고 함양으로부터 전국 각지로 통하는 치도(馳道)라는 한길을 개통한 뒤 모든 수레의 바퀴 폭을 통일하여 전국의 교통과 물자수송을 원활하게 한다. 그리고 전국의 화폐와 도량형도 통일하였다. 대대로 골치를 아프게 한 서북쪽 몽고족의 침입을 막기 위하여 만리장성(萬里長城)도 쌓았다.

진시황의 무엇보다도 큰 통일업적의 하나는 그들이 쓰던 문자인 한자의 글자체와 독음을 통일하였다는 것이다. 진시황은 천하를 통일한 뒤 승상(丞相) 이사(李斯, B.C. 284?~B.C. 208)의 건의에 따라 그때에 쓰던 한자의 자체를 통일하였다. 우선 진나라에서 쓰지 않는 글자체는 쓰지 못하게 하고 소전체(小篆體)의 한자만을 쓰도록 하였다. 그리고 다시 뒤에 소전체는 쓰기에 복잡하다 하여 정막(程邈)이란 사람이 나와 글자의 획수를 줄이고 모양을 간편하게 하여 예서(隷書)를 만들었다.**47** 그러나 진나라는 예서체를 제대로 보급시키지 못하고 망하여 서한시대에 와서 통일된 문자체로 널리 쓰이기 시작하여 흔히 그 자체를 한례(漢隷)라고도 부른다. 어떻든 한자의 자체의 통일로 말미암아 이전의 학자들이 써 놓은 책들이 모두 예서라는 새로운 글자체로 다시 정리되고 그 책들을 제대로 읽게 된다. 이를 바탕으로 중국의 학술이 발전하고 많은 문인들이 나와 문학이 발전하게 된다. 그리고 한자문화(漢字文化)라고도 하는 중국의 전통문화가 본격적으로 형성되게 되는 것이다.

대중국의 정치와 문화의 기틀은 이처럼 위대한 진시황을 통해서 이루어지는 것이다. 진시황은 천하통일이라는 위대한 업적을 이루었다. 그러나 변두리 도읍 장안을 근거로 하고 백성은 생각하지 않고 힘으로 세상을 다스리는 포악한 정치는 그가 죽은 뒤 몇 년 더 지탱하지 못하고 진나라를 망하게 한다(B.C. 206). 따라서 그가 이룩한 정치적 문화적인 천하통일의 업적은 바로 뒤를 이은 유방(劉邦)이 세운 서한(西漢)이 그 효과를 누리게 된다.

---

**47** 이상 小篆과 隷書의 創作은 대체로 東漢 許慎의 『說文解字』敍의 글을 따른 것임.

## (2) 중국 전통문화의 정착-장안, 서한(西漢, B.C. 206~A.D. 8)

### ① 통일된 한자체(漢字體)의 사용과 전적(典籍)의 정리-서한 초기

서한(西漢)에 와서는 한나라 고조(B.C. 206~B.C. 196 재위) 유방이 진나라의 가혹한 정책을 모두 폐지하고 너그러운 시책을 내세워 백성들의 마음을 샀다. 그리고 진시황이 한자의 글자체를 예서(隷書)로 통일한 것을 이어받아 한례(漢隷)라 부를 정도로 새로운 한자를 널리 통용시켰다. 곧 한자의 글씨 모양은 진시황이 처음으로 통일하였으나 실지로 그 통일된 글자 모양이 널리 쓰이게 된 것은 서한 이후이다. 이에 자유로운 분위기에서 유가뿐만 아니라 법가와 도가에서 나온 황로(黃老) 사상 등 여러 가지 책들이 널리 읽히기 시작하고 잡된 학설이 성행하였다. 그러나 한 고조 밑에 숙손통(叔孫通)이라는 유학자가 있어 한나라의 예의제도를 확립시키는 데 크게 공헌하였음으로 고조의 마음이 유학으로 기울어지게 된다. 이에 많은 유학자들이 나와 그들에게 전해지고 있던 경서의 경문(經文)에 대한 해설서를 저술한다. 그때의 학자들이 저술한 책들은 가장 권위 있는 경전(經典)의 해설서인 전(傳)으로 지금까지 전해지고 있다. 유흠(劉歆, B.C. 53?~A.D. 23)의 『이태상박사서(移太常博士書)』를 보면 다음과 같은 기록이 보인다.

"한나라가 일어날 적에는 훌륭한 황제와 밝은 임금으로부터 시대가 멀어졌고, 공자의 가르침도 끊이어 본받을만한 법도가 없었다. 그때 오직 숙손통(叔孫通)이란 한 사람이 있어서 예의를 대강 정하게 되었다. 천하에는 다만 『역경』이 있어서 점을 쳤고 다른 책들은 없었다. ― 문제(文帝,

216

B.C. 179~B.C. 157 재위) 때에 이르러 처음으로 장고(掌故) 조착(晁錯)으로 하여금 복생(伏生, 秦나라 때의 博士)에게 가서 『상서(尙書)』를 전해 받도록 하였다. 『상서』가 처음 옛 집의 벽 속에서 나올 적에는 썩고 부서지고 흐트러져 있었으나 지금까지 그 책이 남아 있어 간혹 학자들이 전하고 읽어볼 따름이었다. 『시경』도 세상에 싹이 보이기 시작하였다. 천하에 여러 가지 책들이 자주 나왔는데, 모두 제자(諸子)들 사이에 전해지던 이론서였다. 그래도 그것을 아는 이들을 널리 학관(學官)에 세우고 박사(博士)에 앉히었다. 조정에 있는 유학자로는 가의(賈誼)가 있을 뿐이었다. 무제(武帝, B.C. 140~B.C. 87 재위) 때에 와서는 추(鄒)·노(魯)·양(梁)·조(趙) 나라에 『시경』·『예(禮)』·『춘추(春秋)』에 관한 스승들이 있게 되었다." **48**

여기에서 "무제 때에 와서는 추(鄒)·노(魯)·양(梁)·조(趙) 나라에 『시경』·『예』·『춘추』에 관한 스승들이 있게 되었다."고 한 것은 무제의 건원(建元) 5년(B.C. 136) 오경박사(五經博士)를 둔 것을 말한다. 이 '오경박사'는 곧 십사박사(十四博士)가 있게 되는데, 반고(班固, 32~92)의 『한서(漢書)』 유림전(儒林傳)에 의하면 『역경』으로는 시수(施讐)·맹희(孟喜)·양구하(梁丘賀)·경방(京房)의 네 사람, 『서경』에는 구양생(歐陽生)·대하후(大夏侯) 하후승(夏侯勝)·소하후(小夏侯) 하후건(夏侯建) 세 사람, 『시경』에는 노시(魯詩)의 신배공(申培公)·제시(齊詩)의 원고생(轅固生)·한사(韓詩)의 한영(韓嬰) 세 사람, 『예(禮)』에는 대대례(大戴禮)의 대덕(戴德)·소대례(小戴禮)의 대성(戴聖)

---

48 劉歆 『移太常博士書』; "漢興, 去聖帝明王遐遠, 仲尼之道又絕, 法度無所因襲. 時獨有一叔孫通, 略定禮儀. 天下但有易卜, 未有他書. 一至孝文皇帝, 始使掌故晁錯從伏生受尙書. 尙書初出於屋壁, 朽折散絕, 今其書見在, 時師傳讀而已. 詩始萌芽. 天下衆書往往頗出, 皆諸子傳說, 猶廣立於學官, 爲置博士. 在朝之儒, 惟賈生而已. 至孝武皇帝, 然後鄒·魯·梁·趙頗有詩·禮·春秋先師."

두 사람, 『춘추』에는 공양전(公羊傳)의 엄팽조(嚴彭祖)·안안락(顏安樂) 두 사람으로 모두 열네 명이다. 서한 초기에 옛날 책을 다시 읽고 공부하는 풍조가 황제들의 뒷받침도 있어서 크게 일었음을 알 수 있다.

그것은 한나라에 들어와 새로이 통일된 한자의 글씨체인 예서를 널리 쓰게 된 풍조가 지식인들을 자극한 탓도 있었을 것이다. 다만 글자의 모양을 예서체로 통일하여 쓰기로 하였으나 이전에 써놓은 책들은 모두가 제각기 다른 글씨체로 쓴 것들이어서 읽고 공부하기에 매우 불편하였다. 이에 조정에서는 유향(劉向, B.C. 77~B.C. 6)에게 명하여 한나라 궁전의 도서관인 비부(秘府)에 전해지고 있는 옛날 글씨체로 된 모든 책들을 그 당시 쓰기 시작한 한자 자체인 예서체(隸書體)로 교정하고 정리하게 하였다. 유향이 그 일을 다 끝내지 못하고 죽자 그 일을 아들인 유흠(劉歆)이 계승하였다. 이 일을 하면서 아버지 유향은 『별록(別錄)』을 지었고, 아들 유흠은 『칠략(七略)』을 지었는데, 이른바 중국의 목록학(目錄學)은 여기에서 시작되고 있다. 따라서 지금 우리에게 전해지는 한나라 이전의 책이나 글들은 대부분이 이들 손에 의하여 정리되고 교정된 것이라고 보아야 한다. 지금 우리는 한대 이전의 것들을 공부할 적에 그 텍스트와 해설 모두 이 서한대 학자들의 업적을 바탕으로 하지 않으면 안 된다.

한나라 둘째 임금 혜제(惠帝, B.C. 194~B.C. 188 재위)는 책을 개인이 갖고 있는 것을 금하는 협서율(挾書律)을 풀어 주어 옛 책들이 다시 세상에 나오기 시작하였고, 뒤이어 문제(文帝, B.C. 179~B.C. 157 재위) 이후로 무제(武帝, B.C. 140~B.C. 87 재위)·성제(成帝, B.C. 32~B.C. 7 재위)에 이르기까지 모두 적극적으로 옛 책을 천하에 널리 구하며, 그 책들을 베끼는 관리까지 임명하였다. 이에 따라 세상에 나오는 책에는 예서(隸書)로 쓰인 '금문

(今文)'의 책과 옛 자체로 써진 '고문(古文)'의 책이 있게 된 것이다. 문제(文帝) 이전 박사(博士)들은 모두가 '금문'으로 공부한 학자들이었으나, 애제(哀帝, B.C. 6~B.C. 1 재위) 때 유흠(劉歆)이 비부(秘府)의 책들을 교정 정리하다가 많은 '고문'으로 쓰인 책들을 발견한 것이 '고문'으로 공부한 학자들이 나오기 시작하는 계기가 되었다.

서한 말 유흠(劉歆, B.C. 53?~A.D. 23)은 비부(秘府)의 책을 정리하다가 많은 '고문'으로 된 책을 발견하고는 '고문'인 『상서(尙書)』·『일례(逸禮)』·『모시(毛詩)』·『좌씨춘추(左氏春秋)』를 공부한 이들을 학관(學官)에 세우려 하였다. 이전의 십사박사(十四博士)는 모두 '금문가'였으므로, 유흠의 건의는 태상박사(太常博士)들의 맹렬한 반대에 부딪혔다. 그러나 왕망(王莽, A.D. 9~A.D. 23 재위)의 신(新)나라(A.D. 9~23)에서는 유흠(劉歆)이 가신공(嘉信公)에 봉(封)해지고 국사(國師)라 존칭되었으므로 '고문'의 세력이 크게 떨쳤다. 신나라는 오래 가지 못하고 망하였으나, 이 뒤로 중국의 경학(經學)에는 '금문'파와 '고문'파의 다툼이 학술계에 생겨났다.

동한에 가서는 광무제(光武帝, 25~57 재위) 때부터 학자들이 금문과 고문을 두고 다투기 시작하여 이후 가규(賈逵, 30~101)와 이육(李育, 81 전후), 하휴(何休, 129~182)와 정현(鄭玄, 127~200) 등의 학자들이 나오면서 저술로써 금문과 고문의 다툼을 벌였다. 하휴(何休)는 이육(李育)의 학문을 계승한 '금문파'였다. 그러나 동한으로 들어와서는 금문보다도 고문의 세력이 더 커졌다. 『후한서(後漢書)』 유림전(儒林傳)을 보면 정중(鄭衆, ?~114)·두림(杜林, 50 전후)·가규(賈逵, 30~101)·마융(馬融, 79~166) 등 쟁쟁한 학자들 거의 모두가 고문파이고, 금문파로는 하휴(何休) 한 사람이 있는 정도였다. 그러나 정현(鄭玄) 같은 대학자가 고문과 금문을 아울러 공부하여 학문의 균형이 잡히었다. 어떻든 이 고문과 금문의 문제는 청대에 이르기까지 학자들 사이에 큰 관심거리가 된다. 금문파와 고문파는 육경(六經)에 대한 평가에 차이가 나고 공자의 역할에 대하여도 견해에 차이가 있으며 여러 가지 옛날 제도에 대한 해석에도 차이가 나기 때문에 이러한 현상은 경학(經學) 연구에는 없어질 수가 없는 일이다.

서한에 들어와서 예서체로 통일된 한자의 쓰임이 일반화되고, 진나라 이전의 책들을 모아서 모든 학자들이 읽고 공부할 수 있도록 정리함으로써 중국 전통 학술의 바탕이 단단히 다져졌다. 그리고 이처럼 다져진 학술의 바탕은 도읍을 낙양으로 옮겨 광무제(光武帝, A.D.25~57 재위)에 의하여 다시 세워진 동한(東漢)대에 눈부신 발전을 이룬다.


### (3) 유학을 바탕으로 하는 봉건전제의 확립-장안, 서한 무제(武帝, B.C. 140~B.C. 87)

공자가 죽은 뒤 전국(戰國)시대에 이르러 유가사상은 맹자(孟子)와 순자(荀子)로 이어지면서 더욱 발전한다. 진나라를 거쳐 서한에 이르면서 진시황이 마련한 천하 지배의 기본 틀은 고스란히 한나라가 물려받는다. 그러나 법가(法家)사상을 바탕으로 하였던 진나라와는 달리 한나라에 이르러서는 다시 공자의 사상과 학문이 존중되며 이를 천하 지배의 원리로 이용하게 된다. 이후 2천 년의 중국 역사를 통하여 서한에서 자리 잡은 봉건전제체제가 대제국을 지배하게 된다.

본시 한나라 지배자들은 남쪽 사람들이라 초(楚)나라의 영향이 컸다. 따라서 사상적으로도 남쪽에서 생겨난 노자(老子)의 도가 사상을 발전시킨 황로지학(黃老之學)을 가장 존중하였다. 그러나 무제(武帝, B.C. 140~B.C. 87 재위)에 와서 오경박사(五經博士)를 두면서 공자의 학문은 국학(國學)으로 자리 잡게 되고, 이후 2천여 년의 중국 역사를 통하여 유학은 중국 정치의 기본 원리이며 사회 윤리의 바탕을 이루는 학문으로 군림하게 된다.

평유란(馮友蘭)은 그의 명저인 『중국철학사』에서 중국철학 발전의 시기 구분을 공자(B.C. 558~B.C. 479)에서 서한 초 회남왕(淮南王) 유안(劉安, B.C. 179~B.C. 122)의 시대까지를 자학시대(子學時代), 서한 초 동중서(董仲舒, B.C. 179~B.C. 104)의 시대부터 청 말 캉유웨이(康有爲, 1858~1927)의 시대까지를 경학시대(經學時代)라고 둘로 크게 나누고, 유가가 생겨난 것은 자학시대의 시작이었고, 유학만이 존중받게 된 것은 자학시대의 끝장이었다고도 말하고 있다. 그것은 서한 초부터 유학이 중국의 정치와 문화를 지배해 왔음을 단적으로 뜻하는 것이다.

한나라 초기에는 옛날의 책들을 정리하면서 새로 공부를 하는 학자들이 나오기 시작하였다. 그런 중에 무제 때에 동중서(董仲舒)라는 학자가 나와 한 대의 학문과 사상의 방향을 완전히 바꾸어 놓는다. 동중서는 무제가 당시의 학자와 지식인들을 모아놓고 하늘과 사람의 관계를 주제로 하여 정치에 관한 질문인 '책문(策問)'을 하였을 때 무제의 속마음에 딱 들어맞는 대답으로 3편의 대책(對策)을 써서 바친다. 그는 자기의 공자 사상을 바탕으로 한 새로운 주장을 펴면서 "다른 여러 가지 사상은 모두 내치고 유학만을 존중할 것"과 "모든 육경에 있지 않은 이론과 공자의 주장이 아닌 것은 모두 존재하지 못하도록 끊어내어 드러날 수가 없도록 해야 한다."고 강조하였다.

그는 육경 중에서도 『공양춘추(公羊春秋)』를 중시하면서 전국 말엽에 성행하기 시작한 음양오행설(陰陽五行說)을 유학 안으로 끌어들여 새로운 자신의 이론을 구성하였다. 우선 우주만물의 창조자이며 주재자인 '하늘'을 내세우면서, 하늘과 사람 사이에는 일종의 합목적적(合目的的)인 감응관계(感應關係)가 있다는 천인감응론(天人感應論)을 내세웠다. 그리고 하늘과 사람은 같은 성격의 존재라는 천인합일(天人合一)의 이론도 발전시켰다. '하늘'은 의지를 지닌 최고의 인격신이며 세계는 하늘의 뜻에 따라 존재하고 변화하는 것이어서 특히 사람이 하는 정치도 하늘의 뜻에 합치되어야 한다고 주장하였다. 그리고 『공양춘추』의 기록을 근거로 하여 황제를 중심으로 하는 대일통(大一統)의 이론을 수립하여 천하에 천자를 중심으로 하여 통일된 중앙집권국가(中央集權國家)를 이룩하는 것이 하늘의 원리라고 주장하였다. 그러기 위하여 유학으로 사상을 통일하고 다른 학파는 모두 내쳐야 한다는 주장도 나온 것이다.[49]

　이런 주장은 전제군주인 무제가 좋아하지 않을 리 없는 이론인 것이다. 동중서는 공자의 유학사상을 중앙집권적인 봉건군주의 전제체제를 뒷받침하는 학문으로 다듬어 낸 것이다. 따라서 그로 말미암은 서한시대 유학의 변화는 공자의 사상에 대한 이해뿐만 아니라 그 시대 사회윤리의 바탕이 된 유가의 윤리사상 자체에도 큰 변화를 가져온다. 예를 들면 '충(忠)'의 사상도 『논어』를 보면 '충실(忠實)' 또는 '성실(誠實)'의 뜻으로 쓰고 있는데, 그에 와서는 '군주에 대한 신하의 절대적인 복종'에 가까운 뜻으로 풀이하게 된다. '효(孝)'도 공자는 부모와 자식 사이의 자연스러운 감정과 사랑을 바탕으로 해설하고 있는 데 비

---

49 董仲舒 『春秋繁露』 卷三-卷十三 참조.

하여, 서한에 와서는 '부모에 대한 자식으로서의 무조건 순종'을 뜻하는 것처럼 이해하게 된다. 유교의 윤리는 황제의 권력을 옹호하는 법칙으로 발전하고, 이른바 '삼강오륜(三綱五倫)'은 하늘의 뜻에 바탕을 둔 절대적인 가치로 발전하였다. 동중서에게는 『사기(史記)』의 그의 전기에 실려 있는 「거현량대책(擧賢良對策)」 3편 이외에도 『춘추번로(春秋繁露)』라는 저술이 한 권 있다.

때문에 반고의 『한서』 오행지(五行志)를 보면 동중서를 다음과 같이 무척 높게 평가하고 있다.

> "옛날 은(殷)나라의 도가 무너지자 문왕(文王)은 『주역(周易)』을 편찬하고, 주(周)나라의 도가 일그러지자 공자는 『춘추(春秋)』를 지어서, 하늘과 땅의 음양(陰陽)을 본받고 『서경』 홍범(洪範)편에 보이는 자연의 나쁜 현상은 사람들의 행동에 호응하여 나타나는 것임을 밝힌 이론을 본떠서, 하늘과 사람의 도를 밝게 드러내주었다. 한(漢)나라가 서면서 진(秦)나라가 학문을 없애버린 뒤를 이어받았는데, 경제(景帝, B.C. 156~B.C. 141)와 무제(武帝, B.C. 140~B.C. 87) 때에 동중서가 나와 『공양춘추』를 공부하여 처음으로 음양의 이론을 전개하여 유학자의 우두머리가 되었다."[50]

이에 따라 서한에 들어와 새로운 경전의 전수와 정리 및 그 해석으로 유학의 연구가 시작되었다. 서한 유학의 가장 큰 특징은 공자의 가르침보다도 오경(五經)이 그 주요 연구대상이 되었고, 그에 따라 금문

---

**50** 『漢書』 五行志: "昔殷道弛, 文王演周易, 周道敝, 孔子作春秋. 則乾坤之陰陽, 效洪範之咎徵, 天人之道, 粲然著矣. 漢興, 承秦滅學之後, 景武之世, 董仲舒治公羊春秋, 始推陰陽, 爲儒者宗."

(今文)과 고문(古文)의 차이도 생겨난 것이다. 이때의 학자들은 자연히 금문을 가지고 공부한 금문파와 고문을 가지고 공부한 고문파로 갈라지게 되었다. 그리고 서한 초기에는 금문파 만이 박사가 되어 관학(官學)으로 행세했기 때문에, 자연 이들 사이에는 경전을 해설하는 태도나 방법에도 큰 차이가 생기게 되었다. 곧 금문파는 관학으로 행세하기 위하여 그들의 학문은 주로 경전의 대의(大義)를 파악하여 경전을 바탕으로 그 시대의 정치를 설명하고 옹호하는 방향으로 발전하였다. 동중서가 중시한 『공양춘추』는 금문경의 일종이다. 이 시대 금문파 학자들은 황제가 내리는 막대한 은전에 보답하지 않을 수가 없었던 것이다.

또 다른 유학의 큰 성격 변화는 '괴상한 것(怪)·힘을 쓰는 것(力)·어지러운 것(亂)·귀신에 관한 것(神)'에 대하여 이야기하지 않던 공자의 가르침에 허황된 미신적 이론이 많이 섞여들었다는 것이다. 이것은 불로장생(不老長生)을 설교하는 방사(方士)들을 좋아했던 진시황과 한나라 무제로 말미암은 영향도 있지만, 공자의 이상과는 달리 나라를 지배하는 천자의 절대적인 지위를 설명해야만 할 시대적인 요청 때문에 불가피한 일이었던 것 같다.

앞에서 이미 동중서가 유학에 '음양오행설(陰陽五行說)'을 끌어들이고 '천인합일론(天人合一論)'을 주장하였음을 언급하였다. 그 밖에도 서한시대의 유학에 와서는 『역경』의 '효신(爻辰)'에 따른 재이설(災異說), 『서경』의 '홍범오행(洪範五行)', 『시경』의 '오제육정(五際六情)', 『예(禮)』의 '봉선군사(封禪群祀)' 등의 이론을 바탕으로 한 알쏭달쏭한 미신적 이론들이 끼어들었는데 그 시대 방사들의 영향도 부인할 수가 없다. 동중서는 심지어 유가의 경전인 『춘추』를 이용하여 비가 내리게 할 수도 있고 날이 개이게 할 수도 있다고 주장하였다.

서한 말 애제(哀帝, B.C. 6~B.C. 1 재위)·평제(平帝, A.D. 1~5 재위) 무렵부터 동한에 이르는 기간에는 '참위(讖緯)'가 크게 유행하였다. '참'은 예언을 위주로 하는 도참(圖讖)을 뜻하며, '위'란 육경(六經)에 붙여 경전의 미신적인 해설을 위주로 한 위서(緯書)들을 가리킨다. 이러한 미신적인 유학은 한나라의 존재를 하늘의 섭리에 의한 필연적인 것으로 설명하고, 천자인 유씨(劉氏)의 천하통치를 자연의 원리에 따른 절대적인 것으로 설명하는 데 큰 효용을 발휘하였다.

서한시대의 유학이 공자의 사상 또는 공자의 가르침을 바탕으로 한 것은 사실이지만, 이미 공자의 사상이 곧 유가사상이라는 등식(等式)은 성립될 수가 없게 된 것이다. 서한시대에 들어와 유학은 이미 도가나 법가 등 다른 사상가들의 학설을 흡수하여 그 시대의 봉건전제정치를 설명해주고 뒷받침해주는 새로운 학문으로 변하였던 것이다. 중국 사람들에게는 일면 내도외유(內道外儒), 곧 속으로 또는 개인 문제에는 도가사상을 따르고 겉으로 또는 세상일을 처리하는 데는 유가사상을 내세우는 경향이 있음을 유념해야 한다. 그리고 제왕이나 지배자들은 양유음법(陽儒陰法), 곧 겉으로는 부드러운 유가의 덕으로 세상을 다스려야 한다는 덕치주의(德治主義)를 내세우면서도 속으로는 법을 바탕으로 하여 냉혹하고 엄격히 사람들을 다스려야 한다는 법가의 주장을 더 믿었다는 점도 알아두어야 한다. 어떻든 서한시대에서 이후 청나라가 망할 때까지 유학은 꾸준히 중국의 봉건전제정치를 뒷받침하는 학문으로 행세하게 된다.

## (4) 학술 문화의 발전-낙양, 동한(25~220)

낙양으로 옮겨 도읍한 동한에 와서는 첫 번째 광무제(光武帝)를 비롯하여 뒤를 이은 황제들 대부분이 학문을 좋아하여 지식인들을 재상으로 임명하면서 학술의 성행을 이끌었다. 『후한서(後漢書)』 유림전(儒林傳)에 이런 말이 보인다.

> "광무제(A.D. 25~57 재위)는 다시 나라를 일으키고 경전(經傳) 공부를 좋아하였다. 건무(建武) 5년(A.D. 29)에는 태학(太學)을 다시 세웠고, 중원(中元) 원년(A.D. 56)에는 처음으로 명당(明堂)·벽옹(辟雍)·영대(靈臺)라는 공부를 하고 문화행사를 하는 곳을 세웠다. 명제(明帝, 58~75 재위)는 왕위에 오르며 친히 그 예를 거행하였다. ─황제는 정좌하여 스스로 경전을 강의하고, 여러 학자들은 임금 앞에서 경전을 가지고 토론을 하였다."[51]

장제(章帝, 76~88 재위) 때에는 많은 학자들을 백호관(白虎觀)에 모아 놓고 오경(五經)에 대하여 토론하게 하고 황제도 직접 그 모임에 참여하였다. 그리고 반고(班固, 32~92)에게 명하여 그때에 논의된 내용을 정리하여 『백호통의(白虎通義)』 4권을 편찬케 하였는데, 『백호통(白虎通)』이라고도 부른다. 황제가 이러하니 학자가 늘어나고 학술연구의 기풍은 자연히 크게 진작되는 수밖에 없다. 이에 따라 반고(班固)를 비롯하여 마융(馬融, 79~166)·허신(許慎, 98 전후)·정현(鄭玄, 127~200)·하휴(何休, 129~182) 등의 대학자를 비롯하여 수많은 학자들이 나와 학문연구에 힘쓰게 되

---

51 范曄『後漢書』儒林傳序; "

었다. 그뿐만이 아니라 학자들의 학문을 하는 기본 자세도 크게 달라졌다. 서한의 학자들은 대부분이 경서를 연구함으로써 벼슬을 하고 출세하여 잘 사는 것을 목적으로 하였다. 경서를 공부하고 글을 써서 황제에게 잘 보이려고 애쓰던 인물들이었다. 그러나 동한에 와서는 학자로서 학문을 하는 목표를 스스로 깨달아 제대로 공부하고 글을 쓰는 인품이 깨끗하고 어진 사람들이 많아졌다. 그리고 서한 학자들은 대체로 한 가지 경전에 정통해 가지고 박사(博士) 자리에까지 오르는 것이 보통이었으나, 동한의 대학자들은 거의 모두 한 사람이 오경(五經)을 모두 공부하고 연구하였다. 따라서 저서도 서한의 학자들은 한 사람이 한두 권을 쓴 데 비하여 동한의 학자들은 모두가 수많은 여러 종류의 저술을 남기고 있다. 『후한서』 유림전에 의거하여 보기를 들어본다. 가규(賈逵, 30~101)는 『고문상서동이(古文尚書同異)』 3권과 『제·로·한시여모씨이동(齊·魯·韓詩與毛氏異同)』 및 『주관해고(周官解故)』 등을 저술하고, 마융(馬融)은 『삼전이동설(三傳異同說)』을 비롯하여 『효경(孝經)』·『논어(論語)』·『시경(詩經)』·『주역(周易)』·『삼례(三禮)』·『상서(尚書)』 등의 주해서(註解書)를 짓고 있다. 하휴(何休)는 『공양해고(公羊解詁)』를 비롯하여 『효경』과 『논어』의 뜻을 풀이한 주석서를 쓰고 또 『공양묵수(公羊墨守)』·『좌씨고황(左氏膏肓)』·『곡량폐질(穀梁廢疾)』 등을 쓰고 있다. 정현(鄭玄) 같은 학자는 저서가 너무 많아 보기로 일일이 들 수가 없는 정도이다.

동한에 와서는 젊은이들이 공부하는 학교로 조정의 태학(太學)뿐만이 아니라 개인적인 교육 장소도 크게 늘어났다. 『후한서(後漢書)』 유림전(儒林傳)의 이들의 전기를 보면, 장흥(張興)에게는 찾아와 그의 밑에서 공부하는 제자가 1만 명이 넘었고, 모장(牟長)도 가르치는 제자가 1만 명 정도, 채현(蔡玄)은 제자 수 1만 6천 명, 누망(樓望)은 제자 수 9천여 명, 송등(宋登)도 그에게 찾아오는 제자가 수천 명, 위응(魏應)과 정공(丁恭)도 그들 아래 모이는 제자 수가 수천 명, 강굉(姜肱)에게 와서 배우는 제자 수도 3천여 명, 조증(曹曾)의 제자 수도 3천 명, 양륜(楊倫)과 두무(杜撫)·장현(張玄)의 제자 수도 모두 1천여 명이었다 한다. 얼마나 많은 사람들이 공부를 하고 교육이 얼마나 성행하였는가 더 이상 설명이 필요 없을 것이다.

학문에 관심이 적은 환제(桓帝, 147~167)·영제(靈帝, 168~189) 때에는 여러 지식인들과 태학생(太學生)들이 무리를 이루어 정부의 시책에 항의를 하다가 수백 명이 한꺼번에 처벌을 받고 죽음을 당한 유명한 '당고의 화(黨錮之禍)'가 연이어 일어났다. 『후한서』 권97 당고열전(黨錮列傳)에서 보기를 들어 본다. 환제 때에는 이응(李膺)이란 학자가 태학생들과 함께 정부의 시책을 비판하다가 200여 명이 한꺼번에 잡혀 종신토록 옥에 갇히게 되었다. 영제 때에는 학자와 학생들이 권력이 집중된 환관(宦官)들의 횡포를 공격하다가 100여 명이 잡혀 죽었고, 태학생 등 1천여 명이 옥에 잡혀 갇히었다. 이때 지식인들은 정부의 잘못을 비판하다가 잡혀 죽는 것을 영예로운 일로 알았다. 세상에서도 이들을 존경하여, 범방(范滂)이란 학자가 잡혀갔다가 잠시 놓이어 집으로 돌아가자 사람들이 수레 1천 량을 몰고 나와 마중했다고 하며, 지식인들 중에는 자기가 잡혀가지 않은 것을 수치스럽게 알고 스스로 자기 죄를 위에 알리는 사람들도 많았다 한다.

어떻든 낙양으로 도읍을 옮긴 동한은 강력한 정치를 펴지 못하여 나라의 힘은 밖으로 서한처럼 크게 떨치지 못하고 황제의 위력도 약하여 사회의 치안이 철저하지 못하였지만, 학술과 문화는 더욱 발전하고 공부하는 사람들과 올바른 자세를 지닌 지식인들은 크게 늘어났다. 자기 나름의 사상을 정리하여 저술로 남긴 양웅(揚雄, B.C. 53~A.D. 18)과 환담(桓譚, B.C. 40~A.D.32)·왕충(王充, 27~100?) 같은 학자들도 나왔다. 양웅은 『역경』의 이론을 바탕으로 자기 나름대로 '천지(天地)의 도'를 정리하여 체계화하기에 노력한 『태현(太玄)』 또는 『태현경(太玄經)』 10권을 저술하였다. 양웅의 친구인 환담은 이미 앞에서 얘기한 바와 같이 서한 말엽부터 유행하던 참위(讖緯)를 반대하고 모든 일을 더욱 과학적으로 이해하려고 노력한 결과를 정리한 『신론(新論)』 29편을 지었고, 왕충은 당시 일반적인 사람들의 천도(天道)나 자연 또는 사람의 생사(生死)와 성정(性情)·선악(善惡)·운명 및 이 세상의 치란(治亂)과 역사 등에 대한 생각을 자기 나름대로 비판 정리하여 공자의 『논어』를 본떠서 『논형(論衡)』 84 편을 짓기도 하였다. 모두 학문의 발전으로 말미암아 생겨난 독창적인 사고의 결과라고 할 수 있다.

이런 중에 명제 무렵에는 천축(天竺)에서 불교(佛敎)가 들어오고 동한 말엽에는 도교(道敎)가 생겨나 발전하기 시작하면서, 중국인들의 사상의 폭을 넓히는 데 큰 영향을 끼치게 된다. 곧 사람들이 살아가는 현실적인 문제뿐만이 아니라 생로병사(生老病死)의 문제와 깨끗이 사는 문제 및 오래 죽지 않고 사는 문제 등을 놓고도 그것을 해결하려고 애쓰고 고민하게 되었다. 사람들이 생각하고 추구하는 범위가 무척 더 넓어진 것이다. 이는 중국의 전통문화가 한 층 더 새로운 방향의 발전을 이루는 계기를 마련하게 된다.

끝으로 동한의 학술 문화를 논할 적에 헌제(獻帝)의 건안(建安) 연간 (196~220)부터는 이미 위(魏)나라 무제(武帝) 조조(曹操, 155~220)가 주역이 되었으므로 건안시대의 학술 문화는 뒤에 논할 위나라에 붙여서 이해하여야 할 것임을 미리 밝혀 둔다.

## 3. 낙양의 위(魏)·서진(西晉) 과 건업(建業)의 동진(東晉) 및 낙양과 건업의 남북조(南北朝)

## (1) 중국 전통문화의 본격적인 발전-낙양, 위(魏, 196~265)·서진(西晉, 265~317)·건업(建業), 동진(東晉, 317~420)

### ① 조조(曹操)의 위(魏)나라(196~265)

동한(東漢) 헌제(獻帝)의 초평(初平) 원년(190)부터 건안(建安) 13년(208)에 이르는 19년 동안에는 하루도 전쟁이 멎을 날이 없어, 황하 유역 일 대는 크게 수많은 백성들이 죽음을 당하고 세상이 혼란하였다. 그리 고 건안 13년(208) 유명한 소설 『삼국지연의(三國志演義)』 때문에 특히 유 명해진 '적벽(赤壁)의 싸움' 이후로는 세상이 조조(曹操, 155~220)의 위(魏), 유비(劉備, 160~223)의 촉(蜀), 손권(孫權, 181~252)의 오(吳)나라의 '삼국'으 로 갈라졌다. 이들은 서로 싸웠지만 그래도 백성들을 고려하는 정치 를 하여, 위나라는 황하 유역의 농업 생산을 상당히 회복시켰고, 촉나 라와 오나라는 각기 중국의 서남과 동남 지역을 개발하는 업적을 이 루었다. 위나라 조조가 죽은 뒤 그의 아들 조비(曹丕, 220~226 재위)가 뒤 를 이었는데, 동한의 황제 헌제(獻帝)가 천자의 자리를 스스로 조비에 게 물려주어 그가 위나라 황제인 문제(文帝)가 되었다. 그러므로 중국 역사의 정통을 이은 나라는 위나라라고 보아야 한다. 유비의 촉나라 와 손권의 오나라는 실은 뒤에 제 멋대로 스스로 황제가 되어 진짜 천 자(天子)에게 반항하고 싸운 반란자이다. 그뿐 아니라 그처럼 싸움으로 어지러운 중에도 천자의 위나라가 천하를 통일하기 위하여 잔인한 전쟁을 강행하지 않고 학술과 문학을 존중하며 백성들을 위하는 정치를 하려고 애썼기 때문에 중국의 전통문화와 학술문학은 오히려 동한 때보다도 한 층 더 발전하게 된다. 위나라는 실상 조조에게서 시작되었기 때문에 여기에서는 동한의 건안(建安) 연간(196~220)까지도 위나라에 포함시켜 그 문화의 발전 모습을 논하고 있는 것이다.

소설 『삼국지연의』의 영향으로 위나라 조조는 흔히 간사한 영웅으로 알려지고 있지만, 조조뿐만이 아니라 그의 아들 손자 모두 학문을 닦고 시도 읊으면서 백성을 돌보려고 애쓴 훌륭한 임금이었다. 조조가 "전쟁은 할 수 없이 하는 일"이라 하면서 백성들의 어려운 처지를 몹시 동정하였음은 이미 앞에서 그 시대의 정치를 논하면서 밝힌 바가 있다. 『삼국지(三國志)』 위지(魏志) 권1을 보면 건안(建安) 8년(203) 7월에 조조가 내린 다음과 같은 조령(詔令)이 인용되어 있다.

"나라가 어지러워진 이래 15년이 지나고 보니, 젊은이들에게서 어짊과 의로움과 예의와 사양을 하는 기풍을 볼 수 없게 되어 나는 이를 매우 마음 아프게 여기고 있다. 이에 여러 고을과 제후가 봉해진 나라에서는 학문과 가르침을 닦을 것을 명하는 바이다. 500호가 되는 현(縣)이라면 학교를 세우고 선생님을 두어 그 고을의 빼어난 자들을 골라서 가르쳐 주어야 한다. 옛 훌륭한 임금들의 도가 사라지지 않고 천하에 유익한 일이 되기를 바라기 때문이다."[52]

---

[52] 『三國志』 魏志 卷一: "建安八年一令曰; 喪亂已來, 十有五年, 後生者不見仁義禮讓之風, 吾甚傷之. 其令郡國, 各修文學. 縣滿五百戶, 置校官, 選其鄉之俊造而教學之. 庶幾先王之道不廢, 而有以益於天下."

조조는 전쟁보다도 백성들의 생활과 민간의 아름다운 풍속 및 예의를 매우 중시하였고 이를 위하여 학술을 발전시키고 교육을 진작시키려고 애쓴 사실을 알 수 있다.

『삼국지』위지 권1 무제기(武帝紀)의 배송지(裵松之) 주(注)에는『위서(魏書)』에서 인용한 위나라 무제 조조의 성격과 재능에 관하여 쓴 다음과 같은 기록이 보인다.

> "그래서 대업(大業)을 이룩하면서 문무(文武)를 아울러 존중하였고, 30여년 군대를 거느리면서도 손에서 책을 떼어 놓지 않았다. 낮에는 군사 정책을 강구하고 밤에는 경전(經傳)을 공부하였다. 높은 산에 올라가서는 반드시 시를 읊었고 새로운 시가 이루어지면 악기로 연주하여 모두 악장(樂章)을 이루었다. 재능과 힘도 남보다 뛰어나서 손수 날아가는 새를 활로 쏘아 잡고 사나운 짐승을 직접 잡았다."[53]

조조는 장군으로 반역을 꾀하는 자들을 물리치는 싸움은 한나라 천자를 위하고 백성들을 위하여 부득이하여 한 것이다. 그가 보다 중시한 것은 학문과 문학과 음악이었다. 따라서 조조는 동한나라의 어지러움을 수습하고 나라를 지탱하는 데 크게 공헌하였다. 황제의 자리까지 넘보며 권력을 휘두르던 동탁(董卓)을 제거하고, 황건적(黃巾賊)의 난을 평정하는 데 큰 역할을 하고, 황제 자리를 넘보던 원소(袁紹)와 원술(袁術)을 억누르고, 황제 자리를 노리던 유표(劉表)를 물리치는 등 그

---

[53] "是以剏造大業, 文武並施. 御軍三十餘年, 手不捨書. 晝則講武策, 夜則思經傳. 登高必賦, 及造新詩, 被之管絃, 皆成樂章. 才力絕人, 手射飛鳥, 躬禽猛獸."

의 덕분에 한나라 천하가 잘 유지되었다. 그런데도 동남방의 손권(孫權)과 서남방을 차지하고 있는 유비(劉備) 및 서북쪽에 자리 잡은 마초(馬超) 등은 연합하여 조조가 황실을 넘본다고 하며 대항을 멈추지 않고 있었다. 그러나 헌제는 동한의 승상(丞相)이며 일만호(一萬戶)의 영지(領地)가 있는 무평후(武平侯)에 봉(封)해져 있는 조조에게 다시 양하(陽夏)·자(柘)·고(苦)의 세 현(縣) 이만호(二萬戶)를 영지로 봉해 주었다. 그러나 조조는 건안 15년(210) 12월에 「술지령(述志令)」[54]이라는 긴 글을 올려 내려주는 세 현의 이만호의 영지를 받지 않겠다는 간절한 뜻을 알리고 있다. 조조는 그처럼 개인적인 욕망보다도 동한나라를 위하고 천하를 안정시켜 모든 사람들이 잘 살도록 하는 것이 그가 장군으로 싸우면서 활동하는 목표였다.

조조는 전쟁보다도 문학과 학문에 관하여 더 많은 관심을 지니고 어진 정치를 하려고 애썼던 사람이다. 이런 훌륭한 그의 몸가짐은 동한나라 황제까지도 감동시켰던 것 같다. 조조가 죽고 그 뒤를 아들 조비(曹丕)가 잇자 한나라 헌제(獻帝)는 황제의 자리를 위나라 문제(文帝)가 된 조비에게 넘겨준다. 『삼국지』 위지(魏志) 권2 문제기(文帝紀)에는 다음과 같은 기록이 있다.

"건안(建安) 25년(220) ― 8월 ― 한나라 황제는 여러 사람들의 신망(信望)이 위나라로 기울었다고 생각하고 여러 장관들을 불러 모아 종묘에 아뢰는 제사를 지내고 겸어사대부(兼御史大夫) 장음(張音)으로 하여금 부절(符節)을 갖고 옥새(玉璽)를 받들고 가서 황제 자리를 물려주도록 하였다."[55]

---

54 『三國志』 魏志 卷一 武帝紀 注 引 『魏武故事』. 「明本志令」이라고도 함.

이처럼 평화롭게 황제 자리를 능력이 있는 훌륭한 이에게 넘겨주는 이른바 선양(禪讓)은 약간의 외부 압력이 가해지는 경우도 있으나, 이 경우에는 조조가 죽고 난 직후의 일이라 헌제는 어떤 사람의 압력도 받지 않았을 것이다. 천하를 다스리는 황제가 된 문제 조비도 헌제의 바람에 어긋나지 않고 아버지처럼 학문과 문학을 무척 중시하고 덕으로 정치를 하려던 임금이었음은 이미 앞[56]에서 설명하였다. 문제는 무엇보다도 학문을 장려하기 위하여 많은 박사관(博士官)을 두고 교육에 힘썼다.

> "황초(黃初) 5년(224) ─ 여름 사월 달에 태학(太學)을 세우고 오경(五經)으로 시험을 보는 방법을 제정하고, 춘추곡량박사(春秋穀梁博士)를 두었다."[57]

『위략(魏略)』의 기록[58]에 의하면 황초 연간에 태학을 세울 적에는 박사(博士) 10여 명이 있었다 한다. 그 밖에 명제 이후로도 학문을 중시하고 덕으로 백성들을 다스리려고 하였음을 알려주는 기록들이 있다. 천하를 무력으로 쳐서 차지하여 나라의 위력을 과시하려는 생각은 전혀 없었다. 장안을 거점으로 세상을 힘으로 다스린 황제들과는 근본적으로 달랐다.

---

55 『三國志』魏志 卷二 文帝紀; "漢帝以衆望在魏, 乃召羣公卿士, 告祠高廟, 使兼御史大夫張音, 持節奉璽綬禪位. 册曰; 一改延康爲黃初, 大赦."
56 제2장 3) (2) 낙양, 위(魏, 220~265).
57 『三國志』魏志 卷二 文帝紀; "黃初五年(224) ─ 夏四月, 立太學, 制五經課試之法, 置春秋穀梁博士."
58 『後漢書』儒林傳注 및 『三國志』魏志 杜畿傳注 引.

위나라는 무제인 조조 시대부터도 학문을 존중하였기 때문에 동한 시대에 정현(鄭玄, 127~200)과 하휴(何休, 129~182) 등을 중심으로 발전한 학문 연구가 그대로 이어졌다. 『논어집해(論語集解)』를 비롯하여 『도론(道論)』·『무명론(無名論)』·『무위론(無爲論)』을 지은 하안(何晏, 190~249), 『주역주(周易注)』와 『노자주(老子注)』를 비롯하여 『주역략례(周易略例)』·『노자지략(老子指略)』과 『논어석의(論語釋疑)』 등을 지은 왕필(王弼, 226~249) 같은 학자들이 활약하였다. 이들이 지은 책 이름을 통해서도 짐작할 수 있듯이 이들의 사상 속에는 유가에 도가사상이 많이 섞여들었다. 이때에 와서는 학자들이 딱딱한 옛날 경전의 글자와 글귀 해석을 중심으로 하던 경학(經學)에서 벗어나 더 널리 우주와 자연의 기본 섭리(攝理)까지 추구하는 경향으로 발전한다. 인간의 문제에 대하여도 그 관심을 깊고 넓게 가져 더 자유로운 정신을 바탕으로 사람의 개성을 존중하고 인간의 가치를 높이게 된다. 이렇게 해서 생겨난 새로운 학술과 사상을 현학(玄學)이라 부른다. 이들이 중시한 책은 유가의 경전인 『역경(易經)』과 도가의 책인 『노자(老子)』였는데, 뒤에는 『장자(莊子)』도 중시된다. 이 '현학'은 동한 때 들어온 불교와 동한 말에 생겨난 도교가 영향을 끼치면서 서진(西晉)·동진(東晉)과 남북조(南北朝)를 통하여 더욱 발전한다. 그리고 이 '현학자'들은 위나라의 풍조와는 달리 현실 정치나 세상일을 벗어난 문제를 논의하는 이른바 청담(淸談)을 유행시키기도 한다. 앞에 든 학자 하안은 동한 말엽의 대장군(大將軍)이었던 하진(何進)의 손자인데, 그의 어머니가 다시 조조에게로 시집을 가서 조조의 양아들이 되었다. 그러니 조조 집안사람들은 모두 무술에만 뛰어났을 뿐만이 아니라 학문과 문학에도 상당한 소양이 있는 사람들이었음을 알 수 있다. 뒤이어 『장자은해(莊子隱解)』라는 책을 쓴 상수(向秀, 227?~272)

와 『장자주(莊子注)』를 남긴 곽상(郭象, 252~312) 같은 이들이 나와 이 시대 '현학'을 더욱 발전시킨다. 그리고 이들로 말미암아 이 시대 현학에서 『장자』가 매우 중시되게 된다.

특히 조조는 그 자신은 말할 것도 없고 아들 손자들도 모두 문학을 좋아하여 본격적으로 자기 이름을 내걸고 자기의 생각과 느낌을 시로 써서 중국문학사상 문학 창작의 길을 처음 열어놓은 문인들이다. 위나라에 앞서 한대에도 사부(辭賦)가 발전하고 악부(樂府)와 고시(古詩)의 창작이 있었다. 그러나 대부분의 사부 작품은 황제의 명이나 황제의 뜻을 따라 지은 것이었고, 악부와 고시도 민간 가요를 본떠서 지식인들이 심심풀이로 지어본 것들에 불과하다. 악부의 일부 작품에는 평범한 백성들의 서정과 생활이 반영되어 있다. 그러나 이 악부가 귀족들과 궁중으로 들어와 그들의 의식이나 제사를 지낼 때 악기의 반주와 함께 노래 부르게 되면서 형식이며 내용이 모두 귀족화 형식화한 것들이 되고 있다. 따라서 한대의 악부시는 모두 본격적인 문인의 창작이 아니다. 자기의 이름을 내세우고 자기의 감정이나 생각을 시나 부(賦)의 작품을 짓는 본격적인 문학 창작은 조조에게서 비롯된 것이다. 이 시기의 문학은 옛날부터 흔히 한나라 헌제(獻帝)의 연호인 건안(建安)을 취하여 건안문학(建安文學)이라 부른다. 이 시기는 조조와 문제가 된 조비(曹丕) 및 조비의 동생인 조식(曹植, 192~232)의 삼부자를 중심으로 문인들이 모여들어 자기의 이름을 내걸고 악부(樂府)체의 시를 중심으로 시를 창작하고 오언시(五言詩)를 발전시키면서 창작활동을 전개하기 시작한 시기이다. 이는 중국 문학사상 최초의 문단 형성과 본격적인 중국문학 창작의 전개를 뜻하기도 한다. 따라서 조조의 삼부자가 이끈 '건안문학'은 중국 문학사상 매우 중대한 의의를 지니고 있다. 이 때 조조 삼부자를 중심으로 형성된 문단의 상황을 유협(劉勰, 464?~520)과 종영(鍾嶸, ?~552)은 다음과 같이 각각 설명하고 있다.

"위나라 무제(武帝, 曹操)는 재상(宰相)의 높은 지위로 시문을 매우 좋아했고, 문제(文帝, 曹丕)는 태자(太子)의 중요한 신분으로 사부(辭賦)를 잘 지었으며, 진사왕(陳思王, 曹植)은 공자(公子)의 높은 신분으로 붓을 들면 옥 같은 글을 써냈다. 이들은 모두 지위나 글재주가 매우 빼어났기 때문에, 많은 뛰어난 인재들이 구름처럼 모여들었다."[59]

"건안 초에 이르러 오언시(五言詩)가 갑자기 성행하였는데, 문제(文帝)와 진사왕(陳思王)이 앞서서 마음껏 달렸다."[60]

"건안에 이르러 조씨 부자들은 문학을 매우 좋아하여, … 대단한 인재들이 일시에 크게 갖추어졌다."[61]

그리고 이들 조씨 삼부자를 중심으로 그들 밑에 모여들어 활동한 작가로는 건안칠자(建安七子)라 불리는 공융(孔融, 153~208)·왕찬(王粲, 177~217)·유정(劉楨, ?~217)·완우(阮瑀, 165?~212)·서간(徐幹, 171~218)·진림(陳琳, ?~217)·응창(應瑒, ?~217)의 일곱 명이 그 중심을 이룬다. 그들 이외에도 양수(楊修)·정이(丁廙)·정의(丁儀)·오질(吳質)·번흠(繁欽)·응거(應璩) 등

---

**59** 劉勰 『文心雕龍』 時序篇: "魏武以相王之尊, 雅愛詩章; 文帝以副君之重, 妙善辭賦; 陳思以公子之豪, 下筆琳瑯, 並體貌英逸, 故俊才雲蒸."

**60** 『文心雕龍』 明詩篇: "暨建安之初, 五言騰踊, 文帝陳思, 縱轡以騁節."

**61** 鍾嶸 『詩品』 序: "降及建安, 曹公父子篤好斯文, …彬彬之盛, 大備於時矣."

많은 인재들이 활약하였다. 앞에 학자로 든 하안도 동시에 좋은 시를 쓴 시인이었으며, '건안 칠자' 중의 한 사람 완우의 아들인 완적(阮籍, 210~263)도 문인이었던 명제(明帝) 때에 많은 활약을 한 시인이었다. 또 건안 칠자의 한 사람으로 활약한 진림은 자기 세력을 믿고 동한 황제에게 고분고분하지 않았던 장군 원소(袁紹)가 건안 5년(200) 조조를 치려고 할 때 조조를 공격하는 격문(檄文)을 쓰기도 한 인물이다. 그러나 뒤에 조조가 원소를 치면서 진림을 잡았으나 그의 재능을 알아보고는 비서(秘書)로 썼고, 그 뒤로 '건안 칠자'의 한 사람으로 끼게 될 정도로 조조 밑에서 문학활동을 하였다. 조조의 너그러운 인간성을 알려주는 일화이다.

동한 헌제의 건안(建安) 연간(196~219)은 한나라가 무너져가던 시기여서 정치적 혼란이 심하였던 때였다. 조조와 그의 아들 문제 조비 및 조식(曹植)은 그러한 내전에 직접 참여한 주인공들이고, 그 밑의 문인들도 모두가 직접 내전의 비정함을 체험하고 사회의 혼란에 휩쓸렸던 사람들이다. 그러기에 이들은 가장 오래된 『시경』의 사언(四言)시, 서한 시대에 유행한 악부(樂府)체의 시, 및 동한 시대에 이루어지기 시작한 오언시(五言詩) 등 여러 가지 형식의 시를 통하여, 자신의 경험과 체득한 일 및 생활 감정 등을 시로 노래하였던 것이다. 여기에서 중국의 전통시 창작은 본격적으로 출발한다. 이들의 작품에는 당시의 어지러웠던 사회의 모습과 처참한 민중들의 생활이 반영되어 있고, 거기에서 느껴지는 강개와 격정 등이 담기어 있다. 이러한 위나라의 문학풍조는 조조의 손자인 명제(明帝, 227~239)가 뒤이었고 위나라가 망할 때까지(265) 이어졌다. 중국문학자들은 흔히 그 시대의 문학 풍격을 건안 풍골(建安風骨)이라 부른다.[62] 그리고 문제 조비는 중국 최초의 본격적인 문학론인 『전론(典論)』 논문(論文)<sup>63</sup>도 남기고 있다.

그리고 조조의 시대인 동한 말엽 건안 연간에 와서는 귀족들이 지배계층으로 자리를 잡아 나라의 정치와 경제를 지배하게 된다. 그리고 이 시대의 학자나 문인은 모두가 이들 지배계층에 속하는 사족(士族)들이어서 학문이나 문학에 종사하는 데서 자유로운 생각을 바탕으로 개성을 살리고 인간이나 사회문제에도 적지 않은 관심을 갖게 되었다. 이는 '건안문학'이 중국의 고전문학 창작을 본격적으로 출발시키는 바탕이 되었다. 여기에서는 그 보기로 위나라 무제(武帝)인 조조의 악부체(樂府體)의 시인 「호리행(蒿里行)」 한 수를 든다.

관동에 의로운 이들 있어

군사를 일으켜 반란자들 치기로 하였네.

처음에 맹진에 모였을 적에는

목적이 함양의 황제를 위하려는 것이었네.

군사들은 모였지만 힘이 모아지지 않고

머뭇거리는 자들도 있고 나아가는 자들도 있었네.

형세와 이익을 따라 사람들 서로 다투게 하니

곧바로 다시 서로 싸우며 죽이게 되었네.

회남의 동생은 스스로 황제라 일컫고

북쪽에는 황제의 옥새를 만든 자가 있었네.

갑옷 안에는 이가 들끓고

---

62 劉勰은 『文心雕龍』 時序篇에서 이 시기의 문학을 다음과 같이 총평하고 있다. "觀其詩文, 雅好慷慨, 良由世積亂離, 風衰俗怨, 並志深而筆長, 故梗槪而多氣也."
63 『典論』은 지금 우리에게 전하지 않으나 그 중 『論文』은 蕭統의 『文選』에 실려 있음.

백성들은 죽어갔네.

흰 해골이 들판에 늘어지고

천리를 두고 닭 우는 소리 들리지 않게 되었네.

백성들 백 명에 하나 살아남은 꼴이라

이를 생각하니 애간장 끊어지네!


關東有義士, 興兵討群凶.

初期會孟津, 乃心在咸陽.

軍合力不齊, 躊躇而雁行.

勢利使人爭, 嗣還自相戕.

淮南弟稱號, 刻璽於北方.

鎧甲生蟣蝨, 萬姓以死亡.

白骨露于野, 千里無鷄鳴.

生民百遺一, 念之斷人腸.


「호리행」은 「해로(薤露)」와 함께 한나라 때 민간에서 장례를 치룰 때 부르던 상가(喪歌)에 속하는 악부(樂府)의 한 종류이다. 조조는 이 시체를 빌어 그 시대의 문제에 대한 자기의 감회를 읊은 것이다. "관동에 의로운 이들이 군사를 일으켰다."는 것은 동한 헌제의 초평(初平) 원년 (190)에 권력을 마구 휘두르는 장군 동탁(董卓)을 치기 위하여 함곡관(函谷關) 동쪽 곧 '관동'에 있던 여러 장수들이 원소(袁紹)를 우두머리로 받들고 함께 군사를 일으켰음을 말한다. 이때 조조도 분무장군(奮武將軍)으로 여기에 참여하였다. 그러자 동탁은 헌제를 강요하여 도읍을 장안으로 옮기고 낙양의 궁전과 거리는 불을 놓아 태워버렸다. 다음 "처

음에 맹진에 모였다."는 것은 옛날 주(周)나라 무왕이 은(殷)나라 주(紂)
임금을 치려고 여러 제후들과 '맹진'에 모였던 옛날 일을 인용하여 자
기들이 연합하여 군사를 일으킨 것을 노래한 것이다. 넷째 구절의 "함
양의 황제"란 억지로 장안으로 옮겨간 동한의 헌제를 가리킨다. 본시
'함양'은 진(秦)나라의 도읍이지만 장안 바로 옆에 있음으로 장안에 끌
려가 있는 황제를 가리키는 말로 빌려 쓴 것이다. 그러나 이때 모두
동탁이 두려워 적극적으로 싸움에 나서지 않았고, 조조 홀로 나가 싸
웠으나 큰 피해를 입었다. 그러고는 곧 이들 '관동'의 연합군 사이에
뜻이 맞지 않게 되고 내부에 여러 가지 문제가 생겨났다. 회남(淮南)에
있던 원소의 사촌 동생 원술(袁術)이 건안 2년(197)에 스스로 일어나 황
제가 되었고, 원소는 헌제를 황제 자리에서 끌어내리고 유주목(幽州牧)
이었던 유우(劉虞)를 황제 자리에 앉히려고 멋대로 임금의 도장인 옥
새(玉璽)를 만들기도 하였다. 그래서 조조는 "회남의 동생은 스스로 황
제라 일컫고, 북쪽에는 황제의 옥새를 만든 자가 있었다."고 읊고 있는
것이다. 조조는 이러한 반역적인 행동을 억누르고 동한의 황실을 잘
지탱케 하기 위하여 본의 아니게 전쟁에 끌려 들어갔던 것이다. 그러
기에 전쟁에 끌려나와 싸우며 고생하다가 죽는 병사들이며 싸움에 휘
말려 억울하게 죽는 무고한 백성들 때문에 무척 가슴이 아프다. 건안
7년(202)에는 반역을 꾀하는 원소(袁紹)를 치고는 돌아와

> "내가 의병을 일으켜 천하의 포악한 자들을 없애는 동안, 고향 백성들
> 은 거의 모두 죽어버려 나라 안을 종일 돌아다녀 보아도 아는 사람을 만
> 날 수가 없게 되어 나는 슬프고 가슴이 아프다."**64**

고 하면서, 어려운 백성들을 돌보아주고 그들을 교육시키고 제사도 제대로 지낼 수 있도록 해주라고 명령을 내리고 있다. 건안 14년(209)에도 "전사한 장병들의 유족을 여러 가지로 돌보아주라"는 명령을 내리고 있다. 이러한 조조이기에 이 시에서도 "흰 해골이 들판에 늘어지고, 천리를 두고 닭 우는 소리 들리지 않게 되었네. 백성들 백 명에 하나 살아남은 꼴이라, 이를 생각하니 애간장 끊어지네!" 하고 애절한 가락으로 이 시를 끝맺고 있는 것이다.

위나라의 황제며 그들 밑의 학자나 문인들은 모두 이처럼 백성들을 생각하며 세상을 위하여 힘을 다하던 사람들이었다. 조조의 아들인 조비와 그의 동생 조식도 아버지 못지않은 좋은 시들을 여러 편 남기고 있다. 그리고 그들 밑의 많은 문인들이 본격적으로 조조 부자를 따라 시를 지어 서로 주고받고 하였다. 보기로 짧은 조식의 「들판의 참새 떼 노래(野田黃雀行)」라는 악부체의 시를 아래에 소개한다.

> 높다란 나무에는 슬픈 바람이 거세고
> 바닷물은 높은 파도로 출렁이네.
> 날카로운 칼이 손아귀에 없다면
> 친구 많이 사귄들 무얼 하겠는가?
> 울타리 사이의 참새 떼가
> 새매를 보고는 모두 새 그물에 걸려드는 것을 보지 못했는가?
> 그물 쳐놓은 사람은 참새를 잡고 기뻐하는데

---

64 『三國志』魏志 卷一 武帝紀: "吾起義兵, 爲天下除暴亂. 舊土人民, 死喪略盡, 國內終日行, 不見所識, 使吾凄愴傷懷."

한 젊은이는 참새들을 보고 슬퍼하네.

칼을 빼어들고 새 그물을 찢자

참새들은 훨훨 날아가네.

훨훨 푸른 하늘을 누비다가

내려와서는 젊은이에게 고맙다고 인사하네.


高樹多悲風, 海水揚其波.

利劍不在掌, 結友何須多?

不見籬間雀, 見鷂自投羅?

羅家得雀喜, 少年見雀悲.

拔劍捎羅網, 黃雀得飛飛.

飛飛摩蒼天, 來下謝少年.


여기의 "높다란 나무"와 "파도치는 바닷물"은 어지러운 세상을 형용한 것이고, "참새 떼"는 억울하게 박해를 당하는 사람들, "젊은이"는 작자의 뜻을 대변하고 있을 것이다. 시인은 세상의 약한 자들을 구원해주고자 하는 의기를 지닌 사람이다. 그러한 자신의 생각과 감정을 시로 표현하기 시작한 것이다. 이러한 그들의 시를 중심으로 하는 문학작품은 비로소 중국 전통문학의 창작을 이끌어내게 되었고, 후세에 와서는 '건안풍골(建安風骨)'이라 하여 그들 작품의 품격이 평론가들로부터 높은 평가를 받게 되는 것이다.

보통 건안문학은 오언시(五言詩)를 중심으로 하여 중국시를 발전시켰다고 하는데 자세히 살펴보면 그들의 악부체 작품 중에는 사언(四言)이 상당히 많다. 본시 중국시는 주(周, B.C. 1111~B.C. 250) 초에 '사언시'가 중

심인 『시경(詩經)』으로부터 출발하고 있다. '사언'은 중국의 시의 기본
이다. 그러나 전국(戰國)시대(B.C. 403~B.C. 221) 남쪽 초(楚)나라에 삼언(三
言)이 바탕인 『초사(楚辭)』가 생겨난 뒤, 한(漢, B.C. 206~A.D. 220)나라로 들
어와 초기에는 초사체(楚辭體)와 '사언체'의 시가가 유행하였다. 사언시
로는 한 고조(高祖)의 「홍혹가(鴻鵠歌)」, 교사가(郊祠歌) 중의 「제림(帝臨)」·
「청양(靑陽)」·「주명(朱明)」·「서호(西顥)」·「현명(玄冥)」·「유태원(惟泰元)」·「제
방(齊房)」·「후황(后皇)」, 그리고 위맹(韋孟)의 「풍간(諷諫)」·「재추(在鄒)」와
당산부인(唐山夫人)의 「안세방중가(安世房中歌)」 대부분의 시편들이 '사언'
이다. 바로 뒤에 악부시(樂府詩)와 오언시가 유행하면서 사언시의 창작
이 줄어든다. 동한(東漢, 25~220)에 들어와서는 오언고시(五言古詩)와 악부
시가 성행하면서 사언시는 더욱 맥을 못 추게 된다.

그러나 딩후바오(丁福保)가 모아놓은 『전삼국시(全三國詩)』[65] 중의 조조
의 시를 보면 '사언'이 3수, '오언'이 5수, 나머지는 잡언(雜言)인데, '잡
언시 중의 「도관산(度關算)」 시는 첫머리의 "하늘과 땅 사이에서는, 사
람이 가장 귀중하다.(天地間, 人爲貴.)"는 두 구절만이 삼언(三言)이고 나머
지는 모두 '사언'이니 이것도 '사언시'라 하여도 좋을 것이다. 그리고
딩후바오가 4장의 '사언'으로 정리해 놓은 「보출동서문행(步出東西門行)」
시를 황절(黃節)은 『위무제위문제시주(魏武帝魏文帝詩注)』에서 제목을 「보
출하문행(步出夏門行)」이라 하고 모두 5수의 시로 정리하고 있는데, 그
중 제1수만이 '잡언시'이고 나머지는 '사언시'이다. 조조의 시 중에는
'오언시'보다 '사언시'가 훨씬 더 많다.

조조가 '사언시'를 많이 지은 것은 형식에서나 내용에서나 『시경』을

---

65 丁福保 編纂 『全漢三國晉南北朝詩』(臺北 藝文印書館 複印 1957)

계승하려는 뜻이 있었기 때문이다. 그는 지식인으로 또는 시인으로 시대와 세상에 대한 의무를 자각하고 자기 이름을 내걸고 시를 지으면서 보다 올바른 모습의 작품을 창작하려고 했던 것이다. 그의 '사언'은 형식에서 모두 이전 가요체를 따른 악부체(樂府體)이다. 유협(劉勰)은 『문심조룡(文心雕龍)』에서 '사언'의 「풍간시(諷諫詩)」를 남긴 한(漢)대의 위맹(韋孟)을 평하여 "주나라 사람들의 방법을 계승하였다.(繼軌周人)"고 하였는데, 이는 조조의 '사언시'를 두고 한 말로 보면 더 잘 들어맞는 비평이라고 본다. 조조의 사언시의 보기로 「단가행(短歌行)」 시를 아래에 든다.

술을 앞에 놓고 노래를 불러야지.
사람의 일생이 얼마나 되는가?
마치 아침 이슬과도 같은데
지난 날은 괴로움만 많았구나!
감정이 북받쳐 오르지만
근심되는 생각을 지울 수가 없구나!
무엇으로 근심을 풀어볼까?
오직 술이 있을 따름이네.
푸른 옷깃의 나의 임이어!
내 마음의 그리움 하염없네!
오로지 그대 때문에
지금 나직이 시를 읊조리고 있네.
메에메에 사슴이 울며
들판의 다북쑥 뜯고 있네.

내게 좋은 손님들 오셔서

거문고 뜯고 생황 불며 즐기네.

밝고 밝은 저 달 같은 임

언제면 모실 수가 있을까?

근심은 마음속에 우러나와

끊일 줄 모르누나!

둔덕 넘고 고개 넘어

외람되이 찾아와 주시기를!

오랜 만에 함께 얘기하며 즐기고자,

옛날 사랑 마음속에 품고 있네.

달은 밝고 별은 희미한데

까마귀가 남쪽으로 날아가다가

나무 주변을 세 바퀴나 돌아보지만

깃들일 만한 가지가 없는 모양이네.

산은 아무리 높아도 좋고

물은 아무리 깊어도 좋다네.

옛날 주공(周公)은 먹던 음식도 뱉어놓고 인재를 맞아들여

온 천하 사람들 마음이 그에게로 돌아갔다네.


對酒當歌, 人生幾何? 譬如朝露, 去日苦多.

慨當以慷, 憂思難忘. 何以解憂? 唯有杜康.

靑靑子衿, 悠悠我心. 但爲君故, 沈吟至今.

呦呦鹿鳴, 食野之苹. 我有嘉賓, 鼓瑟吹笙.

皎皎如月, 何時可掇? 憂從中來, 不可斷絶.

越陌度阡, 枉用相存. 契闊談讌, 心念舊恩.

月明星稀, 烏鵲南飛. 遶樹三匝, 無枝可依.

山不厭高, 水不厭深. 周公吐哺, 天下歸心.


　이 시는『전삼국시(全三國詩)』권1 위(魏) 조조(曹操)의 악부(樂府) 대목에 들어있는「단가행」이수(二首) 중 앞에 실려 있는 제1수와 같다. 곽무천(郭茂倩)의『악부시집(樂府詩集)』권30에도「단가행」이수(二首) 육해(六解)가 실려 있는데, 앞의 위진소주(魏晉所奏) 육해에는 "월맥도천(越陌度阡)" 이하 여덟 구절이 들어있지 않고 뒤에 실린 본사(本辭)에 들어 있다. 다시『삼국지연의』56회 조조가 동작대에서 크게 잔치를 벌이는 (曹操大宴銅雀臺) 대목을 보면, 조조는 동작대 밑에 여러 부하들을 모아 놓고 먼저 무관(武官)들에게 상품을 걸고 활쏘기 경쟁을 시킨다. 여러 장수들이 모두 백보(百步) 저쪽에 세워놓은 표적의 중앙을 맞히자 모두에게 상을 내린다. 다음에는 동작대 위로 올라와 무관들과 함께 앉아 술잔을 주고받으며 즐기고 있는 문관(文官)들에게 조조가 말한다. "무장들은 말 타고 활 쏘는 것으로 즐기면서 위세와 용맹함을 잘 드러내었소! 공들은 모두 공부를 많이 한 선비들인데 이 높은 동작대에 올라와 좋은 글을 지어 지금의 멋진 일을 기록으로 남기지 않을 수가 있겠소?" 그때 자리에 있던 왕랑(王朗)·종요(鍾繇)·왕찬(王粲)·진림(陳琳) 같은 문관들이 모두 시를 지어 올렸다. 그 시들은 대부분이 조조의 높은 공덕을 칭송하면서 이제는 하늘의 명을 따라 천자(天子) 자리에 오를 만하게 되었다는 뜻을 담고 있었다. 조조는 그들의 시를 읽고는 이런 뜻의 말을 한다.

"여러분들의 훌륭한 글은 나에 대한 칭찬이 지나치오! 내가 공부를 하고 무술을 닦은 것은 세상을 평화롭게 하기 위해서였소. 나라의 부름을 받아 높은 벼슬을 하고 있지만 오로지 나라를 위하려는 마음뿐이오. 반란 자들을 쳐서 없애고 천하를 평화롭게 한 덕에 재상까지 되었으니, 신하로서 존귀함을 극하였는데 또 무엇을 바라겠소? 만약 나라에 내가 없었더라면 이미 몇 사람이 스스로 제왕이 되어 있을 것이오. 내가 혹시 딴 마음을 갖고 있을 것이라 생각하는 사람이 있을지 모르지만 그건 잘못이오. 지금 내가 잘못되면 나라가 어지러워질 것이라 지금은 내가 내 세력을 지탱하고 있을 따름이오!"

『삼국연의(三國演義)』 제48회(回) 장강에서 조조가 잔치를 벌이고 시를 읊음(宴長江曹操賦詩) 이란 대목은 조조가 적벽(赤壁)의 싸움 전에 싸움터에서 잔치를 벌인 다음 부하들 앞에서 '창을 비껴들고 시를 읊는(橫槊賦詩)' 장면을 묘사하고 있다. 조조는 잔치 자리에서 술에 거나하게 취하여 창을 비껴들고 서서 여러 장수들에게 말한다. "나는 이 창을 가지고 황건적(黃巾賊)을 격파하고, 여포(呂布)를 사로잡았으며, 원술(袁術)을 멸하고, 원소(袁紹)도 제압하고서, 깊이 북녘 거친 땅에도 쳐들어갔고, 곧장 요동(遼東)에 이르기까지 천하를 휩쓸었으니 대장부의 뜻을 이루었다고 할 수 있다. 지금 이 경치를 대하니(달이 밝게 비치고 있는 밤에 까마귀가 울며 남쪽으로 날아가고 있었다.) 매우 감정이 각별하다. 내가 노래를 지을 것이니 너이들은 여기에 화창하라!" 그리고 지어 노래한 것이 이 『단가행』이다.

조조의 '사언시'를 이어 혜강(嵇康, 223~262)·육운(陸雲)·부함(傅咸) 등이 많은 작품을 남겼고, 조비(曹丕)·왕찬(王粲)·육기(陸機) 등도 '사언시'를 짓고 있다. 그러나 그의 아들들조차도 조조의 사언시의 뜻을 제대로 이어받지는 못한 것 같다. 특히 동진의 도연명(陶淵明, 365~427)이 「정운 (停雲)」·「시운(時運)」·「영목(榮木)」 등의 개성적이고 빼어난 '사언시'를 남기고 있다. 그러나 중국의 고전문학은 발전을 하면서도 '건안' 이후로는 차차 '사언'은 '오언'에 눌려 설 자리를 잃게 되었다. 앞에서 인용한 바 있지만 유협이 『문심조룡(文心雕龍)』에서

"건안 초에 이르러 오언시(五言詩)가 갑자기 성행하였는데, 문제(文帝) 와 진사왕(陳思王)이 앞서서 마음껏 달렸다."

고 조조는 빼고 조비와 조식만을 언급한 것도 조조의 시는 '사언이 중심이었기 때문이다. 그의 문학을 계승한 사람들은 이러한 조조의 '사언시'와 그 창작 정신을 제대로 계승하지 못하였던 것 같다. 서진(西 晉) 이후에는 더욱 '오언'을 중심으로 문학을 발전시키면서 이와 함께 뜻있는 건안풍골(建安風骨)까지도 잃은 것은 매우 아쉬운 일이라 여겨진다. 특히 뒤에 동진의 도연명에게서 빼어난 개성적인 '사언시'를 발견하게 되면서 그러한 아쉬운 마음이 더욱 짙어진다. 아래에 도연명의 시를 한 수 보기로 들어 그런 아쉬운 마음이 생기는 것을 증명하고자 한다.

「정운(停雲)」

서: 「정운」은 친한 친구를 생각하는 시이다. 술통에는 새로 익은 술이 맑게 고여 있고, 뜰에는 신록이 우거진 나무가 늘어서 있다. 바라는 대로 되지 않으니 한숨으로 가슴이 메인다.

序: 停雲, 思親友也. 罇湛新醪, 園列初榮, 願言不從, 歎息彌襟.

자욱히 덮혀 있는 구름,

부슬부슬 철에 맞는 비 내리네

팔방이 온통 어두워져

평평한 길도 막혀 버린 듯.

조용히 동쪽 뒷마루에 기대앉아

봄 막걸리 통을 홀로 어루만지네.

좋은 친구는 아득히 멀리 있어

머리 긁적이며 서성이네.


덮혀 있는 구름 자욱하고

철에 맞는 비 부슬부슬 내리네.

팔방이 온통 어두워져

평평한 땅도 강이 되었네.

마침 술이 있어 동창 앞에서 한가히 마시네.

그리운 사람 오기 바라지만

배도 수레도 오는 게 없네.


동쪽 뜰의 나무는

가지에 잎이 무성해지네.

다투어 새롭고 아름다움으로써

내 마음 기쁘게 하네.

사람들도 말하기를

해와 달은 흘러가고 있다 하였네.
어찌하면 자리 마주하고 앉아
젊었을 적 얘기를 나눌꼬?

펄펄 날아다니던 새가
우리 뜰 나뭇가지에 앉았네.
나래 거두고 한가히 쉬면서
아름다운 소리를 주고받네.
어찌 딴 사람이야 없겠는가?
그대 생각이 실로 간절하기 때문이지.
바라는 대로 되지 않으니
가슴의 한을 어이하면 좋을까?

靄靄停雲, 濛濛時雨. 八表同昏, 平路伊阻.
靜寄東軒, 春醪獨撫. 良朋幽邈, 搔首延佇.
停雲靄靄, 時雨濛濛, 八表同昏, 平陸成江.
有酒有酒, 閒飮東窗. 願言懷人, 舟車靡從.

東園之樹, 枝條再榮. 競用新好, 以怡余情.
人亦有言, 日月于征. 安得促席, 說彼平生?

翩翩飛鳥, 息我庭柯. 斂翮閒止, 好聲相和.
豈無他人? 念子實多. 願言不獲, 抱恨如何?

한편 이 시대 지식인들 중에는 '현학'을 바탕으로 하여 현실생활을 멀리하고 '청담'이나 하면서 자연 속에 유유히 지내며 아무것도 하는 일 없이 글이나 쓰고 술이나 마시면서 살려는 사람들도 생겨났다. 위나라에서 서진에 걸쳐 대숲 속에서 술이나 즐기면서 지낸 죽림칠현(竹林七賢)이 대표적인 그러한 인물들이다. 완적(阮籍, 210~263)·혜강(嵆康, 223~262)·상수(向秀, 227?~272)를 비롯하여 산도(山濤)·유령(劉伶)·왕융(王戎)·완함(阮咸)의 일곱 명이다. 이들 중에는 '현학'을 대표할만한 빼어난 시와 글을 남긴 이들이 있다.

중국 문화사에 또 하나 위나라의 위대한 공적은 한대에 와서 예서(隸書)로 통용되던 한자의 자체를 지금 우리가 쓰고 있는 진서(眞書) 또는 정서(正書)라고도 부르는 해서체(楷書體)로 바꾸어 놓았다는 것이다. 『삼국지』를 보면(권21) 위기(衛覬)가 "고문(古文)을 좋아하였고, 조전(鳥篆)과 예초(隸草) 등 잘 쓰지 못하는 글이 없었다."[66], "유이(劉廙)에게 문제(文帝)가 그의 재주를 알아보고 초서(草書)에 통달하도록 하라고 명하였다."[67]는 정도의 기록만이 보인다.

여기의 '예초' 또는 '초서'는 적어도 장초(章草)에 속하는 초서체로서, 후세에 나온 금초(今草)나 광초(狂草)와는 전혀 다른 서체이다. 한나라 때 쓰이던 예서가 보다 쓰기 편하게 변한 형태를 처음에는 모두 '초서'라 불렀던 것 같다. 『진서(晉書)』 위항전(衛恒傳)에는 한나라 말엽에서 위(魏)나라와 진(晉)나라에 이르는 시대의 한자 자체가 해서로 변화한 실정에 대하여 비교적 자세히 쓴 아래와 같은 대목이 보인다.

---

66 "衛覬 ―好古文, 鳥篆, 隸草, 無所不善."
67 "劉廙. ―文帝器之, 命廙通草書."

"상곡(上谷)의 왕차중(王次仲)이 해서(楷書) 쓰는 법을 처음으로 만들었다. 영제(靈帝, 168~188)는 글씨쓰기를 좋아하여 그때 잘 쓰는 이들이 많았다. 의관(宜官)을 스승으로 모신 이들이 가장 뛰어났는데, 큰 글씨는 경문한 글자, 작은 글씨는 한 종이에 천 글자를 써놓고 자기 능력을 몹시 뽐내었다. … 양곡(梁鵠)**68** … 무제(武帝)는 형주(荊州)를 차지한 뒤 널리 양곡을 찾았다. … 지금 관청 건물 액자 글씨는 대부분이 양곡의 전서(篆書)이다. 양곡은 큰 글씨를 잘 썼고, 한단순(邯鄲淳)은 작은 글씨를 잘 썼다. 양곡은 한단순이 왕차중의 서법을 익혔다고 하였는데, 양곡의 글씨 솜씨가 그 솜씨를 다 익히고 있었다. 양곡의 제자 모홍(毛弘)은 비서(秘書)에서 가르쳤는데, 지금의 팔분(八分)**69**은 모두 모홍의 서법이다. 한나라 말엽에 좌자읍(左子邑)이 있었는데 약간 한단순과 양곡의 서체와 같지 않았으나 역시 유명하였다."**70**

다시 장회관(張懷瓘)의 『서단(書斷)』을 보면 왕음(王愔)의 말을 다음과 같이 인용하고 있다.

"왕차중이 처음에는 옛날의 글씨는 너비가 넓고 변화하는 형세가 적다고 생각하였다. 장제(章帝)의 건초(建初) 연간(76~83)에 예초(隸草)로서 법도를 삼아 글자의 너비가 팔분(八分)이 되고 글을 쓰는 데에 규범이 있게

---

**68** 그때 글씨를 잘 쓴 사람 이름.

**69** 八分: 東漢 末에 隸書가 약간 발전하여 八分體 隸書가 標準 書體로 쓰였다. 여기서는 標準 書體의 뜻으로 쓰고 있다고 본다.

**70** 『晉書』 衛恒傳: "上谷王次仲始作楷法. 至靈帝好書, 時多能者. 而師宜官爲最, 大則一字經文, 小則方寸千言, 甚矜其能.—梁鵠—武帝破荊州, 募求鵠, —今官殿題署, 多是鵠篆. 鵠宜爲大字, 邯鄲淳宜爲小字. 鵠謂淳得次仲法, 然鵠之用筆, 盡其勢矣. 鵠弟子毛弘敎於秘書, 今八分皆弘法也. 漢末有左子邑, 小與淳鵠不同, 然亦有名."

되었다."**71**

보통 왕차중이 해서를 만들었다고 말하지만 이에 따르면 그가 만든 것은 예서체를 좀더 간단하게 만든 팔분예서(八分隸書)이고, 이를 시작으로 여러 전문가들에 의하여 계속 개량되어 결국은 조조의 위나라 시대에 와서야 그 시대의 학자와 문인들에 의하여 해서체의 한자가 널리 쓰이기 시작한 것임이 분명하다.

해서를 약간 후려 쓴 행서(行書)라는 글씨체도 해서와 함께 개발되었을 것이다. 장회관의 『서단(書斷)』과 북송(北宋) 때 써진 『선화서보(宣和書譜)』에서는 동한 환제(桓帝)와 영제(靈帝) 때 활약한 유덕승(劉德昇)이 만들었다고 쓰여 있지만 대부분의 문자학자들이 그 말을 믿지 않고 있다. 위항(衛恒)의 『사체서세(四體書勢)』에 이렇게 말하고 있다.

　　"위나라 초기에 종요(鍾繇)와 호소(胡昭) 두 사람이 있어서 행서(行書)의
　　서법을 만들었는데 모두 유덕승(劉德昇)에게 배운 것이다. 그러나 종요는
　　약간 달랐으되 역시 각각 교묘함이 있었고 지금은 세상에 크게 유행하게
　　되었다."**72**

장회관(張懷瓘)의 『서단(書斷)』 중(中)에도 이런 기록이 있다.

　　"호소(胡昭)는 자가 공명(孔明)이고 ― 역사 책에 잘 통했으며 진서(眞

---

71 張懷瓘 『書斷』 引王愔: "次仲始以古書方廣, 少波勢, 建初中以隸草作楷法, 字方八分, 言有模楷."
72 『四體書勢』: "魏初有鍾胡二家, 爲行書法, 俱學之於劉德昇. 而鍾氏小異, 然亦各有巧, 今大行
　　於世云."

254

書)와 행서(行書)도 잘 썼다. 위항(衛恒)은 말하였다. '호소와 종요는 다 같이 유덕승(劉德昇)을 스승으로 모셨고 초서(草書)와 행서를 다 같이 잘 썼는데, 호소의 글씨는 굵고 종요의 글씨는 가늘었다. 써 놓은 글씨는 언제나 모범으로 알려졌다.' 양흔(羊欣)은 이렇게 말하였다. '호소(胡昭)는 글씨의 뼈를 터득하였고, 색정(索靖)은 글씨의 살을 터득하였으며, 위탄(韋誕)은 글씨의 힘줄을 터득하였다.' 장화(張華)는 '호소가 예서(隸書)를 잘 썼다'고 하였다. 무선(茂先)은 순욱(荀勖)과 함께 기록과 서적을 정리하여 서박사(書博士)가 되어 제자들을 두고 가르쳤는데, 종요(鍾繇)와 호소(胡昭)를 규범으로 삼았다. 가평(嘉平) 2년(250, 魏 齊王) 공거(公車) 벼슬이 내려졌으나 마침 죽었는데 나이 89세였다."[73]

이 기록을 읽으면 예서(隸書)·초서(草書)·행서(行書)·해서(楷書, 眞書)의 구분이 헷갈리지만 여하튼 지금 우리가 쓰고 있는 한자의 서체인 해서와 행서는 조조의 위나라 때부터 본격적으로 쓰기 시작했음을 알 수 있다. 그리고 그 새로운 글씨체는 유덕승에게서 시작되어 위나라의 학자인 호소 이하 여러 사람들에 의하여 널리 쓰이게 되었음을 알 수 있다. 북송(北宋) 때에 나온 『선화서보(宣和書譜)』에서는 이들 서체에 대하여 이런 설명을 하고 있다.

"예서(隸書)를 쓰지 않게 된 뒤로 진서(眞書)는 너무 반듯하고, 초서는

---

**73** 『書斷』 中; "胡昭字孔明, ─ 甚能史書, 眞行又妙. 衛恒云; 昭與鍾繇並師於劉德昇, 俱善草行, 而胡肥鍾瘦. 書牘之跡也, 動見模楷. 羊欣云; 胡昭得其骨, 索靖得其肉, 韋誕得其筋. 張華云; 胡昭善隸書. 茂先與荀勖共整理記籍, 立書博士, 置弟子教習, 以鍾胡爲法. 嘉平二年公車徵, 會卒, 年八十九."

너무 멋대로 였는데, 그 중간에 끼어 있는 것으로 행서가 있었다. 이에 진
서체를 따라서 쓰는 것을 진행(眞行)이라 부르고, 초서체를 따라 쓰는 것
을 행서라 부르게 되었다."**74**

위나라는 조조를 뒤이어 천자가 된 조비(曹丕) 문제(文帝, 220~226 재위)
는 말할 것도 없고 그 뒤를 이은 조예(曹叡) 명제(明帝, 226~239 재위)까지
도 학문과 문학을 존중한 황제이며 그들 자신이 뛰어난 작품을 남긴
시인이다. 그러나 다음 조방(曹芳) 제왕(齊王, 239~249)에 와서는 대신 사
마의(司馬懿, 179~251)의 권세가 너무 커져 그의 아들 사마사(司馬師)는 마
침내 제왕 방(芳)을 천자 자리에서 밀어내고 그의 4촌 동생인 14세의
조모(曹髦, 249~254)를 천자 자리에 앉혔다. 그는 고귀향공(高貴鄉公)이라
부르는데, 조방 이후로는 위나라 임금이라도 천자 노릇을 제대로 하
지 못하여 '제(帝)'를 붙여 부르지 않고 '왕(王)'이나 '공(公)'을 붙여 그들
을 부르게 된 것이다. 사마사가 죽은 다음 사마씨 집안은 그의 동생 사
마소(司馬昭, 211~265)가 뒤를 잇는데 그들의 권세는 더 강해진다. 조모는
사마소를 치려다가 도리어 잡혀 죽고, 그 뒤를 명제의 4촌인 15세의
조환(曹奐) 진류왕(陳留王, 254~260 재위)을 앉힌다. 위나라 대장군(大將軍) 사
마소는 경원(景元) 3년(262) 위나라 군대를 동원하여 촉(蜀)나라를 쳐서
멸망시킨다. 사마소는 이런 공로로 진왕(晉王)에 봉해진다. 사마소가 죽
고 사마염(司馬炎, 236~290)이 진왕이 되자, 위나라 황제는 서기 265년에
자진하여 황제 자리를 사마염에게 물려준다. 이에 사마염은 서진(西晉,

---

**74** 『宣和書譜』; "自隸法掃地, 而眞幾於於拘, 草幾於放, 介乎兩間者, 行書有焉. 於是兼眞者, 謂之
眞行, 兼草者謂之行書."

265~316)의 무제(武帝, 265~290 재위)가 된다. 오나라는 손권(孫權)이 죽은 뒤 정치는 덮어두고 편히 지내면서 권력투쟁이나 일삼고 있었다. 이에 서기 280년 서진의 군대가 남쪽으로 그들을 공격하자 손권의 손자인 손호(孫晧)는 바로 건업의 성문을 열고 항복하였다. 이에 위나라를 뒤이어 쉽사리 천하를 통일한 천자의 나라 서진이 생겨난 것이다.

② 서진(西晉, 265~317)과 동진(東晉, 317~420)

서진은 황제 자리를 물려받고, 오랜만에 천하가 그들 아래 쉽사리 통일된다. 그리고 위나라 이래의 귀족들이 지배세력으로 자리를 잡고 천하에는 대항세력이 없어져 서진 사람들은 위아래 가릴 것 없이 태평스러운 기풍이 넘쳐흐르게 되었다. 무제인 사마염은 궁녀 일만 명을 거느리고 술마시고 즐기는 일에 빠져들었다. 임금뿐만이 아니라 대신들까지도 사치스러운 생활을 하기에 서로 앞을 다투었다. 서진의 공신인 하증(何曾)은 하루의 식비로 일만 전(錢)을 썼고, 그의 아들 하소(何劭)는 그 배인 이만 전을 썼다 한다.[75] 그리고 대신 석숭(石崇)과 왕개(王愷) 같은 사람들은 특별한 방법을 총동원하여 미친것처럼 서로 다투어 사치스러운 생활을 하였다 한다.[76] 그리고 왕융(王戎)은 집에서 부리는 하인이 수백 명이었고[77], 석숭은 800여 명의 하인들을 부렸다 한다.[78]

서진의 무제는 귀족들을 안정시킬 목적으로 자기 집안 친척들 27명

---

**75** 『晉書』卷33 何曾傳.

**76** 『晉書』卷33 石苞傳 附子崇傳.

**77** 『初學記』卷18 引 徐廣『晉紀』.

**78** 『晉書』卷33 石苞傳 附子崇傳.

을 여러 고장의 왕(王)으로 봉했는데, 이들 왕국은 이후 계속 늘어났고, 왕국(王國) 이외에 황제와 성이 다른 공신들도 땅을 쪼개어 주어 500여 명이나 공(公) 또는 후(侯)로 봉해주었다. 이러한 땅을 봉하여 받은 왕국 및 공후 의 나라들은 모두 제각기 일정한 군대를 길러 마침내는 서로 세력을 다투게 되었다. 무제가 죽은 뒤 그의 아들 혜제(惠帝, 291~306 재위)가 뒤를 잇는데, 그는 더욱 사치하고 즐기는 데만 빠져서 세상이 어떻게 돌아가는지 전혀 몰랐다. 때문에 그의 원강(元康) 원년(291)에는 여덟 명의 왕이 서로 치고 싸우는 이른바 '팔왕의 난(八王之亂)'이 일어나 16년 동안이나 혼란이 계속되었다. 황제의 형제와 집안사람들이 서로 황제를 밀어내고 멋대로 나라의 권력을 차지하려고 서로 죽이며 싸운 것이다. 이 싸움으로 수십만 명의 백성들이 죽고 여러 성이 불타고 생산 시설이 모두 파괴되었다. 여러 국왕들이 서로 죽이며 싸우는 통에 황제인 혜제도 광희(光熙) 원년(306)에 원인도 모르게 죽어버리고, 아우인 회제(懷帝, 307~312 재위)가 황제 자리에 오른다.

이처럼 정치를 하는 사람들이 사치와 환락에 빠지고 정치를 제대로 하지 못하자 나라 안에는 먹고 살 수가 없어서 여러 고장을 떠다니는 유민(流民)이 무척 늘어나, 이들은 각지에서 반란을 일삼기도 하였다. 그리고 침략을 일삼는 외부 민족에 대하여 강력한 대처를 할 줄 몰랐기 때문에 변두리의 이민족들도 강해지기 시작한다. 특히 흉노(匈奴)족 계열의 유연(劉淵)이 북쪽에서 흉노족을 다스리고 있다가 세력을 키워 서기 304년에는 한(漢)이라는 나라를 세우고 스스로 왕이 된다. 서기 308년에는 산서(山西) 지방을 널리 정복하고 평양(平陽, 지금의 山西 臨汾)을 도읍으로 삼고 스스로 황제가 되어 군대를 보내 서진의 도읍 낙양을 친다. 서기 310년 유연이 죽자 그의 아들 유총(劉聰)이 그의 뒤를 잇는다. 서기 311년 유총은 군대를 보내어 서진의 낙양을 짓밟고 황제인 회제를 잡아와 서기 313년에는 회제를 죽여버린다. 그러자 장안으로 가 있던 민제(愍帝, 313~316 재위)가 서진의 황제 자리를 잇는다. 그러나 316년에는 다시 장안으로 쳐들어가 민제를 사로잡은 뒤 죽여버리자 서진은 멸망하게 된다.

서진이 망해버리자 서진 황제 집안의 사마예(司馬睿, 277~322)가 남쪽으로 내려가 지금의 난징(南京)인 건업(建業)에 자리를 잡고 있다가 여러 신하들의 추대를 받아 황제가 되어 동진(東晉, 317~420)이란 나라가 세워진다. 동진이란 나라도 말로는 '중원회복(中原回復)'을 내세웠지만 여전히 함께 남쪽으로 몰려온 귀족들과 함께 안일하게 나라를 다스리며 장강의 물길을 이용하여 북쪽 이민족의 침략을 막아내기만 하였다. 서한 말엽부터 일어서기 시작한 중국의 여러 이민족들은 이런 기회를 이용하여 서로 앞을 다투어 중국 땅으로 들어와 나라를 세웠다가 망하여 서기 304년부터 439년 사이 이른바 오호십륙국(五胡十六國)이라는 나라들이 섰다가 망한다. '오호'라지만 흉노(匈奴)족·갈(羯)족·선비(鮮卑)족·저족(氐族)·종족(賨族)·강족(羌族)의 6개 이민족에 한족(漢族)까지 합치면 실제로는 7개 민족이었으며, 그들이 세웠다가 망한 나라는 실제로 23개였다.

동진이란 나라는 북쪽에서 옮겨가 세워진 나라이지만 황제와 함께 옮겨간 지식인들인 귀족이 나라의 권력을 모두 차지하고 서진과 같은 정치를 하며 안락한 생활을 추구하였다. 그러나 사마예(司馬睿)인 원제(元帝, 317~325 재위)가 죽고 명제(明帝, 323~325 재위)를 뒤이어 나이 어린 성제(成帝)·강제(康帝)·목제(穆帝)·애제(哀帝)·폐제(廢帝, 365~371 재위)로 황제 자리가 이어지면서 반란과 권력다툼이 잦아졌다. '폐제'라고 부르는 것은 권력자에 의하여 그가 황제 자리에서 끌어 내려졌기 때문이다. 다시 간문제(簡文帝)·효무제(孝武帝)를 거쳐 안제(安帝, 396~418 재위)에 이르면서 나라의 정권은 완전히 황제로부터 떠나 권력자들 손에 넘어가 있었다. 결국 권력이 가장 강하던 장군 환현(桓玄)은 안제에게 강요하여 황제 자리를 넘겨받고 자기 나라를 초(楚)라 하였다. 그러자 사방의 장군들이 반역자를 치려고 일어섰다. 그 중에서도 가장 뛰어난 장수가 손은(孫恩)과 노순(盧循)의 반란을 평정하는데 큰 공을 세운 태위(太尉)라는 벼슬 자리에 있던 장군 유유(劉裕, 363~422)였다. 유유는 곧 도읍 건강으로 쳐들어가 환현을 자기 고향 형주(荊州)로 쫓아낸다. 유유는 다시 안제를 끌어다 황제 자리에 앉혀 놓았다가 죽여버리고 공제(恭帝, 418~420 재위)를 황제 자리에 앉혔다가, 자기에게 황제 자리를 자진하여 내어주도록 만든다. 이에 유유는 송(宋)나라 무제(武帝, 420~422 재위)가 되고, 송나라로부터 남북조(南北朝)시대의 남조(南朝)가 시작된다.

서진과 동진의 학술 문화는 위나라를 이어받아 계속 발전하였다. 더구나 주변의 여러 이민족들이 들어와 나라를 세우는 통에 이질적인 문화는 중국의 전통적인 문화를 자극하여 더욱 다양한 면으로 발전을 가능케 하였다. 위나라 시대의 현학(玄學)은 그대로 이어져 『장자주(莊子注)』를 각각 쓴 상수(向秀, 227~272)와 곽상(郭象, 252~312)이 서진시대까지 계속 활약하였음은 이미 앞에서 지적한 바 있다. 상수는 죽림칠현(竹林七賢) 중의 한 사람이기도 하니 세상 일을 초월하여 자연 속에 몸을 맡기고 술이나 마시면서 청담(淸談)이나 하던 풍조도 계속 이어졌음을 알 수 있다. 뒤이어 상수나 곽상 처럼 유학은 버리고 너무 도가사상 쪽으로 치우쳐져서 세상 풍습이 사람으로서 할 일과 예의 같은 것은 버리고 지나치게 방탕해짐을 걱정하는 배위(裴頠, 276~300) 같은 학자도 나왔다. 그는 도가사상 보다도 유가사상이 바탕이 되어야 한다고 생각하여 도가에서 중시하는 무(無)나 무위(無爲)보다도 유(有)와 유위(有爲)의 개념을 중시해야 한다고 주장하였다. 그에게는 『숭유론(崇有論)』과 『귀무론(歸無論)』이라는 저술이 있다. 현학의 발전을 뜻하는 것이다. 이러한 경향은 동진시대 현학에서 더욱 발전한다. 그들은 유교를 바탕으로 하면서도 노자와 장자도 존중하고, 예절을 잘 지키는 생활을 하였다. 그리고 불교도 더욱 성행하기 시작하고 성실한 불경 번역에 힘입어 불경을 올바로 이해하려고 힘쓰게 되었다. 이를 바탕으로 남북조시대에 가서는 불교가 크게 성행한다.

서진과 동진에 이르는 시대는 나라 안의 정치는 어지럽고 나라 밖으로 크게 세력을 떨치지는 못하였지만, 백성들의 생활은 자유로워서 중국의 전통문화가 전반적으로 본격적인 발전을 이루었던 시대이다. 이어서 남북조시대에는 그 발전을 더욱 여러 방면으로 미치게 하여, 뒤에 당(唐)나라와 송(宋)나라가 만드는 찬란한 중국 전통 문화의 기반이 된다. 이 시대 전통문학의 발전에 대하여는 바로 뒤에 남북조시대의 문화발전을 다루면서 다시 논하게 될 것이다.


## (2) 중국 전통문화의 계승 발전-건업(建業), 낙양, 남북조(南北朝, 420~581)

세상은 극도로 어지러웠지만 도교(道敎)가 크게 발전하고 불교(佛敎)도 들어와 자리잡고 성행하여 중국 사상계가 한 차원 더 높은 단계로 발전한 모습을 보여준다. 그리고 여러 이민족들의 문화도 들어와 중국문화의 발전을 자극한다. 문학에서도 위나라 시대에 본격적으로 전개된 시의 창작이 형식이나 내용면에서 뒤에 크게 발전하는 당시(唐詩)의 바탕을 마련한다. 중국 내륙 도시에 도읍했던 나라들은 잔인하게 힘으로 억눌러 세상을 다스리지 못하여 나라의 힘은 약했지만 학술과 문화는 크게 발전시킬 수가 있었다. 이 어지러웠던 세상을 다시 잔인한 수(隋)나라(581~618)가 장안을 도읍으로 삼고 천하를 통일한 다음 힘으로 백성들을 다스리게 된다. 중국 전통문화의 특징을 이해하기 편리하도록 여기에서는 ① 도교의 발전, ② 불교의 성행, ③ 전통문학의 발전, ④ 실크로드의 형성 등 네 부분으로 나누어 남북조시대 문화의 발전 양상을 논하려 한다.

### ① 도교의 발전

도교는 중국에서 생겨나 중국에서 발전한 종교이다. 동한 말엽 영제(靈帝, 168~189) 때에 일어난 장각(張角)의 태평도(太平道)와 장릉(張陵) 및 장수(張修)의 오두미도(五斗米道)의 반란으로부터 창시되기 시작하여, 위나라와 서진·동진 및 남북조시대를 거치면서 노자(老子)와 장자(莊子)의 도가사상을 받아들이고 불교의 교리(敎理)와 조직을 본떠서 민간신앙으로서의 종교적 교리와 형식이 갖추어졌다.

무엇보다도 도가(道家)와 도교는 혼동하기 쉽지만 실은 전혀 다른 것이다. 도가는 춘추전국(春秋戰國)시대(B.C. 771~B.C. 250)에 노자와 장자를 중심으로 생겨난 학술사상이고, 도교는 동한 말에 시작되어 남북조시대에 이룩된 종교의 하나인 것이다. 도교는 노자의 『도덕경(道德經)』에 보이는 '도(道)'를 바탕으로 하여 병들지 않고 오래 사는 방법을 추구하고, 『장자』에 보이는 아무런 거리낌없이 바람을 타고 구속받지 않고 다니면서 자유롭게 산다는 '진인(眞人)'의 개념을 발전시켜 사람이 죽지 않고 오래 사는 신선(神仙)을 추구하는 종교를 만들어낸 것이다. 그리고 도교에서는 노자를 교주(敎主)로 받들고 『도덕경』을 그들의 경전이라 받들게 되었기 때문에 도가와 도교를 혼동하기 쉽게 된 것이다.

앞에서 도교가 동한 말엽에 형성되기 시작했다고 하였지만, 실제로 그 뿌리는 전국시대(B.C. 453~B.C. 221)에서 진(秦, B.C. 221~B.C. 206)·한(漢, B.C. 206~A.D.220) 시대에 걸쳐 중국의 북동(北東)지방에 유행하였던 병들지 않고 오래도록 죽지 않고 살기를 추구하는 방사(方士)들의 신앙과 추연(鄒衍) 같은 사람들의 오행(五行)사상을 바탕으로 하고, 다시 서한시대에 유행한 자유롭게 죽지 않고 산다는 노자에 황제(黃帝)의 신앙까지 보태진 황로도(黃老道) 같은 것이 보태져 도교가 형성된 것이다. 도교의 형성에는 동한 영제(靈帝)의 희평(熹平) 연간(172~177)에 장각(張角)이 『태평경(太平經)』을 받들며 태평도(太平道)를 내세우고 '황건적(黃巾賊)의 난'을 이끈 사건이 크게 작용한다. 그보다도 동한 순제(順帝) 때(126~144)에 장릉(張陵)이 사천(四川)과 장강 중류지역 일대에서 오두미도(五斗米道)를 편 것이 도교의 성립을 확정짓게 한다. 장릉은 정식으로 노자를 교주로 내세우고, 노자를 태상로군(太上老君)이라 높이 받들며 노자의 『도덕경』을 그들의 경전으로 삼았다. 그 뒤를 장형(張衡)과 장로(張魯) 같은 사람이 계승 발전시켜 '태평도'와 함께 '오두미도'가 원시 도교로서 민간에 유행하기 시작한다. 도교는 본시 하층 서민들의 요구를 반영하는 민간종교였으나 위나라와 서진 및 동진의 현학(玄學)의 영향을 받아 남북조시대에 가서는 오히려 지주계급과 문벌사족(門閥士族)들의 귀족종교로 발전하게 된다.

이미 서진에 와서는 도교와 불교가 서로 세력을 다툴 정도로 발전하여 불교를 도교 아래 눌러 두려고 노자가 뒤에 서쪽으로 나가서 불교를 만들었다고 주장하는 왕부(王浮)의 『노자화호경(老子化胡經)』 같은 가짜 경전까지 나왔다. 무엇보다도 이 무렵 도교에 학술적인 뒷받침을 마련한 것은 서진에서 동진까지 활약한 갈홍(葛洪, 290~370)이다. 그는 『포박자(抱朴子)』를 지어 유교의 가르침에 신선술(神仙術)을 풀어넣어 이전의 기도와 부적(符籍) 및 주술(呪術)을 통하여 신선을 추구하던 방법을 비판하고 양생(養生)과 단약(丹藥)을 통해서 신선이 되는 도리를 풀이하였다.

남북조시대에 와서는 북위(北魏)의 도사(道士) 구겸지(寇謙之, ?~448)가 나와 도교를 착실히 믿는 위나라 태무제(太武帝, 424~439)와 재상 최길(崔浩)의 도움을 받아 원시도교를 불교를 본떠서 교리(敎理)를 바로잡고 조직도 개혁하여 도교의 바탕을 마련해 놓았다. 그리고 남조(南朝)에서는 강남의 여산(廬山)에서 지내던 도사 육수정(陸修靜)이 갈홍이 정리해 놓은 경서의 목록을 기초로 하여 도서(道書)를 더 한 층 잘 정리하고, 불교의 의식을 본받아서 여러 가지 도교의 의식을 잘 갖추었다. 그리고 양(梁)나라 무제(武帝, 502~549 재위) 때의 도사 도홍경(陶弘景, 452~536)은 계속 유교와 불교의 장점을 흡수하여 『진령위업도(眞靈位業圖)』를 저술, 이 세상과 신선세계를 연결시켜 도교의 내용과 형식을 개조함으로써 봉건정치의 도구 기능을 강화하였다.

도교는 이렇게 남북조시대에 제 모습을 갖추어 수(隋, 581~618)·당(唐, 618~907)대에 가서는 더 큰 발전을 이루어 불교와 세력을 다투는 종교가 되었다. 그 뒤를 이어 북송(北宋, 960~1127)에서 명(明, 1368~1661)에 이르는 시대에는 도교가 다시 여러 종파(宗派)로 갈리면서 새로운 특징을 갖추게 된다.

한편 도교는 오랜 세월을 두고 발전하는 동안에 많은 경전(經典)이 쌓이어 『정통도장(正統道藏)』·『만력속도장(萬曆續道藏)』·『도장집요(道藏輯要)』 등 거대한 질의 『도장(道藏)』이 이루어진다. 그리고 이 도장은 도교의 경전의 역할에 그치지 않고 중국 문화 여러 방면의 발전 모습을 잘 반영해주고 있어서 특히 후기 중국 봉건사회 연구의 귀중한 자료가 되고 있다.

### ② 불교의 성행

불교가 들어온 것은 대체로 동한 명제(明帝, 58~75 재위) 때인 것 같다. 환제(桓帝, 147~167 재위)와 헌제(獻帝, 190~220 재위) 때도 불교의 스님들이 활약한 기록이 있다. 그때 서역의 안식(安息)에서 온 안사고(安士高)와 월지(月氏) 사람 지참(支讖) 등의 스님이 들어와 불교를 포교하면서 불경을 중국 글로 번역했다고 한다. 그러나 인생 세상을 고해(苦海)로 보고 괴로움의 근원인 생로병사(生老病死)의 어려움에서 해탈(解脫)하려는 불교의 기본 이념은 중국의 전통사상과는 매우 이질적인 것이고 불경도 쉽사리 이해하기 힘든 성격의 것이어서 중국 사람들은 잘 받아들이지 못하였다.

불교는 중국에 들어오면서부터 대승(大乘)과 소승(小乘)이라는 두 가지 큰 다른 주장으로 갈렸다. '대승'이란 "사람이면 누구나 수양을 통해서 부처가 될 수 있다." 따라서 자기뿐만이 아니라 모든 사람을 고해에서 해탈시켜야 된다는 주장이어서 보다 널리 사람들에게 받아들여졌다. '소승'은 수도를 통해서 자기만의 해탈을 추구하면 된다는 주장이다. 위에 든 스님 중 안사고는 불교적인 수도에 힘쓰는 소승적인 경서를 많이 번역하여 후세에 주로 북방을 중심으로 성행한 좌선(坐禪)을 중시하는 선학(禪學)의 발전에 크게 공헌하게 되고, 지참 스님은 대승적인 경서를 많이 번역하여 후세에 주로 남방을 중심으로 성행한 불교의 교의(敎義) 연구와 포교에 힘을 쓰는 반야학(般若學)을 중시하게 하여, 위·진·남북조시대를 통하여 많은『반야경(般若經)』에 관한 번역이 나오도록 이끈다.

위나라와 서진·동진으로 이어지면서 현학(玄學)이 성행하여 차차 불교를 제대로 이해하고 받아들이기 시작하였다. 따라서 현학은 불경의 이론의 뜻을 올바로 이해하여 불교를 중국화하는 데 크게 공헌하였다. 특히 서역에서 온 불도징(佛圖澄, 232~348)의 제자인 도안(道安, 312~385) 스님은 노자와 장자의 '무(無)'의 사상이 대승불교의 바탕이 되는 '공(空)'의 사상에 가까운 것을 이용하여 중국 사람들이 불교를 이해하기 쉽도록 해설하면서, 불교에서 "진정한 지혜"를 뜻하는 '반야'의 연구에 힘을 기울이었다. 이는 불교의 현학화(玄學化)라고 표현할 수 있다. 도가사상을 중심으로 하여 현학을 가지고 불교사상을 이해하고 강해(講解)하여 불교의 현학화에 크게 공헌한 이는 도안의 제자 혜원(慧遠, 334~416) 스님이다. 그는 젊어서부터 도안을 따라 반야학을 닦고, 46세 때에는 도안에게서 벗어나 남쪽으로 가서 여산(廬山) 동림사(東林寺)에서 여러 사람을 모아 불경 번역에 힘쓰면서 많은 제자들을 기르고 백련사(白蓮社)를 조직하여 명사들과 교류하며 여산을 강남의 불교 성지로 만들었다. 그의 노력으로 반야학이 남쪽에 성행하게 된다. 그는『법성론(法性論)』과『명보응론(明報應論)』등 많은 저서도 남겼다. 이렇게 하여 동진에 가서는 불교가 현학화하고, 발전하면서 지식인들이 불교의 '공'의 이론을 받아들이는 중에 반야학에 육가칠종(六家七宗)[79]이라는 여러 가지

파벌까지 생겨난다.

남북조시대에 와서는 불교가 완전히 중국화 하고 여러 황제들이 적극적으로 불교를 신앙하여 크게 발전한다. 구자(龜玆)나라의 명승인 구마라습(鳩摩羅什, 384~412)을 비롯하여 여러 명승들이 중국으로 와서 나라의 후원 아래 조직적으로 대규모의 불경 번역 사업을 추진한다. 그리고 이들 밑에서는 많은 스님들이 나와 불경을 공부하고 불경의 뜻을 올바로 풀이한다. 위나라와 서진·동진시대에는 도가사상과 현학(玄學)을 바탕으로 불교를 공부하고 이해하였기 때문에 불경의 해석이 본뜻과 어긋나는 경우가 적지 않았다. 따라서 승조(僧肇, 384~414)와 도생(道生, ?~434) 등 이때 공부한 학자들은 반야학(般若學)의 '공'의 본뜻을 되찾는 등의 연구에 많은 성과를 올리어 중국적인 반야학을 세워놓았다. 이를 대표하는 승조의 저술로 『부진공론(不眞空論)』·『물불천론(物不遷論)』·『반야무지론(般若無知論)』 등이 있다. 한편 이때 와서는 중국 스님들도 『불국기(佛國記)』의 저자 법현(法顯)을 비롯하여 많은 스님들이 인도로 가서 공부도 하고 불경도 구해 와서 많은 불경이 착실히 번역되기도 하였다.

북위 같은 나라는 처음에는 불교를 탄압하기도 하였으나 곧 불교는 더욱 성행하여 선무제(宣武帝, 499~515 재위) 무렵에는 불교 사원의 수가 1,367개나 되고, 서역으로부터 들어온 스님 수도 수천 명이나 되었다 한다. 양현지(楊衒之)가 쓴 『낙양가람기(洛陽伽藍記)』에는 위나라 도읍인 낙양의 사원 모습이 잘 묘사되어 있다. 그리고 북위가 처음에 도읍

---

**79** 六家는 本無·心無·卽色·識含·幻化·緣會의 六派인데, 影響力이 가장 컸던 '本無'派에서 뒤에 다시 '本無異'派가 생겨나 '六家七宗'이 된다. 이들 各派의 특징은 여기에서 설명할 수가 없다.

돈황석실 앞모습

용문석굴 안의 불상 조각

으로 삼았던 산서(山西) 평성(平城) 서쪽 운강(雲岡)의 석굴(石窟)과 도읍을 옮긴 뒤 낙양 남쪽 교외의 용문(龍門) 석굴은 규모가 큰 불교 유적으로 온 세계에 이름이 알려져 있는 정도이다. 이때 세워진 사원과 석굴은 북위의 불교의 성행뿐 만이 아니라 건축 예술 등 문화 전반에 걸친 발전 수준을 알려주고 있다. 남조에도 불교가 성행하여 '남조사백팔십사(南朝四百八十寺)'란 말이 나왔을 정도이다. 특히 양나라 무제(武帝, 502~549 재위) 같은 경우에는 불교를 깊히 신앙하여 그의 보호 아래 많은 학승(學僧)이 나와 경론(經論)이 강의되었다. 혜교(慧皎)의 『고승전(高僧傳)』과 승우(僧祐)의 『홍명집(弘明集)』 및 가장 오래된 불전총목(佛典總目)인 『출삼장기집(出三藏記集)』도 이 무렵에 이루어진 것이다.

불교는 본시 사람들의 생로병사(生老病死)의 고통과 불행으로부터 사람들을 구제하려는 종교여서, 부처님의 자비를 해설하는 스님들의 말에 많은 백성들이 따랐다. 따라서 초기에는 불교가 민중을 바탕으로 퍼지는 것 같았으나, 곧 황제와 귀족들도 불교에 귀의하게 되면서 황제와 권력가들의 후원 아래 불교가 발전하여 화려한 사원과 거대한 석굴 등이 만들어진다. 그 결과 남북조시대에 이미 불교는 귀족화하였다고 보아야 한다.

### ③ 전통문학의 발전

**가. 시의 본격적인 창작**

서진(西晉)은 위나라에서 시작된 본격적인 문학창작의 흐름을 이어받아 각 방면의 문학 활동이 더욱 활발해진다. 우선 시의 창작을 보면 이 시기에 와서는 문벌 귀족들의 힘이 더욱 강해져서, 정치면뿐만이 아니라 문학면에서도 그들의 영향력이 더욱 뚜렷해졌다. 이에 따라 시는 일반 서민들의 생활과는 동떨어져 귀족들과 그들을 둘러싼 사대부들의 전유물이 되어 갔다. 이들의 시는 인간의 문제는 제쳐두고 귀족적 취미에 따라 화려한 문장과 아름다운 표현을 추구하는 경향으로 기울어졌다. 이에 이전의 노장사상을 바탕으로 한 현묘(玄妙)한 경지를 추구하던 현학적인 기풍은 사라지고, 남조(南朝)의 유미주의적인 문학 발전의 단서가 되는 것이다. 이들의 시가 수사(修辭)와 형식을 중시하여 화려한 표현과 교묘한 대우나 전고의 사용 등에 힘을 기울이게 되고, 창작 방법으로는 옛날 것을 흉내내고 본뜨는 풍조가 생겨났다.

이 시대의 대표적인 작가는 "삼장(三張)·이륙(二陸)·양반(兩潘)·일좌(一左)"[80]라고 부르던 장화(張華, 232~300)와 장재(張載, 289 전후)·장협(張協, 295 전후) 형제, 육기(陸機, 261~303)·육운(陸雲, 262~303) 형제, 반악(潘岳, 247?~300)과 조카 반니(潘尼, ?~310?), 및 좌사(左思, 250?~305?)이다. 이들 중에서도 반악·육기·좌사가 특히 뛰어났다. 육기는 시인으로보다도 「문부(文賦)」의 작가로 더욱 유명하다.[81] 그리고 이 태강 연간(280~289)의 시단을 주도하여 시의 수사주의(修辭主義)와 형식주의적(形式主義的)인 경향이 두드러지게 하는 데에는 장화와 장협의 역할이 가장 두드러진다.

동진(東晉)시대에도 지식인들은 황로(黃老)사상에 의존하여 정신적 위안을 찾았다. 황로사상은 자기 위안의 방법으로도 효과적이었지만, 무위자연(無爲自然)의 방법으로 오래 살려는 사상이기 때문에 넓은 강남 땅을 많이 차지하고 사치스러운 생활을 누리던 귀족들이 서민들

---

80 『詩品』 卷上에 보임.
81 뒤의 「제6절 위진남북조의 문학비평」 참조.

의 고난을 외면할 수 있는 방법이 되기도 하였다. 따라서 영가(永嘉) 연간(307~312)이나 마찬가지로 동진에 와서도 인간이나 사회의 문제들을 외면한 현언시(玄言詩)와 유선시(遊仙詩)가 유행하였다.

동진 초기에 '유선시'의 작가로 활약한 곽박(郭璞, 276~324)이 있다. 『진서(晉書)』의 그에 관한 전기를 보면 그는 귀신을 부리고 점도 잘 치는 도사였다. 성격이 경박하고 술과 여색을 좋아했으나, 한편 경술(經術)도 좋아하였고 재주가 많은 위에 박학하여 『이아(爾雅)』・『방언(方言)』・『목천자전(穆天子傳)』・『산해경(山海經)』・『초사(楚辭)』 등의 주(注)도 남기고 있다. '현언시'의 작가로는 손작(孫綽, 314~371)이 뛰어났다. 그 밖에 왕희지(王羲之, 321~379)와 사안(謝安, 320~385) 등이 활약하였다.

동진 말엽 시기에는 도연명(陶淵明, 365~427)이라는 위대한 시인이 나와 중국시의 발전을 한 단계 크게 끌어 올려놓는다. 도연명은 이름을 잠(潛)이라고도 한다. 그는 어려운 생활 때문에 팽택(彭澤)이란 고을의 수령(守令)이 되었다가 곧 벼슬을 내던지고 「귀거래혜(歸去來兮)」를 읊으며 고향으로 돌아와 63세에 세상을 떠나기까지 시골의 전원생활을 즐기며 시와 술로 그의 일생을 보낸 대시인이다. 그는 동진 말엽 세상이 매우 어지럽고 문인들이 형식주의적인 시를 짓는 일만 일삼고 있던 시대에, 세상에서 벗어나 초연히 자연 속에서 진실을 추구하며 중국 문학사상 위대한 금자탑이 될 작품들을 썼다. 그의 자연스럽고 평담(平淡)한 작품은 그 당시에는 그다지 높은 평가를 받지 못했다. 그러나 당대로 들어오면서 그의 진가가 인정되기 시작하였고, 특히 송대에 들어와 소식(蘇軾)이 도연명을 매우 좋아하고 높이 평가하여 이로부터 그가 올바른 대접을 받게 되었다.

남북조시대에 가서도 군주와 귀족들이 호사스러운 생활을 누리면서 문학을 좋아하고 문사들을 뒷받침해 주어, 귀족적인 화려한 사조를 추구하는 방향으로 문학이 발달하였다. 그것은 곧 문학이 현실로부터 유리되고, 서진의 태강(太康) 연간(280~289) 이후로 성행된 수사주의(修辭主義) 경향이 더욱 발달하여, 운문이나 산문을 막론하고 형식적인 수사와 함께 쓰는 글자의 성률(聲律)의 해화(諧和)까지도 추구하는 유미주의적인 문학이 성행하였다. 따라서 시에는 아름다운 표현뿐만 아니라 모든 글자의 성운(聲韻)과 성조(聲調)인 사성(四聲)의 해화까지도 따지며[82] 글을 짓게 되었던 것이다.

남조의 송나라 때에는 문제(文帝)의 원가(元嘉, 424~453) 연간이 시가 가장 성행한 시기이다. 안연지(顔延之, 384~456)·사령운(謝靈運, 385~433)·탕혜휴(湯惠休)·포조(鮑照, 414?~466) 등이 이 시기를 대표하는 시인인데, 위로 태강체(太康體)를 계승 발전시켜 시 구절의 짝을 맞추어 짓는 대우(對偶)를 중시하며 화려하고 묘한 표현을 추구하고 전고(典故)를 많이 써서 흔히 이를 원가체(元嘉體)라고도 불렀다. 특히 칠언시는 조비(曹丕) 이후 포조에게서 성숙한 발전을 이루어 당(唐)대의 칠언시와 칠언가행체(七言歌行體) 발전의 기초가 되었다. 그리고 후세 이백(李白)·고적(高適)·잠참(岑參) 같은 낭만적인 작가들에게 두드러진 영향을 끼쳤다.

남조가 제나라 및 양나라로 바뀌면서 문학은 더욱 유미주의적인 경향으로 흘러 극도로 형식의 아름다움을 추구하게 되었다. 시에는 특히 성률설(聲律說)과 민간 악부의 영향으로 근체시(近體詩)인 율시(律詩)

---

82 梁 沈約의 '四聲八病說'이 그 대표적인 이론임. 四聲은 平·上·去·入의 네 가지 聲調이며, 八病은 詩를 지을 때 四聲을 잘 조화시키기 위하여 정해 놓은 法則이므로, 平頭·上尾·蜂腰·鶴膝·大韻·小韻·旁紐·正紐의 여덟 가지이다. 이러한 聲律論을 바탕으로 唐初에 近體詩가 이룩되는 것이다.

와 절구(絕句)의 형식에 가까워진 새로운 시체들이 유행하였고, 내용에서는 색정(色情)을 위주로 한 궁체문학(宮體文學)이 성행하였다. 이러한 문학은 제나라 무제(武帝)의 영명(永明) 연간(483~493)에 가장 성행하였기 때문에 흔히 영명체(永明體)라 부른다.

이 '영명체'의 문학은 제나라 무제의 둘째 아들 경릉왕(竟陵王) 소자량(蕭子良) 밑에 모여 문학활동을 한 경릉팔우(竟陵八友)가 중심을 이루었다. '경릉팔우'란 왕융(王融, 468~494)·사조(謝眺, 464~499)·범운(范雲, 451~503)·임방(任昉, 460~508)·심약(沈約, 441~513)·육수(陸倕, 470~526)·소침(蕭琛, 478~525)·소연(蕭衍, 464~549)의 여덟 명이다. 이들 중에서도 심약은 시의 '사성팔병(四聲八病)'을 주장하여 시의 성률론을 더욱 발전시켜 유명하다. 그러나 시의 창작에서는 사조가 '영명체'를 대표한다고 평가받고 있다.

'경릉팔우' 중에서도 소연(蕭衍, 464~549)은 양 무제(武帝, 502~549 재위)로, 50년의 재위 기간 문학 발전에 크게 기여하였다. 그의 아들 소명태자(昭明太子, 蕭統, 501~531)·간문제(簡文帝, 蕭綱, 503~551)·원제(元帝, 蕭繹, 508~554)도 모두 문학을 좋아하여 그 시대 문단을 주도하였다. 이들은 모두 불교를 좋아하였고, 소명태자를 제외한 세 사람은 모두 염정적이고 음란한 내용을 화사한 언어로 표현하는 작품을 짓기에 힘써 궁체시(宮體詩) 성행에 불을 질렀다. 특히 이들은 강남에 유행하는 민가체의 짧은 노래의 형식에다 염정적인 내용과 세밀한 묘사를 덧붙여 민가에다 귀족적인 비단 옷을 입힌 듯한 작품을 잘 지었다. 이러한 유미주의적인 시들에 강엄(江淹, 444~505)·임방(任昉, 460~508)·구지(丘遲, 464~508)·오균(吳均, 469~520)·하손(何遜, 480?~530)·주흥사(周興嗣, ?~521?)·서리(徐摛, 472~459)·장솔(張率, 475~527)·유견오(庾肩吾 490?~552?) 등이 가세하여 '궁체시'가 성행한다.

'영명체'라고도 부르던 '궁체시'는 진(陳)나라 후주(後主) 진숙보(陳叔寶, 582~588 재위)와 강총(江總, 519~594)·진훤(陳喧, ?~607?)·공범(孔範, 595 전후)·음갱(陰鏗, 510~570)·서릉(徐陵, 507~583) 등의 활약으로 음란한 아름다움의 추구가 극치에 달하게 된다. 아름다운 표현과 형식을 추구하다보니 내용은 모두가 남녀의 정을 위주로 한 육감적인 것으로 전락하고만 것이다. 그런 중에서도 음갱과 서릉은 더욱 시의 기교를 발전시켜 율체(律體)에 가까워진 시를 쓰고 있다. 그런 시들은 아직 평측(平仄)이 완전히 들어맞지는 않지만 당대 '근체시'의 형식을 거의 갖추었다고 할 수 있는 수준의 것이다.

북조는 한족이 아닌 호족(胡族)들에 의하여 계승된 나라들이기 때문에 독자적인 문학을 발전시킬 수가 없었다. 다만 뛰어난 문인으로는 남조의 양나라 원제(元帝, 553~554 재위)가 서위(西魏)에 항복했을 때 함께 장안(長安)으로 따라갔다가 귀순하였던 왕포(王褒, 513?~576?)와 양나라 원제 때 서위에 사신으로 갔다가 양나라가 망하는 바람에 장안에 머물게 되었던 유신(庾信, 513~581)이 있을 뿐이다.

남북조시대에는 민간에 한나라와 위나라 때의 악부시를 계승한 새로운 그 시대의 민가도 성행하였다. 남조는 지리적으로 물산이 풍부한 위에 전란에도 크게 휩쓸리지 않았으므로, 농업 이외에도 수공업과 상업 등이 발전하여 서민들도 자기네 생활을 즐길 여유가 많았기 때문에 민가가 성행하였다. 이들 민가는 편폭이 짧고 가벼우면서도 아름다운 서정을 담고 있다. 남조의 민가는 대부분이 송대 곽무천(郭茂倩)이 편찬한 『악부시집(樂府詩集)』 청상곡사(淸商曲辭) 속에 수록돼 있다.

북조의 북방은 남방과 달리 지세가 황량하고 자연환경이 거친데다,

여러 호족(胡族)들이 쳐들어와 전란이 잦은 지역이다. 호족들은 유목을 위주로 하는 강인하고도 잔혹한 민족이어서, 이들의 지배를 받은 한족들의 생활은 고난에 빠져 있었다. 이러한 북조에도 남조만은 못하지만, 내용에서는 전쟁의 참상이나 종군의 고통과 목축생활 등을 노래한 것 등 다양한 민가가 유행하였다. 그리고 그 음조도 남쪽 민가와는 달리 호쾌하고 격정적이며, 남녀의 애정을 주제로 한 것들도 보다 대담하고 솔직하다.

북조의 민가 중에서 무엇보다도 주목해야 할 작품은 「목란사(木蘭辭)」이다. 「목란사」는 위나라의 「공작동남비」와 쌍벽을 이루는 장편의 서사시이다. 「목란사」는 아들이 없는 자기 아버지 대신 처녀인 목란이 남장을 하고 출정하여 나라를 위해 큰공을 세우고 돌아온다는 내용의 얘기를 노래한 것이다. 목란은 전형적인 부드러운 여성이면서도 대의를 위해서는 강해지고 용감해지는 북방민족의 이상적인 여성상이다. 따라서 후세에는 서양의 잔 다르크(Jeanne d'ARC)처럼 중국 사람들 모두가 사랑하는 여자 영웅으로 변하였다.

### 나. 전통 산문인 변려문(駢儷文)이 이루어짐

산문도 동한 이래로 수사를 중시하는 경향이 그대로 계승 발전되었다. 위나라의 경우 조비(曹丕)의 『전론(典論)』 논문(論文)과 촉(蜀)나라 제갈량(諸葛亮)의 「출사표(出師表)」가 이 시대의 글을 대표할 수 있는데, 모두 수사(修辭)를 중시하는 경향을 보여주고 있다. 그러나 '죽림칠현'인 유령(劉伶)의 「주덕송(酒德頌)」과 완적(阮籍)의 「대인선생전(大人先生傳)」은 호쾌한 글로 유명하다.

서진에서 동진으로 오면서 반악(潘岳)·육기(陸機)에 의하여 산문이 변려문(騈儷文)으로 발전하게 된다. '변려문'은 '변문(騈文)'이라고도 부르는데 4자와 6자로 이루어진 구귀를 주로 사용하며 글의 대우를 중시하고 성률의 해화에까지 신경을 써서 극도로 아름다운 형식을 추구하여 이루어진 문체이다. 이 '변문'은 남북조 시대에 더욱 성행하고 수(隋)나라와·당(唐)나라 시대까지도 가장 대표적인 산문으로 군림하며 사륙문(四六文)이라고도 부르게 된다. 반악의 「한거부서(閑居賦序)」와 육기의 「조위무제문서(弔魏武帝文序)」 등이 이 시대의 그러한 산문을 대표한다. 다만 왕희지(王羲之)의 「난정집서(蘭亭集序)」와 도연명의 「도화원기(桃花源記)」·「오류선생전(五柳先生傳)」처럼 형식보다도 자신의 감정이나 사상을 표현하는 데 무게가 두어진 글도 있다.

남북조로 들어오면 거의 모든 글을 '변려문'으로 쓰게 된다. 심지어 문학론을 쓴 책인 유협(劉勰)의 『문심조룡(文心雕龍)』과 종영(鍾嶸)의 『시품(詩品)』도 모두 '변려문'으로 쓰고 있다. 그리고 서릉(徐陵)과 유신(庾信) 등에게서 '변려문'의 형식과 기교는 더욱 원숙해졌으며, 공치규(孔稚珪, 448~501)의 「북산이문(北山移文)」, 구지(丘遲, 463~508)의 「여진백서(與陳伯書)」 등을 '변려체'의 명문으로 친다. 그리고 글의 형식보다도 내용에 충실하고 글이 맑고 깨끗하기로는, 북위(北魏) 역도원(酈道元, ?~527)의 『수경주(水經注)』, 양현지(楊衒之, ?~555?)의 『낙양가람기(洛陽伽藍記)』 및 북제(北齊) 안지추(顔之推, 531~591)의 『안씨가훈(顔氏家訓)』 등이 빼어나다.

### 다. 문학비평의 발전

위진남북조는 중국문학이 본격적인 창작과 발전을 보여준 시대이다. 그것은 이 시기에 와서야 문학에 대한 새로운 인식과 자각이 생겨났음을 뜻한다. 이 시기에 비로소 작가들은 자기 이름은 내걸고 개성적인 작품을 쓰기 시작했으므로, 문학의 본질적인 문제에 대하여도 구체적으로 생각하게 된 것이다. 문학이란 무엇인가, 문학은 어떻게 해야 하는 것인가, 그 가치는 어디에 있는가, 작품은 어떻게 읽고 평가해야 하는가 따위의 문제를 연구하게 된 것이다. 여기에서 본격적인 문학론 또는 문학비평이 생겨나게 된다.

먼저 위나라에서 조비(曹丕)는 『전론(典論)』 논문(論文)[83]을 남겼다. "문장이란 나라를 다스리는 위대한 사업이요, 영원 불후한 성대한 일이다."[84]라는 허두(서두)로 시작하여, 문학은 시공을 초월한 효능을 지닌 위대한 사업이라는 문학관을 전개시키고 있다. 그리고 문학 창작론에 있어서는 유명한 "기(氣)"를 위주로 해야 한다는 이론을 전개하여 후세에 큰 영향을 끼쳤다. 그 밖에 건안칠자(建安七子)의 문학에 대한 비평도 보인다. 조식(曹植)도 「여양덕조서(與楊德祖書)」 등에서 문학을 논하고 있고, 응창(應瑒)의 「문질론(文質論)」 같은 것도 문학을 논한 글이다. 그러나 이들보다도 더욱 주의해야 할 글로 서진의 육기(陸機)가 쓴 「문부(文賦)」가 있다. 그 글은 변려체(駢儷體)의 부이지만 그 내용은 독창적이고 참신하다. 지우(摯虞, ?~312?)의 『문장유별지론(文章流別志論)』·『문장유별집(文章流別集)』과 이충(李充, 323 전후)의 『한림론(翰林論)』 등도 있다. 갈홍(葛洪, 250?~330?)의 『포박자(抱朴子)』는 도교에 관한 저술이지만 그 외편(外篇)에는 빼어난 문학론이 보인다. 그는 노자의 자연론과 장자의 진화론을 문학사상에 도입하여, 유가의 전통적인 문학개념을 초월하는 참신한 문학론을 전개하고 있다. 남북조에 나온 전문적인 문학론저인

---

[83] 『典論』은 5卷이었다 하나 지금은 남아 있지 않고 蕭統의 『文選』에 「論文」 한 편이 실려 있는데, 文學論으로서 가장 중요한 부분이다.

[84] "蓋文章經國之大業, 不朽之盛事."

유협(劉勰, 464?~532?)의 『문심조룡(文心雕龍)』과 종영(鍾嶸, 468?~518?)의 『시품(詩品)』은 중국문학사상 기념비적인 저술이다. 『문심조룡』은 도합 50편[85]으로 문학 전반에 걸친 여러 가지 문제들을 체계적으로 논하고 있다. 문체론, 문학 창작론, 문학 비평론 등 내용이 광범하다. 『시품』은 오언시의 작가와 작품에 대한 평론인데, 한나라에서 시작하여 양나라에 이르기까지 100여 명의 시인들을 상·중·하 3품(品)으로 등급을 매긴 다음 그 사람에 대한 간단한 비평을 하고 그 문학의 연원에 대하여 언급하고 있다. 이 밖에도 남조에는 임방(任昉, 460~508)의 『문장연기(文章緣起)』, 안연지(顔延之, 384~456)의 『논문(論文)』 같은 문학논저가 나왔고, 심약(沈約)의 『사성보(四聲譜)』는 중국시에서 한자의 성운(聲韻)의 해화(諧和)를 따지는 성률(聲律)에 관한 이론을 체계화하여, 곧 근체시가 이룩될 수 있는 근거가 되기도 하였다.

여하튼 위나라와 서진·동진 및 남북조시대 나온 문학비평에 관한 저술은 그시대에 성행하는 문학의 개념을 바로잡아 이후 중국 전통문학이 더욱 발전하게 되는 길을 열어주었다.

### 라. 사부(辭賦)와 소설

위나라로 들어와 사부(辭賦)는 시의 창작에 눌려버린 모습을 보였다. 그러나 동한 때의 서정부(抒情賦)와 영물부(詠物賦)가 보여준 문학성을 더욱 발전시켜 '사부' 창작도 상당히 본격화하였다. '서정부'로는 조비(曹丕)의 「감리부(感離賦)」, 조식(曹植)의 「낙신부(洛神賦)」·「한거부(閒居賦)」, 유정(劉楨)의 「수지부(遂志賦)」, 왕찬(王粲)의 「등루부(登樓賦)」 등이 나왔다.

---

85 그 중 「은수(隱秀)」 한 편은 없어지고 지금은 49편이 남아 전한다.

영물부로는 조비의 「괴부(槐賦)」, 서간(徐幹)의 「원선부(圓扇賦)」·「귤부(橘賦)」, 완우(阮瑀)의 「쟁부(箏賦)」 등이 있다.

서진으로 들어와서는 특히 문학론으로 유명한 육기의 「문부(文賦)」와 10년 만에 완성하여 낙양의 종이 값을 올렸다는 좌사의 「삼도부(三都賦)」라는 유명한 작품이 나왔다. 이 작품들은 이 시대에 유행한 유미주의적인 산문인 변려문(騈儷文)의 형식을 채용하고 있어 흔히 변부(騈賦)라고 부른다.[86] 육기는 「문부」 이외에도 「부운부(浮雲賦)」·「호사부(豪士賦)」가 있고, 또 반악(潘岳)의 「한거부(閑居賦)」·「추흥부(秋興賦)」·「도망부(悼亡賦)」가 있다. 부에서도 도연명(陶淵明)은 자신의 진실한 감정과 전원을 사랑하는 마음을 「귀거래혜사(歸去來兮辭)」·「한정부(閑情賦)」 등으로 읊어, 문학사상 독특한 지위를 차지하고 있다.

이들 부 작품은 사물을 아름답게 표현한 말들을 길게 늘어놓기에 힘쓰던 이전의 부와는 달리 맑고 깨끗한 정취와 짙은 시의(詩意)가 담긴 짧은 부가 유행하였다. 반악의 「서정부」, 육기의 「문부」, 곽박의 「강부」 등 몇 작품만이 예외이다.

오칠언을 혼용하기도 하고, 변려문의 형식을 응용하기도 하고, 시의 형식도 응용하는 등 부의 표현방법과 문장에도 많은 변화가 있었다.

위진남북조시대에는 많은 소설이 써졌다. 그 내용은 대체로 신선과 귀신 및 요괴에 관한 얘기를 쓴 지괴소설(志怪小說)과, 여러 가지 잡다한 인간사를 주제로 한 지인소설(志人小說)의 두 가지가 있다. 위나라에서 동진에 이르는 시기의 지괴소설로는 조비(曹丕, 혹은 張華)가 지었다는

---

86 騈賦는 對偶를 중시하므로 흔히 俳賦라고도 부른다. 騈賦 또는 俳賦는 魏晉南北朝를 대표하는 賦의 형식이다.

『열이전(列異傳)』3권, 장화(張華, 232~300)가 지었다는 『박물지(博物志)』400권, 간보(干寶, 317 전후)의 『수신기(搜神記)』20권, 도연명(陶淵明, 365~427)이 지었다는 『수신후기(搜神後記)』10권, 왕가(王嘉)의 『습유기(拾遺記)』10권, 순씨(荀氏)가 지은 『영혼지(靈魂志)』, 조충지(祖沖之)의 『술이기(述異記)』, 조태지(祖台之)의 『지괴(志怪)』등 무척 많다.

남북조시대에도 송나라 동양무의(東陽無疑)의 『제해기(齊諧記)』7권, 유의경(劉義慶, 403~444)의 『유명록(幽明錄)』30권, 왕염(王琰, 470 전후)의 『명상기(冥祥記)』10권, 오균(吳均, 469~520)의 『속제해기(續齊諧記)』1권 등이 쏟아져 나왔는데, 불교의 얘기를 근거로 한 작품들이 보이는 것이 특징이라 할 것이다. '지인소설'로는 동진시대 배계(裴啓, 362 전후)의 『어림(語林)』10권, 곽징지(郭澄之, 403 전후)의 『곽자(郭子)』3권이 나왔다. 모두 원본은 없어지고 『태평광기』등에 그 남아 있는 글이 전하는데, 여러 사람들에 관한 간단한 얘기를 기록한 것이다. '지인소설'로 가장 유명한 것은 송나라 유의경(劉義慶, 403~444)의 『세설(世說)』8권이다. 양나라 유효표(劉孝標, 462~521)가 주를 달아 10권으로 늘렸는데, 흔히 『세설신어(世說新語)』라고 부른다. 매끄러운 문장과 진실한 내용으로 『세설신어』는 높은 평가를 받고 있다. 그 뒤로도 심약(沈約, 441~513)의 『속설(俗說)』3권, 은운(殷芸, 471~529)의 『소설(小說)』30권 등이 나왔으나 모두 비슷한 내용과 비슷한 성격의 글들이다. 그 밖에 여러 가지 우스운 얘기를 적은 소설로 위나라 한단순(邯鄲淳, 221 전후)이 지은 『소림(笑林)』3권이 있다. 이 책은 후세에 여러 가지 소화서거 나와 세상에 널리 읽히게 한다.

한편 이 시대에는 불교의 성행과 더불어 불경의 번역도 많이 이루어졌는데, 유명한 구마라습(鳩摩羅什, 364~413)이 번역한 『유마힐경(維摩詰經)』은 소설이나 다름없는 내용이며, 『법화경(法華經)』같은 데에도 소설 같은 내용이 많이 끼어 있다. 따라서 이때 번역되어 나온 불경들은 이 시대 소설의 발전을 뒷받침해 주었다. 한편 '변려문'과는 다른 "수식하지 않고 꾸미지 않으며, 알기 쉽게 뜻을 잘 표현하는" 번역된 불경의 문장은 후세의 '고문'을 중심으로 하는 중국 산문의 발전을 밀어주었다.

이상 논한 위나라에서 시작하여 서진과 동진을 거쳐 남북조에 이르도록 발전한 시를 중심으로 하는 중국의 고전문학은 여기에서 크게 발전을 이루면서 완전한 기반을 닦는다.

### ④ 실크로드와 서역문화의 유입

본시 중국 사람들은 이 세상에서 사람들이 살 만한 세계는 중국뿐이어서 자기들이 사는 세계를 천하(天下)라고도 불렀고, 중국 사방의 변경 저쪽은 사람들이 살아가기에 적절치 못한 자연조건의 지역이고 거기에 살고 있는 종족들은 문화적으로 아주 수준이 낮은 오랑캐들이라 여겨왔다. 북쪽의 오랑캐는 적(狄), 서쪽의 오랑캐는 융(戎), 남쪽의 오랑캐는 만(蠻), 동쪽의 오랑캐는 이(夷)라 구분하기도 하였다. 이들 오랑캐 중 장안시대를 통하여 중국을 가장 괴롭혀 온 종족은 고비사막과 몽고고원 및 알타이산맥·대흥안령(大興安嶺)산맥 일대를 근거로 한 북쪽 오랑캐 몽고(蒙古)족과 여진(女眞)족이었다. 흉노(匈奴)·선비(鮮卑)·오환(烏丸)·거란(契丹)·돌궐(突厥) 등으로 불린 그들이 한(漢)·당(唐)의 대제국을 괴롭힌 오랑캐들이다. 이들은 중국 북쪽과 서북쪽의 넓은 사막과 초원지대에서 유목생활을 하다가 틈만 나면 중원으로 쳐들어와 물자를 약탈하여 갔다. 이들은 중원으로 쳐들어와서는 언제나 약탈을 한

다음 되돌아갔다. 농경생활에 적응하지 못하여 침입한 중원 땅에 정착하지는 않았다. 중국 측에서도 그들을 추격하여 멀리 그들을 내쫓기는 하였지만 농사도 짓기 어려운 초원과 사막의 오랑캐 땅을 차지할 생각은 전혀 하지 않았다. 이에 중국에서는 전국시대(B.C. 403~B.C. 221)부터 시작하여 명나라(1368~1661)에 이르기까지 중국 북쪽 변경에 동쪽은 허베이(河北)성 샨하이관(山海關)으로부터 시작하여 서쪽은 간쑤(甘肅)성 쨔위관(嘉峪關)에 이르는 길이가 대략 6천 킬로미터에 달하는 만리장성(萬里長城)을 쌓아놓고 이들 오랑캐의 침입에 대비하였다.

이에 비하여 동쪽의 오랑캐 나라인 한국과 일본은 처음부터 중국문화에 잘 적응하여 같은 문화권을 이루었다. 따라서 일부 중국인은 "동쪽에 군자의 나라가 있다."고 생각할 정도였으며 그다지 문화 정도가 낮은 오랑캐들이란 취급을 하지 않았다. 그리고 남쪽 지방은 날씨가 따스하고 물산이 풍부하여 그 곳의 종족들은 대체로 성격이 부드럽고 평화적이었다. 이에 중원에 큰 전쟁이 일어나거나 한 왕조가 새로 서고 망하고 할 때마다 한족들은 계속 남쪽으로 옮겨가 남쪽의 중국 영토는 큰 전쟁 없이 날로 더욱 넓어져 갔고 인구도 크게 늘어났으며 남쪽 종족들은 한족과 뒤섞이면서 자연스럽게 한족에 동화되었다. 따라서 중국의 남쪽 지방은 날로 발전하여 차차 경제 문화의 중심지가 계속하여 남쪽으로 옮겨가는 경향을 보여주었다.

중국 문화 발전에 독특한 역할을 한 오랑캐는 서쪽의 종족들이다. 지금의 시짱(西藏)·칭하이(青海) 지역에는 티베트계의 서강(西羌)·토번(吐蕃)·토욕혼(吐谷渾), 다시 간쑤(甘肅)성과 신장(新疆)성의 일부 지역에는 회골(回鶻) 같은 상당한 규모의 왕국들이 있었으나 이들은 대체로 중원을 약탈 대상으로 삼지 않고 중원의 나라와 교역관계를 유지하며 이익을 취하였다. 대체로 이들은 본시 유목민족이었지만 그들 중 일부가 특수한 지역에서 농사를 짓기 시작하게 되었고 자기네 고유한 문화를 발전시켰다. 그들은 중원의 나라와 경제적 문화적 교역을 하였을 뿐만 아니라 동서교역의 가교 역할도 하였다. 보기를 들면 선비(鮮卑)족 계열의 토욕혼(吐谷渾)은 칭하이의 유목민족이었는데 6세기에는 쓰촨(四川)을 경유 남조(南朝)의 나라들과 교류하고 북쪽으로는 하서(河西)의 여러 나라들과도 통하였다. 곧 국세가 더욱 흥성해지자 차이담 분지를 끼고 타림분지 남쪽의 샨샨(鄯善)·체모(且末)의 오아시스를 차지하여 서역과 타림분지 북쪽 지역과의 통로를 확보하고 남쪽으로는 쓰촨(四川)의 쑹판(松潘)에 동족의 여러 왕을 배치하여 쓰촨 지역을 거쳐 장강 하류의 남조에까지 도달하는 교역의 길을 확보하였다. 이들은 하서(河西)에 나는 석웅황(石雄黃), 천산(天山)산맥의 석류황(石硫黃), 서융(西戎)에 나는 호염(胡鹽), 여국(女國)의 황금 술그릇, 쓰촨의 말과 중국에서 나는 물품을 교역하여 막대한 이익을 올렸다. 그리고 터키계 민족인 회골은 7, 8세기에 걸쳐 당(唐)나라에 귀속하여 동서지역의 통상과 당나라 교역에 크게 공헌하였다.

서쪽의 민족들은 대체로 유목과 농경생활을 병행하여 정착을 하고 서역과 중국의 교역에 힘썼다. 따라서 이들과 중원의 나라와의 교역 및 이들을 중개로 한 더 먼 서쪽 나라들과의 교역은 물자의 교역뿐만이 아니라 종교·사상·미술·음악 등 문화 전반에 걸쳐 중국에 새로운 자극을 가하여 중국 전통문화를 가일층 발전시켰다. 그리고 '천하'라는 울타리 너머에 있는 세계에 대하여도 새로운 인식을 갖게 하였다. 본시 서쪽 오랑캐 지역을 뜻하는 서역(西域)이란 말은 신장(新疆)성 천산(天山)산맥과 곤륜(崑崙)산맥 사이의 타림하가 흐르고 타클라마칸사막이 펼쳐져

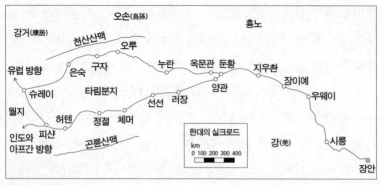

한대의 실크로드

있는 타림 분지 지역을 가리키는 말이었다. 『한서(漢書)』에서 시작하여 『후한서(後漢書)』·『북위서(北魏書)』·『수서(隋書)』·『신당서(新唐書)』 등에 모두 '서역전(西域傳)'이 있다. 그러나 차차 '서역'이란 용어는 이 분지를 남북으로 돌아가는 두 통로인 서역의 남쪽과 북쪽의 길, 곧 실크로드를 거쳐 도달하게 되는 서쪽 지역을 널리 가리키는 말로 쓰이게 되었다.

'실크로드'란 본시 중국의 비단을 서역으로 수출하던 '비단 길'이란 뜻에서 생겨난 말이다. 중국에서는 이 길을 통하여 왕래하면서 중국에서 생산되는 물건을 서역을 거쳐 먼 서양의 물건들과 교역을 하였다. 그때 중국의 생산품 중 서양 사람들에게 가장 인기가 많았던 물건이 비단이었다. 비단이 이 통로를 경유하여 중국에서 서양에까지 운반되어 갔기 때문에 '실크로드'란 말이 생긴 것이다. 그러나 뒤에는 중국과 서역 사이의 '동서 교역의 통로'라는 뜻으로 쓰이게 되고 더 나아가 옛날 중국의 '서방문화와의 접촉' 및 '서방문화의 수입'의 개념까지도 상징하는 말로 발전하였다.

서역 개척은 서한(西漢) 무제(武帝, B.C. 140~B.C. 87 재위) 때 시작되었다.

서한 초기에는 지금의 신장(新疆) 경내에 월씨(月氏)·오손(烏孫)·새(塞) 등 수많은 소수민족의 나라들이 있었으나 몽고족인 흉노의 세력이 커져서 그들을 쳐부수고 그곳 서역 일대에 침입하여 약탈을 일삼고 그 지역을 차지하기도 하였기 때문에 한나라는 서역 지방을 장악하지 못하고 있었다. 이에 무제는 건원(建元) 2년(B.C. 139)과 원수(元狩) 4년 (B.C. 119) 두 번이나 장건(張騫)을 서역으로 파견하여 아프가니스탄 북부의 대하(大夏)를 비롯하여 대완(大宛)·강거(康居) 등의 나라를 설복하여 서로 통하게 되었다. 서한은 이들과 교역을 자주 하면서 다시 기원전 108년과 104년 사이에는 다른 장군들을 또 보내어 루란(樓蘭)·대완 (大宛)을 정벌하고, 둔황(敦煌)에서 뤄부포(羅布泊) 사이에는 연로에 역참 (驛站)을 설치하고 윤대(輪臺)·거리(渠犁) 등지에는 둔전(屯田)을 설치하여 서역의 교통을 확보하였다. 둔전병(屯田兵)의 수가 많을 적에는 60여만 명에 달한 곳도 있었다 한다.[87] 다시 뒤의 선제(宣帝, B.C. 73~B.C. 49 재위) 때에는 지금의 신장(新疆) 룬타이(輪臺) 동쪽 오루(烏壘)에 서역도호부(西域都護府)를 설치하여(B.C. 60) 그 지방을 더욱 확실히 장악하였다.

이에 정식으로 서역과 교역이 시작되어 주로 한나라의 비단이 수출되는 실크로드가 개척된다. 이때 서역으로부터는 누에콩(蠶豆)·오이·마늘·양무·호두·포도·수박·홍당무·석류 및 수공업품 등이 들어왔고 그와 함께 서역의 특이한 음악과 무용 등의 문화가 처음으로 중국에 소개된다. 한나라의 음악 미술 등은 이 자극으로 크게 발전한다. 문학에서는 민간에 악부체(樂府體)의 비교적 자유로운 형식의 노래가 유행하게 된다.

---

87 『史記』 권30 平准書 의거.

서한 말과 왕망(王莽)의 신(新)나라 시절(A.D. 9~24)에는 중원의 혼란으로 서역을 통제할 능력을 잃자 50여 개의 작은 나라들이 나타나고 흉노(匈奴)의 약탈이 다시 시작되었다. 이에 동한(東漢)의 명제(明帝, 58~75 재위)는 두고(竇固)를 보내어 흉노를 정벌하고 신장(新疆) 이우(伊吾)에 주둔케 하였는데(A.D. 73), 두고는 다시 반초(班超)를 서역 각지로 보내어 서로 왕래할 수 있는 길을 트도록 하였다. 반초는 선선(鄯善)의 임금을 굴복시키고 우전(于闐)과 소륵(疏勒)을 따르게 하였다. 그러자 동한은 다시 도호부(都護部)를 설치하고 고창벽(高昌壁, 지금의 신장 吐魯番 동쪽)에 무교위(戊校尉)와 기교위(己校尉)를 두어 서역의 장악을 강화하였다(A.D. 74). 서기 75년 명제가 죽자 흉노의 침공이 강화되었으나, 반초는 계속 소륵(疏勒)에 머물면서 흉노 장악 아래 있던 구자(龜茲)와 언기(焉耆)의 임금까지도 따르게 하였고 아프가니스탄 북쪽 대월지(大月氏)와도 교류를 하게 되었다(A.D. 76). 서기 91년에 반초는 서역도호(西域都護)가 되어 구자에 머물다가 71세가 되어서야(A.D. 102) 서역을 떠나왔다. 그 사이 동한은 지금의 이란 지방의 안식(安息)과도 교류를 하고, 화제(和帝, 89~105) 때에는 천축(天竺, 인도·파키스탄 지역)에서 실크로드를 통하여 상인들이 중국으로 들어왔다. 동한 시대에는 더욱 적극적으로 실크로드를 개통하여 동서교역이 매우 흥성하였다. 따라서 서역문화의 영향으로 중국문화도 여러 면으로 폭넓게 발전한다.

서한시대에 개척된 실크로드는 기본적으로 천산산맥과 곤륜산맥 사이의 타림 분지 남쪽과 북쪽을 경유하는 두 통로가 있었다. 장안에서 출발하여 간쑤성 시룽(西隴) 및 옛날의 양주(涼州)인 우웨이(武威), 옛날의 감주(甘州)인 장이예(張掖), 옛날의 숙주(肅州)인 주촨(酒泉)을 거쳐 둔황(敦煌)에 이르러 옥문관(玉門關)을 나가 북쪽 초원지대인 지금은 신

장(新疆) 땅이지만 옛날에는 누란(樓蘭, 지금의 哈密 근처)과 한나라의 서역
도호부(西域都護府)가 있던 오루(烏壘)를 거쳐 구자(龜玆, 지금의 吐魯番 근처)라
고 부르던 곳과 온숙(溫宿)이란 곳을 지나서 타림분지 북쪽을 통과하
여 슈레이(疏勒)에 이르러 다시 중앙아시아 여러 곳으로 가는 길이 북
쪽 길이다. 둔황에서 양관(陽關)을 나가 신장(新疆)의 타클라마칸사막 남
쪽 러장(若羌)과 선선(鄯善)을 거쳐 체머(且末)와 정절(精絕)이란 곳을 지
나 옛날의 우전(于闐)인 허텐(和田) 등 오아시스 도시를 거쳐 피산(皮山)
에 이르러 다시 서쪽 여러 곳으로 나가던 길이 남쪽 길이다.

　이때 서역에서 들어오는 것은 낙타·모직물·특수 식물 등이었으나
더 중요한 것은 이것들에 따라 중국으로 들어온 서역의 문화이다. 특
히 동양문화 사상의 일대 사건은 기원전 3세기에 중국에는 진(秦) 왕
조에 이은 한 왕조가, 인도에는 마우리야(Mauryas, 孔雀) 왕조라는 대제
국이 동서 양쪽에 들어섰다는 것이다. 그리고 실크로드가 개척된 이
후 중앙아시아 사람들뿐만이 아니라 인도 사람들도 낙타를 이용하는
대상에 끼어 동서교역에 참가하게 되었고, 마침내는 불교(佛敎) 스님들
이 이들 대상을 따라 들어와 서한 말엽에 불교가 수입되었다는 것이
다. 동한에 와서는 명제의 영평(永平) 7년(64)에 낭중(郎中)인 채음(蔡愔)과
박사제자(博士弟子)인 진경(秦景) 등을 천축(天竺)으로 파견하여 불법을 구
해오도록 하였는데, 3년 뒤에 이들은 천축의 불승들을 데리고 귀국하
였다. 그리고 이때 낙양(洛陽)에 백마사(白馬寺)가 세워졌다 한다. 곧 안
식(安息)·대월지(大月氏)에서도 불승들이 들어와서 불경 번역에 종사하
며 불법을 강설하게 된다. 그 뒤 위(魏, 220~265)·서진(西晉, 265~317)·동진
(東晉, 317~420) 시대로 들어가면서 더욱 많은 불승들이 서역에서 들어와
불경을 번역하고 불교의 율법을 전하여 전국에 많은 사원이 세워지게

된다. 불교의 범패(梵唄)는 위나라 조조(曹操)의 아들 조식(曹植)이 만들었다고 전해지고 있다.[88] 남북조시대에 가서는 이미 논한 바와 같이 불교가 더욱 성행한다.

불교와 함께 천축(天竺)과 서역의 새로운 음악·미술 등이 들어와 중국 전통문화를 자극하여 더욱 발전시켰다. 동한(東漢) 때 악부시가 5, 7언(言) 고체시(古體詩)로 발전한 것도 인도와 서역에서 들어와 유행한 음악의 영향이 크게 작용한 때문이다. 남북조(南北朝, 420~589)시대에 이르러 불교음악을 비롯한 서역 음악의 영향으로 중국의 시문과 민간 가요도 변하였다. 구자악(龜玆樂)을 비롯한 서쪽 음악의 영향인 듯 남북조시대에는 주로 4 구절의 짧은 노래들이 민간에 유행한다. 이 영향으로 문인들도 악부체(樂府體)의 고시(古詩)로부터 벗어나 길이는 짧고도 모든 글자의 성운(聲韻)의 조화를 추구하며 형식적인 수사기교를 다한 시를 짓게 된다. 근체시(近體詩)에 가까운 시가 유행하고 심약(沈約, 441~513)의 사성팔병(四聲八病)은 그런 경향을 이론으로 뒷받침한 것이다. 산문은 쓰이는 글자의 성조(聲調)의 조화를 중시하고 한 구절을 네 자 또는 여섯 자로 이루면서 대구(對句)가 이루어지도록 하는 등 문장의 형식과 읽는 음의 아름다운 구성을 극도로 추구하여 이루어지는 완전한 변려체(騈儷體)로 발전한다.

특히 양주(涼州, 지금의 武威)는 한나라 때부터 실크로드의 교역 거점도시였고 서역문화가 중국으로 흘러들어오는 길목이었다. 오호십륙국(五胡十六國, 304~439) 시대에는 전량(前涼)·후량(後涼)·남량(南涼)·북량(北涼)·서량(西涼)이 모두 여기를 도읍으로 삼아 그 시대의 혼란에도 불구

---

88 『高僧傳』 제13, 『法苑珠林』 참조.

하고 서역문화가 이곳을 통하여 계속 들어오게 하였다. 그 뒤 북조의 북위(北魏, 386~533)의 수도 낙양 같은 곳에는 서역에서 들어와 머무는 서역 사람들이 무척 많았다.[89] 이때 들어온 서역과 불교의 악무와 미술 조각 등은 중국의 음악과 건축·조각·회화 등을 한 차원 더 높였다. 북위에서는 서량악(西涼樂)을 국기(國伎)라 불렀을 정도이고[90] 이때 천축(天竺)이란 불교음악도 양주를 거쳐 들어왔다.[91] 그리고 중국 각지의 석굴에 남아 있는 이 시대의 조각과 오랑캐 놀이와 사자춤 등이 등장하는 양(梁) 무제(武帝, 502~548 재위)와 주사(周捨, 469~524)의 「상운악(上雲樂)」 시 등도 천축과 서역 문화의 중국에 끼친 영향을 증명한다.

당나라(618~907)가 망한 뒤 중국은 오대(五代, 907~979)라는 혼란기에 접어들어 동서교역을 돌볼 여유가 없었다. 한 편 몽고족의 서역 침입도 잦아져 교역에 능한 회골(回鶻)도 교역을 제대로 하는 수가 없었다. 그리고 북송(北宋)시대(960~1127)에 이르기까지도 몽고족의 침입과 부족들 사이의 전쟁이 잦아 중국의 서북지방, 특히 한나라와 당나라 시대 전통문화의 중심지였던 산시(陝西)·간쑤(甘肅) 지방이 크게 파괴되었다. 북송 시대에는 민족의식이 강해진 강족(羌族) 계열의 탕구트(黨項)족이 지금의 닝샤(寧夏)성과 간쑤(甘肅)성 및 산시(陝西)성 북부지역을 차지하고는 북쪽 거란(契丹)족의 요(遼)나라와 함께 북송에 대항하여 싸우게 되자 실크로드는 더욱 역할을 다하지 못하고 곧 이어질 북경시대를

---

89 『洛陽伽藍記』卷3; 自葱嶺以西, 至於大秦, 百國千城, 莫不歡附, 商胡販客日奔塞下. … 樂中國土風, 因而宅者, 不可勝數, 是以附化之民萬有餘家.

90 『隋書』卷15 音樂志; 西涼者, … 魏太武旣平河西得之, 謂之西涼樂. 至魏周之際, 遂謂之國伎. … 楊澤新聲·神白馬之類, 生於胡戎. … 舞曲有闐佛曲.

91 上同; 天竺者, 起自張重華據有涼州, 重四譯來貢男伎, 天竺則其樂焉. 歌曲有沙石疆, 舞曲有天曲.

준비하게 된다. 그 이후로 동서교역은 육로보다도 동남아 연안을 통한 해로의 이용이 더 활발해지기 시작하여 남쪽 광둥(廣東)성과 푸젠(福建) 성의 광저우(廣州)·장저우(漳州)·촨저우(泉州)·푸저우(福州) 같은 도시들은 전란을 피하고 동서교역으로 매우 번창하였다. 북경시대의 주역인 몽고족의 원나라(1206~1368)와 만주족의 청나라(1616~1911)는 서역 실크로드의 거점지역까지도 모두 지배권 안에 거둬들이고 중국전통문화를 이질적인 방향으로 몰고 가서 실크로드는 자기의 본뜻을 잃게 되었다.

남북조시대(317~589)에는 실크로드를 통하여 서역의 이질적인 여러 방면의 문화가 유입되어 중국의 전통문화를 한층 더 높고 다양하게 발전시키게 된다. 이 남북조시대의 문화상의 발전을 바탕으로 중국 전통문화가 확실히 이뤄지고, 다시 장안을 바탕으로 하여 천하를 통일한 수나라(581~618)와 당나라(618~907)는 문화상으로도 온 세계에 대국의 위세를 크게 떨칠 수가 있게 되는 것이다.

이상 논한 위(魏)·서진(西晉)·동진(東晉)·남북조(南北朝)의 시대는 중국의 전통문학 창작이 본격적으로 시작되어 큰 발전을 이룩한 중국문학사상 가장 중요한 시대이다. 시에서는 각종 고시체(古詩體)와 근시체(近詩體)가 다 갖추어지고 산문에서는 변려문(駢儷文)과 고문(古文)이 다 갖추어진 시대이다. 음악과 미술 등 중국의 전통문화의 틀이 모두 이 시대에 갖추어졌다고 할 수 있다. 아래 서민 계층의 발전을 따라서 민간 연예도 더욱 크게 유행할 계기가 주어진다. 중국학자들은 이 시기를 가벼이 보는 경향이 많지만 문화사 면에서는 다시 평가받아야만 할 시대이다.

## 4. 중국 전통문화의 정착-장안에 도읍한 수(589~617)나라와 당 (618~907)나라의 학술 문화

### (1) 당대 '전기(前期, 618~755)' 와 '후기(後期, 756~907)'

　수(隋)나라는 장안을 도읍으로 하고 천하를 통일하였다고는 하지만 30년도 나라를 지탱하지 못하고 천하 통치권을 당나라에 넘겨주었기 때문에 그 문화를 당나라에 붙여 얘기해도 좋을 것이다. 당나라는 중국의 전통문화를 정착시킨 대제국이다. 그러나 당나라의 역사는 '안녹산(安祿山)의 난(755~763)'을 계기로 '전기'와 '후기'로 크게 갈라진다. 당 '전기'는 서주(西周)나 서한(西漢)시대처럼 장안을 도읍으로 깔고 앉아 황제의 강력한 통치력 아래 남북조시대에 발전시킨 전통문화를 이어받아 제국의 위력을 발휘하는 바탕으로 삼는다. 중국문화가 전제 군주(專制君主)의 위력을 바탕으로 크게 빛을 발하며 정착하게 된다. 학술이며 문학과 예술 등이 모두 그러하다. 그리고 그 때의 지식인들은 모두 권력의 눈치나 보고 아첨이나 하면서 벼슬자리나 챙기려던 사람들이 대부분이었다. 따라서 그 문화는 화려하기는 하면서도 창조적인 방향으로 크게 발전할 수는 없었다.

　당대의 '후기'는 평화를 구가하던 당나라에 갑자기 일어난 '안녹산의 난' 때문에 온 세상이 크게 허물어져 이전의 정치 사회 질서가 모두 무너져버린 시대이다. 가장 크게 달라진 것은 이제껏 나라의 정치와 경제를 독점해 오던 대족(大族)이 모두 무너져버리고 일반 백성들의 세력이 크게 대두된 점이다. 서민 출신으로 지배계급으로 올라간 사

람들이 많아졌고 한편 지식인들에게 서민의 힘을 깨닫게 하고 사회의
식을 지니게 하였다. 제국(帝國)으로서의 위세와 황제의 권세는 약해졌
지만 지식인들이 자기 자신의 사회적인 의무를 각성하고 백성들을 위
하면서 올바르게 일하면서 살아가려는 사람들이 많아졌다. 그때 가서
정치를 하는 사람들의 눈에는 백성들의 실상이 눈에 들어왔다. 때문
에 당제국의 정치·경제·문화 전반에 걸쳐 갑자기 큰 변화가 일어나
게 된다. 당 '전기'와 '후기'는 마치 옛날 장안 지역에 도읍을 하였던 동
주(東周)와 낙양으로 도읍을 옮긴 뒤의 서주(西周) 및 장안의 서한(西漢)
과 낙양의 동한(東漢)의 차이와 비슷하다.

그리고 당나라는 내란을 겪는 동안 주변 다른 민족들의 세력이 더욱
거세져서 그 영향은 새로운 문화발전에 자극이 된다. 혼란을 통해 지식
인들이 사람으로서 자기 각성을 하고 다시 서민들의 고난과 저력에 대
한 이해 같은 것이 더해진 것은 새로운 문화 발전의 요인으로 작용한
다. 당나라 '후기'는 나라 안팎으로 위세를 크게 떨치지는 못하고 나라
의 치안도 어지러웠지만 지식인들은 더욱 자유로운 분위기 아래 자기
자신에 대하여 각성하고 자기네 문화를 발전시키는 데 공헌하게 된다.


## (2) 당 '전기'의 『오경정의(五經正義)』 편찬 및 그 시기의 문화

먼저 당나라 '전기'의 학술 정책을 알아보는 방법으로 그 시대의 『오
경정의(五經正義)』 편찬을 살펴보기로 한다. 이 『오경정의』의 편찬은 당
나라 '전기'의 문화정책과 학술 분위기를 잘 대변해줄 것으로 믿기 때
문이다. 먼저 당나라 태종(太宗, 627~649 재위)은 대학자인 안사고(顏師古,

581~645)에게 명을 내려 유교의 중요한 다섯 가지 경전인 오경(五經)의 경전 본문의 글이 서로 다른 판본이 있는 것을 면밀히 검토하여 경전의 글을 모두 통일하게 하였다. 안사고는 여러 가지 판본을 참고하여 안사정본(顔師定本)을 만들었다. 그리고 태종은 다시 국자좨주(國子祭酒)로 있던 공영달(孔穎達, 574~648)에게 명을 내려 사마재장(司馬才章)·왕공(王恭)·왕염(王琰) 같은 학자들과 함께 그 경문의 해석을 완전히 통일한 주석(注釋)을 단 해설서를 편찬토록 하였다. 그 결과 총 180권의 『오경정의』가 이루어진 것이다. 『주역정의(周易正義)』·『상서정의(尙書正義)』·『모시정의(毛詩正義)』·『예기정의(禮記正義)』·『춘추좌전정의(春秋左傳正義)』의 다섯 가지가 『오경정의』이다. 그 목적은 『역경(易經)』·『서경(書經)』·『시경(詩經)』·『예기(禮記)』·『춘추(春秋)』 등 유교의 대표적인 다섯 가지 경전인 오경(五經)에 관한 이전의 연구 업적을 종합 정리하여 먼저 경전의 본문을 바로잡아 통일한 다음 그에 대한 가장 올바르고 권위 있는 해석을 하여 천하의 학문을 통일하려는 것이었다. 공자의 사상과 학문을 올바로 밝혀 전체적인 유학 연구와 나라에서 보는 과거시험의 규범이 되는 교과서로 삼게 하고자 하는 데 있었다. 따라서 당나라로부터 송나라에 이르기까지 과거의 명경과(明經科)는 이 『오경정의』를 교본으로 삼았다. 피석서(皮錫瑞, 1850~1908)가 그의 『중국경학사(中國經學史)』에서 수나라에서 당나라에 걸친 시대를 '경학의 통일시대'라 한 것도 이처럼 유학이나 공자사상에 대한 이해가 총합되어 통일되었다고 볼 수 있기 때문이다.

첫째 『역경』에 관한 『주역정의(周易正義)』는 위(魏)나라 왕필(王弼)과 진(晉)나라 한강백(韓康伯)의 주(注)를 취하고 거기에 공영달이 더 자세한 해설을 가하여 소(疏)를 써서 붙여 이룬 것이다. '소'는 '정의(正義)'라고도 하며 '주'를 보충 해설하고 그 대의를 지키는 것이 원칙이다. 이 책은 처음에는 『의찬(義贊)』이라고 책 이름을 붙였었으나 황제의 명에 의하여 『정의』로 바뀌었다. 공영달의 「주역정의서(周易正義序)」에서는 모두 14권이라 하고 있으나 『구당서(舊唐書)』 예문지(藝文志)에는 18권, 『서록해제(書錄解題)』에는 13권이라 하였는데, 지금의 『십삼경주소(十三經注疏)』본에 들어 있는 『주역정의』는 모두 10권이다. 왕필과 한강백이 주를 단 책이 10권이어서 아마도 후세 학자들이 이 주본(注本)에 맞추어 고쳤을 가능성이 많다. 『주역정의』는 왕필과 한강백의 주 자체가 별로 좋은 평을 받지 못하고 있어서 후세에 그다지 좋은 해설서로 환영받지 못하고 있다.

　『서경』에 관한 『상서정의(尙書正義)』는 한나라 초기의 공안국(孔安國)이 쓴 전(傳)을 바탕으로 하여 공영달이 거기에 해설을 덧붙여 '소'를 쓴 것이다. 『서경』은 본시 『서(書)』라고만 불렀는데 서한시대에 와서 『상서(尙書)』라는 호칭이 생겨났고 『서경』이란 호칭은 북송(北宋)시대(960~1127)에 가서야 쓰이기 시작한 것이다. 『상서』의 '상'이라는 말은 '높다', '오래 되었다', '귀중하다'는 뜻을 담고 있다. 『상서정의』는 모두 20권 58편으로 이루어진 『고문상서(古文尙書)』를 해설한 것이다. 이 책은 권위를 가지고 학계에 군림해 왔으나 북송 시대 학자들에서 시작하여 그 '고문'으로서의 성격과 공안국의 '전'의 작자가 의심을 받기 시작한 끝에 마침내 청(淸)대 고증학자(考證學者)들의 연구에 의하여 이는 가짜 『고문상서』이며 따라서 거기에 붙어있는 공안국의 '전'도 가짜임이 밝혀졌다. 그러나 이 58편 속에는 한나라 초기에 복생(伏生)이 전한 『금문상서(今文尙書)』 29편이 33편으로 나뉘어 들어 있어 가벼이 볼 수가 없다. 따라서 58편 중 33편(29편)만은 확실하고 귀중한 자료인 것이다.

그리고 이 가짜『고문상서』도 많은 부분이『좌전』·『예기』·『맹자』등에 인용된 지금은 전하지 않는 부분의『서경』글을 근거로 한 것이어서 전혀 가치가 없는 기록은 아니다. 그리고 공안국의 '전'도 이전 학자들의 해설을 근거로 하고 있어서『서경』을 읽고 이해하는 데에 적지 않은 도움이 된다.

『시경』해설인『모시전의(毛詩正義)』는 한나라 초기의 모형(毛亨)의 '전'과 동한 때의 정현(鄭玄, 127~200)이 해설한 '전(箋)'을 바탕으로 하여 공영달이 '소'를 써서 더욱 상세한 해설을 한 것이다. '소'에서는 '전(傳)'과 '전(箋)'의 해설이 다른 곳은 각각 달리 보충 설명을 하면서도 '모전(毛傳)' 쪽을 더 많이 따르고 있다. 모두 40권으로 되어 있으며『오경정의』다섯 가지 책 중 가장 학자들에게 중시되어 왔다. 남송(南宋) 주희(朱熹, 1130~1200)는 다섯 가지 중 이 책과『예기정의(禮記正義)』의 성과를 각별히 높이 평가하였다.

『예기정의』는 동한 정현(鄭玄)의 주를 바탕으로 하고 양(梁)나라 황간(皇侃)과 후주(後周)의 웅안생(熊安生) 등의 해설을 참작하여 공영달이 '소'를 써서 더욱 상세한 해설을 한 책이다. 공영달은 서문에서 20권이라 하였고『구당서(舊唐書)』와『신당서(新唐書)』의 예문지(藝文志) 등에도 모두 20권이라 하였으나 지금의『십삼경주소』본은 후세 사람들에 의하여 정리되어 63권으로 구성되어 있다.

『예기』는 주(周)나라(B.C. 1027~B.C. 256) 말엽에서 진(秦)나라(B.C. 221~B. C. 206) 한(漢)나라(B.C. 206~A.D. 220)에 이르는 시기의 학자들이 옛날 '예'에 관한 이론들을 모아 편찬한 책이어서『의례(儀禮)』를 해설한 내용이 적지 않으나 그 밖의 잡다한 글도 들어 있다. 한대에는 대성(戴聖)이 전하는『소대례(小戴禮)』49편과 대덕(戴德)이 전하는『대대례(大戴禮)』85편이 전하고 있었는데, 그 중『소대례』가 지금 전해지고 있는『예기』인 것이다.『예기』에는 지금은 단행본으로 행세하는 '사서' 중의 하나인 『대학(大學)』과『중용(中庸)』도 그 중 한 편으로 끼어 있다. 어떻든『예기』 는『주례(周禮)』나『의례』에 비하여 순수한 예의제도에 관한 책이 아닌 데도 지금까지 예를 대표하는 경전처럼 행세하고 있는 것은 아무래도 『오경정의』 때문이라고도 할 수 있을 것이다.

공자가 손수 지었다는『춘추』에 대한 해설로는『춘추좌전정의(春秋左 傳正義)』가 있다. 춘추시대 좌구명(左丘明)이란 사람이 썼다는 '전(傳)'을 근 거로 하고 서진(西晉)나라 두예(杜預, 222~284)의 '주'를 보태어 놓은 다음 다시 공영달이 '소'를 써서 그들의 해석이 불충분하다고 생각되는 점 을 더 보충한 것이다. 본시 좌구명의 '전'은『좌씨춘추(左氏春秋)』로 동주 (東周) 시대의 역사를 쓴 독립된 저술이었는데, 공자의『춘추』보다 기사 가 훨씬 상세하여 후세 사람이 이를 공자의『춘추』를 근거로 개편하여 공자의 글을 보충 해설하는『춘추좌씨전』곧 간단히『좌전(左傳)』이라 부 르는 책으로 만들었다는 것이다. 이 책도 공영달은 서문에서 36권이라 하였으나 지금의『십삼경주소』본은 60권으로 되어 있다.

본시 공자의『춘추』는 노(魯)나라에 전하는 기록을 근거로 노나라 임금을 바탕으로 하는 편년체(編年體)로 엮어진 역사 기록이다. 노나 라 은공(隱公, B.C. 722~B.C. 712)에서 애공(哀公, B.C. 494~B.C. 468)에 이르는 12대 임금의 242년간의 그 당시 여러 나라의 일들을 간략히 기록한 것이다. 여러 나라에 일어났던 천재지변과 전쟁과 화의(和議) 및 임금 과 경대부(卿大夫)들이 태어나고 죽고 한 일 등을 기록한 것이다. 그러 나 유학자들은 그 글은 간결하면서도 일의 옳고 그름을 분별하고 명 분을 바로잡아 대의를 드러냄으로써 세상 사람들에게 천자를 받들어 모시고 세상을 평화롭게 이끄는 존왕(尊王)의 도를 알리고 있다고 주장하였다. 그래서 『춘추』에 숨겨져 있는 미묘한 진리인 미언대의(微言大義)를 밝히는 것이 유학의 목표라고 생각하는 학자들도 나왔다. 당대 말엽에는 자기 스승 담조(啖助)와 조광(趙匡)의 이론을 계승하였다는 육순(陸淳)이 나와 『춘추』는 '전'을 근거로 하여 '미언대의'를 밝히기는 어렵다고 하면서 경문을 근거로 하는 새로운 학문방법에 의한 저술을 하여, 그 학문방법이 북송 때의 호원(胡瑗, 993~1059)과 손복(孫復, 992~1057) 등으로 이어지면서 이른바 '춘추학(春秋學)'이라 부르는 새로운 학문이 이루어졌다.

당대에 이르러 이 『오경정의』가 보여주듯이 서한에서 시작하여 동한 시대에 본격적으로 발전하기 시작한 유학은 통일되고 총합되는 경향을 보인다. 문종(文宗)의 개성(開成) 2년(837)에 유가의 12경의 경문의 모든 글자 모양까지 바로잡아 경문을 돌에 새긴 다음 그것을 장안의 태학(太學)에 세워놓았다. 그것을 개성석경(開成石經)이라 부르는데 청나라 때 완원(阮元, 1764~1849)이 『십삼경주소』의 글자들을 바로잡은 교감기(校勘記)를 쓰면서 경문 글자의 표준으로 삼았을 정도이다. 당나라 때에는 유학 경전의 경문과 그 해석이 통일되고 총합되었던 현상을 잘 설명해준다. 그리고 그 학문의 통일은 대제국의 대내외 정치에서 발휘된 황제의 위세를 중심으로 추진된 것이다. 따라서 이 학문의 통일은 학자들의 자유로운 연구활동을 통해서 이루어진 것이 아니기 때문에 학문의 속성상 한편으로는 유학의 쇠퇴 현상을 이끌기도 한다.

대체로 장안시대의 유학의 학문 방법은 경전의 글자와 구절의 해석을 위주로 하는 한대 유학의 테두리를 벗어나지 못하는 것이어서 보통 그러한 방법의 유학을 한학(漢學)이라 부른다. 그러나 북송에 이르

**설창하는 도용**

러 유학은 큰 변전을 일으킨다. 현대 서양의 중국학자들이 북송 이후에 일어난 새로운 방법의 유학을 신유학(Neo-Confucianism)이라 부르는 것도 그 때문이다. 북송대의 유학은 보통 도학 또는 이학·성리학이라 부르는데, 신유학에는 여러 북송의 학자들과 남송의 주희(朱熹, 1130~1200)뿐만 아니라 육상산(陸象山, 1139~1192)과 왕양명(王陽明, 1472~1525)의 학문도 다 포함된다. 그리고 이

들의 경전 연구는 글자와 글귀의 해석보다도 경전의 대의(大義)를 추구하는 데 주력하여, 그러한 유학의 방법을 송학(宋學) 또는 신유학이라 부르게 된 것이다. 그리고 이 신유학은 원(元)나라 이후로 계승되어 북경시대의 유학을 이끌게 된다.

다음에는 음악의 발전을 살펴보기로 한다. 장안에 도읍한 당제국은 남북조 시대에 실크로드를 통하여 수입된 서방문화의 영향으로 다양해진 중국음악을 계승하여 더욱 발전을 이룬다. 수(隋)나라의 칠부악(七部樂) 및 구부악(九部樂)을 바탕으로 한 당나라 전기의 연악(燕樂) 십부악(十部樂)을 보면 그 중 서량(西涼)·천축(天竺)·구자(龜玆)·소륵(疏勒)·고창(高昌)·강국(康國)·안국(安國) 등 7종의 음악이 서역(西域)의 것이다. 남북조와 수나라를 계승한 서역음악 및 서역문화의 성행을 짐작할 수 있을 것이다. 그리고 조정에는 태악서(太樂署)·고취서(鼓吹署)·교방(教坊)·이원(梨園) 등의 음악 관청이 있어 음악 발전에 크게 기여하였다.

특히 당 현종(玄宗, 713~755 재위) 때의
'이원'에서는 새로운 악곡들이 무수
히 작곡되고 무수한 음악의 명인들
이 배출되었다. 모두 황제의 권위를
중심으로 하고 오락을 위하여 발전
한 것이다.

미술과 조각도 상당한 수준으로
발전하였다. 미술에서는 인물·산
수·꽃과 새 그림 등 전반에 걸쳐 많
은 뛰어난 화가들이 나왔다. 인물화
로 명성을 날린 염립본(閻立本, ?~673),

이백의 초상

현종 때 화성(畵聖)이라 불리기까지 한 오도자(吳道子), 이전의 수법을 계
승하여 북종화(北宗畵)를 발전시킨 이사훈(李思訓, 651~718), 수묵산수화를
그리고 남종화(南宗畵)를 발전시킨 왕유(王維, 701~761)를 비롯하여 이름이
알려진 화가들이 400명 정도나 된다.

특히 불교의 성행으로 사원과 불상의 수요는 당대의 건축과 조각을
크게 발전시켰다. 산시(山西)성 따퉁(大同)현의 운강석굴(雲岡石窟)과 뤄양
(洛陽) 근처의 용문석굴(龍門石窟) 및 간쑤(甘肅)성의 돈황석실(敦煌石室) 등
에 보존된 당대의 조각들은 예술의 극치를 보여준다. 그리고 무덤에
서 나온 춤추는 소녀와 말과 낙타 및 여러 종류의 사람 등의 도예품도
조각 예술의 보다 발전된 수준을 보여준다. 모두 남북조의 것을 이어
발전시킨 것이다.

문학에서도 남북조시대부터 힘써 오던 시의 아름다운 표현의 추구
는 당대로 들어와 절구(絶句)와 율시(律詩)로 대표되는 중국시의 대표적

한유의 초상

인 시형인 근체시(近體詩)를 완성시킨다. 이에 중국 시는 '고체시'와 '근체시'가 모두 갖추어져 형식과 내용 모두 고도의 수준으로 발전한다. 왕유(王維, 701~761)·이백(李白, 701~762) 같은 문학사에서 대시인으로 평가받는 시인들도 이 시기에 나온다. 산문에서는 남북조시대에 글귀의 대우(對偶)와 모든 글자의 성조(聲調)를 따져 형식의 아름다움을 극도로 추구하던 문장 형식인 변려문(騈儷文)도 당대에 들어와 더욱 발전한다. 그리고 불경의 번역을 통하여 한자로 사람들의 말을 기록하려는 경향이 늘어나고 불경이 지니는 석가모니를 비롯한 여러 가지 이야기는 이야기의 기록을 바탕으로 하는 소설과 새로운 산문체인 고문(古文)의 발전을 자극한다.

불교는 당대에 들어와 더욱 중국화 되면서 당나라의 문화적 성격을 풍요롭게 만들고 먼 지역과의 문화적인 접촉을 자극하였다. 불교는 천태종(天台宗)·법상종(法相宗)·화엄종(華嚴宗)·선종(禪宗) 등 여러 종파를 만들며 각 지방의 사원을 통한 불교적인 활동으로 말미암아 중국사회의 성격이나 풍습 등이 여러 면에서 변화하였다. 불교 이외에도 이슬람교·선교(祆敎)·경교(景敎)·마니교(摩尼敎) 등 여러 가지 외국 종교들이 들어왔다. 그리고 우리나라와 일본 및 인도와의 교류를 비롯하여 네팔·스리랑카·동로마·페르시아 및 아랍 여러 나라들과의 관계는 당나라 문화 발전의 큰 자극이 되었다.

도교도 당대에 들어와 황실에서 노자(老子) 이이(李耳)를 자기네 조상이라 받들고 존숭하는 바람에[92] 크게 성행하게 된다. 이는 불교와 함께 유학에도 영향을 끼쳐 현실적인 가치에만 집착하던 종전의 유학의 태도를 벗어나 결국 당나라 '후기'에 가서는 현실을 초월한 문제까지도 추구하게 된다. 곧 한유(韓愈, 768~824)와 이고(李翶, 772~841) 같은 학자들이 나와 도(道)와 성(性) 같은 문제들을 유학 연구의 명제로 끌어올려 북송대 성리학 발전의 길잡이가 되는 것이다.

## (3) 당나라 '후기'의 학술 문화

당나라 '후기'는 평화로웠던 당나라에 갑자기 '안녹산(安祿山)의 난(亂)'(755~763)이 일어나 당 제국을 하루아침에 전란과 파괴로 몰아넣는 데서 이루어진다. 갑작스러운 혼란에 직면한 대제국에는 정치·경제·문화 전반에 걸친 급격한 변화가 일어난다. 전란으로 황하 유역 중원 땅이 전체적으로 파괴되고 쌀값은 전란 전에 비하여 300배나 뛰어오르기도 하였다. 더구나 안녹산의 반란부대 주력이 이민족 군인으로 구성되었고, 반란을 평정하기 위하여 당나라에서는 회흘(回紇)을 중심으로 하여 삭방(朔方)·안서(安西)·대식(大食) 등 서역 민족의 지원병을 불러들여 당나라 땅 안에서 외국 군대가 잔인한 싸움을 벌이며 멋대로 약탈을 일삼는 현상이 벌어졌다. 그리고 토번(吐蕃)·남조(南詔)·회흘

---

92 高宗은 老子를 太上玄元皇帝라 부르기로 하고, 玄宗은 玄元廟를 세워 老子·莊子·文子·列子를 배우게 하고 科擧를 통하여 玄學博士를 뽑게 하고 앞의 책들을 眞經이라 부르도록 하였다.

(回紇) 등이 혼란을 틈타 끊임없이 중국으로 세력을 뻗쳐 왔다. 그리고 이 외국세력은 당나라에 새로운 여러 가지 자기들의 문화를 뿌려놓아 새로운 당나라 문화의 발전을 자극한다.

당나라는 천축(天竺)과도 교역이 활발하여 예술·음악·의학·천문·역법·어학 등에 많은 영향을 받았다. 특히 현장(玄奘, 596~644)과 의정(義淨, 635~713) 같은 이들이 인도로 가서 불경을 구해 오고, 현장은 『대당서역기(大唐西域記)』라는 견문기를 써서 중앙아시아·아프가니스탄·인도·파키스탄·네팔·스리랑카 등 100여 개 나라의 역사·지리와 풍토·인정을 소개하고 의정은 『남해기귀내법전(南海寄歸內法傳)』과 『대당서역구법고승전(大唐西域求法高僧傳)』을 써서 인도와 남해 일대 지역의 종교와 문화생활을 소개하였다.

외국 종교인 불교가 들어와 성행한 것은 말할 필요조차도 없고, 이슬람교(伊斯蘭敎)·선교(祆敎, 拜火敎)·경교(景敎)·마니교(摩尼敎) 등 여러 외국 종교들이 들어오고, 또 많은 외국인들이 중국으로 들어와 활약하기도 하였다.[93]

당대의 서역문화의 유입 상황은 당시만 보더라도 상운악(上雲樂)[94]·서량기(西涼伎)[95]·호등무(胡騰舞)[96]·자지무(柘枝舞)[97]·소막차(蘇莫遮)·발두(撥頭)·사리불(舍利弗)[98] 등을 읊은 시와 그밖에 호선(胡旋)·혼탈(渾脫)·발

---

93 唐에서 활약한 우리나라 사람들만 보더라도, 百濟의 黑齒常之·高句麗의 泉男生兄弟·王思禮·高仙之·新羅의 金可紀·金雲卿·崔匡裕·崔彦撝·崔致遠 등이 있다.
94 李白과 李賀의 시가 있음.
95 白居易와 元稹의 시가 있음.
96 李端과 劉言史의 시가 있음.
97 白居易·劉禹錫·薛能의 시가 있음.
98 이상 각각 張說·張祜·李白의 시가 한 수씩 있음.

호왕걸한희(潑胡王乞寒戲)·파라문(婆羅門) 등 서역에서 들어온 음악 무용 놀이를 읊은 시가 무수히 많다. 그 밖에 서역에서 들어온 화가와 음악 가들도 여러 사람들이 활약하였다. 당 현종 때의 최령흠(崔令欽, 749 전후) 의『교방기(教坊記)』에 실린 곡명의 제목만을 보아도 원호천(怨胡天)·강 심원(羌心怨)·정서번(定西蕃)·호찬자(胡攢子)·구자악(龜玆樂) 등 일일이 보 기를 들 수 없을 만큼 분명히 서역 음악의 영향이라고 할 수 있는 악 곡들이 많다.

그리고 장안(長安)의 술집에는 오랑캐 여자들이 많았고 오랑캐 상인 들도 많이 들어와 활약하였다. 오랑캐 여자들인 호희(胡姬)에 대하여는 이백(李白, 701~762)의 시만 보더라도 여러 편에 그들에 관한 기술이 보 인다.

호희 모습 꽃과 같은데, 술독 옆에서 봄바람 같은 웃음 웃네.
胡姬貌如花, 當壚笑春風. -「前有樽酒行」

떨어진 꽃잎 다 밟았거늘 어느 곳에 노닐꼬?
웃으며 호희 있는 술집 찾아드네.
落花踏盡遊何處? 笑入胡姬酒肆中. -「少年行」

보슬비에 봄바람 불어 꽃잎 지는데,
채찍 휘두르며 곧장 호희에게로 술마시러 가네.
細雨春風花落時, 揮鞭直就胡姬飲. -「白鼻騧」

짝지어 두 호희 노래하고, 다시 원청조곡 연주하네,

雙歌二胡姬, 更奏遠淸朝.　-「醉後贈王歷陽」

호희가 흰손으로 손짓하여, 손님 불러 금술잔에 취하게 하네.

胡姬招素手, 延客醉金樽.　-「送裴十八圖南歸嵩山」

　따라서 오랑캐 풍습의 영향도 매우 커졌다. '당나라 후기'의 대표적인 시인 중의 한 사람인 백거이(白居易, 772~846)의 「시세장(時世粧)」이란 시 한 수만 읽어 보아도 실상을 짐작할 수 있게 된다.

　　최신 화장, 최신 화장법이여!

　　성 안에서 나와 사방에 전해지게 된 것인데

　　최신의 유행은 멀고 가까운 곳 할 것 없다네.

　　볼에는 연지 바르지 않고 얼굴엔 분 바르지 않으며

　　검은 기름 입술에 처발라 입술은 진흙 같고

　　두 눈썹은 팔자(八字)처럼 끝이 처지게 그린다네.

　　곱고 추한 것과 희고 검은 것들이 본래의 모습을 잃어

　　화장을 하고 나면 꼭 슬픔에 울음을 참고 있는 듯하다네.

　　살쩍도 남기지 않고 걷어 올린 쪽머리는 북상투 모양이고

　　붉은 화장은 윤기 없이 빨간 얼굴 만들어 놓는다네.

　　듣건대 옛날 어떤 자가 이천(伊川)에서 머리 풀어헤치고 제사지내고 있었는데

　　신유(辛有)가 보고서 오랑캐 쳐들어올 것을 미리 알았다네.

　　원화(元和) 연간의 최신 화장법 그대는 잊지 말게나,

　　북상투 쪽과 빨간 얼굴은 중국 풍습 아닐세!

時世粧, 時世粧, 出自城中傳四方.

時世流行無遠近, 顋不施朱面無粉.

烏膏注脣脣似泥, 雙眉畵作八字低.

妍蚩黑白失本態, 粧成盡似含悲啼.

圓鬟無鬢堆髻樣, 斜紅不暈赭面狀.

昔聞被髮伊川中, 辛有見之知有戎.

元和粧梳君記取, 髻堆面赭非華風.


그러나 이미 이전에 닦인 튼튼한 문화의 전통이 있었기 때문에 이들 오랑캐 문화를 받아들이면서 자기네 문화를 더욱 살찌워, 북송 (960~1127)에 이르기까지 중국문화 발전의 황금기를 이루게 하였다. 그러나 남송(1127~1279) 이후로는 민족의식이 강해진 금(金)나라와 원(元)나라를 중심으로 하는 이민족들의 압력이 결국은 한족의 왕조를 무너뜨리고, 이민족이 중국을 지배하면서 자기네 풍습을 한족들에게 강요함으로써 중국의 전통문화가 이질적인 방향으로 발전하게 된다.

결국 당나라는 '안녹산의 난'을 경계로 하여 그 이전 시기인 당나라 '전기'와 그 이후 시기인 '후기'로 크게 갈라진다. 같은 왕조이지만 '당나라 전기'는 위(魏)·진(晋)·남북조(南北朝)를 통하여 고도로 발전시켜놓은 자기네 전통문화를 더욱 다지면서 발전을 유지하는 시기이다. 그러나 '당나라 후기'에는 갑자기 일어난 '안녹산의 난'으로 말미암아 대족(大族)을 중심으로 지탱하여 오던 정치 경제 질서가 무너지고 낮은 계층에서 올라온 지식인들이 자신을 각성하고 활동하기 시작하며 절대 다수의 백성들의 존재가 부각된 위에 외국문화가 받아들여져 그들의 전통문화가 새로운 발전을 전개한 시대이다. 이 새로운 문화의 발전은 당대를 뒤이은 오대(五代, 907~979)를 거쳐 북송(北宋)에 와서는 가장 높은 단계를 성취하게 된다.


## 5. 중국 역사상 정치를 가장 잘하고 전통문화도 최고 수준으로 발전시켰던 나라-변량(汴梁)에 도읍한 북송(960~1127)


### (1) 북송의 건국과 정치 사회

중국 역사상 가장 이상적인 정치를 펴서 백성들과 이웃나라들이 평화롭고 여유 있게 잘 지내고 중국의 학술 문화를 가장 높은 경지로 발전시켰던 왕조는 처음부터 내륙의 변량(汴梁, 지금의 河南省 開封)을 도읍으로 삼았던 북송이다. 보통 송(宋)대라고 하면 북송(北宋)과 남송(南宋)을 합친 이른바 양송(兩宋)을 말한다. 그리고 중국학자들은 흔히 북송과 남송은 같은 조씨(趙氏)의 나라여서 정치에서나 문화상으로나 별 차이가 없는, 계속 중국이라는 '천하'를 통치한 나라라 보고 있다. 그러나 필자는 『중국문학사』(신아사 2013년 개정판)의 '제1편 서설(序說)''제3장 중국문학사의 시기별 특징'에서 중국문학사의 시기 구분을 논하며 "북송 말년(1127)을 경계로 하여, 앞의 시대를 '고대', 뒤의 시대를 '근대'라 부른다."고 하였다. 중국 전통문학의 중심을 이루어 온 시는 북송에서 발전의 정점에 달하고, 남송 이후로는 더 이상의 발전을 하지 못하고 정체되는 현상을 보이고 있다. 한편 '근대' 이후의 문학 창작은 시가 아

306

닌 소설과 희곡을 중심으로 전개되고 있다고 보았다. 실은 문학뿐만이 아니라 중국 문화 전반에 걸쳐 남송 이후로는 이민족(異族)의 영향 아래 자신의 전통을 잃고 크게 이질적인 방향으로 발전하였다. 미국 하버드 대학의 존 K. 페어뱅크(John K. Fairbank) 등이 저술한 『동양문화사(*East Asia, Tradition & Transformation*)』에서는 제6장에서 당(唐)대의 후기에서 송(宋)대로 이어지는 시기를 중국 문화의 황금기(Golden Age)라 구분하고 있다. 필자와 북송대 문화를 보는 눈과 비슷하지만 그들이 북송에 남송을 합쳐 '송'이라는 같은 나라로 본 것이 큰 문제이다. 크게 보아 '중국문화의 황금기'라고 볼 수 있는 시기는 당나라 현종 때 이러난 '안녹산(安祿山)의 난' 이후 북송(北宋, 960~1127)에 이르는 기간이다. 다만 그들의 잘못은 남송(南宋, 1127~1279)을 북송에 붙여 이해하고 있는 점이다. 남송시대에 중국을 지배한 주인공은 여진족의 금(金, 1115~1234)나라와 거란(契丹)족의 요(遼, 907~1125)나라·당항(黨項)족의 서하(西夏, 1032~1227)나라 및 뒤에 원(元, 1206~1368)나라로 발전한 몽고족의 몽고(蒙古, 1188~1205) 같은 이민족의 나라들이다. 남송은 '중국 문화의 황금기'에서 제외하여야 한다.

북송은 태조(太祖) 조광윤(趙匡胤, 960~975 재위)이 후주(後周)의 임금으로부터 평화롭게 왕위를 물려받아 변량(汴梁)을 도읍으로 삼고 나라를 세운 뒤 휘종(徽宗)의 선화(宣和) 7년(1125)에 금(金)나라 군대의 침입으로 다음해에 흠종(欽宗, 1126~1127 재위)이 휘종과 함께 금나라 군대에 잡혀가기까지의 168년간을 말한다. 그리고 북송 휘종의 아홉째 아들인 고종(高宗, 1127~1162 재위)이 남쪽으로 도망을 가 임안(臨安, 지금의 杭州)을 도읍으로 하여 나라의 명맥을 유지하다가 원(元)나라의 침입으로 1276년 공제(恭帝) 등이 잡혀가고, 뒤에 패하여 도망하는 길에 세운 단종(端宗)에 이어

제병(帝昺)까지도 죽어 나라가 완전히 망해버리기까지의 153년 동안을 남송(南宋)이라 부른다.

송나라를 세운 태조 조광윤(趙匡胤)은 본시 오대(五代)의 마지막 나라 후주(後周)의 장군이었다. 수도인 변량(汴梁)에서 임금의 명령으로 전쟁에 나가려고 준비하고 있던 때에 그의 부하 장수들이 그를 황제로 받들어 모시는 바람에 무혈혁명으로 새로운 나라를 세우게 된 것이다. 후주는 세종(世宗, 954~959 재위)이 죽은 다음 7세의 어린 공제(恭帝, 959~960 재위)가 뒤를 이었으나 후주의 장군들이 조광윤을 황제로 받들어 모시자 공제는 자연스럽게 자신의 황제 자리를 조광윤에게 넘겨주었던 것이다. 황제 자리를 물려 받아 송나라를 세우고 태조(太祖, 960~975 재위)가 된 조광윤은 후주의 왕족들을 끝까지 잘 보호해주려고 노력하였다. 중국 역사상 달리 유례가 없는 왕조 교체 현상이다. 왕부지(王夫之, 1619~1692)는 『송론(宋論)』에서 송 태조는 천하의 제왕으로서 "조상들이 쌓은 세덕(世德)도 없고 나라를 세우고 개척한 공훈(功勳)도 없는 사람"이어서 '하늘의 명(天命)'을 받아 천자가 되기에는 부족한 사람으로 평가하고 있다. 이는 나라의 위세를 밖으로 떨치지 못한 왕조를 낮게 평가하는 중국 사람들의 견해이다. 조광윤이 황제가 되는 것을 반대한 장군이나 신하가 하나도 없는 것을 보면 조광윤은 평소에 모든 사람들이 따르고 받들어 모실 만한 덕을 쌓고 있었음이 분명하다. 나라의 시작부터가 북송나라는 평화로운 이상적인 왕조로서의 성격을 내비치고 있다고 보아야 할 것이다. 북송이 어지러운 세상을 이어받았지만 별로 싸움도 크게 벌이지 않고 나머지 나라들도 하나씩 모두 합쳐져 온 천하를 다스리는 왕국이 된 것도 덕을 바탕으로 발전한 북송의 곁으로 들어나지 않는 위대한 성망(盛望)의 힘 때문이었을 것이다.

조광윤은 태조가 된 다음 당나라 때 장군들이 맡았던 지방 절도사(節度使) 제도를 없애고 군대 지휘권과 나라의 통치권을 모두 중앙으로 집중시키고 문관(文官)을 중한 자리에 기용하였다. 북송의 정치가 안정되어가면서 더욱 문신들이 중히 쓰이게 된다. 민정(民政)을 담당하는 중서성(中書省)과 함께 양부(兩府)라 불리던 군정(軍政)을 담당하는 추밀원(樞密院)의 추밀사(樞密使) 이하 모든 관원이 문관으로 채워졌다. 둘째 임금 태종(太宗, 976~997 재위)은 나라를 안정시키기 위하여 친히 하동(河東)을 정벌하고 북한(北漢)을 멸하고 또 요(遼)와 싸움을 하기도 하였지만, 한편으로는 숭문원(崇文院)을 세워 장서를 수집하고 여러 문신들에게 명하여 『태평어람(太平御覽)』·『태평광기(太平廣記)』 등을 편찬케 하는 등 문치(文治)에도 힘썼다. 그 결과 중원의 문물은 다시 꽃을 피우기 시작하여 진종(眞宗, 998~1022 재위)·인종(仁宗, 1023~1063 재위)에 와서는 수많은 학문에 뛰어난 명신(名臣)들이 쏟아져 나오게 되었고,[99] 중국의 문화·학술·문학·예술 등 모든 면에 걸쳐 공전의 발전을 이룩하였다.

문치를 위한 사대부(士大夫)의 수요를 충당하기 위하여 우선 과거제도가 활성화 되었다. 북송 태조 때에는 과거에 진사(進士) 30명 정도와 수십 명의 명경(明經) 분야의 합격자를 내었으나, 둘째 태종(太宗) 때(976~997)에는 과거의 진사 급제자가 일회에 100명을 넘게 되고 계속 그 수가 불어났다. 뒤에는 과거가 2, 3년마다 한 번씩 행해졌는데 한 번에 500명 내지 600명을 합격시키게 되었고 합격률은 6, 7% 정도였으니 매번 과거시험을 보는 사람들 수는 1만 명이 넘었다. 이렇게 많

---

[99] 宰相을 지낸 富弼과 韓琦, 參知政事였던 范仲淹, 樞密使였던 王德用, 征南大將이었던 狄靑, 龍圖閣直學士였던 包拯, 翰林學士였던 歐陽修 등 수많은 名臣을 내었다.

은 사람들을 과거에 급제시켰으나 급제를 하고도 벼슬을 하지 못하는 진사가 제3대 진종(眞宗)의 대중상부(大中祥符) 2년(1009)에 이미 2천 명에 이르게 되었다. 그리고 중앙의 과거시험 응시자는 지방의 향시(鄕試)에 급제한 사람들이었고, 향시를 보는 사람 수는 매번 십수만 명이었으니 송나라에는 공부하는 사람들이 얼마나 많이 늘었을까 짐작이 갈 것이다. 따라서 과거에 급제하는 사람들은 이전처럼 모두가 사대부 집안 자식들이 아니라 농부나 장사꾼의 자식 등 출신을 가리지 않게 되었다. 『송사(宋史)』 열전(列傳)만 들추어 보아도 낮은 집안 출신으로 과거 시험에 급제하여 고위 관리가 되었던 사람이 여러 명이며, 북송 시대에 농가 출신으로 과거와 향시에 급제한 진사와 거인(擧人)의 수가 수천 명이었다.

따라서 민간에도 지식인들의 수가 엄청나게 늘어났다. 이러한 현상은 북송의 문화와 민간연예를 발전시키는 원동력이 되었다. 그뿐 아니라 북송 이후에는 여진족(女眞族)의 금(金)나라와 몽고족(蒙古族)의 원(元)나라 세력이 커져서 중원 땅을 지배하고 결국은 청(淸)나라까지 이어지게 되지만, 여전히 이민족의 지배 아래 전혀 다른 나라가 되지 않고 그 문화가 이질화는 되면서도 여전히 이전의 전통문화를 바탕으로 새로운 문화를 발전시키는 저력이 형성된 것도 북송시대에 발전한 문화적인 힘이다. 때문에 정복자들이 결국은 여진족이나 몽고족 모두 반대로 한족에 동화되고 오히려 정복 민족은 없어지고 말게 된 것이다.

북송의 이러한 중앙집권과 문화의 발전은 경제발전이 그 뒷받침을 해주고 있다. 북송의 경제는 급격한 상공업의 발달이 이끌어 주었다. 특히 수공업을 중심으로 하는 야광(冶鑛)·무기(武器)·주전(鑄錢)·방직(紡織)·자기(瓷器)·칠기(漆器)·재차(製茶)·제지(製紙)·인쇄 등의 발달은 전에 볼 수 없었던 성황이었다. 상업은 도시를 번성케 하여 수도인 변량(汴梁)·성도(成都, 四川)·흥원(興元, 陝西 南鄭) 같은 곳은 국내 상업의 중심지로 번영하였고, 광주(廣州, 廣東)·천주(泉州, 福建)·명주(明州, 浙江 寧波) 같은 곳은 유명한 국제적인 무역도시로 발전하였다. 유명한 맹원로(孟元老, 1126 전후)의 『동경몽화록(東京夢華錄)』에는 당시의 수도 변량의 번화를 극했던 여러 가지 문화의 실상이 잘 그려져 있다.

그리고 북송은 주변 이민족의 나라들을 무력으로 억누르지 않고 계속 물품을 주며 유화정책을 썼다. 먼저 송나라는 북쪽의 요(遼)나라와 여러 번 무력충돌이 있던 끝에 1004년 그들이 대거 남침을 하자 그들과 단연지맹(澶淵之盟)을 맺고 매년 은 10만 냥(兩)과 비단 20만 필을 주기로 하고 평화를 유지한다. 1038년에는 서북쪽의 서하(西夏)나라가 북송에 공격을 가하기 시작하자 1044년에는 서하 황제 이원호(李元昊)에게 매년 은 7만 2천 냥과 비단 15만 3천 필 및 차 3만 근을 주기로 하고 화의를 맺는다. 1115년 여진족의 아고다(阿骨打)가 세운 금(金)나라가 강성해지자, 1118년과 1120년 두 차례에 걸쳐 금나라에 사신을 보내어 금나라와 동맹을 맺고 요나라를 협공한 뒤 송나라는 해마다 요나라에 주던 물건들을 금나라에게 주기로 한다. 금나라는 어떤 도시를 점령하든 철저히 약탈을 하여 빈 성을 만들어 놓는데, 송나라는 금나라가 점령한 연경(燕京)을 되돌려 받는데도 100만 관(貫)의 돈을 주었다. 많은 중국 사람들이 이러한 송나라의 정책을 비굴하다고 평하고 있지만 이 비용은 전쟁을 하는 비용에 비하면 아무것도 아니며, 이런 정책 때문에 송나라 백성들은 전쟁 통에 희생당하는 일 없이 평화와 번영을 누릴 수 있었고, 그 나라의 학술 문화는 크게 발전할 수가 있었다.

북송은 전국에 교육이 크게 보급되어 지방에도 공부를 한 지식인들이 무척 많은 위에 백성들이 평화로운 가운데 번영을 누리게 되었다. 서민들 속에 지식인들이 많이 섞이어 있어서 우선 상업과 공업을 크게 발전시켜 도시의 번영을 가져왔다. 도자기의 생산과 직물과 칠기 등의 생산 기술이 세계 최고였고 화약을 발명하여 사용하였다. 특히 청자(靑磁)와 백자(白磁) 같은 것 중에는 내면적인 아름다움을 추구하여 빛깔의 아름다움이나 멋진 모양새를 도외시한 것 같은 예술의 지극한 경지를 보여주는 것들이 있다. 대체적으로 백성들의 삶이 중국 역사상 어떤 시대보다도 풍요롭고 안락하였다.

### (2) 북송의 학술과 이학(理學)의 발전

북송대의 두드러진 문화상의 특징의 하나는 도학(道學) 또는 이학(理學)이라 부르는 새로운 사상과 학문이 발전한 것이다. 이 학문은 뒤에 성리학(性理學)이라고도 부르게 되었고, 다시 신유학(新儒學)이라고도 부르게 되었다. 북송 지식인들은 자기들이 사회의 지도 계층이며, 자기들의 노력으로 새롭고 건전한 사회와 고도의 문화를 이룩하였다는 데 대한 자부심을 갖게 되었다. 따라서 이들은 사람으로서 또는 지식인으로서의 자각을 하게 되어 학문을 연구하면서 사람들이 살아가는 현실적인 문제뿐만이 아니라 사람과 사물의 내면성까지도 추구하게 되었다. 이는 앞에서 논한 당나라 '후기'의 학자 한유(韓愈)와 이고(李翺)의 학문 방법을 이어받은 것이다. 여기에는 당대에 크게 발전한 도교와 불교의 영향도 크게 작용하고 있다. 현실적인 문제를 중심으로 해온 유학도 도교와 불교의 교리의 영향으로 형이상학(形而上學)적인 명제(命題)를 학문의 대상으로 삼기 시작한 것이다. 곧 북송의 '이학'은 이 세상은 어떻게 이루어졌고 모든 사물은 어떻게 형성된 것이며 사람은 왜 살고 있느냐고 하는 문제 등을 추구하는 데서 형성된 것이다.

구양수의 초상

따라서 철학자가 아닌 정치가나 문학가로 알려진 사람들도 이전 시대 지식인들과는 학문을 하는 태도가 달라졌다. 다음에 북송의 문학을 논할 때 다시 얘기하게 될, 북송의 문학을 이끈 대문호 구양수(歐陽脩, 1007~1072)를 보기로 든다. 그는 문학 이외에 경학(經學)에 관한 저서로 『역동자문(易童子問)』 3권과 『시본의(詩本義)』 16권을 남기고 있다. 우선 『역동자문』을 살펴보자. 이전까지는 『역경』에 붙어있는 경문(經文) 이외의 10편의 글인 '십익(十翼)'¹⁰⁰을 모두 공자가 지은 것이라 믿어 왔다. 그러나 구양수는 이 책에서 '십익'은 공자가 쓴 글일 수가 없다는 사실을 과학적으로 증거를 찾아 증명하고 있다. '십익'의 글에는 "자왈(子曰)" 하고 이론을 전개하고 있는 곳이 있는데, 공자가 쓴 글이라면 어째서 그런 말을 붙였겠는가? 그리고 글의 내용 중에는 공자의 사상과 어긋나는 곳들이 있다. 다시 10편이 글의 내용이나 글의 성격이 서로 다른 것들이 적지 않으니 이것은 한 사람이 쓴 글이 아님을 증명하는 것이다. 그리고 점책인 『역경』에 대한 자기의 개념도 확실히 세워

---

100 十翼은 象傳 上·下, 象傳 上·下, 繫辭傳 上 ·下와 說卦·文言·序卦·雜卦 의 10篇의 글이다.

놓고 있다. 그 뒤로부터 학자들의 『역경』을 보는 눈이 확 달라졌다. 그리고 당시의 학계에서는 서한시대에 저술된 『시경』 해설서인 『모전(毛傳)』과 동한 때의 정현(鄭玄, 127~200)이 지은 『정전(鄭箋)』을 가장 좋은 해설서라 믿고 그것을 바탕으로 『시경』을 읽고 있지만[101] 잘못된 곳이 많다고 생각하고 『시본의』를 썼다. 구양수는 "시가 찬미(讚美)하고 풍자하는 것을 살펴어 그 일이 선한 일인가 악한 일인가를 알아서 사람들에게 권면(勸勉)하기도 하고 경계(警戒)시키기도 하려는 것이, 이른바 성인(聖人)의 뜻으로 근본이 되는 것이다. 시를 지은 사람의 뜻을 추구하여 성인의 뜻에 이르도록 하는 것이 경전을 연구하는 학자들의 근본이다."[102]고 논하고 있다. 따라서 이 책에서는 『모전』과 『정전』의 잘못된 점을 바로잡아 사람들이 올바른 『시경』의 시의 뜻을 알게 하려고 시의 새로운 해석을 시도하면서 자신이 생각하는 『시경』의 원리를 논하고 있다.

그는 경전 중에서도 특히 공자가 지은 『춘추(春秋)』를 중시하여 「춘추론(春秋論)」을 쓰고 있는데, 이런 말이 보인다. "명분(名分)을 바로잡아 정착시키고 실정을 추구하여 사실을 밝히며, 옳고 그름을 분별하고 선하고 악한 것을 분명히 하여야 한다. 이것이 『춘추』를 쓰게 된 동기이다."[103] 그리고 이전 학자들의 주해(註解)를 그대로 믿지 않고 나름대로 『춘추』를 풀이하였다. 자신의 그러한 역사관을 바탕으로 『신당서(新唐

---

[101] 앞에서 논한 唐 太宗 때 이루어진 孔穎達의 『五經正義』의 『詩經』 注釋이 『毛傳』과 『鄭箋』을 바탕으로 한 것이다.

[102] 『詩本義』 卷十四 本末論; "察其美刺, 知其善惡, 以爲勸戒, 所謂聖人之志者, 本也. 求詩人之意, 達聖人之志者, 經師之本也."

[103] 『歐陽脩全集』 居士集 卷十八 「春秋論」 中; "正名以定分, 求情而責實, 別是非, 明善惡, 此 『春秋』之所以作也."

書』225권과 『오대사기(五代史記)』 74권이라는 빼어난 역사서도 남겼다.

구양수뿐만이 아니라 정치가로 알려진 범중엄(范仲淹, 989~1052)과 중국의 통사인 『자치통감(資治通鑑)』 324권을 지은 사마광(司馬光, 1019~1086) 등의 사상도 그러하다. 그리고 순수한 경학 연구에서는 손복(孫復, 992~1057)·호원(胡瑗, 993~1057)·석개(石介, 1005~1045) 같은 학자들이 이러한 사상을 바탕으로 먼저 북송의 '이학'을 출발시키고 있다.

그래도 가장 확실한 북송 '이학'의 출발은 주돈이(周敦頤, 1017~1073)에게서 부터라고 보아야 한다. 그에게는 대표적인 저술로 「태극도(太極圖)」와 그에 대한 해설인 『태극도설(太極圖說)』이 있다. 이 저술은 『역경』을 근거로 하여 태극(太極)이 음양(陰陽)을 낳고 다시 오행(五行)의 변화를 통하여 만물이 생겨나는 과정을 도표로 그린 다음 그것을 해설한 것이다. 만물 중에서는 가장 영적(靈的)인 것이 사람이어서 인식의 능력과 도덕성을 갖추고 있다고도 밝히고 있다.

그의 또 다른 저서인 『통서(通書)』에서는 무욕(無欲)함을 통하여 성인은 배워서 될 수 있다고 논하고 있다. 그는 사람의 욕심이란 천리(天理)와 대가 되는 것이라 생각하였다. 그리고 만물의 성격에서 '고요함(靜)'을 강조하고 그것은 '공경(敬)'과 함께 『중용』에서 강조한 '감정이 드러나기 전의 중(中)' 및 '성(誠)'으로도 통하는 것이라 보았다. 어떻든 이러한 주돈이의 학문은 종래의 유학과는 판이한 것이어서 이것을 토대로 하여 새로운 '이학'이라는 유학의 이상주의가 꽃피어난다.

그와 같은 시대의 소옹(邵雍, 1011~1077)은 『역경』의 원리를 바탕으로 하여 선천상수지학(先天象數之學)이라고도 하는 일종의 수리철학(數理哲學)을 개발하였다. 그의 대표적인 저서로는 『황극경세서(皇極經世書)』가 있다. 그는 태극(太極)이 음양(陰陽)을 낳고, 음양이 사상(四象)으로 발전하며, 사상이 팔괘(八卦)로 나누어지고, 팔괘가 육십사괘(六十四卦)를 낳는 원리를 근거로 하고 있다. 그는 이렇게 말하고 있다.

"그러므로 1이 2로 나누어지고 2는 4로, 4는 8로, 8은 16으로, 16은 32로, 32는 64로 나누어져서, 나무 뿌리에 줄기가 있고, 줄기에는 가지가 있고, 가지에는 잎이 있는 것과 같다. 커질수록 가늘어지고, 가늘어질수록 번잡해진다. 이것들을 합치면 모두가 1이 되고 그것들을 늘리면 1만이 된다."[104]

그처럼 태극(1)이 나누어져서 천지(2)가 되고, 천지가 나누어져서 사철(4, 또는 四方)이 되고, 사철이 나누어져서 해·달·별·별자리 및 물·불·나무·돌(8)이 되고, 다시 이것들이 나누어져서 더위·추위·낮·밤과 비·바람·이슬·우뢰와 성(性)·정(情)·형(形)·체(體)와 새·짐승·나무·풀(16)이 되고 하는 식으로 모든 것을 설명한다.

그보다도 주돈이의 문하에서 나온 정호(程顥, 1031~1086)와 정이(程頤, 1033~1107) 형제는 뒤에 남송의 주희(朱熹, 1130~1200)가 이들을 스승으로 모시게 되어 이정자(二程子)라 높이게 되고, 북송 이학의 발전에 결정적인 역할을 한다. 그들 형제의 저술은 모두 『이정전서(二程全書)』에 수록되어 있다.

정호는 만물의 '생생(生生)'의 원리를 중시한다. 하늘과 땅의 덕이 '생' 또는 생성되어 있는 것을 계속 생성케 하는 것이 '생생'이며, 그것이 바로 도(道)이고 천리(天理)라고 하였다. 그리고 하늘과 땅에는 '기(氣)'

---

104 『皇極經世書』 觀物外篇; "是故一分爲二, 二分爲四, 四分爲八, 八分爲十六, 十六分爲三十二, 三十二分爲六十四 — 猶根之有幹, 幹之有枝, 枝之有葉. 愈大則愈細, 愈細則愈繁. 合之斯爲一, 衍之斯爲萬."

가 있어 한시도 쉬지 않고 모였다 흩어졌다 하면서 만물을 '생생'하고 있다는 것이다. 또 그는 사람은 본시 '생각하지 않고도 알게 되는 진실한 앎'인 '양지(良知)'와 '배우지 않고도 할 수 있는 진실한 능력'인 '양능(良能)'을 갖추고 있다고 하였다. 따라서 그것을 잘 개발해야 한다는 것이다. 다시 정호는 공자사상의 중심 개념인 '인'을 크게 확대시켜 천지만물이 일체임을 인식하는 것이 '인'이라고 강조한다. 곧 "인(仁)이란 하늘 땅과 만물을 자기와 한몸(一體)으로 삼는 것"이라 하였다. 만물일체(萬物一體)의 인(仁)의 주장이다. 그리고 그러한 '양지'와 '양능' 및 '만물일체지인'이 모두 그가 중시하는 천리(天理)로 통하고 있다.

정이는 만물의 '본성(性)이 곧 이(理)'라 강조하여 그의 학문은 '이'의 철학이라 할 만한 경지에 이르고 있다. 모든 우주의 일이나 현상은 그 본체인 '이'의 작용이라 하였다. '본성이 곧 이'라 한 것은 『중용』에서 "하늘이 내려준 것을 본성이라 한다.(天命之謂性.)"고 한 본성으로서 그것은 선천적인 원리 같은 것을 뜻하는 것이라 본 것이다. 정이는 '본성이 곧 이'라 하며 '이'를 강조하여 이미 그의 생각은 곧 '사람의 욕심'을 버리고 '천리' 곧 절대적인 '이'를 보존하는 것이 학문이라는 뜻으로 귀결되게 된다. 그리고 '이'를 바탕으로 하는 만물의 본체(體)와 작용(用)에 대하여도 엄격한 구별을 하면서, 모든 일과 그 '이'는 하나로 귀결되는 것이며 만물의 본체와 작용도 한 가지 근원 곧 '이'에서 나오는 것이라 하였다. 끝으로 절대적인 '이'를 추구하기 위해서는 몸가짐이 '공경(敬)'하여야 함을 강조하였다. 학문적인 자세로써 '공경히 지내는 것(居敬)' 다시 '공경히 지내면서 이를 연구하는(居敬窮理)' 몸가짐을 주장하게 된 것이 다. 남송의 주희(朱熹)도 정이의 학문을 특히 중시하여, 북송대 도학은 정이에 의하여 자리가 잡혀졌다고도 볼 수 있다.

그들의 뒤를 이어 장재(張載, 1020~1077)가 나와 '기(氣)'의 철학을 내세웠다. 그는 태극(太極)이나 무극(無極) 같은 것을 논하지 않고 만물이 생성되는 것은 한 가지 '기'가 모였다 흐트러지는 데 달렸다고 하였다. 일반적으로 '기'는 물질의 근원적인 것이라 보고 '기의 철학'을 유물론(唯物論)이라 말하고

주희의 초상

있지만 문제가 적지 않다.

그는 우주란 '허공'이라고 생각하였다. 천지는 허공으로 덕을 삼으며 지극히 선한 것이 허공이라고도 주장하였다. 천지의 근본 성격은 허공이고 허공의 극치는 '태허(太虛)'인데, '태허'란 바로 우주이며 '기'로 채워져 있는 것이다. 태허의 '기'는 "모여서는 만물이 되지 않을 수 없고 만물은 흩어져서 태허가 되지 않을 수 없다."[105]고도 하였다. 기의 변화에 의하여 모든 존재가 생성되기도 하고 없어지기도 한다는 것이다.

그의 사상 중에서 또하나 중요한 것은 천지와 나와의 연대감이다. 그는 유명한 「서명(西銘)」에서 다음과 같은 말을 하고 있다. "건(乾)을 아버지라 부르고 곤(坤)을 어머니라 부른다. 나의 아득한 존재는 혼연(混然)히 그 가운데 있다." 천지를 비롯하여 만물과 백성이 자기와 같은 근원의 것이라는 뚜렷한 연대감은 송대 학문을 한층 넓혀주는 계기가 되었다.

---

[105] 張載『正蒙』太和.

북송시대에 와서는 유학이 이전의 현실문제를 위주로 하던 것과는 전혀 다른 성격의 학문으로 발전하였다. 유학뿐만이 아니라 다른 문제를 연구하는 방법도 모두 달라졌다. 마침내 남송에 이르러 주희(朱熹, 1130~1200)가 나와 이들의 학문을 집대성하고 체계화함으로써 이들을 통털어 신유학(New Confucianism)이라 부르는 새로운 유학 체계가 완성된다. '신유학'은 '성리학' 또는 '주자학(朱子學)'이라고도 부른다. 만약 이 새로운 유학이 남송 때에 주자학(朱子學)으로 귀결되지 않았더라면 중국의 학술은 새로운 문예부흥을 이루었을지도 모를 일이라 여겨진다.

## (3) 북송 문학의 발전

다음은 북송 문학의 발전에 대하여 살펴보기로 한다. 북송 문학의 발전은 당나라 현종(玄宗, 713~755 재위) 말년에 일어난 '안녹산(安祿山)의 난' 직후의 당나라 '후기'(756~907)의 변화를 계승하여 이루어진다. 당나라 '후기'는 당제국의 정치·경제·문화 전반에 걸쳐 갑자기 큰 변화가 일어났던 시기이다. 이 혼란과 변화는 지식인들에게 세상을 직시하고 사회의식을 지니게 하여 문학작품에 현실주의적인 경향이 두드러지게 되었다. 그리고 내란을 겪는 동안 더욱 거세진 주변 다른 민족들의 영향도 새로운 문화발전에 자극이 되었다. 혼란을 통해 깨닫게 된 자기 각성 및 서민들의 고난과 저력에 대한 이해도 새로운 시와 문학의 발전 요인으로 작용한다.

먼저 시성(詩聖)이라 불리는 두보(杜甫, 712~770)의 새로운 시의 창작 노력에 이어, 시를 통하여 서민들의 실정과 그들의 서정(抒情)까지도

두보의 초상        백거이의 초상

추구하려던 백거이(白居易, 772~846) 등이 등장하였다. 산문에서는 한유
(韓愈, 768~824) 등에 의하여 문장의 형식을 중시하는 변려문(駢儷文)을 버
리고 글의 내용을 중시하는 고문(古文)을 쓰기를 주장하는 고문운동이
전개된다. 한 편 민간에는 속강(俗講)이 유행하여 강창체(講唱體)의 변문
(變文)이라는 작품도 남겼다. 민간에 유행한 속강의 영향으로 고문으로
쓴 새로운 전기소설(傳奇小說)도 성행하였다. 그리고 민간에 유행하던
노래의 형식을 응용하여 새로운 시인 사(詞)를 문인들이 짓기 시작하
였다. 이러한 당나라 후기의 문학적인 변화는 모두 북송 시대에 들어
와 더욱 큰 발전을 이룩하게 된다.

먼저 구양수(歐陽修, 1001~1072)와 매요신(梅堯臣, 1002~1060) 등이 나
와 당시와는 품격이 다른 새로운 송시(宋詩)를 발전시켰고, 뒤이어 왕
안석(王安石, 1021~1086)·소식(蘇軾, 1036~1101) 등의 대가가 나와 그 발전
을 더욱 성숙시켰다. 그리고 다시 황정견(黃庭堅, 1045~1105)·진사도(陳師
道,1053~1101)를 정점으로 하는 강서시파(江西詩派)는 시의 표현면에서 단
련(鍛鍊)을 통한 개성 있는 시법을 발전시키기도 하였다.

소식의 초상　　　　　왕안석의 초상

　중당 시대에 일어났던 고문운동(古文運動)도 북송시대에 와서 성공을
거둔다. 구양수를 필두로 하여 소순(蘇洵)·소식·소철(蘇轍) 삼부자와 증
공(曾鞏, 1019~1083)·왕안석 등 이른바 육대가(六大家)가 나옴으로써 고문
운동은 성공을 거두게 된다.

　사(詞)도 북송대의 문인들 모두가 짓게 되어 북송을 대표하는 시의
일종으로 크게 발전한다. 서정(抒情)을 전통으로 하여 발전해온 중국
시가 북송대에 와서는 서정성보다도 여러 가지 인간의 문제에 관심이
더 기울어진다. 북송대에 사(詞)가 크게 발전한 것은 매우 커진 서민문
화의 영향 때문이기도 하지만, 거의 모든 시인들이 사도 짓고 있는 것
을 보면 그때 와서 약해진 시의 서정성을 사를 통해서 표출해 보려는
시인들의 뜻도 작용했던 것 같다. 초기의 사는 모두 아름답고 여린 정
을 담은 완약(婉約)한 짧은 노래의 가사였는데, 유영(柳永, 1405 전후)이 길
이가 길어진 새로운 형식의 만사(慢詞)를 유행시키고, 소식(蘇軾)에게 가
서는 사의 내용도 발전하여 호방(豪放)한 감정도 실린 작품까지 짓게
된다. 여기에서 사는 본시 비정통적인 문학형식으로 시작되었으나 마

침내 북송 문학을 대표하는 정통문학의 자리에 오르게 되는 것이다.

흔히 중국학자들은 당시와 이백(李白, 701~762)·두보(杜甫, 712~770)를 중국 문학의 정점이라고 내세우지만, 북송의 시와 그 시대를 대표하는 구양수(歐陽修, 1007~1072)·소식(蘇軾, 1036~1101)·왕안석(王安石, 1021~1086) 등의 북송 문호들은 이들보다도 한 단계 더 윗자리라 할 수 있는 것이다. 이백과 두보는 시 한 가지만을 잘 지었지만 북송대의 작가들은 시뿐만이 아니라 사(詞)도 잘 지었고 고문(古文)에서도 대가였다. 두보는 그 당시의 시대상에 관심을 가졌지만 이백 같은 이는 세상이나 백성들은 거들떠보지도 않고 혼자 술이나 마시면서 살다가 죽은 사람이다. 그에 비하여 북송 대의 작가들은 나라를 걱정하고 세상 사람들의 삶에 관심을 가진 작품을 썼다. 그리고 공부도 많이 한 위에 직접 정치에도 참여하고 제자들을 기르기도 하였다. 이들이야말로 중국 고전문학사상 최고의 문호들이라 할 수 있다. 이러한 지식인들의 새로운 자각을 바탕으로 북송시대에는 문학뿐만이 아니라 회화나 음악 등 예술도 한 차원 높은 단계로 발전하게 된다.

서민들 사이에 지식이 널리 보급되어 생활이 부유해지고 세상이 평화로웠기 때문에 서민문화도 크게 발전하였다. 북송의 수도 변량(汴梁)의 문화 환경에 대하여 쓴 맹원로(孟元老, 1126 전후)의 『동경몽화록(東京夢華錄)』에 의하면 시내에는 연극 공연 장소인 와사(瓦舍)와 여러 가지 곡예의 종합공연장(勾欄)이 거리에 널려 있었다. 그리고 거기에서는 여러 가지 강창(講唱)·잡극(雜劇)·잡희(雜戱) 등이 연출되었다. '강창'에는 다시 도진(陶眞)·애사(涯詞)·고자사(鼓子詞)·제궁조(諸宮調)·복잠(覆賺) 등 여러 가지가 있었고, 또 소설(小說, 또는 銀字兒)·설경(說經, 說參請 포함)·강사(講史)·설공안(說公案, 說鐵騎兒 포함)의 네 종류가 속하는 설화(說話)가 있었다.[106]

이것들은 모두 일정한 얘기를 가창(歌唱)에 강설(講說)을 섞어가면서 연출하던 것인데, 소설 희곡의 발전과 관련이 많다. 특히 '설화' 같은 것은 가창보다도 강설이 주여서 그 작품의 대본인 화본(話本)은 바로 소설로 변신하기도 하였다. '소설'에는 다시 소설(小說, 一名 銀字兒)·담경(談經)·설참청(說參請)·설원경(說諢經)·강사서(講史書)·상미(商謎)[107] 등 여러 가지가 있었으나, 그 중에서도 '소설'과 '강사(講史)'가 가장 중요하다. 대체로 '소설'은 단편, '강사'는 장편으로 후세 중국 소설을 발전시켰기 때문이다.

특히 '잡극' 같은 것은 다른 가무희(歌舞戲) 보다도 희극적인 구성과 요건을 많이 갖춘 놀이여서 바로 희곡이라 하여도 좋을 작품들이 공연되고 있었다. 뒤에 금(金)나라에 와서는 북송의 잡극(雜劇)을 이어받아 자기네 가락으로 다시 발전시킨 원본(院本)이 크게 유행하여 곧 중국학자들이 본격적인 자기네 희곡이라고 높이 떠받드는 원(元)대의 잡극(雜劇)이 만들어지는 계기가 되었다.

북송은 중국의 전통문화뿐만이 아니라 서민문화까지도 높은 차원으로 발전시킨 시대임을 알 수 있다. 그리고 북송시대 서민 예술의 발전은 '근대'라고 할 수 있는 북경시대에 가서 중국의 전통문화를 쉽사리 다른 방향으로 발전토록 하고 또 문학에서는 전통적인 시를 버리고 소설과 희곡을 문학창작의 중심으로 삼게 해주었다고도 할 수 있을 것이다.

---

**106** 孟元老의『東京夢華錄』·耐得翁의『都城紀勝』·吳自牧의『夢梁錄』 등 小說四家에 대한 기록이 서로 달라서 학자에 따라 四家에 대한 견해에 차이가 있다.

**107** 吳自牧『夢梁錄』卷20 의거. 孟元老의『東京夢華錄』·耐得翁의『都城紀勝』·周密의『武林舊事』 등에도 비슷한 기록이 있으나 내용이 모두 다르다.

어떻든 중국 역대 왕조 중 가장 이상적인 정치를 하고 중국의 전통 문화를 최고의 경지로 발전시킨 시대가 북송이라는 사실을 다시 한 번 강조해 둔다. 그리고 그것은 북송이 중원 내륙의 변량(汴梁) 곧 지금의 카이펑(開封)에 도읍을 정하고 천하를 다스렸다는 데도 까닭이 있다고 할 수 있다.

제4장

# 중국 전통 학술 문화의 이질화
# -북경시대

## 1. 중국 전통문화사에서의 고대와 근대-장안시대와 북경시대

### (1) 중국 문화사에서 고대와 근대는 무엇을 말하는가?

5천 년의 중국 전통 문화사를 둘러보면 누구나 쉽게 발견하게 될 가장 큰 문화 발전사의 특징은, 이미 많은 독자들이 느꼈으리라고 생각되지만 장안 지역을 도읍으로 삼은 나라들이 천하를 다스려 오던 시대와 북경을 도읍으로 삼고 천하를 다스리던 시대는 그들 문화의 성격이 크게 다르다. 이러한 차이는 중부지역의 도시를 도읍으로 삼았던 나라들까지 포함시켜 역사적으로 시기구분을 하면 '고대'와 '근대'로 나누어 볼 수가 있다.

'고대'란 중국의 전통문화가 서주(B.C. 1111~B.C. 771) 초에 형성된 뒤 꾸

가무희 공연 장면을 묘사한 한대의 흙인형

준히 발전하여 북송(北宋, 960~1127)에 이르러 그 발전이 정점(頂點)에 도달하였던 시기(A.D. 1111~A.D. 1127 무렵) 이다. 그리고 '근대'란 여진족(女眞族)의 금(金)나라(1115~1234)와 몽고족(蒙古族)의 원(元)나라(1206~1368) 세력이 커지면서 그들의 지배와 압력에 밀려 청(淸)대(1636~1911)에 이르기까지 그들 오랑캐 문화의 영향 아래 중국 문화가 전통을 잃고 이전과는 다른 방향으로 발전한 시기(1127 무렵~1911)이다. 이것은 분명 매우 중요한 사실임에도 불구하고 일반적으로 중국 문화사를 논의하면서도 별로 주의를 하지 않는 경향이 있다. 필자는 『중국 문학사』[1]를 집필하면서 이러한 개념을 이미 중국 고전문학사의 시기구분에 적용하고 있다. 그리고 우연히도 '고대'는 여기에서 말하고 있는 '장안과 낙양'의 시대라 할 수 있고 '근대'는 북경의 시대라 할 수도 있다.

---

1 金學主 『중국문학사』제1편 서설 제3장 중국문학사의 시기별 특징, pp.47~76 (신아사, 2013 개정판).

여기에서 가장 중요한 문제는 곧 이 '고대'와 '근대'라는 시기가 언제 어떻게 나누어지고 있는가 하는 것이다. 이 문제에 대하여 필자는 중국의 희곡사(戲曲史)를 연구하고 토론(硏討)하는 가운데 그 해답을 얻었다. 곧 그 시기는 북송(北宋) 말년(1127)을

송대 잡극 공연 그림

전후하는 시기라는 것이다. 중국의 희곡 발전 경과를 보면 무엇보다도 뚜렷이 드러나는 현상이, 북송 이전의 중국 전통희곡은 가무희(歌舞戲)와 잡희(雜戲) 등을 중심으로 하는 이른바 규모가 작고 비교적 내용이 간단한 '소희(小戲)'2였으나, 북송 말년을 전후하여 갑자기 희문(戲文) 또는 남희(南戲)라 부르는 공연시간이 길고 내용이 복잡해진 '대희(大戲)'가 생겨나 성행하게 된다. '대희'란 바로 원(元)나라에서 성행한 잡극(雜劇), 명(明)나라에서 유행한 전기(傳奇)와 청(淸)나라에서 크게 유행한 여러 가지 화부희(花部戲)와 경희(京戲) 같은 것을 이르는 말이다.

중국의 옛날 희곡은 모두 음악과 노래와 춤을 이용하여 연출되는 연예이다. '대희'는 현대 희곡의 개념에 가깝게 고사(故事), 곧 얘기의 성분이 강화되어 연극으로서의 형식이 길어지고 커진 것이다. 그런데

---

2  여기의 小戲와 大戲의 구분은 臺灣의 曾永義 敎授가 「中國地方戲曲形成發展的徑路」(『詩歌與戲曲』, 臺北 聯經出版社 刊 所載)에서 使用한 용어를 따른 것임.

'소희'로부터 '대희'로의 변화는 형식상의 변화뿐만이 아니라, 거기에 쓰이는 음악이나 노래의 성격은 물론 악기까지도 모두 달라지고, 배우들의 동작인 춤과 함께 의상이나 연출 방법 및 무대 구성에 동원되는 미의식(美意識)조차도 모두 전혀 다르게 바뀐 것이다. 이것은 북송(北宋)과 그 이후 희곡의 변화가 연예에만 국한된 것이 아니라 중국문화 전반에 걸친 변전(變轉)이었음을 말해주는 것이라 보아야 할 것이다.3

보기로 중국문학사를 냉정히 살펴보면, 시를 중심으로 하는 중국 전통문학의 발전도, 북송에서 그 정점에 이른 뒤 그 이후로는 퇴조(退潮)하는 현상을 보여주고 있다. 중국문학자 원이둬(聞一多, 1899~1948)는 「문학의 역사적 동향(文學的歷史動向)」이란 글에서 다음과 같이 말하고 있다.

"서주(西周)에서 송(宋)에 이르기까지 우리의 이 전반 부분(前半部分)의 문학사는 일부의 시사(詩史)이다. 다만 시의 발전은 북송에 이르러 실제로는 끝나고 있다. 남송의 사(詞)도 이미 억지로 버텨 본 것에 지나지 않는다. 시 자체를 두고 말하자면, 우무(尤袤)·양만리(楊萬里)·범성대(范成大)·육유(陸游)와 약간 뒤의 원호문(元好問)까지도 거의 모두가 쓸 데도 없고 중복되는 작가들이니, 그 후의 사람들은 더 말할 나위도 없다. 나는 명(明)·청(淸) 두 시대에 벌어졌던 시에 관한 그토록 많은 운동과 쟁론들은 모두가 무의미한 몸부림이었다고 생각한다. 한 차례의 몸부림이 실패할 적마다 그 몸부림이 모두 쓸데없는 수고이고 아무런 이익도 없는 짓이었

---

3　김학주 「중국희극(中國戲劇)의 변화를 통해 본 중국문화의 전변(轉變)」(『中國戲曲』 創刊號, 韓國中國戲曲研究會刊, 1993. 12 참조).

음을 거듭 실증해줄 따름이었다."**4**

중국 문학사를 놓고 보면, 원이둬가 지적하고 있는 바와 같이 북송 이전의 '고대'란 시를 중심으로 하는 전통문학이 발전을 거듭해 온 시기이고, 남송 이후의 '근대'란 시를 중심으로 하는 전통문학은 발전이 멈춰지고, 대신 통속적인 소설과 희곡을 중심으로 문학창작이 전개되었던 시기이다. 다시 말하면, '고대'란 중국의 전통문학이 중국 문화의 전반적인 발전과 함께 계속 발전하여 북송시대에 와서는 그 발전이 정점에까지 이르렀던 시대이다. 다시 말하면, 중국의 '고대'란 이 지구 상에서 그들의 문화 문명이 모두 최고의 지위를 차지해 온 영광의 시대이고, '근대'란 그 문화가 중국을 지배한 이민족 문화의 영향으로 이전과는 전혀 다른 방향으로 발전을 시작한 시대이다. 이 '근대'의 중국 문화나 문학을 어떻게 평가하느냐 하는 것은 지금 우리들에게 주어진 큰 과제 중의 하나이다.

## (2) 역사가(歷史家)들의 시기 구분

실제로 이러한 중국역사의 급격한 변화에 대하여 가장 먼저 주의를 기울이기 시작한 것은 역사학자들이었다. 일본(日本) 교토대학(京都大

---

4 "從西周到宋, 我們這大半部文學史, 實際上只是一部詩史. 但是詩的發展到北宋實際也就完了. 南宋的詞已經是强弩之末. 就詩本身說, 連尤楊范陸和稍後的元遺山似乎都是多餘的, 重複的, 以後的更不必提了. 我只覺得明淸兩代關于詩的那許多運動和爭論, 都是無味的掙扎. 每一度掙扎的失敗, 無非重新證實一遍那掙扎的徒勞無益而已."(『神話與詩』甲集, 中華書局, 1956 所載).

學) 교수였던 나이토 지로(內藤虎次郎)는 중국 역사상 당(唐)나라와 송(宋)나라 사이에는 역사사상(歷史事象)에 여러 가지 크게 달라진 점이 있음을 발견하고, 그는 당나라와 송나라 사이에는 시대적인 큰 변화가 있었기 때문이라 판단하였다. 그리고 그는 그 시기의 변화를 추구하여 「개괄적인 당송시대관(槪括的唐宋時代觀)」(1922)이란 논문을 발표하였다. 그는 당대의 귀족정치(貴族政治)로부터 송대 이후의 군주독재정치(君主獨裁政治)로의 이행(移行)을 중심으로 하여, 송대에 와서는 화폐경제(貨幣經濟)가 성행하게 되고, 노예(奴隷)와 소작인(小作人)들이 해방되어 서민들의 토지소유가 가능해졌으며, 서민문화가 극성해진 것 등을 그 중요한 변화로 적시하고, 이것은 중국사에서 '근세(近世)'의 시작을 뜻하는 것이라 하였다. 따라서 그 이전의 시대는 중고시대(中古時代)로서 동한(東漢, 25~220) 말에서 시작되는 귀족정치가 그 특징을 이룬다고 하였다. 물론 그 이전은 중국의 전통문화가 이루어지는 상고(上古)의 시대이다. 그리고 송원(宋元)시대를 근세 전기(近世前期), 명청(明淸)시대를 근세 후기(近世後期)라 하였다.[5]

그의 이론은 미야자키 이치사다(宮崎市定)를 필두로 하는 교토대학의 수많은 제자들이 계승하여 한때 경도학파(京都學派)라는 말이 있었을 정도로 역사학계에 큰 반향을 일으켰다. 제2차 세계대전 후에는 마에다 나오후미(前田直典)가 「동아시아에서의 고대(古代)의 종말」[6]이란 글을 발표하여, 동아시아의 역사는 상호 관련이 밀접하여 일체(一體)로 파악할 것과 함께, 중국의 고대사회의 종말은 당말(唐末)·오대(五代)에 일

---

5 『中國近世史』·『支那上古史』(『內藤湖南全集』 所載).
6 『歷史』 1~4號 所載, 1948.

어났음을 논하였다. 그리고 이러한 논의는 일본뿐만이 아니라 세계 중국 역사학자들에게도 큰 과제로 제시되었다. 그리하여 수많은 학자들이 나이토는 너무나 문화사적인 관점에서 그 시대의 변화를 다루어 판단이 정확하지 못했다는 비판을 하면서, 정치상의 변화·경제적인 변화·농업의 발전·공업의 발전·도시의 발전 또는 중국의 전통 자체의 변화 등등 여러 각도에서 송대의 변화문제를 연구하였다.[7]

후스

사실은 중국학자들 중에도 송대의 변화에 주의를 기울인 이들이 있었다. 보기를 들면 옌푸(嚴復, 1853~1921)는 「슝춘루에게 보내는 편지(致熊純如函)」에서 이런 말을 하고 있다.

"만약 인심(人心)과 정속(政俗)의 변화를 연구하자면 송나라 일대의 역사는 가장 정성을 기울여 공부해야 한다. 중국이 오늘날과 같은 현상을 이루게 된 까닭은 좋은 것이든 나쁜 것이든 말할 것도 없이 송나라 사람들에 의하여 만들어진 것이 '십중팔구'라고 단언할 수 있다."[8]

---

**7** *Change in Sung China-Innovation or Renovation?*(Edited by James T.C. Liu and Peter J. Golas, D.C. Heath and Co., 1969) 참조.

**8** "若研究人心政俗之變, 則趙宋一代歷史, 最宜究心. 中國所以成爲今日現象者, 爲善爲惡, 姑不具論, 而爲宋人之所造就, 什八九可斷言也."(『嚴復集』第3册, 中華書局, 1986)

후스(胡適, 1891~1962)도 『호적구술자전(胡適口述自傳)』에서 이렇게 말하고 있다.

"서기 일천 년(北宋 初期)부터 시작하여 곧장 지금에 이르기까지— 현대라는 단계가 되며, —혹은 중국 문예부흥의 단계도 되며, —혹은 중국의 혁신세기(革新世紀)도 된다."[9]

기본 입장은 서로 다르지만 모두 송대의 변혁을 인정하고, 그 변화는 현대까지도 이어지고 있다고 생각하는 점에서는 같다. 그리고 본격적으로 중국의 문화사를 다룬 책으로는 에드윈 O. 라이샤워(Edwin O. Reischauer)와 존 K. 페어뱅크(John K. Fairbank)가 공저한 『동양문화사(East Asia, The Great Tradition)』[10]가 앞에 든 일본학자들과 같은 개념을 바탕으로 중국 문화사의 시기를 구분하고 있다. 곧 당(唐) 후기에서 송대에 걸쳐 일어난 정치적·사회적·문화적 변혁은 대체로 19세기까지도 약간의 변화만을 보이면서 유지되었기 때문에 당 후기 및 송 이후 청(淸)말에 이르는 시대를 "Early Modern Society"라 볼 수 있다고 말하고 있는 것이다.[11]

그러나 이들 역사학자들은 송대 변화의 변환점이 북송 말 남송 초임은 발견하지 못하고 있다. 근래에 이르러 몇몇 중국학자들도 송대에 일어났던 중국 전통문화의 변천을 의식하면서도 북송과 남송을 구

---

**9** "公元一千年(北宋初期)開始, 一直到現在, …爲現代階段, …或中國文藝復興階段, …或中國的革新世紀."(臺北, 華文出版社, 1986)

**10** 김한규 등 번역 『동양문화사』(을유문화사, 1991) 참고.

**11** Chapter Six; The Late T'ang and Sung: The Golden Age of Chinese Culture, p.220(Houghton Mifflin Company, Boston, 1960)

분할 줄은 모르고 있다. 보기를 들면 왕궈웨이(王國維, 1877~1927)는 「송대의 금석학(宋代之金石學)」에서 이런 주장을 하고 있다.

"그러므로 송대의 사람들의 지혜의 활동과 문화의 다양성에서는 이전의 한당(漢唐)이나 후세의 원명(元明)도 모두 미칠 수가 없는 수준이다."[12]

천인커(陳寅恪)는 「등광밍의 송사직관지고증서(鄧廣銘宋史職官志考証序)」에서 이렇게 단언하고 있다.

"화하민족(華夏民族)의 문화는 수천 년의 발전을 거쳐 송대에 이르러 극점(極點)에 이르렀다."[13]

등광밍(鄧廣銘)도 「송사 연구에 관한 몇 가지 문제를 논함(談談有關宋史研究的幾個問題)」이란 글에서 이렇게 말하고 있다.

"송대는 우리나라 봉건사회 발전의 최고 단계였다. 양송(兩宋) 시대의 물질문명과 정신문명이 도달하였던 고도(高度)는 전 중국의 봉건사회 역사시대 안에서 공전절후(空前絶後)의 것이었다고 할 수 있다."[14]

---

**12** "故天水一朝人, 智之活動與文化之多方面, 前之漢唐, 後之元明, 皆所不逮也."(『王國維遺書』第五冊『靜安文集續編』, 上海書店, 1983 所載).

**13** "華夏民族之文化, 歷數千載之演進, 造極于趙宋之世."(『金明館叢稿二編』, 上海,古籍出版社, 1980 所載)

**14** "宋代是我國封建社會發展的最高階段. 兩宋期內的物質文明和精神文明所達到的高度, 在中國整個封建社會歷史時期之內, 可以說是空前絶後的."(『社會科學戰線』第2期, 1986)

모두 북송과 남송을 구분하지 못하고 있다. 그 때문에 앞에서 인용한 일본학자 마에다(前田直典)는 「동아시아에서의 고대의 종말」이란 예리한 눈을 바탕으로 한 논문을 쓰면서도, 고대사회가 중국에서는 9·10세기에 끝나고 있는 데 비하여, 고려와 일본에서는 12세기에 끝나고 있다고 하여, 동아시아의 역사를 일체로 파악하여야 한다고 한 빼어난 자신의 견해와 어긋나는 결론을 내리고 있는 것이다. 앞에서 얘기했듯이 중국의 전통문화의 발전이 최고로 성취했던 시기는 북송이다. 따라서 중국에서의 '고대'는 북송 말 무렵(12세기 초엽)에 끝나고 있는 것이다. 남송 때부터는 '근대'이며, '근대'는 고도의 발전을 하였던 중국 문화의 발전이 멎어지고 중국을 침략한 민족의 영향으로 이질적인 방향으로 흘러가기 시작하는 시대이다.

## (3) '근대'로의 변화의 시점(始點)과 그 특징

'근대'로의 변화는 분명히 당(唐) 현종(玄宗)의 천보(天寶) 14년(755)에 일어났던 '안녹산(安祿山)의 난(亂)' 이후 '당나라 후기'에서 시작되고 있다.[15] '당나라 후기'는 앞에서 이미 논한 바와 같이 정치 사회의 모습도 달라지고 학술 문화도 다른 방향으로 발전하기 시작한 시대이다. 라이샤워와 페어뱅크 공저의『동양문화사』를 보면 중국 문화사의 시기구분에서 송대의 변화가 이 '당나라 후기'에 시작되었음을 분명히 의식한 저서이다. 이 책에서 Chapter Five; The "Barbarian"Challenge

---

15 앞 장의 5), (1) '앞 당나라'와 '뒤 당나라' 시기 참조 바람.

and the Regeneration of the Empire ; Chapter Six ; The Late T'ang and Sung ; The Golden Age of Chinese Culture 를 보면, 여기에서 말하는 'The Late T'ang'이란 바로 '당나라 후기'이며 송대와 함께 "중국 문화의 황금기(黃金期)"라는 것이다. 다만 여기서도 남송을 북송에서 떼어버리지 못하고 있다.

위(魏, 220~265)·서진(西晉)시대(265~317)부터 중국 주변 이민족들의 중국에 대한 영향은 불교의 성행과 함께 매우 강력해진다. 심지어 서진 혜제(惠帝, 291~306 재위)의 영흥(永興) 초(304)부터 송(宋)나라 문제(文帝, 424~452 재위)의 원가(元嘉) 16년(439)에 이르는 135년 사이에는 흉노(匈奴)·갈(羯)·선비(鮮卑)·저(氐)·강(羌) 등의 다섯 오랑캐 부족들이 중원 땅으로 들어와 나라를 세워 이른바 오호십륙국(五胡十六國)의 시대가 전개된다. 그러나 이들은 모두 나라를 세운 다음에는 중국의 정치제도를 채용하고 한자(漢字)의 사용을 비롯하여 중국의 문화를 따르려 애썼다. 그렇게 하지 않고는 중원 땅에 세운 나라를 제대로 다스릴 방법이 없는 형편이었다. 때문에 이들 오랑캐들이 중원으로 들어와서는 곧 한족에 동화되는 현상을 보여주었던 것이다. 이 때문에 중국문화는 이민족들의 문화까지도 자연스럽게 흡수하여 전통문화를 자극함으로써 더욱 발전시켰다.

그러나 당나라로 들어와 '안녹산의 난' 이후의 이민족들의 중국에 대한 태도는 이전과 달라진다. 우선 반란을 일으킨 안녹산(安祿山)의 군대는 그가 범양(范陽, 지금의 北京市) 절도사(節度使)로 있으면서 거두어들인 동라(同羅)·해(奚)·거란(契丹) 등 이민족들의 항복해 온 이러허(曳落河, 壯士의 뜻)라 부르는 8천 명의 정예를 기본으로 한 대부분이 이민족으로 구성된 15만의 대군이었다. 때문에 그들은 당나라로 쳐들어와 무자비하게 잔인한 살육과 약탈을 자행하며 삽시간에 온 천하를 휩쓸 수가 있었다.[16] 반대로 당나라 숙종(肅宗)도 반란을 토벌하기 위하여 서역(西域) 여러 부족의 군대들을 불러들였는데, 특히 회흘(回紇)의 군사들은 용맹스럽다는 명성이 있어, 숙종은 이들을 불러들이면서 회흘에게 "반란군의 성을 되찾으면 토지와 백성은 당나라에 돌려주지만 그곳의 금과 비단 및 자녀들은 회흘이 마음대로 갖는다."는 약정까지 맺었다 한다. 그리고 762년에 천자 자리에 오른 대종(代宗)도 반란을 평정하기 위하여 회흘에게 구원병을 요청하였는데, 회흘의 임금인 등리가한(登利可汗)은 친히 군사를 이끌고 당나라로 들어와 약탈과 횡포를 일삼았으며, 당나라 왕조를 업신여기고 천하병마원수(天下兵馬元帥)인 대종의 맏아들 이괄(李适, 뒤에 德宗이 됨)에게 강요하여 자기에게 절을 하도록 했다고 한다.[17]

이처럼 무력으로 이민족들이 중원으로 들어와 횡포를 자행하였으므로, 한족들은 여러 면에서 이들 오랑캐의 압박을 받아 정치·사회·경제·문화 등 모든 면에 큰 변혁을 겪게 되었던 것이다. 그것은 이 무렵부터 중국 주변의 이민족들이 점차 독립된 민족으로서 자기각성(自己覺醒)을 하게 되어 자신의 문화의식을 갖기 시작했다는 데도 큰 영향이 있었을 것이다. 이 때문에 오랑캐들이 자기들보다는 문화수준이 훨씬 높은 한족들을 대하면서도 이전처럼 쉽사리 한족에게 동화되지 않았을 뿐만 아니라, 오히려 한문화와 겨뤄 보려는 자세까지도 취하였다. 그것은 이 무렵부터 중국 주변의 여러 이족들이 자기네 문자를

---

16 『新唐書』卷225 上 安祿山傳 참조.
17 『新唐書』卷6 肅宗代宗紀, 同 卷217 上 回鶻傳, 『資治通鑑』卷226 등 참조.

돌궐문자

갖기 시작했다는 점 한 가지만으로도 짐작할 수 있는 일이다.

제일 먼저 자기네 문자를 만들어 쓴 민족은 흉노(匈奴)의 별종으로 알타이산맥 남쪽 신장(新疆)에서 일어나 6세기부터 세력을 크게 떨쳤던 돌궐(突厥)이다. 개원(開元) 20년(732)에 세워진 궐특근비(闕特勤碑)에 최초의 돌궐문자가 새겨져 있다 한다. '안녹산의 난' 평정에 공이 많은 회흘(回紇)도 처음에는 돌궐문자를 쓰다가 뒤에는 그들과 관계가 깊은 중앙아시아의 한 부족인 속특(粟特)의 자모를 빌려 회흘어를 기록함으로써 회흘문자를 발전시켰다. 회흘문자는 몽고인민공화국에서 발견된 두 개의 비(碑)와 신장 등지에서 발굴된 문건 등이 있고, 둔황(敦煌)에서는 회흘의 목각활자(木刻活字)가 발견되었다 한다.[18] '안녹산의 난' 직후 중국 땅으로 쳐들어와 넓은 지역을 점령하였던 토번(吐蕃)은 우전(于闐)의 문자를 빌어 토번문자를 만들었는데, 그것이 지금의 장문(藏文: 티베트 문자)이 되었다 한다. 그리고 신강 경내를 중심으로 있던 고창(高昌)·구자(龜玆)·우전(于闐) 등도 모두 자기네 문자를 만들어 썼다. 이 뒤로 중국 주변에서 중국에 강한 압력을 가하였던 요(遼, 916~1125)·금(金, 1115~1234)·서하(西夏, 1032~1227)·원(元, 1206~1368) 등도 모두 자기네 문자를 만들어 쓰면서 중국 문화에 큰 영향을 끼치게 된다.

---

18 伴特, 『中國印刷術的發明和它的西傳』, 吳澤炎 譯本 참조.

'당나라 후기'부터 불교와 도교의 영향으로 유학(儒學)까지도 크게 달라진다. 한유(韓愈, 768~824)는 『원도(原道)』 같은 글에서 학문의 목표로서 옛 성인(聖人)의 도(道)를 강조하였고, 이고(李翺, ?~844?)는 『복성서(復性書)』 등에서 성인들이 지녔던 참되고 훌륭한 인간의 본성(本性)의 회복을 강조하였다. 이는 이들의 고문(古文) 주장과 함께 어우러져 이후 북송 시대 학자들에게 큰 영향을 주게 된다. 특히 북송으로 들어와서는 주돈이(周敦頤, 1017~1073)의 『태극도설(太極圖說)』, 소옹(邵雍, 1011~1077)의 『황극경세(皇極經世)』가 나오면서 유학의 연구 경향이 급변하기 시작한다. 그리고 장재(張載, 1020~1077)의 『정몽(正蒙)』에서의 "기(氣)"의 추구, 정호(程顥, 1032~1107)와 정이(程頤, 1033~1107) 형제의 『이정유서(二程遺書)』에 보이는 "성(性)", "리(理)"의 추구에서는 유학의 학문 방법이 완전히 달라졌음을 실감하게 된다.

남송에 들어가 주희(朱熹, 1130~1200)에 이르러 이들 북송 학자들의 새로운 문제의 추구는 성리학(性理學) 또는 이학(理學)·도학(道學)·신유학(新儒學) 등으로 부르게 되는 새로운 유학으로 집대성되고 체계화되어 주자학(朱子學)으로 발전하는 것이다. 이렇게 하여 전개되는 '근대'는 이민족의 세력이 더욱 강해져서 여진족(女眞族)의 금(金) 나라(1115~1234)와 몽고족의 원(元) 나라(1206~1368)가 중국을 지배하게 되어 북경을 도읍으로 삼고 강력한 힘으로 온 세상을 지배하는 '북경시대'가 되는 데, 주자학은 이 전통문화의 이질화를 사상적으로 뒷받침하게 된 셈이다. 이는 매우 중요한 사안이므로 남송(南宋, 1127~1279)에서의 주자학의 문제를 여기에 붙여 논하기로 한다.

남송의 주희는 북송의 여러 학자들이 개발한 도학의 이론을 모아 종합 정리하고 체계화하여 새로운 유학을 이룩한다. 앞에서 간단히 논한 바와 같이 북송의 도학은 다음과 같은 네 가지 큰 흐름이 있었다. 첫째는 주돈이(周敦頤)의 '태극(太極)'의 개념으로, 이를 바탕으로 음양(陰陽)이 변화하여 만물을 생성하게 된다는 생성론(生成論)이다. 둘째는 정호(程顥)·정이(程頤) 형제들이 발전시킨 '이(理)'의 철학이다. 그들은 모든 진리를 '이'를 바탕으로 추구하였다. 셋째는 장재(張載)의 '기(氣)'의 철학이다. 그에 의하면 '기'는 만물 형성의 기능 또는 바탕으로 어디에나 존재하는 것이다. 넷째는 수리(數理)로 이 세상의 모든 현상을 풀이하려는 소옹(邵雍)의 '수'의 철학이다. 주희는 『근사록(近思錄)』에 북송 도학의 대표적인 학자들의 학설을 정리하면서 소옹은 제외하고 있으니 '수'의 철학은 중시하지 않은 것 같다. 주희는 이상 북송 도학의 흐름을 모두 종합 정리하여 새로운 학문의 체계를 세워 공자의 유학을 보다 높은 차원으로 발전시켰다. 그의 학문의 특징을 요약하면 대략 다음과 같다.

첫째, 『논어(論語)』·『대학(大學)』·『중용(中庸)』·『맹자(孟子)』를 한데 묶어 '사서(四書)'라 부르며, 여기에 주석(注釋)을 가하면서[19] 그 해설을 바탕으로 새로운 성리학(性理學)의 체계를 세운다. 그리고 요(堯)임금·순(舜)임금·우(禹)임금·탕(湯)임금·문왕(文王)·무왕(武王)으로 전해오던 유학의 도통(道統)은 공자(『논어』의 저자)에서 시작하여 증자(曾子, 『대학』의 저자)와 자사(子思, 『중용』의 저자)를 거쳐 맹자(孟子)에 이르러 도통이 끊겼다가 송대에 이르러 다시 이 학문이 전승되었다는 도통론(道統論)을 확립한다. 따라서 이 도통에 끼는 사람만이 올바른 유학자이고 다른 사람들은 비뚤어진 학문을 한 것이 된다.

---

[19] 『四書集註』.

둘째, 정호·정이 형제의 '이'의 철학과 장재의 '기'의 철학을 정리하여 '이'와 '기'의 관계를 확실히 하면서 이기(理氣)론을 그의 학문의 근본 명제(命題)로 삼았다. '이'는 '태극(太極)'이고 '도(道)'여서 "태극은 지극히 훌륭하고 지극히 선한 도리일 따름이다."[20]라고 말하고 있다. 그리고 "'이'라는 것은 형이상(形而上)의 도(道)이고, 만물을 생성하는 근본이다. '기'라는 것은 형이하(形而下)의 그릇이고 만물을 생성하는 도구이다."[21]라고 '이'와 '기'를 설명하고 있다. 이 '기'가 '이'를 바탕으로 움직여 '음양(陰陽)'과 '오행(五行)'으로 변화하고 만물을 생성한다는 것이다. 그리고 주돈이의 『태극도설』에 보이던 도교의 흔적이며, 정호와 정이의 '이' 철학에 남아 있던 불교의 냄새를 완전히 씻어냈다.

셋째, 윤리학에서는 "성(性)이 바로 '이'이다."라고 한 북송 도학자의 이론을 받아들여 "사람과 만물은 모두 천지의 '이'를 타고나 본성을 이루고, 모두 천지의 '기'를 받아서 형체를 이룬다."[22]고 하였다. 따라서 '어짊(仁)'이라는 덕성도 만물에 다 같이 적용된다는 이론을 바탕으로, '사람의 욕심'을 물리치고 하늘의 '이'인 '천리(天理)'를 되찾는 것이 학문의 목표가 된다고 하였다. '천리' 곧 하늘이 우리에게 내려준 '성'을 회복시키면 성인(聖人)이 되는 것이다. 따라서 공부를 하는 목적은 '성인'이 되는 데 있다. 다시 '성'이 '태극'이라면 마음은 '음양'과 같은 것[23]이라고도 하였다. 따라서 사람의 마음은 '도'에 따라 올바로 움직이면 '천리'가 되어 그는 성인이 되고, 마음이 바르지 못하면 그것은 욕

---

20 『朱子語類』卷94.
21 「答黃道夫書」.
22 『朱子語類』卷4.
23 『朱子語類』卷5.

심이 되어 그는 보통 사람으로 머물게 된다는 것이다.

'이'는 본연(本然)의 성(性)이며 어짊(仁)·의로움(義)·예(禮)와 지혜(智)도 '성'이기 때문에[24] '예'는 바로 '천리'가 된다. 곧 사람의 '성'은 천지가 내려준 성(天地之性)이고 하늘이 정해준 성(天命之性)이며, 부자의 사이는 하늘에 의하여 합쳐진 관계인 천합(天合)이고 임금과 신하의 사이는 의리에 의하여 합쳐진 관계인 의합(義合)이어서 '예'는 절대적인 규범이라는 것이다.

넷째로, 주희의 학문방법은 거경궁리(居敬窮理)란 말로 요약이 된다. '거경'이란 정호의 가르침을 따라 『대학』에서 말한 대로 마음을 바르게 하고(正心) 뜻을 정성스럽게 지님(誠意)으로써 자신의 몸을 닦는 일(修身)을 하여 '천리(天理)'를 드러내고 '인욕(人欲)'을 없애자는 것이다. '궁리'란 『대학』에서 가르치고 있는 대로 사물에 대하여 연구하여 올바른 지식을 얻는다는 격물치지(格物致知)를 하여 '이'와 '기'의 실상을 추구하는 것이다. 그리고 그것은 '도'를 추구하여 성인이 되는 것을 목표로 하는 것이다. 따라서 책을 통하여 공부를 많이 하여 많은 지식을 얻는 것은 진정한 공부에 방해가 된다고 믿었다. 『근사록(近思錄)』을 보면 정호는 "기송박식(記誦博識)은 바로 완물상지(玩物喪志)"라고 말하고 있다(권2). 곧 책을 많이 읽고 많은 지식을 얻는 것은 어떤 물건을 지나치게 좋아하여 즐기다가 자기의 본뜻을 잃게 되는 것이나 같은 짓이라는 것이다. '완물상지'란 『서경』에 보이는 말로 사람이 어떤 물건을 너무 좋아하여 가까이 하고 즐기면 자신의 본뜻까지도 잃어버리게 된다는 말이다.

---

24 『孟子』公孫丑 上篇, 朱熹 『集註』.

이 밖에도 많은 특징을 논할 수가 있겠으나 이 정도로도 공자의 유학이 주희에 이르러 완전히 다른 차원의 학문으로 발전하였음을 알 수 있을 것이다. 결과적으로 이들의 공부는 현실적인 문제는 도외시하고 실증(實證)이 없는 지나치게 주관적(主觀的)이고 관념론적(觀念論的)인 진리 추구에 그치고 마는 경향이 있게 되었다.

앞에서 언급하였듯이 북경시대의 중국 문화는 이전과는 달리 이질적인 방향으로 발전한 것이었다. 그러면 어찌하여 중국 문화가 이질화하고 다른 민족이 침략하여 힘으로 지배하던 시대에 유학을 철학적인 면에서 더 한층 발전시킨 주자학이 생겨나 발전할 수가 있었는가? 그것은 주자학이 그러한 시대 요건에 들어맞아서 중국 문화의 이질화를 뒷받침한 것을 뜻하기도 하는 것이다.

그러면 주자학은 유학을 크게 발전시켰으면서도 정치적 사회적인 면에서는 어떤 점에서 그러한 시대 요건에 들어맞아 문화의 이질화를 뒷받침 하게 되었는가?

첫째, 너무나 학문 성격이 자기중심적이며 향내적(向內的)이다. 그들은 거경궁리(居敬窮理)하여 자신의 수양을 쌓고 하늘의 이치를 추구하여 성인이 되는 데 학문을 하는 목표를 두고 있다. 그러나 그런 공부를 평생 두고 해도 성인이 되는 사람은 없다. 따라서 자기 공부에 평생 얽매여 남의 일이나 밖의 일에 대한 관심을 지닐 여유가 없다. 심지어 나라나 사회와 민족에 대해서도 관심을 지닐 겨를이 없다.

둘째, 그들의 도통론(道統論)도 문제이다. 같은 유학이라 하더라도 도통에 끼지 못하는 사람들은 모두 배척하게 된다. 결과적으로 학문 연구에 지나치게 독선적(獨善的)이며 배타적(排他的)이다. 성악설(性惡說)을 주장한 전국시대의 대유학자인 순자(荀子)는 말할 것도 없고 같은 시대의 유학자라 하더라도 현실문제에 관심을 갖고 현실적인 문제에도 눈을 돌려야 한다고 주장한 진부량(陳傅良)·진량(陳亮)·섭적(葉適) 등도 모두 배척의 대상이었다. 그러니 자기와 다른 학파, 다른 학문은 전혀 발을 붙일 여지가 없었다. 옛 학자 문인도 자기와 다른 사람들은 모두 경시하여 결국 학술적 문화적인 전통을 잃게 되었다. 외국의 것은 당연히 모두 내치게 되어 자연히 문화상으로 쇄국주의(鎖國主義) 경향이 드러나는 수밖에 없었다. 다른 학문이 더 이상 발전할 수 있는 여지가 없었고 그들의 문화도 더 이상 발전하기 어렵게 되었다.

셋째, 주자학의 중심을 이루는 이기론(理氣論)은 사변적(思辨的) 관념론적(觀念論的)인 방법으로 추구되었다. 주희는 '이'와 '기'를 다음과 같이 설명하고 있다.

> "천지지간에는 '이'가 있고 '기'가 있다. '이'라는 것은 형이상(形而上)의 도(道)이고 만물을 생성하는 근본이다. '기'라는 것은 형이하(形而下)의 그릇이고 만물을 생성하는 도구이다. 그래서 사람과 만물은 생겨남에 반드시 '이'를 타고 나서 본성(本性)을 갖게 되는 것이며, 반드시 '기'를 타고 나서 형체(形體)를 갖게 되는 것이다."[25]

따라서 이기론을 바탕으로 하는 학문은 현실이나 실상과는 거리가 먼 것이 되고 만다. 그리고 이기론을 바탕으로 한 만물일체(萬物一體)의 개념은 결국 인간을 도외시하게 되고. 인간문제를 가볍게 여기게 된다.

---

[25] 「答黃道夫書」; 天地之間, 有理有氣. 理也者, 形而上之道也, 生物之本也. 氣也者, 形而下之氣也, 生物之具也. 是以人物之生, 必稟此理, 然後有性, 必稟此氣, 然後有形.

심지어 정호는 앞에서 이미 말했듯이 학문방법으로 "글을 읽고 외는 것과 많은 것을 아는 것은 '완물상지(玩物喪志)'하는 것"이라 하였다. 그는 공부란 공경스러운 처신을 하고 마음속으로 이치를 추구하여 얻은 관념론적(觀念論的)인 진리를 사변적(思辨的)으로 설명할 수 있으면 다 되는 것이라 생각한 것이다.

넷째로, 음악의 부정이다. 공자는 "사람은 '예'를 근거로 서게 되고, '악'을 근거로 완성된다."[26] "위대한 음악은 천지와 같은 조화를 이루고, 위대한 예는 천지와 같은 절조(節操)를 이룬다."[27]고 하였을 정도로 음악을 중시하였다. 그러나 주희는 음악을 부정하고 있다.

> "그러므로 나는 시(詩)는 사람의 뜻에서 나오는 것이고 악(樂)은 '시'를 근본으로 하는 것이라고 생각한다. 그러므로 뜻은 '시'의 근본이 되고 '악'은 그 말단의 것이다. 말단의 것은 비록 없어진다 하더라도 근본이 존재하는 데는 해가 되지 않는 것이다."[28]

이 음악의 부정은 예술의 부정, 문화의 부정으로 이어진다. 그리고 다음에 이야기할 감정의 부정과도 서로 통하는 개념이다.

다섯째는 정(情)의 부정이다. 그것은 『중용』에서 "기쁨·노여움·슬픔·즐거움의 감정이 나타나지 않은 것이 '중(中)'이다."라고 한 말에 바탕을 두고 있다. 따라서 사람의 '정'은 사람의 욕심으로 통하고 또 그

---

**26** 『論語』泰伯.
**27** 『禮記』樂記.
**28** 「答陳體仁」; 故愚竊以爲詩出乎志者也, 樂本乎詩者也. 然則志者詩之本, 而樂者其末也. 末雖亡, 不害本之存.

것은 천리에 반하는 것이 된다. 사람이 나고 죽는 것도 마찬가지로 일
종의 자연 변화라고 담담하게 생각하였다. 장재는 "태어나는 것도 얻
는 것이 없고 죽는 것도 잃는 것이 없는 것이다."[29]고 하였다. 따라서
조물주도 없고 사후세계도 없다. 따라서 사람들의 감정을 바탕으로
하는 예술이나 문학을 모두 내치게 된다. 문학의 경우를 보자. 정이(程
頤)에게 제자가 물었다.

> "글을 짓는 것은 도를 추구하는 데 해가 됩니까?"
> "해가 되지! … 『서경』에 '완물상지'라 하였는데 글 짓는 것도 '완물'일
> 세."[30]

> "전에 글과 시를 많이 짓지 말라고 말한 것은 … 도리어 도를 추구하는
> 데에 반드시 해가 될 것이기 때문일세."[31]

이것은 반문학 반예술 반문화 반문명적인 태도로 귀결된다. 그들이
사는 곳은 결국 사랑 없는 가정, 사랑 없는 사회가 된다. 그리고 개인
생활에서도 풍요로움이나 향락 또는 행복이나 편의를 추구치 않게 된
다. 모든 현실적인 가치는 가벼이 여기게 된다.

여섯째 예즉리(禮則理)의 개념을 바탕으로 봉건질서(封建秩序)를 절대
적인 것으로 강조하게 된다. '예'는 바로 '도'이며 윤리는 바로 천리라

---

**29** 『正蒙』.
**30** 『近思錄』 권2; 間; 作文害道否? 日; 害也. … 書曰, 玩物喪志, 爲文亦玩物也."
**31** 「答朱長文書」; 向之云無多爲文與詩者, … 反害于道必矣."

고 주장한다. 주희는 "어짊과 의로움 및 예와 지혜는 '성(性)'이다."[32]라고 하였고, 부모와 자식은 하늘에 의하여 합쳐진 관계(天合)이고 임금과 신하는 의리에 의하여 합쳐진 관계(義合)이기 때문에 효(孝)와 충(忠)은 사람으로서는 거역할 수가 없는 절대적인 윤리가 된다. "천하에는 옳지 않은 부모가 없다."고도 하였다. 이것은 바로 봉건전제를 강력히 뒷받침하는 원칙이 된다.

일곱째는 비현실적인 이상이다. 그들에게는 '성'과 '이'를 추구하여 성인이 되는 것이 학문목표인데 실제로는 어떤 사람도 평생 공부하고 수신을 한다 해도 그들이 말하는 성인은 될 수가 없다. 따라서 평생 성인을 추구하다가 성인이 되지 못하는 것은 말할 것도 없고 사람 노릇도 제대로 하지 못하고 아무 것도 이루지 못한 채 일생을 끝내게 되는 것이다. 따라서 그들의 공부하는 방향이나 몸가짐도 현실과는 너무나 거리가 멀다. 장재는 자신의 학문 목표에 대하여 이렇게 말하고 있다.

"천지를 위하여 마음을 바로 세우고, 살아있는 사람들을 위하여 올바른 도를 세우고, 옛 성인들을 위하여 전승이 끊인 학문을 계승하고, 만세토록 태평세계를 연다."[33]

실제로는 어느 한 가지도 사람으로서 시행할 수 있는 것이라고 장담하기 어려운 것들이다.

이상의 특성 때문에 무척 고매하면서도 비현실적인 주자학은 뜻하

---

32 『朱子語類』 권6.
33 『近思錄』 권2 爲學類; "爲天地立心. 爲生民立道, 爲去聖繼絶學, 爲萬世開太平."

지 않게도 여진족(女眞族)의 금(金)나라와 몽고족(蒙古族)의 원(元)나라가 중국을 침략하여 지배하는 것을 학술적으로 뒷받침해준 셈이 되어버렸다.

송대의 도학자 중에도 저장(浙江) 원저우(溫州) 지방을 중심으로 하는 허경형(許景衡)·설계선(薛季宣)·진량(陳亮)·진부량(陳傅良)·섭적(葉適) 등의 영가학파(永嘉學派)는 외적에게 조국 땅을 빼앗기고 있는 현실을 보다 중시하여 현실을 돌보지 않고 '이기론'만을 추구하는 주자학의 태도를 비판하였다. 그들은 학문이란 이 세상을 살아나가는 데 실제로 도움이 되고 세상에 유익해야 한다고 생각하였다. 머릿속의 생각만으로 진리를 추구하는 것이 학문이라고 생각한 주자학과는 대비가 되는 태도이다.

보기를 들면 진량(陳亮, 1143~1194)은 세상에 실제로 쓰임이 있는 일의 중요성을 내세우면서 공부하는 사람은 성현을 추구할 것이 아니라 "망해가는 나라를 구하겠다는 뜻을 가지고 세상의 혼란을 없애는 일"을 목표로 삼아 "일세의 영웅"이 되기를 추구하여야 한다고 주장하면서 주희의 학문을 비판하였다.

> "지금 세상의 유학자들은 스스로 마음을 바르게 하고 정성스러운 뜻(正心誠意)을 터득했다고 여기고 있어서 그 자신의 몸이 완전히 마비되어 아프고 가려운 것도 모르는 사람들이다. 온 세상을 나라와 부모의 원수 밑에 맡겨 놓고도 편안히 지내면서, 머리를 숙이고 두 손을 모아잡고 성(性)과 명(命)이나 논하고 있는데, 무엇을 '성', '명'이라 하는지도 알지 못하겠다."[34]

---

34 「上孝宗皇帝第一書」.

"도덕(道德)·성명(性命)에 관한 이론이 생겨나자 … 서로 가리고 서로 속이면서 천하의 실질적인 것은 모두 버리고 또 모든 일을 거들떠보지도 않고 버틸 따름이다."**35**

효종(孝宗)의 순희(淳熙) 연간(1174~1189) 말엽에 지합문사(知閤門事)를 지낸 왕실과 인척 관계가 있는 한탁주(韓侂冑, ?~1207)라는 인물이 있었다. 효종이 죽은 다음 광종(光宗, 1189~1194 재위)이 뒤를 이었는데 병으로 아버지의 상도 제대로 치르지 못하자 종실의 지추밀원사(知樞密院事)였던 조여우(趙汝愚)는 한탁주를 이용하여 고종(高宗)의 황후인 헌성태후(憲聖太后)를 움직여 영종(寧宗, 1194~1224 재위)을 대신 왕위에 올려놓는다. 조여우가 추천하여 시강(侍講)으로 있던 주희가 한탁주가 간사한 자라고 상주하자, 한탁주는 임금 앞에서 배우들을 동원하여 높다란 관을 쓰고 넓은 소매의 선비 옷을 입고 선비들의 행위를 비꼬는 놀이를 하게 하였다. 주희는 모욕을 느끼고 조정을 떠났다. 한탁주는 자기 자리가 튼튼해지자 경원(慶元) 원년(1195) 다시 주자학을 가짜 학문인 위학(僞學)이라 하며 조여우도 그 무리라 하여 우승상(右丞相) 자리에서 몰아내고 주자학자들 59명을 가짜 학문을 하는 반역의 무리들(僞學逆黨)이라 하여 처벌하고 주자학자들은 벼슬을 못하도록 하였다. 임률(林栗)도 주희를 탄핵하였고, 여철(余嚞)은 주희의 목을 자르라는 상소를 하여, 이때 주희는 "지금 내 머리는 겨우 목 위에 붙어 있는 셈"이라 스스로 말하였다.**36** 유삼걸(劉三傑)·하담(何澹)·심계조(沈繼祖)·호굉(胡紘) 등도 가

---

**35** 「送吳允成運干序」.
**36** 『朱子語類』 권107 제33 時僞.

짜 학문 공격에 가담하여 주자학자들은 모두 조정에서 사라졌다.

한탁주는 가태(嘉泰) 4년(1198)에는 예국공(豫國公), 다음 해에는 평원군왕(平原郡王)에 봉해졌다. 그는 권세를 잡게 되자 가태(嘉泰) 4년(1204) 잃어버린 중원 땅을 되찾기 위하여 금나라 정벌을 의결하였다. 그리고 북송 말엽 금나라와의 전쟁에 심혈을 다바친 애국자 악비

신기질의 초상

(岳飛)를 악왕(鄂王)에 추봉하고 굴욕적인 금나라와의 화의를 밀고 나간 진회(秦檜)의 벼슬을 박탈하였다. 애국적인 사(詞)의 작가로 유명한 신기질(辛棄疾, 1140~1207)도 궁전으로 들어와 "적국은 반드시 어지러워지고 반드시 망할 것입니다."라고 아뢰며 한탁주를 지지하였다.

한탁주는 개희(開禧) 1년(1205)에 평장군국사(平章軍國事)가 되어 40년 이어져 온 금나라와의 화의를 깨고 1206년에는 금나라에 대한 공격을 시작하였다. 남송 군대는 약간의 승리를 거두기도 하였으나 여러 전투에서 패하였고, 특히 사천선무부사(四川宣撫副使) 오희(吳曦)가 금나라와 내통하는 바람에 크게 실패하였다. 이에 금나라와의 전쟁을 반대하는 화의파(和議派)가 더욱 늘어났다. 이를 기화로 1207년 예부시랑(禮部侍郞) 사미원(史彌遠)이 황후 양씨(楊氏)와 모의하여 황제의 명을 빌어 조정으로 나오는 한탁주를 습격하여 죽이고 그의 일당을 쓸어버렸다. 그리고 가정(嘉定) 1년(1208)에는 금나라와 다시 화의를 맺어 숙질(叔姪)관계였던 송나라와 금나라의 관계는 백질(伯姪) 관계로 바뀌고, 송나라가 금나라

에 해마다 바치는 물건은 은 30만 냥(兩)과 비단 30만 필(匹)을 모두 각각 10만씩 늘리기로 하고, 그 위에 동원된 금나라 군사를 위로하는 경비로 은 300만 냥과 죽은 한탁주의 목을 잘라 바치기로 하였다. 그리고 남송이 점령하고 있던 회하(淮河) 남쪽의 땅을 모두 금나라에 바치고 한탁주의 무덤을 파 관을 꺼내어 시체의 목을 잘라 금나라로 보냈다.

이러한 한탁주의 전기는 『송사(宋史)』권474 간신열전(姦臣列傳) 중에 실려 있다. 주자학을 가짜 학문으로 몰아붙인 것이 그를 간신이라 부르게 된 원인으로 보인다. 『송사』를 편찬한 사람들은 주자학이 가장 성행한 원(元)나라의 재상 급의 아로도(阿魯圖)·별아겁불화(別兒怯不花)와 탈탈(脫脫)을 비롯하여 한인 학자인 장기암(張起巖)·구양현(歐陽玄)·이호문(李好文)·진사겸(陳思謙)·왕택민(汪澤民) 등이다. 모두 『원사(元史)』의 그들 전기만 간단히 살펴보아도 주자학자임을 알 수 있는 사람들이다. 한탁주는 오히려 당시의 남송 처지를 생각할 때 애국자라고 보아야 하지 않을까 여겨지기도 한다.

임중민(任中敏)은 『곡해양파(曲海揚波)』권3에 『이견속지(夷堅續志)』의 다음과 같은 기록을 인용하고 있다.

"송나라 단평(端平) 연간(1234~1236)에 진덕수(眞德秀)는 나라의 정치를 맡았었는데 이루어 놓은 일도 없이 죽었다. 위료옹(魏了翁)도 나라의 일을 독려(督勵)하는 자리에 있었으나 역시 해놓은 일도 없이 그만두었다.

항주(杭州)의 한 배우가 선비로 분장하고 손에 학을 들고 나왔다. 다른 선비가 나와 그를 만나 이름을 묻자, 성은 종(鍾)이고[37] 이름은 용(庸)이라 하였다. 손에 들고 있는 것은 무엇이냐고 물으니 큰 학[38]이라고 대답하였다. 그리고는 어울려 기쁜 듯이 함께 술을 마셨다. 그 사람은 조금도 남기지 않고 마음껏 먹고 잔뜩 마신 다음 갑자기 땅 위에 넘어져 버렸다. 몇 사람이 달려들어 잡아끌었으되 요지부동이었다. 그러자 한 사람이 그의 뺨을 때리면서 큰 소리로 꾸짖었다. '무슨 놈의『중용』『대학』가지고 떠들기만 하더니, 그처럼 많은 음식과 술을 먹고는 꼼작도 하지 못한단 말이야?' 그러고는 한바탕 크게 웃고 끝냈다.

　어떤 사람이 그들이 진덕수와 위료옹 두 분을 놀이로 모욕한 것이라 하였다. 경윤(京尹)은 배우들을 모두 잡아다가 경형(黥刑)39을 가하였다."40

　진덕수(眞德秀, 1178~1235)는 호가 서산(西山)이며 이종(理宗) 때 참지정사(參知政事) 벼슬까지 하였으나 아무런 업적도 이루지 못하고 죽었다. 그러나 그는 주자학을 가짜 학문이라고 몰아낸 한탁주가 죽은 뒤 다시 주자학을 살려놓은 학자로 인정받고 있다. 위료옹(魏了翁, 1178~1237)은 중간에 병부랑중(兵部郎中) 벼슬을 지냈다. 그도 남송 말엽 이종 때의 대표적인 주자학자이다. 모두 이민족에게 침략 당한 조국 땅을 되찾을 큰일을 꾀할 만한 자리의 벼슬을 했는데도 아무 일도 하지 않고 학자행세만 하고 지낸 그들을 못마땅하게 생각하는 사람들이 있었음이 분명하다.

---

37　鍾은 중국 음으로는 中과 같음에 주의하기 바란다. 따라서 이름 鍾庸은 주자학에서 중시하는『中庸』을 가리킨다.
38　魏了翁의 號가 白鶴山人이고 세상 사람들이 그를 鶴山先生이라 불렀으니 魏了翁을 가리키는 것이라 본 것이다.
39　얼굴에 罪目을 文身으로 표시하는 형벌임.
40　"宋端平間, 眞西山參大政, 未及有所建置而薨. 魏鶴山督之, 亦未及有所設施而罷. 杭州優人 裝儒生, 手持鶴, 別一儒 生與之邂逅, 問其姓名, 曰姓鍾, 名庸. 問所持何物, 曰大鶴也. 困傾盖歡然飲酒. 其人大嚼洪吸, 未有子遺 忽顚仆於地, 數人拽之不動. 一人乃批其頰大罵曰; 說甚中庸大學? 吃了許多酒食, 一動也動不得! 逐一笑而罷. 或謂其人戱侮眞魏二公. 京尹悉以優人黥之."

## 2. 중국 학술문화의 이질적인 발전-북경의 금(1115~1234)·원 (1206~1368)

중국 문화의 이질화는 완전히 북경시대로 들어간 원대에 이르러 더욱 분명해진다. 여진족과 몽고족은 모두 자기네 문자를 만들어 한자에 대신하려고도 하였지만, 옷이나 음식 같은 생활습성도 자기네 방식을 강요하였다. 이에 중국 사람들의 옷도 말을 타고 목축을 하는 사람들에게 맞는 몸에 달라붙는 폭이 좁은 모양으로 변하고 술도 막걸리와 약주가 아닌 증류주인 배갈로 바뀌는 등 모든 것이 바뀌었다.

중국 여자들의 발을 어릴 적부터 꽁꽁 동여매어 못 자라게 함으로써 발 병신을 만들어 뒤뚱뒤뚱 걷게 하였던 전족(纏足)도 실은 원나라 때부터 한족 여자들에게게만 성행하기 시작한다. 많은 사람들이 중국에 옛날부터 여자들을 섹시하게 만들기 위하여 전족을 하는 풍습이 있었다고 하면서 여러 가지 시나 글을 보기로 들고 있지만 그것들은 모두 미인의 작은 발을 형용한 글이지 발을 억지로 동여매어 작게 기형으로 만든 전족이 아니다. 그리고 여자의 전족은 결코 섹시한 것도 아니다. 틀림없이 북송 때에 여진족과 몽고족이 중원으로 쳐들어오면서 한족들의 움직임을 둔하게 만들기 위하여 여자들에게 강요하여 생겨난 풍습일 것이다. 세상에 어떤 부모가 전족이 좋다고 자기 딸을 어렸을 적부터 발을 꽁꽁 묶어 놓아 큰 고통을 받으면서 살게 하겠는가? 『진여록(燼餘錄)』이란 책에 이런 기록이 보인다.

"김올출(金兀朮)이 소주(蘇州) 지방을 공략할 적에 … 30세 이상 및 30세

이하의 부녀자들로 발을 묶지 않은 사람과 이미 자식을 낳은 사람은 모두 남김없이 죽였다."[41]

그리고 남송 초기에 나온 『풍창소독(楓窓小牘)』이란 책에는 이런 말도 보인다.

"요새 듣건대 도적들 지역(금나라를 가리킴)에는 여자들의 몸 장식이 되살아나고 있다는데, 발을 묶어 작게 하는 것과 온 몸에 향기가 나고 얼굴에 윤기가 나게 하는 환약 같은 것으로 모두가 북쪽에서 남쪽으로 전해지고 있다."[42]

린위탕(林語堂, 1895~1976)은 그의 신앙백서인 『이교도에서 기독교도로 (From Pagan to Christian)』[43]의 '제1장 유년기에서 청년기'에서 이런 말을 하고 있다.

"주희(朱熹, 성리학자)[44]는 12세기 사람인데, 그는 부인들 발에 전족을 하게 하여 우리 고장에서는 그가 '문명'을 발전시킨 사람으로 알려져 있다."

일부 중국 사람들은 남송 때 주자학이 성행하면서 전족도 유행하게 되었다고 믿고 있음을 알 수 있다. 전족은 북경시대 중국문화의 이질

---

**41** 高洪興 『纏足史』, 上海文藝出版社, 1955년 간본에서 인용.
**42** 『楓窓小牘』 汴京閨閣妝抹 대목.
**43** 『이교도에서 기독교도로(From pagan to Christian)』, 김학주 역, 명문당, 2000.
**44** 주희는 린위탕의 고향인 푸젠(福建)성 장저우(漳州)의 지사(知事)를 지낸 일이 있음.

화를 단적으로 보여주는 실례이다. 그리고 몽고족이나 만주족 여자들은 전족을 하지 않았고, 청대에 와서는 특히 만주족 여자들은 전족을 하지 말라는 금지령을 여러 번 내리고 있다.[45]

금나라에서 원나라에 이르는 시기에는 새로운 문학으로 송나라 때 유행한 사(詞)를 대신하여 새로운 시가인 곡(曲)이 생겨나 성행하였다. '곡'에는 시가(詩歌)의 일종인 산곡(散曲)이 있고 연극의 일종인 잡극(雜劇)이 있는데, '산곡'도 노래의 가사이지만 '잡극'도 노래인 창(唱)을 바탕으로 하여 연출되는 연극이다. 잡극에서 중심을 이루는 창사(唱辭)만을 떼어놓고 보면 산곡과 같은 것이기 때문에 산곡과 잡극을 통틀어 '곡(曲)' 또는 '원곡(元曲)'이라고도 부른다.

산곡은 당나라와 오대 때의 소사(小詞)처럼 민간에 유행하던 가요에서 나온 것이다. 이 짧은 곡을 소령(小令)이라 하는데, 그 때문에 '소령'은 형식이나 내용에서 '사'와 비슷한 점이 많다. 마치원(馬致遠, 1251 전후)의 소령 「수양곡(壽陽曲)」을 보기로 든다.

구름은 달을 감싸고,
바람은 풍경을 희롱하는데,
두 가지 모두 내 마음 더욱 처절케 하네.
은 촛대 심지 자르고,
이 심사 글로 쓰려니,
긴 한숨 새어나와,
등불 불어 꺼버리네.

---

45 『淸史稿』 太宗·世祖·聖祖·高宗·宣宗 등 本紀.

雲籠月, 風弄鐵, 兩股兒助人淒切.

剔銀燈, 欲將心事寫,

長吁氣, 一聲吹滅.

　그러나 뒤에는 좀 더 많은 내용을 노래하고자 하는 욕망에서, 둘 또는 세 개의 소령을 연이어 한 곡의 노래로 만든 대과곡(帶過曲)이 생겨났다. 여기에서 진일보하여 같은 궁조에 속하는 여러 개의 '소령'을 모아 한 조의 조곡(組曲)을 만들고 그것을 투수(套數)라 하였다. '투수'는 투곡(套曲)이라고도 부른다. 투수는 3·4곡으로 이루어진 짧은 것도 있으나 30여 곡이 결합되어 이루어진 긴 작품도 있다. 투수는 길이가 길기 때문에 서술적인 묘사 방법을 많이 쓰며, 복잡한 내용이나 고사를 노래하기에 편리한 형식이다. 다시 원나라 잡극(雜劇)은 금나라 원본(院本)을 바탕으로 하여 몽고시대에 지금의 베이징(北京)인 대도(大都)를 중심으로 발전한 연극[46]이다.

　잡극은 한 작품이 대체로 4절(折), 곧 4막으로 이루어진다. 이 잡극은 노래인 창(唱)을 위주로 하여 이루어지는데, 거기에 쓰이는 한 곡의 노래는 곧 산곡의 '소령'과 같으며, 잡극의 한 절의 노래는 바로 한 편의 '투곡'으로 이루어지고 있다.

　그런데 원나라가 서기 전 몽고시대(1188~1205)에 이미 관한경(關漢卿)·양현지(楊顯之)·왕실보(王實甫)·마치원(馬致遠)·백박(白樸) 같은 한족의 작가들이 나와 빼어난 잡극 작품을 짓고 있다. 이들 중 관한경만을 보더라도 『구풍진(救風塵)』·『두아원(竇娥寃)』을 비롯하여 60여 종의 빼어

---

[46] 『원잡극선』(김학주 역, 명문당, 2001) 참조 바람.

난 작품을 남기고 있다. 왕궈웨이(王國維)가 『송원희곡고(宋元戱曲考)』에서 원나라 잡극을 중국의 본격적인 희곡(戱曲)이라 내세운 뒤로 중국학자들은 이 원나라 잡극의 문학적인 가치를 무척 높이 평가하고 있다.

**관한경의 초상**

그러나 이들 '곡'은 이전의 음악과는 다른 오랑캐 풍조의 노래를 뜻한다. 남송 때의 증민행(曾敏行, ?~1175)이 그의 『독성잡지(獨醒雜志)』에서 이런 말을 하고 있다.

"선화(宣和) 연간(1119~11125) 말엽에는 서울(汴京) 길거리에서 천한 사람들이 오랑캐 곡을 많이 노래 불렀는데 「이국조(異國朝)」·「사국조(四國朝)」·「육국조(六國朝)」·「만패서(蠻牌序)」·「봉봉화(蓬蓬花)」 같은 노래였다. 그 가사가 지극히 저속하였으나 한때 사대부들도 모두 그것을 노래하게 되었다."

잡극이 생겨날 무렵의 현상을 쓴 것이다. 명대의 왕기덕(王驥德, ?~1623?)은 『곡률(曲律)』에서 이런 말을 하고 있다.

"금나라 장종(章宗, 1190~1208) 때에 점차 북쪽 노래로 바뀌었는데, … 그 곡조는 아직도 순수하지 않았다. 원나라로 들어와 그러한 노래가 더욱 유행하고 일반화되어 북곡(北曲)이 일세를 풍미하게 되었다."[47]

"원나라 때 북쪽 오랑캐 달달(達達, 곧 몽고족)이 쓰던 악기는 쟁(箏)·진 (秦)·비파(琵琶)·호금(胡琴)·혼불사(渾不似) 같은 종류였고, 그것으로 연주 하는 곡도 한인들과는 같지 않은 것이었다."**48**

이 무렵에 만들어진 곡은 이전의 중국 음악과 곡조며 가사며 그 성 격이 전혀 다른 것이었고 악기도 달랐다. 보통 문학사에서 잡극을 원 나라의 것이라 하고 있지만, 왕기덕은 이 책에서 "금나라와 원나라의 잡극"이란 말도 쓰고 있다. 그러나 한족의 지식인들이 잡극의 대본을 써서 지금 우리에게는 매우 우수한 잡극 작품들이 전해지고 있다. 이 들 덕분에 후세 중국의 연극학자들은 일반적으로 이 원대의 잡극이야 말로 완전한 중국의 희극이란 생각을 갖게 되었다.

송대 이전부터 민간에서 여러 가지 얘기를 연출하던 속강(俗講) 또는 설화(說話)는 그대로 원나라로 이어져 잡극과 함께 성행한다. 다만 북 경시대에 와서는 희곡의 음악이 변한 것처럼 민간에서 설화를 할 적 에 부르는 창의 가락이 전혀 다른 성격의 것으로 변하였다는 것이 큰 변화이다. 앞에서도 이야기한 바와 같이 이 설화인(說話人)들이 설화를 공연할 적에 쓰던 대본인 화본(話本)이 바로 소설로 전해지게 된 것이 다. 단편의 화본은 이때도 보통 '소설'이라 불렸으니 남아 전하는 작품 을 보기로 들면 「신편소설쾌취이취련기(新編小說快嘴李翠蓮記)」 같은 것이 다. 역사 이야기인 강사서는 보통 평화(平話)라 불렸는데 『삼국지평화 (三國志平話)』 같은 것이 그 보기이다.

---

47 『曲律』卷 1 論曲源 第一.
48 上同 卷4 雜論 第三十九 下 引 『輟耕錄』.

중국의 소설이나 희곡은 민간에서 유행하던 연예를 바탕으로 글을 아는 지식인들이 다시 쓴 것이기 때문에 처음부터 대중적인 성격을 시보다는 훨씬 많이 띠고 있다. 그리고 이 문학과 연예의 대중성은 이 뒤로 명나라와 청나라를 거쳐 현대에 이르기까지 더욱 발전한다. 근대 문학의 강점은 이 대중성에 있다고 할 수도 있다.

따라서 장안시대와 북경시대는 같은 중국이면서도 학술과 예술 및 문학이 판연히 서로 다르게 발전하고 있다. 곧 장안시대에 비하여 북경시대에는 사람들의 옷과 음식 및 모든 생활방식과 음악·미술 등이 크게 달라졌다는 것이다. 시를 중심으로 하던 중국의 전통문학은 더 이상의 발전을 이루지 못하고 한족 지식인들의 손에 의하여 시(詩)·부(賦)·사(詞)·고문(古文) 모두 이전 시대 작가들의 흉내를 내면서 그들이 만들어놓은 작품을 정리하고 연구하기에 여념이 없었다. 북경시대의 문학은 서민적인 소설과 희곡의 창작에서 새로운 세계의 개척을 보여주고 있다. 장안시대의 문화가 지배계급인 사대부 중심의 것이었다면 북경시대의 문화는 서민을 중심으로 하는 대중문화 같은 성격을 띠고 있다.

학술의 중심을 이루어 온 유학도 이미 얘기한 것처럼 남송 때 주자학이 등장한다. 그런데 그 주자학은 남송 때보다도 몽고족의 원나라에 와서 관학(官學)으로 본격적으로 행세하고 발전하게 된다. 주희의 시대만 하더라도 장강 북쪽은 금나라가 지배하고 있어서 중원 일대에서는 주희(朱熹)라는 학자에 대하여 잘 알지도 못하는 지경이었다. 원나라가 남송을 칠 때 덕안(德安, 江西省 九江縣 서남) 사람인 주자학자 조복(趙復)은 원나라 군대를 맞아 고향에서 싸우다가 잡혔으나 요추(姚樞, 1203~1280)의 도움으로 죽지 않고 북쪽으로 끌려갔다. 그는 북쪽에 가서 주자학인 성리학을 강의하기 시작하여 그를 따라 공부하는 사람들이 100여 명을 넘었다 한다. 그리고 양유중(楊惟中, 1205~1259)의 도움으로 주돈이(周敦頤)를 모시는 주자사(周子祠)와 태극서원(太極書院)을 세웠다. 사당에는 정호(程顥)·정이(程頤)·장재(張載)와 함께 정자(程子)의 제자인 양시(楊時)·유조(游酢)를 모시고 다시 주희도 여기에 함께 제사지내도록 하였다. 그리고 서원에서는 그분들이 남긴 8천여 권의 책에서 골라 강학의 자료를 삼았다. 요추(姚樞)·두묵(竇黙)·허형(許衡)·학경(郝經)·유인(劉因)·요수(姚燧) 등 그때 활약한 명인들이 모두 그 학문 영향을 받은 사람들이다. 절강(浙江) 금화(金華)의 하기(何基)·왕백(王柏)·김리상(金履祥)·허겸(許謙) 등처럼 직접 주자학의 전통을 이어받아 발전시킨 학자들도 있다. 이에 원대에 와서는 강남뿐만이 아니라 강북까지도 성리학이 널리 퍼졌다.

그것은 주자학이 지식인들에게 요구하는 몸가짐이 이민족 지배자들의 바람과 잘 들어맞았기 때문이다. 첫째로 주자학자들은 거경궁리(居敬窮理)하여 자기 몸과 마음을 바로잡는 수양과 '이(理)' '기(氣)'의 추구에 전념하느라 자기 밖의 일, 곧 세상일이나 나라 일에 관여할 정신적인 여유가 없다. 외국의 침략자들이 자기들을 지배하는 실정 아래에서도 자신이 먼저 올바로 수양을 하여야만 한다고 생각하였다. 수양의 목표가 성인이 되는 것이어서 죽을 때까지 수양을 계속한다고 해도 자신이 밖의 일에 나서서 간섭해도 될 만큼 수양이 완성되는 사람은 없다.

둘째로 '만물일체'의 개념 아래 예(禮)도 '천리(天理)'인 절대적인 것이 된다. 부모는 하늘에 의하여 합쳐진 관계이고 임금과 신하는 의리에 의하여 합쳐진 관계라고 강조하며 백성과 신하들의 임금에 대한 충성을 절대적이라 주장하는 이 학문을 통치자들이 싫어할 이유가 없다. 신하와 백성들의 임금에 대한 충성은 절대적이어야 하므로 이들은 황제가 이민족이라 하더라도 반항할 생각은 하지 않고 얌전하다. 따라서 문인만 보더라도 남송의 유민인 방회(方回, 1227~1307)·대표원(戴表元, 1244~1310)·조맹부(趙孟頫, 1254~1322) 등이 모두 원나라에 벼슬하며 몽고족의 통치를 도왔다.

원나라 역대 황제들은 모두 한자도 모르고 중국어도 모르는 사람들이었다. 그러나 원나라 초기부터 원 세조(世祖, 1260~1294 재위) 밑에 벼슬하며 몽고족의 통치를 도운 유병충(劉秉忠)·허형(許衡, 1209~1281)·오징(吳澄, 1249~1333)·요추(姚樞)·두묵(竇黙)·유인(劉因, 1249~1293) 등이 모두 성리학자이니 황제에게 성리학의 장점을 모두 이야기해 주었을 것이다. 『원사(元史)』 유병충전(劉秉忠傳) 권157에 실려 있는 유병충이 세조에게 올린 상소문을 훑어보기로 한다. 그는 앞머리에서 이렇게 아부하고 있다.

> "하늘이 칭기즈칸 황제를 낳으시어, 한 번 군사를 일으키자 여러 나라들이 모두 항복하여 몇 년 되지 않아 천하를 차지하셨습니다. 애쓰시며 걱정하고 수고하시어 위대한 보물을 자손들에게 남겨주셨으니 만년토록 전해지면서 영원히 무한한 복을 보전하시게 될 것입니다."

그러고 나서야 다시 여러 가지 정치와 사회 제도를 건의하면서 학교를 세우고 전국에 공자묘를 다시 일으킬 것을 제안하고 있다.

허형의 전기(권158)에 실린 그가 세조에게 올린 상소문을 보아도, 그는 나라를 세우고 나라를 다스리는 방법과 제도를 논하면서 '요순(堯舜)의 도'와 '수신을 근본으로 하는 『대학』의 도' 등을 인용하고 있다. 그리고 '임금의 도'를 논하면서 '신하의 도'는 이미 다른 대신에게 상세히 이야기했다고 말하고 있다. 허형은 각별히 세조의 신임을 얻어 성리학을 원나라에 신장하는 데 크게 공헌하였다. 이들의 제의는 모두 황제에게 제대로 받아들여지고 있다. 원나라 황제들은 이들의 말을 듣고 또 공손한 이들의 거동을 보고 성리학은 모든 사람들을 얌전하게 만드는 괜찮은 학문이라 여기고 밀어주었을 것이다.

「중편송원학안도언(重編宋元學案導言)」에서는 조복(趙復)·유인(劉因)·오징(吳澄)을 원나라의 삼대유(三大儒)라고 하면서 권83에서 권88에 이르기까지 원대 200여 명의 학자들 학문을 소개하고 있다. 그리고 『원사(元史)』 권189, 권190은 유학열전(儒學列傳)인데 여기에 실린 40여 명이 거의 모두 성리학자들이다. 유인·오징 등은 따로 개인의 전기가 실려 있다. 오히려 북송 대에는 원우당금(元祐黨禁)[49], 남송 대에는 경원당금(慶元黨禁)[50] 등이 일어나 도학이 박해를 받았고 북쪽에서는 주자학에 대하여 잘 알지도 못하였으나, 원대에는 학술이 통일되고 전국에 주자학이 행해졌다.

원나라에서는 인종(仁宗, 1312~1319 재위)의 황경(皇慶) 2년(1313)에 비로소 과거를 보게 되는데 시부(詩賦)는 보지도 않고 오직 경전을 바탕으로 한 덕행명경과(德行明經科)만을 시행하는데, 경전은 모두 주자학(朱子

---

**49** 元祐黨禁; 元祐는 北宋 哲宗의 연호(1086~1094). 神宗의 뒤를 이은 哲宗은 곧 王安石 新法을 반대하던 司馬光을 필두로 하는 舊黨 사람들을 등용하였다. 徽宗(1101~1125 재위)이 즉위하여 新黨이 득세하자 蘇軾·黃庭堅 등의 文人과 程頤 같은 道學者들을 奸黨이라하여 120명의 이름을 새긴 元祐奸黨碑를 세우고, 다시 3년 뒤에는 더 그들에 대한 심사를 하여 352명의 이름을 새긴 元祐黨籍碑라는 큰 비석을 세우고 이들을 탄압하였다.

**50** 慶元黨禁; 南宋 寧宗(1195~1224 재위) 慶元年間에 韓侂冑 등이 朱熹의 學問을 僞學이라 하여 道學者들을 내치고 핍박한 사건. 慶元元年에 彭龜年·葉適·陳傅良·呂祖儉 등을 유배한 이래로 매년 그들을 탄압하고 趙汝愚·朱熹·劉光祖 等 59명의 僞學의 黨籍을 만들어놓고 그들을 내치고 탄압한 사건.

學) 계열의 것들만을 표준으로 하고 있다.[51]

다시 문종(文宗)의 지순(至順) 원년(1330)에는 공자의 제자 안회(顔回)의 묘당인 연국복성공묘(兗國復聖公廟)를 새로 지었고, 순제(順帝)의 원통(元統) 2년(1334)에는 안회의 아버지 곡부후(曲阜侯)를 기국공(杞國公)에 봉하고 어머니 제강씨(齊姜氏)를 기국부인(杞國夫人)에 봉하고, 부인 대씨(戴氏)를 연국부인(兗國夫人)에 봉한 다음 가각 시호도 내려주고 넓은 사전(祀田)도 하사하였다.[52]

순제의 지정(至正) 22년(1362)에는 주돈이(周敦頤)·양시(楊時)·호안국(胡安國)·채침(蔡沈)·진덕수(眞德秀) 다섯 도학자들에게 작위(爵位)를 봉해주고 시호(諡號)를 내린 위에 모두에게 태사(太師) 벼슬을 보태어 주었다. 양시에게는 오국공(吳國公), 이동(李侗)에게는 월국공(越國公), 호안국에게는 초국공(楚國公), 채침에게는 건국공(建國公)·진덕수에게는 복국공(福國公)을 뒤에 더 봉해주기도 하였다. 그리고 자손들에게 보조금을 주고 자손이 없는 학자들에게는 그의 고을 학당이나 서원의 사당에서 이분들을 잘 모시도록 하였다.[53]

다시 같은 해 12월에는 주희의 아버지 주송(朱松)에게 헌정(獻靖)이라는 시호를 내리고 주희에게는 제국공(齊國公)이라는 작위를 다시 더 봉해주고 있다.[54] 여기의 기록으로 미루어 장재(張載)나 정호(程顥)·정이(程頤) 등 다른 수많은 도학자들에게도 작위가 봉하여지고 시호가 다시 내려졌을 것이 분명하다. 조선시대의 박지원(朴趾源)도 『열하일기(熱河日記)』

---

51 『元史』 권81 選擧志 科目.
52 『元史』 권27 祭祀志.
53 上同.
54 上同.

권10에서 "중국 성리학의 성행은 오랑캐 원나라 시대보다 더한 적은 없었다."고 말하고 있다. 원나라 조정에서는 적극적으로 주자학을 높여 주었다. 결국 주자학은 이후 북경을 도읍으로 하여 중국을 지배하는 통치자들의 전제정치를 뒷받침하는 학문으로 굳어지게 되는 것이다. 따라서 주자학은 북경시대를 대표하는 학문이라고도 할 수 있다.

중원이 금나라에 점령되고 다시 이어 원나라가 세상을 지배하게 되면서 벼슬을 못하는 한족 지식인들은 모든 욕망을 버리고 자연 속으로 들어가 한가히 지내면서 여러 사람들이 어울려 시사(詩社: 시인들이 조직한 문학 단체)를 결성하고 술마시고 시나 지으면서 세월을 보냈다. 중국의 전통문학은 이후 대체로 이런 식으로 계승된다. 밥 끼니를 이어가지도 못하고 죽어가는 백성들이나 외족에게 빼앗긴 나라에는 전혀 관심도 없었다.

그림에서도 원대 사대가(四大家)라고 하는 조맹부(趙孟頫)·예찬(倪瓚)·오진(吳鎭)·왕몽(王蒙)을 비롯하여 미술평론가들의 칭송을 받고 있는 원나라 때의 산수화(山水畵) 작가들도 이 시인들과 비슷한 정서 아래 작품 활동을 하였을 것이다. 사람이나 사람들의 생활과는 동떨어진 것들이다.

## 3. 전통 학술문화 복구의 몸부림-북경의 명(1368~1661)

명나라는 한족의 왕조이다. 그러나 명대에 전기(傳奇)라는 연극이 성

행했다는 것은 명나라가 한족의 왕조이지만 그들 문화의 이질화 경향
으로부터 벗어나지 못했음을 말해준다. 문화의 발전은 한번 방향이 바
뀌면 다시 제자리로 돌아오기 쉽지 않은 것이다. 명대의 전기는 음악
적인 면에서 원 잡극을 북곡(北曲)이라 부르는 데 반하여 남곡(南曲)이라
고 부른다. '북곡'은 여진족과 몽고족 영향 아래 변한 중국 북방의 음악
이라고 하지만, 기록에 의하면 '남곡'은 '북곡'에 앞서 중국의 남쪽 지
방에서 그들 이민족 음악의 영향을 받아 만들어진 음악이다. 이것들은
작품의 구성도 달라져 잡극에서 절(折)이라 부르던 한 단락을 척(齣)이
라 바꾸고 한 작품이 4, 50척에 이르는 장편으로 발전하였다. 물론 그
밖의 규식(規式: 규모와 양식)이나 연출 방법에도 모두 변화가 있었다.

　'전기'는 북송 말에 생겨났던 남곡(南曲)인 희문(戱文)의 형식을 살려
명대에 새롭게 발전한 것이다. 그러나 서위(徐渭, 1521~1593)의 『남사서
록(南詞敍錄)』을 보면 명대의 전기가 원대의 잡극에 비해 수준이 떨어짐
을 스스로 인정하고 있다.

　　　"명대에 와서는 남곡을 숭상하였지만 학자들이 졸렬하기 때문에 남곡
　　　이 북곡에 미치지 못하고 있다."[55]


　　　"원나라 사람들은 당시(唐詩)를 배워서 매우 글이 천근하고도 아름다우
　　　며, 사(詞)로부터도 멀리 떨어지지 않았기 때문에 그들의 곡자(曲子)가 절
　　　묘했던 것이다."[56]

---

55 『南詞敍錄』 "國朝雖尙南, 而學者方陋, 是以南不逮北."
56 上同; "元人學唐詩, 亦淺近婉媚, 去詞不甚遠, 故曲者絶妙."

원나라 사람들은 당시와 송사(宋詞)에 가까웠기 때문에 곧 전통으로부터 멀리 떨어져 있지 않았다. 그래서 자기들보다 뛰어난 잡극을 창작할 수 있었다고 여긴 것이다. 그러나 한편 북곡인 잡극은 "변두리 국경 너머 오랑캐들이 위조한 것(邊鄙裔夷之僞造)"·"오랑캐의 음악(夷狄之音)"·"호곡(胡曲)"·"요나라와 금나라인 북쪽 변두리의 살벌한 음악(遼金北鄙殺伐之音)"

서위의 초상

등 형편없는 오랑캐 음악이라고 같은 책에서 말하고 있다. 문학 작품으로서의 잡극은 그 문장이나 구성이 매우 뛰어났지만 실제로 그것을 연출할 적의 노래인 창은 북쪽 오랑캐들의 가락이었기 때문이다.

명대의 지식인들은 중국 고전희곡 중에서 북송 말 남송 초에 온주(溫州)지방에서 공연되었다는 최초의 대희인 희문(戲文)을 가장 좋은 연극이라 여겼다. 이 '희문'은 원나라 말엽에 시혜(施惠)의 『배월정(拜月亭)』과 고명(高明, 1304?~1359)의 『비파기(琵琶記)』같은 좋은 작품을 나오게 하였다. 따라서 명대에 들어와 수많은 작가가 이를 본떠서 전기를 창작하였으나 문학적인 면에서 원나라 잡극을 따르지 못한다. 실은 전기도 이미 오랑캐의 영향을 받아 만들어진 것이기에 명대 사람들로서는 어찌하는 수가 없었던 것 같다.

'전기'는 형식상 연출방법이 무척 발전하고 자유로워진 것 같으나 '창'이며 대화의 문장이 형식화하는 경향을 보이고 있다. 작품 속의 대화도 순수한 구어체가 아니라 문언(文言)에 가까운 글이 많으며 독백

명나라 때 「비파기」 공연 모습을 그린 그림

일 경우에는 변려체(騈儷體)의 글조차도 쓰이고 있다. 공연 대본이 아니라 읽는 글로 쓴 것 같은 느낌이다. 명대 전기의 대표작으로는 탕현조(湯顯祖, 1660~1617)의 『모란정기(牡丹亭記)』를 친다. 그리고 만력(萬曆) 연간(1573~1619)에 강소(江蘇) 곤산(崑山)에서 생겨나 유행한 희곡음악인 곤산강(崑山腔)은 청나라 초기까지도 성행하였고, 지금까지도 가장 오래된 희곡음악으로 중국 사람들의 존중을 받으며 명맥을 유지하고 있다.

명대는 송대와 원대를 계승하여 소설이 크게 발전한 시대로도 알려져 있다. 이른바 사대기서(四大奇書)라고 알려진 장편의 『삼국지연의(三國志演義)』·『수호전(水滸傳)』·『서유기(西遊記)』·『금병매(金甁梅)』가 나왔기 때문이다. 『삼국지』는 조조(曹操)의 위(魏)나라와 손권(孫權)의 오(吳)나라와 유비(劉備)의 촉(蜀)나라가 백성들의 삶은 아랑곳 하지 않고 자기들 욕망을 위하여 싸움질을 계속하는 이야기이고, 『수호전』은 법과 질서는 아랑곳하지 않고 사람 목숨도 우습게 아는 무법자들의 이야기이고, 『서

유기』는 당나라 현장(玄奘)법사가 인도로 가서 불경을 구해 온 이야기를 바탕으로 한 요상한 원숭이와 요괴들의 싸움이 중심을 이루는 이야기이며, 『금병매』는 당시 중국 사대부 사회의 음란한 생활이 이야기의 중심을 이루고 있다. 여하튼 내용이 재미가 있어 세상에 널리 읽혔다. 이 밖에도 귀신과 요상한 마귀들의 싸움을 다룬 소설로 『봉신연의(封神演義)』, 역사이야기를 소재로 한 『동주열국지(東周列國志)』 등이 나왔다.

몽고족의 원나라 뒤를 한족인 명나라가 이어받은 것이어서 많은 명나라 지식인들이 몽고족의 지배 아래 잃어버린 자기네 문화 전통을 되찾아 보려고 애썼다. 옛 한나라와 당나라 제국이 안팎으로 위세를 드날리던 영광과 북송대의 고도로 발전했던 문화를 되찾기 바라면서 자기들의 전통을 변질시켜 놓은 원나라에 대해서는 혐오감을 지녔다. 그러나 일단 잃어버린 전통을 되찾는 일은 불가능하였다. 문학사를 보면 이몽양(李夢陽, 1472~1529)·하경명(何景明, 1483~1521) 등의 전칠자(前七子)와 이반룡(李攀龍, 1514~1570)·왕세정(王世貞, 1526~1590) 등의 후칠자(後七子)가 모두 잃어버린 자기네 문화 전통을 문학을 중심으로 하여 되찾아 지난날의 영광을 다시 회복하려고 애썼다. 그런데 이몽양은 그의 『공동집(空同集)』에 이런 말을 쓰고 있다.

"아! 기이하다! 이럴 수가 있는가? 나는 일찍이 민간의 음악을 들은 일이 있는데, 그 곡조는 오랑캐 것이고 그 악상은 음란하며 그 소리는 슬펐고 그 가락은 저속하였으니, 바로 금나라와 원나라의 음악이었다. 어찌 그 가락이 진실한 것일 수가 있겠는가?"

"옛날에는 나라마다 노래가 달랐으니 곧 그들의 풍속을 따라서 소리가 만들어졌던 것이다. 지금 습속은 이미 오랑캐의 지배를 겪었으니 그 곡조가 어찌 오랑캐 것이 아닐 수가 있겠는가?"[57]

이미 세상이 오랑캐의 물로 물들어 있었기 때문에 누구도 어찌하는 수가 없었다. 따라서 이들의 오랑캐화한 문화에서 벗어나 보려는 노력은 결국 형식상 옛날로 돌아가거나 옛날 것을 흉내 내는 테두리를 벗어나지 못하고 만다. 그들에게서 창조적인 경향이나 새로운 세계를 탐구해보려는 노력은 거의 보이지도 않는다. 그것은 이미 앞에서 논한 희극인 '전기'의 경우를 통해서 잘 드러난 현상이다.

명대의 대표적인 희극평론가인 서위(徐渭, 1521~1593)의 『남사서록(南詞敍錄)』만 보더라도 중국의 희곡을 평가할 때는, 북송 말엽에 나온 '남희'인 영가잡극(永嘉雜劇)을 가장 훌륭하고 소중한 것[58], 다음으로는 원대의 '잡극'[59], 다음은 명나라 초기의 '남희(南戲)'[60], 그 당시의 '전기(傳奇)'는 가장 형편없는 것으로 평가하고 있다.[61] 옛것일수록 자기네 진정한 전통에 가까운 것이라 믿었기 때문이라고도 할 수 있다.

다음엔 명대 학술의 발전을 살펴보기로 한다. 명나라 태조 주원장(朱元璋)은 원나라 말엽 반란군인 홍건군(紅巾軍)에 투신하여 한 군단의 지휘자 자리에 올랐을 적에, 주희(朱熹)의 사위이며 주자학의 계승자인 황간(黃榦)의 제자이며 그 시대의 문필가로 유명한 송렴(宋濂, 1310~1381)을

---

57 『空同集』 권50 「詩集自序」, 위의 글은 작자 자신의 말, 아래 것은 그와 대화하는 王崇文의 말이다.

58 『南詞敍錄』; "其曲(永嘉雜劇), 宋人詞而益以里巷歌謠."

59 上同; "元人學唐詩, … (元雜劇)去詞不甚遠, 故曲妙. 又; 國雖雖尙南, 南不逮北."

60 上同; "然南戲要是國初得體, … 琵琶尙矣, … 其次荊釵. 拜月數種, 稍有可觀."

61 上同; "以時文爲南曲(傳奇), 始於香囊記, 非本色."

비롯하여 유기(劉基, 1311~1375)·장일(章溢)·왕위(王禕) 같은 학자들이 그의 수하로 들어와 참모 노릇을 하였다. 주원장은 이들을 통해서 성리학(性理學)에서 강조하는 윤리도덕이 자기가 나라를 통치하는 데 편리한 가르침이라는 것을 깨달았다. 주원장은 명나라를 세운 뒤(1368) 그의 책사(策士)들인 성리학자이며 지주계급을 대변하는 학자들의 견해를 따라 천하 경영에 착수하였다. 주원장은 백성들을 올바로 가르치기 위하여 "부모에게 효도하며 순종하고(孝順父母), 어른들을 공경하라(恭敬長上)"는 등 여섯 구절로 된 '여섯 가지 가르침(六喻)'을 지어 반포하고, 노인과 불구자들을 위하여 목탁을 치면서 전국의 마을을 돌아다니게 하였다. 이 '여섯 가지 가르침'도 성리학의 바탕 위에서 나오게 된 것이다.

명나라 초기에 과거제도가 정해졌는데 원나라 때 못지않게 그 시험에 주자학이 강조되었다. 원나라에서는 뒤에 사부(辭賦)도 시험과목에 들어갔으나 명나라에서는 경의(經義)와 논(論)·책(策)만이 시험문제로 다루어졌는데, 그 중에서도 '경의'를 특히 중시하였다. 과거시험 이외에 명초에는 인재를 뽑기 위하여 현량(賢良)·효제(孝弟)·유사(儒士) 등 각지의 뛰어난 인사들을 추천케 하였는데 그 중 '유사'의 수가 반을 넘었고 또 그들은 대부분이 성리학을 공부한 사람들이었다. 그러나 이들 명대 유학자들의 학문 업적은 보잘 것이 없다.

다만 명대 유학의 가장 두드러진 특징은 왕수인(王守仁, 1472~1528)이 나와 송대 육상산(陸象山)의 심학(心學)을 더욱 발전시켜 이른바 양명학(陽明學)을 창시한 것이다. 왕양명(王陽明)은 이름이 수인(守仁)이나 호인 '양명'으로 더 많이 불려진다. 왕양명은 홍치(弘治) 18년(1505) 간신을 탄핵하는 일에 휘말려 37세 때 귀주(貴州)의 용장(龍場) 역승(驛丞)으로 귀양 가게 되었다. 왕양명은 그곳에 돌집을 짓고 살면서 밤낮으로 그 안

**왕양명의 초상**

에 정좌하여 이런 때 성인(聖人)이면 어떻게 할 것인가 하고 열심히 사색하였다. 그러는 중에 '마음이 곧 이(心卽理)'이며 '앎과 행동은 하나로 합치되어야 하는 것(知行合一)' 등의 진리를 깨닫게 된다. 그렇게 되니 그의 귀양살이도 활기를 띄게 되어 왕양명이 서원(書院)을 짓자 오랑캐들까지도 그 일을 도왔다. 귀주의 제학부사(提學副使)인 석서(席書)는 찾아와 그를 새로 세운 귀양서원(貴陽書院)의 학장으로 추대하였다.

얼마 안 있다가 문제가 모두 해결되어 왕양명은 그 뒤로 약 10년 동안 관리로서 순조로운 생활을 하게 된다. 45세(1516) 때부터 3년 동안에는 강서(江西)·복건(福建)의 여러 지역에 뿌리박고 있는 비적(匪賊)들의 대부대를 토벌하였고 남창(南昌)을 근거로 큰 위세를 떨치며 명나라에 반기를 든 영왕(寧王) 신호(宸濠)를 평정하기도 하였다. 이 무렵에 그의 '격물치지(格物致知)'의 학문이 완성되었고 '양지(良知)'에 대한 학설도 무르익어 갔다.

다음엔 왕양명의 사상이 담긴 『전습록(傳習錄)』[62]을 근거로 하여 그의 학문 사상을 요약하려 한다. 우선 그는 "마음이 곧 이(心卽理)"여서 "마음 밖에는 이가 없고, 마음 밖에는 사물도 없다"고 하였다. 이 때문에

---

[62] 김학주 역, 『傳習錄』(명문당, 2005) 참조.

그의 학문을 심학(心學)이라고도 한다. 그리고 주희와 다른 사상으로 학문방법으로 매우 중요한 『대학』의 팔조목(八條目) 중에 보이는 격물치지(格物致知)의 해석이 있다. 주희는 '격물치지'란 "만물에 대하여 그 이치를 추구하여 그에 관한 올바른 지식을 모두 얻는다."는 뜻이라 하였다. 그러나 왕양명은 '격'이란 '바로잡는다(正)'는 뜻이며 '물'이란 '일(事)'이라 풀이하고, '치'는 '이르는 것(至)'이며 '지'란 '참된 앎' 곧 '양지(良知)'라 하였다. 따라서 '격물치지'란 '모든 일을 올바르게 하며, 참된 앎을 이르게 하는 것'이라 하였다.

그리고 특히 두드러지는 그의 주장의 하나는 지행합일(知行合一)이다. 왕양명에 의하면 '치지'란 지식을 탐구하는 것이 아니라 "참된 앎을 실현하는 것"이다. 그는 "앎이란 행동의 시작이며, 행동이란 앎의 완성이라."고 생각하였다. 이 '참된 앎'을 뜻하는 양지(良知)는 사람들이 태어날 때부터 지니고 있던 '진실한 지혜'이다. 따라서 '양지'는 바로 사람들 마음의 본체가 되는 것이며, 바로 천리(天理)에도 통하는 것이다. 따라서 왕양명은 학문을 한다는 것은 사람 누구나 다 본시부터 지니고 있는 이 '양지를 이루게 하는 것'이라 하였다. 이 때문에 그의 학문 방법은 불교의 선(禪)에 가깝다고 비판하는 이가 있으나, 중국학술과 사상계에 비판정신을 진작시키고 자유주의적인 경향을 가져왔다.

송대 이후의 새로운 유학(Neo-Confucianism)을 사람들 사상의 내면주의적인 전개로서 파악한다면, 그 내면주의는 왕양명에게서 절정을 이루고 있는 것이다. 왕양명은 "거리의 사람들이 모두가 성인"이란 각성에 이를 정도로 자유롭고 적극적인 정신상태를 지니고 있었던 것이다. 그러나 역시 자기 이외의 남에 대한 생각을 지닐 여유는 없었다. 곧 신유학은 개인적인 수신이나 학문 추구에서는 큰 발전을 이룩하였으나, 그 사회에 대하여는 부정적인 결과를 가져왔다고도 할 수 있다. 특히 배타적이고 독선적인 학문 성격 아래에서는 다른 학문이나 사상이 발전할 수 없음은 물론 자기 자신도 다르게 변신할 수가 없다. 왕양명도 학술 전통을 되찾아보려고 발버둥을 쳤지만 그대로 이질적인 방향으로 흘러가는 수밖에 없었다.

## 4. 대중적인 문화의 발전-북경의 청(1661~1911)

청나라는 만주족의 왕조였으나 몽고족의 원나라에 비하여 문화적인 활동이 왕성했던 왕조이다. 그것은 청나라 왕조가 몽고족처럼 잔혹한 무력으로만 한족들을 혹독하게 압박하지 않고, 무력을 쓰는 한편 부드러운 문화정책으로 한족 지식인들을 어르고 달랬기 때문이다. 만주족은 한족에게 자기네 생활습관을 강요하면서도 한편 그들 문화의 전통과 가치를 인정하여 한족들의 사회 관습과 종교 의식 같은 것을 되도록 그대로 보존케 하였다. 그뿐 아니라 만주족의 황족이나 귀족들은 자진하여 어릴 적부터 한문화에 의한 교육을 받아 한족과 같은 시와 문장을 짓게 되었다. 만주족은 무력으로는 한족을 지배하였지만 문화적으로는 한족에게 동화되는 양상을 보인 것이다.

청나라의 강희(康熙, 1662~1722 재위) 황제와 옹정(雍正, 1723~1735 재위) 황제 및 건륭(乾隆, 1736~1795 재위) 황제 같은 뛰어난 임금들은 힘으로만 다스리지 않고 적극적인 학술 정책도 함께 썼다. 곧 많은 학자들을 동원하여 옛 책을 편찬 정리하는 큰 사업을 계속 벌여나간 것이다. 강희 연간에는 『명사(明史)』를 편찬하는 한편 『연감류함(淵鑑類函)』·『패문운부(佩文韻府)』·『강희자전(康熙字典)』 등을 편찬 간행하였다. 다음의 옹정 연간에는 모두 합치면 1만 권이 넘는 『고금도서집성(古今圖書集成)』을 편찬하고 『대청회전(大淸會典)』을 간행하였다. 다시 건륭(乾隆) 연간에는 『대청율례(大淸律例)』·『대청일통지(大淸一統志)』·『청조통전(淸朝通典)』·『청조통지(淸朝通志)』·『청조문헌통고(淸朝文獻通考)』 등의 책과 함께, 모든 책을 경사자집(經史子集)의 네 종류로 크게 분류하고 도합 3,457종, 79,070권, 장정한 책 수는 3만 6,000여 책에 달하는 『사고전서(四庫全書)』를 편집케 하였다. 그리고 『사고전서』에 들어있는 모든 책 한 권 한 권의 내용과 판본 및 책의 내력 등을 설명한 『사고전서총목제요(四庫全書總目提要)』도 편찬케 하였다. 이에 한족 지식인들은 융숭한 대접을 받으며 자기네 전통문화를 정리 보존하는 일에만 온 힘을 기울였다. 그것은 조정의 한족의 지식인들을 문화 사업에 동원하여 후한 대접을 해주어 자기들에 대한 반항세력을 없애려는 정책과, 나라는 망했다 하더라도 자기네 문화유산만은 잘 연구 보존시켜야겠다는 한족 지식인들의 욕구가 합치되었기 때문일 것이다. 그래서 청대에는 고증학을 비롯한 고전 학문의 연구가 성행한다.

한편 자기들의 바람에 어긋나는 지식인들의 행위에 대하여는 가혹한 제재를 가하였다. 강희·옹정·건륭 세 황제의 통치 기간에 일어난 문자옥(文字獄)만 하더라도 수십 회의 기록이 남아 전한다. 보기를 들면 장정룡(莊廷鑨)은 순치(順治) 연간(1644~1661)에 명나라 주국정(朱國楨)이 편찬한 『명사(明史)』를 간행하였는데 강희 2년(1663)에 어떤 자가 그 책에 청나라에 불리한 기록이 많음을 고발하였다. 청나라에서는 즉시 이미 죽은 장

왕부지의 초상

정릉의 시체를 파내어 그 머리를 자르고 책을 내는 데 관계한 사람과 책을 파는 데 관련된 사람 72명을 잡아 죽이고, 그들과 관련이 있는 수백 명을 잡아 군대에 보내었다.[63] 유명한 여류량(呂留良) 사건을 하나 더 소개한다. 여류량은 성실하고 곧은 주자학자(朱子學者)로 청나라 조정에서 박사 홍사과(博士鴻詞科)에 불렀으나 거절하고 나가지 않고 시골에 묻혀 살면서 청나라에 반대하는 일을 밀고 나갔다. 그는 강희 연간에 죽었는데, 옹정 연간이 되어 여류량의 책을 읽고 그를 존경하는 증정(曾靜)이란 사람이 그를 따라 반청사상(反淸思想)을 선전하다가 고발당하였다. 옹정황제는 즉시 여류량의 관을 꺼내어 시체를 조각내게 하고 그의 가족과 제자 등 수많은 사람들을 잡아 죽였고, 23집안의 사람들이 변두리 지역으로 노예가 되어 쫓겨갔다. 증정도 약간 뒤에 사형을 당하였다. 이 사건을 계기로 옹정황제는 친히 『대의각미록(大義覺迷錄)』을 지어 한족 지식인들에게 반청사상의 그릇됨을 설교하였다.

청대에는 형식상 학자들을 우대하였기 때문에 청대 초기에 황종희(黃宗羲, 1610~1695)·고염무(顧炎武, 1613~1682)·왕부지(王夫之, 1619~1692) 같은 학자들이 나와 실속 없는 학문연구를 배격하고 세상을 올바로 다스리는 데 쓰일 실용적인 실학(實學)을 할 것을 주장하였다. 이 실학의 사상

---

63 『痛史』 莊氏史案.

이 결국은 고증적인 학문으로 발전하
여 청대 200여 년간은 처음부터 끝까
지 옛글 뜻을 풀이하는 훈고(訓詁), 옛
글의 잘못을 바로잡는 교감(校勘), 옛책
의 글자와 구절의 뜻풀이를 하는 전
석(箋釋), 없어진 책이나 자료들을 찾아
보충하는 수보(蒐補), 옛책이나 자료의
가짜를 분별해 내는 변위(辨僞), 없어진
책이나 자료들을 찾아내어 다시 엮는

고염무의 초상

집일(輯佚) 등 여러 분야의 고전 연구와 정리하는 등 다른 시대와는 비교
도 안 될 만큼 뛰어난 업적들이 쏟아져 나왔다.

청대에도 학술의 주류를 이룬 것은 주자학이었다. 그것은 청나라
역대 황제들이 주자학을 적극적으로 밀어주었기 때문이다. 강희 23년
(1684)에는 황제가 친히 산동(山東) 곡부(曲阜)의 공자묘에 가서 '세 번 무
릎을 꿇고 엎드리며 아홉 번 머리를 땅에 조아리는' 가장 정중한 예를
행하면서 참배하였고, 강희 51년(1712)에는 주희(朱熹)를 승격시켜 그
의 위패(位牌)를 공자묘의 대성전(大成殿)으로 옮겨 공자의 대 제자 십철
(十哲) 바로 다음의 위치에 배향(配享)토록 하였다.[64] 그리고 칙명을 내
려 『주자전서(朱子全書)』와 『성리대전(性理大全)』을 간행하고 『성리정의(性
理精義)』를 편찬케 하였다. 그 밖에 『주역절중(周易折中)』[65]·『서경전설휘

---

64 이상 『淸朝文獻通考』 권73-75 學校 참조.
65 주자학인 李光地에게 명하여 程頤의 『傳』과 朱熹의 『本義』를 위주로 하고 제가의 해설
을 참작하여 저술한 것임.

찬(書經傳說彙纂)』<sup>66</sup>·『시경전설휘찬(詩經傳說彙纂)』<sup>67</sup>·『춘추전설휘찬(春秋傳說彙纂)』<sup>68</sup> 등도 칙명으로 저술케 하고 있다. 뒤에 문연각대학사(文淵閣大學士)를 지낸 이광지(李光地)는 주자학자로서 황제의 주자학에 적지 않은 영향을 주었다. 황제가 이처럼 주자학을 내세웠으므로 그 밑의 탕빈(湯斌)·장백행(張伯行)·양시(楊時) 등 공경 대신들이 모두 주자학을 전공으로 하는 점잖고 얌전한 선비들이었다. 조정 안뿐만이 아니라 민간에도 주자학이 성행하였는데 역시 원대 강남의 학자들처럼 머리꼬리에다 옷까지도 만주 옷을 강요하는 이민족의 지배 아래 자기만이라도 고고하게 살아보겠다는 심사가 그런 풍조를 이루었을 것이다. 미국 컬럼비아 대학 교수를 역임한 천룡제(陳榮捷)는 「성리정의와 17세기의 정주학파(性理精義與十七世紀之程朱學派)」<sup>69</sup>라는 논문에서 중국의 대표적인 청대사상사를 다룬 책들<sup>70</sup>에서는 청나라 초기의 주자학의 역할을 가벼이 다루고 있지만 실은 청나라 사상과 학술을 이끈 것은 주자학임을 논하고 있다. 청나라 초기인 순치(順治)·강희(康熙)·옹정(雍正) 연간(1644~1735)은 성리학이 주류를 이룬 시대이다. 육세의(陸世儀, 1611~1672)·장리상(張履祥, 1611~1674)·육농기(陸隴其, 1630~1693)·이광지(李光地, 1642~1718) 등이 이 시기에 활약한 주자학자들이다. 청나라에서도 통치자들로부터 주자학이 매우 존중을 받아 그것을 바탕으로 한족 지

66 勅撰으로 蔡沈의 『集傳』을 위주로 하고 다른 학자들 견해도 참고하여 저술한 책임.
67 勅撰으로 朱熹의 『詩集傳』을 중심으로 하고 다른 이론도 보충한 책임.
68 勅撰으로 宋 胡安國의 『春秋傳』을 三傳의 끝에 붙이고 뜻이 어긋난다고 생각되는 부분만을 다른 학자들의 이론으로 보충한 책이다.
69 본 논문은 영문으로 쓴 The Hsing-li ching-i and the Ch'eng-Chu School of the Seventeenth Century, 萬先法 번역으로 陳榮捷 『朱學論集』(臺灣 學生書局, 1988) 소재 참고.
70 錢穆 『中國近三百年學術史』·馮友蘭 『中國哲學史』·梁啓超 『清代學術槪論』 등.

식인들이 회유되어 청대의 학문은 복고주의 성향을 지니고 발전한다.

이러한 복고적인 경향은 학술뿐만 아니라, 문학에서도 현저했다. 청대에는 시·문·사·곡·소설을 막론하고 이전의 중국 문학사에 정식으로 등장했던 모든 분야의 문학을 다시 끄집어내어 검토하고 그러한 작품을 다시 쓰게 되었다. 심지어 산문에서는 고문뿐만 아니라, 변려문까지도 다시 논의되어 짓게 되었고, 곡에서는 잡극은 물론 산곡·전기·곤곡(崑曲) 등 모든 분야의 문학들을 다시 짓게 되었다. 따라서 청대의 문학에는 새로운 생명력이나 창의 같은 것은 찾아보기 어렵지만, 고전 문학의 연구와 정리란 면에서는 매우 큰 성과를 올리고 있다. 이렇게 볼 때 청대 문학은 중국의 고전문학을 총정리하고 결산한 시대라고 말할 수 있을 것이다. 청대는 갖가지 중국의 고전문학이 모두 등장하여 연구되고 검토된 시대이기 때문에, 운문이나 산문을 막론하고 창작 면에서는 별로 볼 것이 없지만 이론면에서는 온갖 방법과 방향이 다 동원되고 있다. 중국의 고전문학은 청대의 문학 활동에 의하여 훨씬 올바른 평가가 내려지게 되었다고도 할 수 있다.

청대 문화에서 무엇보다 두드러진 것은 희곡 활동이다. 여진족(女眞族)의 청나라는 노래와 춤을 좋아하는 동이족(東夷族) 계열의 종족이다. 원대의 잡극도 실은 여진족의 금나라에서 만들어진 것이라고 보는 이들이 많다. 청나라에 와서는 전국 각 지방에 각기 그 지방의 토속음악을 바탕으로 새로 만들어진 지방희(地方戲)가 크게 성행하였다. 청나라 각지에서 공연된 전통 지방희는 모두 합치면 360여 종에 달한다.[71] 그 중에도 건륭(乾隆) 말엽(1771) 무렵부터 북경에서 공연되기 시작하여 지

---

71 『中國戲曲劇種手冊』, 北京 中國戲曲出版社 1987 刊本 의거.

경극에 등장하는 인물상들

금까지 전국에 공연되고 있는 경극(京劇)이 가장 대표적인 극종이다.
경극은 지금까지도 소수민족까지도 모두 합친 13억 중하민족(中夏民族)
이 모두가 즐기는 극종이다.

　명나라 전기의 희곡음악으로 쑤저우(蘇州) 옆 작은 도시 쿤산(昆山)
일대에 유행하던 남곡(南曲)의 강조(腔調)인 곤강(昆腔, 또는 崑曲)이 특히
문인 사대부들에게 중시되어 청대에 이르기까지 성행한다. 여러 지방
의 지방희는 창사(唱詞)나 대화 및 음악이 저속한데 비하여 곤강은 우
아한 편이었다. 이에 청나라 건륭 중엽(1774 전후)까지는 아부(雅部)라 부
르던 곤강과 화부(花部) 또는 난탄(亂彈)이라 부르던 지방희가 서로 세
력을 다투는 모습을 보여준다. 대체로 아부는 작품의 글이나 음악이
우아하여 사대부들이 좋아하고, 화부는 저속하여 일반 대중들의 취향
에 맞아 민간에서 보다 환영을 받았다. 그러나 곤강은 대중의 지지를
받지 못하여 마침내 청 말에는 일단 전승이 완전히 끊겼으나 뒤에 일
부 연극인들이 자기들의 가장 오래된 전통연극이라 하여 이를 되살려
놓았다. 그래서 2001년 5월에는 유네스코에 의하여 곤곡이 '인류의 구
술(口述) 및 비물질(非物質) 문화유산의 대표작'으로 지정이 되었다. 그
러자 중국 연극계 인사들은 이를 통하여 자기네 전통문화를 현대에

원명원의 유적

되살려 온 세계에 알리겠다고 분발하고 있다.

청나라 궁중에는 3층으로 지어진 대형의 연극무대가 자금성(紫禁城)과 이화원(頤和園) 및 열하행궁(熱河行宮)과 원명원(圓明園) 네 곳에 있었다. 지금은 앞에 든 두 곳의 무대만이 남아있다. 그리고 일반 시중의 무대와 같은 작은 연극무대도 자금성만 쳐도 10여 군데에 있었다. 궁정 안의 연극이 얼마나 성행하였고, 황제들이 연극을 얼마나 좋아했는가 짐작이 갈 것이다.

심지어 청나라는 도광(道光) 연간(1821~1850) 이후 나라가 무척 어지러워져서, 아편전쟁(1840~1842) · 태평천국의 난(1851~1864) · 애로우(Arrow)호 사건(1856~1860) · 청불전쟁(1883~1885) · 청일전쟁(1894~1895) · 의화단사건(義和團事件, 1900) · 노구교사변(蘆溝橋事變, 1937)에 이어 신해혁명(辛亥革命, 1911) 등으로 나라는 주인도 없는 지경이었다. 제국주의 열강의 침입과 조정의 부패로 멸망 전후의 위기였는데도 청나라의 모든 황제와 귀족들은 말할 것도 없고 일반 백성들까지도 모두 경극에 빠져 있었다. 청 말 광서(光緖) 황제(1875~1908 재위) 때에 정권을 잡고 있던 서태후(西太后)는 이화원(頤和園)의 큰 무대에서 경극을 즐겼고 직접 배우들과 어울려 춤추고 창을 하기도 하였다 한다.

중화민국이 건국된 1911년 이후로도 나라는 여전히 어려웠으나 경극의 발전은 멈추지 않았다. 이 시기에 메이란팡(梅蘭芳, 1894~1961)을 비롯하여 왕샤오눙(汪笑儂)·청옌추(程硯秋)·저우신팡(周信芳) 등 무수한 명배우들이 나와 경극을 발전시켜 중화민국에서는 경극을 국극(國劇)이라고도 불렀다. 그 결과 경희는 청나라 때부터 지금에 이르기까지 중국의 상류 지배계층으로부터 아래 빈민계층에 이르기까지 13억의 온 민족이 좋아하는 연극으로 발전하고 있다. 그리고 북경시대에 와서 더해지기 시작한 전통연예의 대중적인 성격은 청대로 오면서 더욱 크게 발전한다. 이 처럼 북경시대에 와서 들어나기 시작한 중국문화의 대중성은 지금것 중국의 가장 두들어진 강점으로 발전하고 있다.

# 제5장
# 새로운 북경시대의 전개

## 1. 중국의 전통문화와 중화인민공화국

1911년 신해혁명(辛亥革命)으로 청나라가 쓰러지면서 중국 사람들은 자기네 옛날 제도와 옛날 정치 같은 것을 철저히 부정하게 되었다. 혁명을 이끈 쑨원(孫文, 1866~1925)은 새로운 심리 건설과 정신 개혁을 주장하며 국민의 새로운 영혼을 만들어내려고 하였다. 다시 1919년 5·4운동 시기에는 중국의 전통문화와 사상을 철저히 배격하면서 서양의 민주주의와 과학을 배울 것을 주장하였다. 천두슈(陳獨秀, 1879~1942)는 「신청년(新靑年)」 죄안에 대한 답변서(新靑年罪案之答辯書)」란 글에서 이렇게 말하고 있다.

"그들은 이 잡지가 공자의 유교를 파괴하고, 예법을 파괴하고, 우리 고

유문화를 파괴하고, 부녀자들의 정조를 파괴하고, 전통윤리와 전통예술(경극 등)·전통종교(귀신)·옛 문학·옛 정치(특권과 인맥에 의한 통치)를 파괴하고자 한다는 이유에서 이 잡지를 비난한다. 물론 이러한 모든 책임은 인정하지만 다만 우리는 죄를 짓지는 않았다. 우리는 단지 덕(德)선생[1]과 새(賽)선생[2]이라는 두 선생님을 지지했기 때문에 앞에 언급한 죄를 범한 것이다.

　민주주의를 변호하기 위하여 우리는 유교와 예법과 정조·옛 윤리·옛 정치를 반대할 수밖에 없다. 또 과학을 옹호하기 위하여 우리는 전통예술과 전통종교를 반대할 수밖에 없다. …"[3]

유교를 물리치자는 '타도공가점(打倒孔家店)'은 이 시기의 구호가 되었고, 대부분의 중국 지식인들이 이 풍조를 따랐다. 1912년에 교육부에서는 공자묘(孔子廟)의 제사인 석전(釋奠)을 중지하라는 명령을 내렸고, 이후로 여러 지방의 문묘(文廟)가 파괴되어 학교로 바뀌었고, 교과목 중에서 유교 경전(經傳)을 읽는 과정이 취소되기도 하였다. 이후로 중국에서 자기네 전통문화나 사상은 모두 중국 현대화의 걸림돌로 치부되기 일쑤였다.

여기에서 우리가 주의해야 할 점은 5·4운동을 계기로 서양의 과학과 함께 민주주의가 자기들의 진로임을 확인하게 되었지만, 민주·자유·평등의 사상을 그대로 받아들이지는 못하였다는 사실이다. 특히 '자유'의 개념은 그들로서는 가장 받아들이기 어려웠던 것 같다. 앞에

---

1　democracy의 음역인 德謨克拉西의 첫 음을 따서 민주주의를 뜻함.
2　science의 음역인 賽因斯의 첫 음을 따서 과학을 뜻함.
3　『新靑年』 1919. 1. 15.

이야기한 옌푸(嚴復, 1854~1921)도 존 스튜어트 밀의 『자유론』을 『군기권 계론(羣己權界論)』이란 이름으로 번역해 내면서 "작은 자기의 자유는 아직도 다급한 것이 아니다."라고 말하고 있다. 그리고 캉유웨이(康有爲. 1858~1927)와 량치차오(梁啓超, 1873~1929) 같은 유신파(維新派)의 인사들은 말할 것도 없고 중국의 혁명을 이끈 쑨원(孫文, 1866~1925)도 『삼민주의 (三民主義)』의 민권(民權)에서 중국에서는 "자유가 넘쳐났기 때문에 모두들 거기에 주의를 기울이지 않고 그 말을 상관하지 않는다."라고 하면서, "외국인들이 중국인은 한 줌의 흩어지는 모래알이라고 비평하는데" 그것은 중국인에게는 퍽 많은 자유가 있다는 것을 증명하는 것이라 말하고 있다. 그리고 '평등'의 개념은 물론 '민주'라는 개념도 서양의 것이 제대로 받아드려지지는 않았다. 특히 'Of the people'과 'For the people'은 어느 정도 이해하면서도 'By the people'의 뜻이나 제도 또는 방법에 대하여는 어정쩡한 태도이다. 그러한 특징은 사회주의를 추구하는 지금의 중국에서도 그 성격은 크게 달라졌지만 계속 이어지고 있는 것이 아닌가 한다.

그러나 중화인민공화국을 이끈 마오쩌둥(毛澤東, 1893~1976) 주석은 처음부터 자기네 전통문화를 가볍게 보지 않았다. 마오 주석은 젊어서부터 바쁜 몸이고 중국문학이 5·4 운동 이후 이미 현대문학으로 변신한 시기였음에도 불구하고 적지 않은 중국 전통문학 형식의 시와 사(詞) 작품을 짓고 있다. 그는 마르크스·레닌주의도 중국의 특성에 잘 합치시켜야만 한다 하였고, 공산주의에서 국제주의의 내용은 자기네 민족형식과 따로 떼어놓고 생각할 수는 없는 것이라 하였다. 마오 주석은 「중국공산당의 민족 전쟁에서의 지위(中國共産黨在民族戰爭中的地位)」 (1938. 10.)라는 연설에서 이렇게 말하고 있다.[4]

"마르크스·레닌주의는 우리 당의 전투 역량을 대대적으로 높여줄 것이며 아울러 우리가 일본 제국주의와 싸워 이기는 공작을 가속화시켜 줄 것이다. 우리의 역사적인 유산을 학습하고 마르크스주의의 방법으로 거기에 비판적인 평결을 내려주는 것이 우리 학습의 또 다른 한 가지 임무인 것이다. 우리 민족에게는 수천 년의 역사가 있고 거기에는 특성이 있으며 거기에는 여러 가지 진귀한 것들도 있다. 공자에서 쑨원(孫文)에 이르기까지 우리는 마땅히 평결을 내리고 이 진귀한 유산들을 계승하여야만 할 것이다.

공산당원은 국제주의적인 마르크스주의자이다. 그러나 마르크스주의는 반드시 우리나라의 구체적인 특성과 서로 결합되어야 하며 또 일정한 민족주의 형식을 통과하여야만 비로소 실현할 수가 있는 것이다. 중국공산당에 대하여 말할 것 같으면 곧 마르크스·레닌주의의 이론을 잘 배워서 중국의 구체적인 환경에 응용하여야만 하는 것이다.

중국의 특성을 떠나서 마르크스주의를 이야기한다는 것은 오직 추상적이고 속은 텅 빈 마르크스주의일 따름이다. 그러므로 마르크스주의를 중국에서 구체화시켜야 하고 모든 형식 속에 반드시 띠고 있어야 할 중국적인 특성이 있도록 하여야만 한다. 다시 말하면 중국의 특성에 맞추어서 그것은 응용되어야만 한다."

마오 주석은 마르크스주의도 중국의 특성에 맞추어서 응용되어야 한다고 생각했던 것이다. 곧 마오 주석은 중국의 사회주의 혁명을 추진하면서도 중국적인 특성 또는 중국의 전통문화를 중시하였다. 마오

---

4  『毛澤東選集』 제3권.

주석은 혁명주체인 인민을 "노동자·농민·병사 및 도시의 프티부르주아"라고 규정하면서도[5] 1931년 장시(江西) 루이진(瑞金)에 소비에트 지역을 건설하고 국부군(國府軍)의 포위 아래 그들의 공격에 시달리면서도 60개의 공연단을 조직하여 농민들이 좋아하는 중국의 전통연예를 이용하여 그들을 사회주의 혁명으로 이끌려고 노력하였다. 그의 붉은 군대는 전투보다도 그러한 문예공작(文藝工作)이 주된 임무였다.

중국 공산당을 직접 취재하여 온 세계에 처음으로 소개한 미국 기자 에드거 스노(Edgar Snow)의 『우리 편 사람들(People on our Side)』을 보면 마오쩌둥의 공산당에 대하여 이런 말을 하고 있다.

"중국에 대하여 적은 지식을 갖고 있는 미국 사람들에게 '공산주의자'라는 말은 오해를 불러일으키기 쉽다. 사실상 중국에는 진짜 '공산주의'라는 것이 시행된 적이 없었으니, 이전의 소비에트 지역에서도 그러하였고, 중국의 공산주의자들이 달리 주장한 적도 없었다. 이전에 장시(江西)에서 짧은 기간이었지만 젊은 붉은 군대가 생산 방법에서 집단경영을 시도하며 모든 개인 소유를 없애려고 했으나 그 경험은 여러 가지 수정을 하게 하였다. 중공에서는 늘 그들의 계획은 중국의 '부르주아 민주혁명'을 이끄는 데 있다고 밝히고 있다. … 사회주의는 과거나 현재도 궁극적인 목표이지만 분명히 먼 거리에 있는 것이라 여기고 있다."[6]

마오 주석이 1942년 「옌안의 문예좌담회에서의 강화(在延安文藝座談會上講

---

5  毛澤東『在延安文藝座談會上的講話』, 1942.
6  Book Three: Return to the East Ⅱ. China's Destiny: 1944, Ⅲ. The People's War.

話)」를 발표하여 자기네 사회주의 문화노선을 분명히 밝히면서 "우리는 모든 뛰어난 문학과 예술의 유산을 계승하여, 그 중 모든 유익한 것은 비판적으로 흡수하고, 우리가 그때 그곳의 인민생활에서 문학과 예술의 소재로 작품을 창조할 적의 모범으로 삼지 않으면 안 된다."고 하였다.

이 뒤로는 자기네 전통연극들이 더욱 본격적으로 사회주의 혁명을 위하여 널리 공연된다. 특히 농촌에 유행해 온 농민들이 좋아하는 연예를 중시하였다. 그 중에서도 농민들의 모심기 노래로부터 발전한 민간의 모심기노래(秧歌)를 이용하여 백성들을 사회주의 혁명의 길로 이끌려 한 모심기노래운동(秧歌運動)[7]은 유명하다. 1943년 설부터 다음해 상반기에 이르는 1년 반 정도의 기간에 창작 공연된 모심기노래 작품 수가 300여 편에 이르고 관객은 800만이 넘었다고 하니[8] 모심기노래극의 성행 정도를 짐작할 수가 있을 것이다. 따라서 민간연예가 본격적으로 중국에서 중요한 예술로 존중되어 마침내는 '모심기노래'의 음악을 바탕으로 만들어진 신편 가극『백발의 여자(白毛女)』[9] 같은 작품도 나왔다. 이후로 중국에서의 연극은 백성들 사이에 유행되고 있는 전통연극이 주류를 이룬다.

마오 주석은 자기네 문화유산을 무조건 모두 계승할 것이 아니라

---

7 秧歌는 본시 모심기 민요로 採茶歌·山歌·漁歌 등과 같은 것이었다. 그러나 차츰 서너 사람이 함께 역사 이야기나 전설을 공연하기도 하고 춤·技藝·武術 등이 보태어져 秧歌戲로도 발전하여 민간의 社火(사자춤 따위와 같은 집단으로 하는 명절 놀이) 연출의 주제가 되기도 하였다. 山西·陝西·河北·山東 등지에 크게 유행하고 있다.

8 『延安文藝叢書』秧歌劇卷 前言 참조.

9 『白毛女』는 秧歌를 바탕으로 옌안 루쉰예술학원이 집단창작한 신편 歌劇. 1945년 탈고한 뒤 여러 번 수정이 가해짐. 지주 黃世仁은 소작인 楊白勞를 핍박해 죽이고 그의 딸 喜兒를 겁탈한 뒤 남에게 팔아넘기려 한다. 喜兒는 도망쳐 산 속으로 들어가 사는 동안 영양실조로 머리가 새하얗게 변하여 농민들은 그를 보고 白髮仙姑라 하였다. 뒤에 八路軍이 그 지역을 해방하고 지주를 타도하여 마침내 喜兒는 고통으로부터 해방된다는 내용의 작품이다.

"봉건성을 지닌 찌꺼기 같은 것은 떼어버리고, 그 중 민주성을 지닌 알맹이만을 흡수해야 한다."[10]고 하였다. 그러나 실제로 지금까지 그들은 자기네 문화유산 중에서 '찌꺼기'라고 가려낸 것은 하나도 없으니 결국 자기네 옛 문화유산을 모두 계승하고 있는 셈이다.

붉은 군대는 1927년 8월 1일 태어날 적부터 지금에 이르기까지 전투임무 못지않게 모든 부대가 연극공연을 중심으로 하는 문예공작(文藝工作)을 주요임무라 여겨 왔다. 붉은 군대는 국민당 군대와의 전투보다도 농촌에 나가 농민들이 좋아하는 민간연예와 경극을 공연하면서 농민들을 자기네 편으로 끌어들이는 한편 그들에게 사회주의 혁명의 이상을 머리에 심어주는 일에 더욱 힘을 기울였다. 연극의 공연을 통해서 농민을 비롯한 낮은 백성들을 자기네 편으로 끌어들여 얻어진 힘으로 붉은 군대는 악조건을 극복하고 현대 무기로 무장한 국민당의 군대와 싸워 결국은 이겼다.

중국공산당은 1931년 11월에 장시(江西) 루이진(瑞金)에 소비에트 공화국을 만들고 바로 공농홍군학교(工農紅軍學校)를 세운 다음 연극을 포함하는 문화활동을 전개하였다. 그리고 연말 무렵에는 붉은 군대의 창설일을 기념하는 팔일극단(八一劇團)이 조직되어 본격적인 공연활동을 시작한다. 붉은 군대는 처음부터 연극과 문예 공작으로 그들 정치공작의 중심을 삼았다. 1932년에는 팔일극단의 일부 단원들이 공농극사(工農劇社)를 설립하였는데 소비에트 지역에 수많은 분국(分局)을 설치하고 연극활동을 전개하였다.

1933년에는 공농극사에서 연극활동에 필요한 요원을 양성하기 위

---

10 毛澤東 『新民主主義論』.

하여 고리키희극학교(高爾基戯劇學校)를 설치하여 1천여 명의 학생들을 훈련시키고 60개의 극단을 만들어 각지로 보내어 공연활동을 하도록 하였다. 1934년 공산당은 이 고장에서 쫓겨나 만리장정(萬里長征)을 떠나면서도 극단을 조직하여 여러 개 남겨두었다. 마오쩌둥의 군대가 국민당군의 포위 속에 험난한 지역을 일부의 인원이나마 살아서 빠져나올 수 있었던 것은 붉은 군대가 문예공작을 통해서 농민과 오지에 살고 있는 소수민족들을 자기들 편으로 끌어들일 수 있었던 점에도 크게 힘입고 있다. 공산당은 죽을 고비를 수없이 넘겨가면서 서북쪽으로 옮겨가 1936년에 산시(陝西) 바오안(保安)에 도착하여 자리도 제대로 잡지 못한 상태였지만 30개의 공연단이 각지를 순회하면서 활약하고 있다 하였다.[11]

1944년 10월 마오 주석은 산간닝볜구문교공작자회의(陝甘寧邊區文敎工作者會議)의 「문화공작에서의 통일전선(文化工作中的統一戰線)」이라는 연설에서 이런 말을 하고 있다.

"문화가 없는 군대란 어리석은 군대이다. 우둔한 군대는 적과 싸워 이길 수가 없다."[12]

그리고 예술공작은 "옛날 연극단을 이용하여야만 하고" "그들을 조금씩 개조해 나아가야 한다."고 말하고 있다. 때문에 전통연극 활동이 없는 붉은 군대는 상상할 수 없을 정도이다.

---

11 Edgar Snow, *Red Star Over China*, Chap.3 5. Red Theater 참조.
12 沒有文化的軍隊是愚蠢的軍隊, 而愚蠢的軍隊是不能戰勝敵人的.

중국공산당은 확고한 방침 아래 전통희곡을 더욱 성행 시키려 애쓰고 있다. 중국의 지도자인 마오쩌둥을 비롯하여 저우언라이(周恩來)·주더(朱德)·류샤오치(劉少奇)·등샤오핑(鄧小平)·천윈(陳雲)·예젠잉(葉劍英)·리셴녠(李先念)·양샹쿤(楊尙昆)·장쩌민(江澤民)·리루이환(李瑞環)·주룽지(朱鎔基) 등이 모두 경극과 그들 전통희곡의 애호자이며 경극 종사자들의 친구이다.[13]

메이란팡의 「모란정」 공연 모습

한국전쟁 때에도 메이란팡(梅蘭芳)·저우신팡(周信芳)·마롄량(馬連良) 같은 경극의 명배우들이 모두 두세 번 씩이나 수많은 극단을 이끌고 미군과 싸우는 중국지원군을 위문공연 하러 북조선을 찾아와 공연을 하였다. 그들은 이들 부조위문단(赴朝慰問團)의 활약을 소개하면서 그들에 힘입어 중국지원군은 온갖 현대 무기를 다 동원하고 있는 미국 군대와 싸워 이긴다고 하였다.

---

13 北京市藝術硏究所·上海藝術硏究所 共編 『中國京劇史』(中國戱曲出版社, 1999) 下卷 第2 分冊 第50章 6節 p. 2057 의거.
중국의 '戱曲'이란 용어는 우리의 경우와 크게 뜻이 다르다. 中國社會科學院 語言硏究所 編 『現代漢語詞典』(商務印書館, 1992)을 보면; "① 우리나라 전통의 戱劇 형식, 崑曲,京劇과 각종 地方戱가 포함되는데, 歌唱과 무용을 주요 공연수단으로 한다. ② 일종의 문학 형식으로 雜劇과 傳奇 중의 唱詞이다."

1949년 10월 중화인민공화국이 수립된 뒤에도 특히 자기네 전통 연예로 가장 널리 경극이 위아래 중국인들의 사랑을 받는다. 나라가 세워지자마자 먼저 국가적인 연극 관계 기관 단체가 성립되고 희곡 관계 신문 잡지 등이 무수히 발행된다. 1949년 11월에는 중앙 인민 정부 문화부에 희곡개진국(戲曲改進局)이 설립되었다. 그리고 그 밑에는 중앙경극연구원(中央京劇硏究院)과 신중화평극공작단(新中華評劇工作團) 및 대중극장(大衆劇場) 등이 설립되었다. 1950년 1월에는 베이징의 문화 부 희곡개진국에 희곡실험학교(戲曲實驗學校)를 설립하는데, 이 학교가 1954에는 중국희곡학교로 발전한다. 2월에는 상하이에서 『희곡보(戲曲 報)』가 발간된다. 4월에는 전국희극공작자협회(全國戲劇工作者協會)에서 월 간 『인민희극(人民戲劇)』을 창간한다. 7월에는 인민정부 문화부에 희곡 개진위원회(戲曲改進委員會)를 결성한다. 여러 지구와 각 성(省) 및 큰 도 시에는 희곡개진협회(戲曲改進協會)와 희곡개진위원회(戲曲改進委員會) 를 두고 희곡의 개혁에 힘쓰면서 전통희곡을 발전시키도록 하였다. 9월 에는 문화부의 희곡개진국에서 잡지 『신희곡(新戲曲)』을 창간한다.

1951년 3월에는 상하이(上海)에 화동희곡연구원(華東戲曲硏究院)이 설 립된다. 그리고 문화부 희곡개진국과 문화부 예술사업국(藝術事業局)이 합병된다. 4월에는, 옌안평극연구원(延安平劇硏究院)이 1949년 베이징(北 京)으로 들어와 문화부 희곡개진국의 경극연구원(京劇硏究院)으로 발전 하였는데, 다시 이것이 중국희곡연구원(中國戲曲硏究院)으로 발전한다. 이 연구원에서는 희곡실험학교(戲曲實驗學校)와 경극실험공작(京劇實驗工 作) 1단(團)·2단·3단 및 곡예실험공작단(曲藝實驗工作團)과 평극단(評劇團) 등을 산하에 거느렸다. 그리고 중국희곡연구원을 세울 때 마오 주석 은 "우리의 모든 꽃을 한꺼번에 피게 하고, 봉건적인 낡은 것들은 몰아내며 인민들의 혁명적인 새로운 것들을 들어낸다.(百花齊放, 推進出新.)"
는 제사를 써주어 새로운 중국 희곡운동의 구호가 되었다. "모든 꽃
을 한꺼번에 피게 한다."는 것은 봉건적이고 반인민적인 작품들은 내
치면서도 자기네 전통희곡 모든 것을 드러내어 발전시키라는 것이다.
이에 연극계에는 활발하고 자유로운 분위기가 퍼지면서 경극은 더욱
성황을 이룬다.

1951년 5월 5일에는 정무원(政務院)에서 저우언라이 총리 이름으로
「희곡 개혁업무에 관한 지시(關于戱曲改革工作的指示)」가 내려지는데, 이
것이 중국 당국의 희곡정책을 분명히 밝힌 이른바 '오·오지시(五·五指
示)'14이다. 여기에서는 희곡 작품은 자기네 사회주의 혁명 방향에 맞
는 정신과 내용을 담은 예술성을 지니도록 개량되어야 하고, 희곡 업
무에 종사하는 사람들은 철저히 학습하여 사상적으로 새로운 세계관
을 지니도록 무장이 되어야 하며, 극단이나 극장의 운영 및 희곡 교육
등 모든 제도가 자기들의 요구에 맞도록 개혁되어야 한다 하였다. 곧
'개희(改戱)'·'개인(改人)'·'개제(改制)'의 세 가지 개혁을 바탕으로 중국의
경극을 비롯한 전통연희는 발전하게 되는 것이다.

국영극단 이외에도 많은 민영직업극단이 조직되었는데, 우수한 연
출자를 갖고 있는 일부 민영극단은 국비 보조를 받았다. 1956년에는
톈진(天津)의 15개, 상하이의 69개 등 많은 지방의 민영극단이 국영극
단으로 승인을 받았다.15 가장 큰 민영극단은 북경경극단(北京京劇團)이
었는데 단원 총수가 188명이었고 명연기자가 많이 있어 자급자족을

---

14 '五·五指示'에 대하여는 뒤의 雞) 경극과 대국굴기 (3) 희곡개혁'에 다시 더 자세히 논의되
고 있으니 참조 바람.
15 1956년 2월호 『戱劇報』 6쪽 참조.

할 수 있었다.[16] 1956년 이후 1960년에 이르러는 중국 모든 성과 거의 모든 시 단위에 경극단이 이루어져 활동하게 된다.

1959년 9월에는 전국에 368종의 희극 종류가 공연되고 있었고, 전국의 희극 공연단체가 3,300여 개(군부대나 공업 광업 부면의 전문 극단은 통계에서 제외), 희극에 종사하는 인원이 22만여 명, 전국의 극장은 2,800여 개, 전국 성과 시의 정규 예술학교가 24개, 전국에 간행되고 있는 희극 관계 잡지가 15종에 이르렀다.[17] 1949년에 전국의 극장 수가 891개 였던 것과 대조해 보면 엄청난 발전이다. 1960년 9월 9일자 『인민일보』에 의하면 그 당시 농민들로 이루어진 아마추어 극단 수가 24만4천여 개이고, 노동자들의 것이 3만 9천여 개여서 이를 합치면 전국의 아마추어 극단 수가 28만 3천여 개에 달한다. 이를 근거로 아마추어 극단에 참여했던 인민의 수는 농민이 700만 명, 노동자 100만 명, 모두 합치면 800만 명에 이른다. 전문 직업극단 수는 3,513개라 하였다. 여기에는 군부대나 교육기관 등에 소속되어 있는 극단 수는 제쳐놓은 것이니 이 정도면 중국을 연극의 나라라 하여도 좋을 것이다.

마오 주석의 부인이며 배우 출신인 장칭(江靑)은 1963년 8월 베이징에서 열린 희곡공작좌담회(戲曲工作座談會)에서 전통 연극을 사회주의 관점에서 현대적으로 개편한 이른바 현대희를 강조하기 시작한다. 그들은 1963년 9월 다음 해에 경극현대희의 공연대회를 개최할 것을 결정하고[18], 장칭은 지방희 중에 개편되어 성공을 거둔 혁명현

---

16 1957년 2월 22일자 『人民日報』 기사 참조.
17 『戲劇報』(中國戲劇家協會 編, 人民文學出版社 刊) 제17-19期 「十年來戲劇事業的巨大發展」에 실린 統計 의거.
18 1967년 6월 5일자 『光明日報』 「毛澤東思想照亮了京劇革命的道路」 참조.

대희를 북경경극일단(北京京劇一團)과 중국경극원(中國京劇院)에 하나씩 주어 경극으로 개편케 하고, 산동성경극단(山東省京劇團)과 상해경극원(上海京劇院)에는 그들이 개편 공연하여 이미 성공을 거둔 혁명현대희를 다시 수정하도록 지시하였다. 1964년에는 전국 경극현대희의 합동공연대회(京劇現代戲觀摩演出大會)가 열려 모두 전국의 29개 경극단에 의하여 35편의 현대경극이 공연되었다. 이어 1965년 5월에는 선양(沈陽)에서 동북구경극현대희합동공연대회(東北區京劇現代戲觀摩演出大會)와 상하이에서 화동구경극현대희합동공연대회(華東區京劇現代戲觀摩演出大會), 같은 해 7월에는 타이웬(太原)에서 화북구경극현대희합동공연대회(華北區京劇現代戲觀摩演出大會)와 광저우(廣州)에서 중남구경극현대희합동공연대회(中南區京劇現代戲觀摩演出大會) 등이 열렸다. 이로부터 문화대현명이 끝날 때까지 중국 연극계는 사회주의 중국의 문제를 다루는 현대 경극의 시대로 발전한다.

1965년 11월 우한(吳晗)의 신편 역사극인 『해서파관(海瑞罷官)』에 대한 야오원위안(姚文元)의 비판[19]은 문화대혁명의 도화선에 불을 붙인 셈이다. 『해서파관』은 명나라 융경(隆慶) 3년(1569)에 응천순무(應天巡撫)로 부임한 해서[20]가 가난한 집안의 딸과 재산을 강탈하고 그를 고소한 가족들을 무고라고 뒤집어씌운 관료지주 집안의 쉬잉(徐瑛)의 사건의 진실을 밝혀내고, 그의 아비인 권력자 쉬제(徐階)의 방해에도 불구하고 서영을 처형한 다음 벼슬을 버리고 귀향한다는 얘기 줄거리이다. 야오원위안은 작자 우한이 이 연극을 빌려 실제로는 "현실을

19 「評新編歷史劇 〈海瑞罷官〉」(上海 『文匯報』).

20 『明史』 卷226에 海瑞列傳을 근거로 한 역사극이다.

풍자하고 있다"고 하면서 "반당(反黨) 반사회주의의 대독초(大毒草)"라 하였다. 1966년 2월에는 희곡작가 텐한(田漢)이 개편한 경극인 역사극 『사요환(謝瑤環)』도 "한 그루의 대독초"라는 비판을 받았다. 장칭은 1966년 11월 28일 베이징에서 열린 문예계문화대혁명대회(文藝界文化大革命大會)에서 이런 말을 하고 있다.

무엇보다도 왜 사회주의 중국의 무대 위에 귀신연극이 연출되고 있어야 하나 느끼고 있다. 그리고 나는 또 경극은 현실을 반영하는 일에 너무나 민감하지 못함을 알고 매우 놀라고 있다. 그러나 『해서파관』·『이혜낭(李慧娘)』 등과 같은 엄연한 반동정치경향의 연극도 '전통을 발굴한다'는 미명 아래 제왕이나 장수와 재상 및 재자가인을 연출하는 많은 작품들도 출현하였다.[21]

그리고 옛날부터 전해오는 전통극은 모두 봉건적인 성분이 있으니 공연을 하지 말아야 한다는 주장이 제기되었다.[22]
1966년 2월에는 장칭(江靑)이 상하이에서 부대문예공작좌담회(部隊文藝工作座談會)를 열고 혁명적인 작품을 몇 개 열거하면서 '본보기 연극'이란 뜻의 양판희(樣板戲)의 문제를 제기하였다.[23] 그 뒤로 문화혁명은 이 '양판희'를 중심으로 추진되는 양상을 보여준다. '양판희'란 사회주의 혁명을 추진하는 데에 인민을 위한 본보기가 되는 연극이란 뜻이다. 1964년 6월에서 7월에 이르는 기간에 열린 '경극현대회합

21 1967년 5월 18일 『北京新文藝』「江靑同志與京劇『沙家濱』」.
22 1965년 2월과 8월 中南區戲劇觀摩演出大會에서의 陶鑄의 연설.
23 「部隊文藝工作座談會紀要」(『中國戲曲志』 北京卷, pp.1555~1559)

동공연대회'에서 장칭·캉성(康生) 등에 의하여 우수한 작품으로 뽑힌 작품이 뒤에 '본보기 연극'인 '양판희'로 발돋움하게 된다. 대체로 '양 판희'는 경극 현대희인 『지취위호산(智取威虎山)』·『홍등기(紅燈記)』·『해 항(海港)』·『사가빈(沙家浜)』·『기습백호단(奇襲白虎團)』 및 발레극인 『백발 의 여자(白毛女)』·『홍색낭자군(紅色娘子軍)』과 교향곡『사가빈(沙家浜)』 8편 을 '혁명양판희(革命樣板戲)'라고 한다. 장칭 일파는 문화혁명 기간 주로 '양판희'만을 강요하여 "8억 인민에 8편의 연극(八億人民八臺戲)"이라는 말이 나왔을 정도이다.

1967년 5월에는 마오 주석의 「문예강화」 발표 25주년을 기념하는 혁명양판희 공연대회(革命樣板戲大會演)가 베이징을 비롯하여 샹하이·광 저우(廣州)·톈진(天津) 등 여러 도시에서 공연되었다. 그리고 무대공연 만으로는 부족하여 '양판희'는 다시 영화와 TV 푸로로 제작되어 전국 각지에서 끊임없이 방영되었다. 그리고 라디오 방송으로도 쉴 새 없 이 방송되고 음반으로 제작되기도 하고 여러 가지 출판물로도 제작 되어 전 중국에 퍼뜨렸다. 심지어 양판희를 드러내는 달력이나 엽서 같은 실용품도 쏟아져 나왔고 초중고 교과서에도 양판희의 내용이 실렸다. 온 중국 국민들 정신생활을 완전히 '양판희' 속으로 끌어들이 려 하였던 것이다. 1974년 12월에 출판된『혁명양판희 극본 회편(革命 樣板戲劇本滙編)』제1집에는 앞에 든 '양편희' 이외에 다시 경극『용강두 (龍江頭)』·『홍색낭자군(紅色娘子軍)』·『평원작전(平原作戰)』·『두견산(杜鵑山)』 의 4편을 더 싣고 있다. 문화대혁명은 한편 경극을 중심으로 이끌어 져 가기도 한 것이다.

이 양판희의 공연만이 강조되다 보니 중국의 연극계는 크게 위축 되었다. 1938년 장칭이 마오쩌둥 주석과 결혼할 적에 중공 중앙정치국에서는 장칭에게 정치에 간여하지 않는다는 조건을 내걸었다 한다. 그런 상황에서 퍼스트 레이디가 된 그녀는 연극배우 출신이기 때문에 자연스럽게 경극을 내세워 양판희의 추진자로서 문화대혁명을 밀고 나갔던 것이다. 장칭은 양판희를 이용하여 사회주의 혁명의 걸림돌이 된다는 주자파(走資派)를 몰아내고 마오쩌둥의 지위를 위협하는 사람들을 제거하였던 것이다. 특히 1976년 2월에는 장칭·장춘차오 (張春橋)가 문화부장 등에게 "주자파와 투쟁을 하는"작품을 만들 것을 요구하고, 구체적으로 북경경극원·상해경극단·산동경극단·중국경극원 등으로 하여금 영화『결렬(決裂)』·『춘묘(春苗)』·『두번째 봄(第二個春天)』·『전선대(戰船臺)』등의 작품을 경극으로 개편하여 "주자파와 투쟁을 하는 깊이가 있고 넓이도 있는 연극"을 만들 것을 지시하도록 하였다. 그러나 곧 문화대혁명이 끝나버려 뚜렷한 성과를 거둘 사이가 없었다. 연극에 경극을 중심으로 하는 '양판희'가 있을 수가 있고, 경극을 이용하여 정치적인 불순분자들을 제거하면서, 자기네 문화대혁명을 밀고 나갈 수가 있었던 것도 중국적인 특징의 하나이다. 여하튼 경극에 현대적인 관점에서 새로 편극한 현대희를 크게 성행시켜 경극의 새로운 방향을 제시한 것은 문화대혁명의 한 가지 공로라 할 수 있을 것이다.

1976년 9월 마오쩌둥 주석이 죽고 나자 10월에는 당의 제일부주석 겸 국무원총리였던 화궈펑(華國鋒)을 중심으로 하는 세력이 장칭을 비롯한 이른바 사인방(四人幇)을 체포하여 문화대혁명은 끝을 맺게 된다. 그러나 경극계가 문화대혁명을 통하여 받은 상처는 매우 컸다. 문화대혁명을 통하여 홍위병들의 박해로 목숨을 잃은 전통극의 명배우나 극작가로는, 라오서(老舍, 명극작가)·마롄량(馬連良, 경극 명배우)·우톈

바오(吳天保, 漢劇 명배우)·옌펑잉(嚴鳳英, 黃梅戲 명배우)·슌후이셩(荀慧生, 경극 명배우)·텐한(田漢, 명극작가)·가이자오톈(盖叫天, 경극 명배우)·딩궈셴(丁果仙, 晉劇 명배우)·저우신팡(周信芳, 경극 명배우)·멍차오(孟超, 경극 작가)·샹샤오윈(尙小雲, 경극 명배우) 등이 있다. 메이란팡도 살아있었다면 이때 박해를 받았을 것이다.

문화대혁명 이후로 봉건적인 성격을 지니고 있는 경극의 진로문제에 관한 논란이 많았으나 중국 당국은 더 크게 흔들리지 않고 다시 경극 진흥의 길을 찾아간다. 덩샤오핑(鄧小平)이 1979년 10월 제4차 중국 문학예술공작자대표대회(中國文學藝術工作者代表大會)에서 "문화대혁명 전의 17년 동안 우리들의 문예 노선은 정확하였고 문예공작의 성과는 뚜렷하였다."[24]고 선언한 이후, 희극계는 다시 중화인민공화국 건국 이후 문화대혁명이 일어나기 전의 17년간의 노선과 방침을 따라 연극 활동을 밀고 나가기로 한다.

때문에 1980년대로 들어오면서 전통극의 위세는 다시 강해졌다. 1982년에 발간된 『중국희극년감(中國戱劇年鑑)』(중국희극출판사)에 의하면 1981년에 활약한 직업 극단이 모두 156개(이중 화극단 49, 가극단 13, 전통극단 84개)인데 이들 모두가 전통희곡의 공연에 참여하고 있다. 이들이 공연한 작품 수는 모두 1,326편(가극 30편, 화극 190편, 전통극 1,206편)이다. 이 1,206편의 작품 중 순수 전통극이 660편, 신편 역사극 424편, 신편 전통극 122편이다. 특히 시골 마을의 묘회나 사화에서 공연되는 주종목은 여전히 자기 지방의 지방희를 중심으로 하는 전통 연예이다.

중국의 중앙텔레비전 방송국의 채널 11은 경극이나 경극과 관련된

---

24 鄧小平 「在中國文學藝術工作者第四次代表大會上的祝辭」(1979. 10. 30.)

일들을 방영하는 전문채널이다. 경극 전문채널이 있는 정도이니 중국 사람들이 지금도 얼마나 경극을 좋아하며 중요시하고 있는가 알 만하다. 이 경극은 자기네 위아래 민족이 모두가 좋아하는 위대한 대중연극이라는 점에 착안하여, 경극을 통하여 그들의 13억 인민을 모두 전통문화 속으로 끌어들이고 50여 소수민족도 같은 문화로 감싸 안아줌으로써 새로운 중화문화 건설을 목표로 하고 있는 것 같다. 이런 바탕이 대국굴기(大國崛起)를 가능케 하고 있을 것이다.

## 2. 대국굴기(大國崛起)

베이징은 이제 더 이상 나라 변두리의 도시가 아니라 명실상부한 중국의 수도이다. 이제는 '북경'이 아니라 '베이징'이다. 백성들을 힘으로 지배하는 것이 아니라 인민 대중 편에 서서 그들과 함께 위대한 사회주의 중국을 건설하겠다는 것이다. 중국의 수도가 이제 와서야 제대로 된 모습으로 탈바꿈하고 있다.

중국은 1966년으로부터 1976년에 이르는 기간을 중심으로 하여 문화대혁명(文化大革命)이라는 큰 홍역을 치렀지만, 1976년 저우언라이(周恩來, 1898~1976) 총리와 마오쩌둥 주석이 죽은 뒤 화궈펑(華國鋒)이 나와 장칭(江靑)을 비롯한 문화대혁명을 주동한 이른바 '사인방'을 몰아내자 다시 중국은 제 모습을 찾아갔다. 1978년 12월 중국공산당 제11기 중앙위원회 3차 전체회의에서 중국의 정책을 계급투쟁으로부터 경제건설 위주로 돌렸다. 이러한 정책을 이끈 덩샤오핑(鄧小平)이 개방정책을 쓰면서 '자신을 드러내지 말고 조용히 실력을 기르자'는 도광양회(韜光養晦)를 주장하여 나라의 국력과 경제력이 크게 발전하기 시작한다. 이를 뒤이은 장쩌민(江澤民)·주룽지(朱鎔基) 등은 더욱 국력을 기르고 경제를 발전시키면서도 평화로운 방법으로 우뚝 일어서자는 화평굴기(和平崛起)와 적극적으로 일하면서 나라를 발전시키자는 유소작위(有所作爲)를 내세우면서 국제사회와 평화로운 관계를 유지하겠다는 화해세계(和諧世界)를 추구하였다.

그 사이 경제가 크게 발전하자 후진타오(胡錦濤)·원자바오(溫家寶)가 주석과 총리를 맡으면서 그들의 자세가 달라졌다. 이제는 경제력도 커졌고 나라의 힘도 달라진 큰 나라가 되었으니 국제적으로도 여러 가지 면에서 자신의 합당한 자리와 권리를 찾아야 한다는 것이다. 이러한 정서를 대변하는 구호가 '대국굴기'이다.

'대국굴기'는 2006년 11월 13일부터 그해 11월 24일까지 중국중앙방송의 경제채널(CCTV-2)을 통해 방송된 12부작 역사 다큐멘터리이다. 이 다큐멘터리는 스페인·포르투갈·네덜란드·영국·프랑스·독일·일본·러시아·미국의 전성기와 그 발전 과정을 다룬 것이다. 여러 나라들을 각각 1부로 다루면서, 스페인과 포르투갈은 함께 1부로, 영국·러시아·미국은 2부로 나누어서 방송되었고, 마지막에 결론을 넣어 12부작이 되었다. 결론은 올바르고 위대한 도를 따라 행동하고 생각한다는 대도행사(大道行思)로 21세기 대국의 길을 제시한 것이다. 여러 나라의 역사 속에서 가르침을 얻고 배울 것은 배워서, 올바른 도를 따라 대국으로 우뚝 섬으로써 그들과 똑같은 실수는 반복하지 않겠다는 것이다.

그런데 이 '대국굴기'의 자세 중에서도 가장 중요한 것은 자기네 전통문화에 대한 자부심의 재생이다. 우리가 지금 서양 나라들을 본뜨고 있지만 그것 별것이 아니지 않느냐? 우리에게도 그에 못지않은 전통문화와 사상이 있지 않느냐? 그것을 현대에 살려내면서 대국으로 일어서야 한다는 것이다.

이에 그들은 대국에 걸맞은 역사·영토·민족·전통에 대한 의식을 새롭게 형성해 가고 있다. 보기를 들면 진시황(秦始皇)은 폭군이 아니라 대중국의 기틀을 마련한 위대한 황제이고, 청대의 강희(康熙)·건륭(乾隆) 황제는 이민족 통치자가 아니라 대중국을 건설한 위대한 황제가 되고 있다. 만주(滿洲) 땅은 말할 것도 없고 멍구(蒙古)·신장(新疆)·시장(西藏) 같은 지역도 역사적으로 중국의 영토이며, 중국의 주인은 한족이 아니라 한(漢)·만(滿)·몽(蒙)·장(藏)·회(回)의 5대 민족을 중심으로 하고 50여 소수민족이 함께 어우러져 이루는 중화민족(中華民族)이라는 것이다.

이제는 중국의 전통문화와 사상도 한족만의 것이 아니라 50여 소수민족도 모두 함께 아우르는 '중화문화와 사상'으로 발전하고 있다. 몽고족과 만주족의 압력으로 말미암은 중국문화의 이질화는 지금 와서는 전통문화인 한문화로부터 한 차원 더 발전한 '중화문화화(中華文化化)'를 뜻하는 말로 바뀌어 가고 있다. 지금 와서는 중국의 전통문화 속에 만주족과 몽고족뿐만 아니라 다른 모든 소수민족의 문화까지도 모두 끌어들이고 있기 때문이다.

원나라 이후의 중국문화의 이질화는 일면 문화의 '오랑캐화' 및 저질화를 뜻하기도 한다고 했지만, 이제 와서 그 '오랑캐화'라는 성격은 소수민족도 모두 아우르는 중화화(中華化)로 발전하고 있고, 저질화라는 경향은 '오랑캐화'라는 성격과 합세하여 인민대중들을 그 문화 속에 모두 끌어들이는 대중화(大衆化)로 발전하고 있다. 그리고 그들은 다시 그 '중화화' '대중화'를 민주화(民主化)를 뜻하는 흐름으로 승화시키고 있다. 실상 장안시대에 이루어져 발전했던 전통문화와 사상은 순전히 일부 지배계급인 사대부들만의 것이었다. 그 시대의 문학이나 음악·미술 같은 것은 모두 인민대중이나 소수민족과는 관계가 없는 것이었다. 그러나 중국문화의 이질화는 중국문화를 오랑캐화하고 대중화하여 13억의 인민대중과 소수민족도 그들의 전통문화 속으로 모두 끌어들이기 시작하였다. 마오쩌둥이 자기네 농촌문화를 중시하고 모심기노래인 앙가(秧歌) 같은 농민들의 연예를 빌어 전국에 사회주의 이념을 심어나가려고 노력하면서 그러한 경향은 계속 발전하였다. 한때 문화대혁명을 겪으면서 옛날의 전통적인 것들은 세상에 발붙일 여지가 없었지만 중국이 개혁·개방정책을 쓰면서 이제는 전통문화를 중화문화로 발전시키려는 경향이 더욱 뚜렷해졌다.

앞에서 이질화한 중국 전통문화의 보기로 든 전통연극의 경우를 보자. 연극이 이질화하고 저질화하면서 그 유행은 저변이 날로 확대되어 지금 중국의 전국 각지에는 모두 360여 종류의 연극이 공연되고 있다.[25] 그 중에서도 전국에 가장 널리 공연되고 있는 것은 베이징을 근거로 발전한 경극이다. 경극은 수도인 베이징을 근거로 발전한 연극이어서 그 음악이며 연출 방법이 가장 앞서 있는 형태이며, 실상 경극은 중국의 모든 전통 연예의 음악과 연출기법 등을 이끌어주고 있다. 때문에 넓은 중국 각 지방의 연예들이 모두 경극의 영향을 받아

---

[25] 『中國戲曲劇種手冊』(中國戲曲出版社, 1987) 의거.

음악이나 연출기법이 비슷한 성격의 것으로 발전하고 있다. 따라서 중국에서는 중난하이(中南海)에 사는 최고의 정치 지도자들로부터 가난한 노동인민들과 소수민족에 이르기까지 모두가 같은 성격의 연예를 즐기고 있는 것이다. 교육을 통하여 푸퉁화(普通話)가 소수민족은 말할 것도 없고 온 나라에 보급되면서 이러한 경향은 더욱 뚜렷해지고 있다. 모두가 같은 연극을 즐기고 같은 음악을 들으며 한 마음으로 합쳐지고 있는 것이다.

필자는 타이완(臺灣)에서 공부를 한 적이 있기 때문에 타이완은 왕래가 잦았고 그곳에 친구도 많다. 오래 전에 타이완 친구들과 함께 하는 자리에서 그들을 '중국 사람'이라고 불렀다가 "우리가 왜 중국 사람이냐?"는 야단을 맞은 적이 있다. 때문에 한 동안 타이완은 물론 18세기에 와서 중국 영토로 확정된 곳인 티베트족이나 위구르족 및 몽고족 같은 사람들은 머지않아 중국에서 떨어져 독립할 것이라 믿고 있었다. 그 뒤로 여러 번 타이베이(臺北)에 갔다가 중국에서 온 경극단(京劇團) 또는 쓰촨(四川)의 천극단(川劇團) 및 장쑤(江蘇)의 곤극단(崑劇團)의 공연에 열광하는 타이완 사람들의 모습을 보았다. 2001년 5월 UNESCO에서 명나라 때의 연극이라는 중국의 곤극(崑劇)을 '인류의 구술 및 비물질 문화유산의 대표작'으로 선정한 뒤, 타이완에서 개최된 곤극에 관한 학술회의에 참여하여 그 곳의 모든 사람들이 문화적으로 중국민족이라는 긍지를 무척 소중히 여기고 있음을 실감하였다. 그들은 적어도 문화적으로는 중국에서 떨어져 나올 수가 없는 사람들이었다. 그러니 그 뒤로는 생각이 바뀌어 그들이 쉽사리 독립하지 못할 것이라고 믿게 되었다.

전통문화를 다시 중시하는 그들의 태도는 더욱 두드러진다. '공자의 유교를 타도하자'고 외치며 자기네 현대화의 걸림돌이라 여기던 전통 문화와 전통사상을 다시 평가하기 시작한 것이다. 신문보도에 의하면 베이징대학(北京大學)·칭화대학(淸華大學)·상하이 푸단대학(復旦大學) 등 중국의 유명 대학에서는 많은 수강료를 받고 기업의 CEO들을 상대로 국학연수반을 개설하여 『논어(論語)』·『노자(老子)』 등 고전을 강의한다고 한다. 베이징사범대학 교수 위단(于丹)이 TV강의를 한 뒤 『논어심득(論語心得)』·『장자심득(莊子心得)』을 내어 짧은 시일 안에 수백만 부의 책이 팔리고, 허난대학(河南大學)의 이중톈(易中天) 교수도 역시 TV 강의 뒤 『품삼국(品三國)』을 내어 수백만 부의 책을 팔았다는 것은 우리로서는 상상하기조차도 어려운 일이다. 사회주의 중국에서 타도하겠다던 봉건사상의 대명사처럼 알려졌던 고전들이 21세기에 와서는 중국 사람들이 반드시 읽어야 할 책으로 탈바꿈한 것이다.

한때 파괴하였던 각지의 공자묘(孔子廟)가 다시 수리되고, 심지어 공자를 성인으로 추대하고 공자의 생일을 성탄절로 하자는 운동과 『논어(論語)』 100번 읽기운동 등도 전개되고 있다고 한다. 상하이·정저우(鄭州)·광저우(廣州) 등지에서는 사서(四書)와 오경(五經) 교육을 위주로 하는 사숙(私塾)도 생겨났다고 한다. 그리고 일부 지방에서는 자기네 한복(漢服)26 입기운동도 전개되고 있다고 한다.

2008년 8월의 베이징 올림픽 때 영화감독 장이머우(張藝謀)가 지휘한 개막행사는 자기네 5천 년 전통문화를 세계에 과시하려는 거대한 쇼였다. 거기에는 자기네 오랜 역사와 전통음악·미술·전설·미술·문학·사

---

26 지금 중국 사람들이 입는 옷은 진짜 전통 漢服이 아니라 북경시대로 들어와 주로 淸대에 만주족의 옷으로 변한 것이다.

상 및 경극 등을 모두 되살려 보여주려는 노력이 여실히 엿보였다.

2008년 12월 중국공산당 제11기 중앙위원회 3차 전국대회 30주
년을 기념하는 모임에서 중국 당국은 1911년의 쑨원(孫文)이 이끈 신
해혁명(辛亥革命), 1949년 중국공산당이 이끈 사회주의혁명 및 1978년
이후 덩샤오핑(鄧小平)이 핵심이 되어 공산당이 주도한 개혁·개방혁
명을 '3대혁명'이라 규정하였다. 그리고 후진타오(胡錦濤) 국가주석은
개혁·개방 30주년 기념사에서 "중국 특색의 사회주의 발전"을 강조
하였다고 한다. 중국 특색의 사회주의를 바탕으로 하여 새로운 대국
으로 다시 우뚝 서 보겠다는 것이다.

확실히 이는 큰 변화이다. 같은 베이징을 수도로 삼고 있지만 중화
인민공화국은 이전의 나라들과는 전혀 다르다. 새로운 사상을 바탕
으로 잃어버린 전통을 다시 찾아 새로운 문화를 창조하려 하고 있다.
"중국 특색의 사회주의"란 자기네 전통 문화를 살리면서 사회주의 신
중국을 건설하려던 마오쩌둥 주석의 사상의 발전인 듯도 하다. 그러
나 그 전통문화가 지난 시대의 봉건사회가 남긴 유물이라면 그것을
사회주의와 어떻게 결합시키느냐 하는 것은 중국 공산당 지도자들의
앞으로 풀어나갈 큰 과제라고 여겨진다.

아직도 장안시대의 전통문화의 바탕이 되었던 한자의 권위 앞에 모
두 머리를 숙이고 있지 아니한가? 이처럼 강한 봉건적인 요소들을 그
들은 어떻게 사회주의 속에 흡수할 것인가? 사회주의 대국은 굴기가
가능할 것인가?